PLATONISME ET IDÉALISME

BIBLIOTHÈQUE D'HISTOIRE DE LA PHILOSOPHIE

NOUVELLE SÉRIE

Fondateur : Henri GOUHIER Directeur : Jean-François COURTINE

W. BEIERWALTES

PLATONISME ET IDÉALISME

Traduit par

Marie-Christine CHALLIOL-GILLET, Jean-François COURTINE et Pascal DAVID

édition revue et corrigée pour la traduction française avec une Postface inédite de l'auteur

Ouvrage publié avec le concours d'Inter Nationes, Bonn et de la Maison des Sciences de l'Homme, Paris

PARIS

LIBRAIRIE PHILOSOPHIQUE J. VRIN

6, Place de la Sorbonne, V[e]

2000

Imprimé en France
ISSN 0249-7972
ISBN 2-7116-1463-8

καλὴ μὲν οὖν καὶ θεία, εὖ ἴσθι, ἡ ὁρμὴ
ἣν ὁρμᾷς ἐπὶ τοὺς λόγους·
ἕλκυσον δὲ σαυτὸν καὶ γύμνασαι μᾶλλον
διὰ τῆς δοκούσης ἀχρήστου εἶναι
καὶ καλουμένης ὑπὸ τῶν πολλῶν ἀδολεσχίας,
ἕως ἔτι νέος εἶ· εἰ δὲ μή,
σὲ διαφεύξεται ἡ ἀλήθεια.

PLATON

Ce qui a été une fois pensé peut être réprimé, oublié, cela peut être oblitéré. Mais que quelque chose en subsiste, cela ne prête pas à discussion. Car la pensée contient en elle le moment de l'universel. Ce qui a été pensé en toute pertinence, d'autres, ailleurs, le penseront à leur tour : cette confiance accompagne encore même la pensée la plus solitaire et la plus impuissante…

La tendance universelle à réprimer s'exerce à l'encontre de la pensée en tant que telle. Là même où elle définit le malheur, c'est encore un bonheur, pour la pensée, que de l'exprimer. Et c'est ainsi seulement que du bonheur parvient à rejoindre le malheur universel, à se fondre en lui. Celui qui ne le laisse pas s'étioler, celui-là ne s'y est pas résigné.

ADORNO

AVERTISSEMENT

Il m'incombe d'exprimer mes sincères remerciements à mon ami Richard Kannicht ainsi qu'à MM. Michael Elsässer et Friedrich Uehlein pour leurs remarques critiques et leurs nombreuses suggestions, toutes profitables.

W.B.

INTRODUCTION

Il est fort possible que *Platonisme et idéalisme* suscite une représentation inadéquate au contenu que recouvre cet intitulé. Sans doute est-ce là inhérent à tous les titres qui recourent à la conjonction de coordination « et », avec tout ce qu'elle laisse comme marge d'interprétation. Notre titre semble en outre avoir pour ambition de viser un aspect *universel*, auquel toutefois notre ouvrage ne prétend pas faire droit. Il montre pourtant quelles sont nos intentions : confronter des structures de pensée, les interroger en mettant en évidence des analogies ou des affinités de méthode ou de contenu sans pour autant passer outre la différence foncière qui sépare les manières dont la pensée trouve son amorce ici et là. Les analogies ou affinités doivent s'éclairer réciproquement, en leur fonction comme en leurs conséquences respectives. Se contenter de juxtaposer certains résultats de pensée, de les ficher en terre comme autant de pieux dans le champ de la recherche, et laisser dans la nébuleuse de vagues impressions les conditions de possibilité de leur transmission, ce serait là en rester à un positivisme grossier. On a parfois appelé cette façon de procéder « comparatisme » en histoire de la philosophie. À trop se cantonner dans des généralités, cette manière de procéder comporte aisément le risque de laisser dans l'ombre la situation historique déterminée de celui qui se livre à ces comparaisons ; le comparatiste peut dès lors procéder de manière par trop optimiste et despotique, en soustrayant avantageusement des éléments prétendument connus, et en demeurant par là foncièrement extérieur, quant au fond, à la problématique des pensées avec lesquelles il se livre au jeu de la comparaison.

Seule semble demeurer accessible, et susceptible d'être assumée d'un point de vue méthodique, la démarche consistant à rendre historiquement lisible, et aussi clair que possible quant au fond, la démarche et le résultat d'une *histoire en effet*, philosophiquement parlant – comme phénomène de *réception*. Au cours de la réception d'une pensée, des éléments bien précis s'avèrent être mutuellement tout à fait déterminants selon la place qu'occupe cette pensée, au gré des situations historiques qui en accusent réception. Accueillir une pensée autre au sein d'un horizon de pensée qui vous est propre, cela ne va pas sans une refonte de ce qui se trouve ainsi repris, refonte au cours de laquelle l'on refait autant que l'on défait. Ce qui en résulte, c'est une nouvelle figure de la pensée – dont la nouveauté même ne laisse pas parfois de surprendre – une figure qui, manifestement, n'a été rendue possible que parce qu'on en était passé par là.

La réception dont nous parlons relève nécessairement d'un cercle herméneutique : qu'un élément autre, assignable comme tel, *puisse* être ressenti comme incitation à penser, cela présuppose que lui correspond, chez celui qui l'accueille, un concept, un pré-concept ou encore une forme de pensée déterminée susceptible de trouver en lui un répondant. En d'autres termes : l'orientation du questionnement, ce qui stimule la pensée, voire la manière dont un problème se trouve posé – tout cela se rejoint dans une identité, intentionnellement parlant; il se peut toutefois qu'un résultat apparemment identique masque des intentions bien différentes.

L'intitulé *Platonisme et idéalisme* livre à vrai dire un paradigme d'une telle *histoire en effet*, de la réception au sens susdit. Il n'y aurait guère de sens à donner au préalable une « définition » lexicale en bonne et due forme de ce que recouvrent les concepts de platonisme et d'idéalisme, que les analyses qui suivent auraient à confirmer dans le détail, ou qu'il leur faudrait distiller. C'est la raison pour laquelle devrait suffire, si formelle soit-elle, la remarque préalable suivante : le terme de « platonisme » sera pris de manière prépondérante en ce qui suit au sens de ce qui se trouve représenté par la pensée néo-platonicienne ou sa réfection en théologoumènes chrétiens à l'époque de la patristique et du Moyen-Âge[1], quant au terme d'« idéalisme », c'est tout particulièrement par la philosophie de Hegel et celle de Schelling qu'il se trouve représenté. La présentation risquée ici peut rendre visibles les implications réelles du « platonisme », en tout cas celles qui ont trouvé une efficace dans la pensée idéaliste comme autant de moments plus ou moins manifestes de la méthode qu'elle met et œuvre comme de ce qui la mobilise quant à l'affaire la plus propre de sa

1. Sur toutes les strates et l'élasticité du concept de platonisme, cf. *Platonismus in der Philosophie des Mittelalters*, éd. par W. Beierwaltes (*Wege der Forschung*, CXCVII), Darmstadt, 1969. À l'encontre de la notion de platonisme qui préside à ce recueil, H. von Stein ne reconnaît comme relevant du concept de platonisme que ce qui provient exclusivement de Platon lui-même, cf. *Sieben Bücher zur Geschichte des Platonismus*, Göttingen, 1862-75. – On trouvera une solide information sur certaines structures constitutives du (néo)platonisme dans E. v. Ivánka, *Plato Christianus*, Einsiedels, 1964, ainsi que dans l'article du même auteur « Platonisme et néo-platonisme », in : *Handbuch Theologischer Grundbegriffe*, Munich, 1970[2], III, p. 340 *sq*.

pensée. Elle montre en même temps un aspect essentiel de la manière dont se constitue une pensée idéaliste, comme de l'explication qu'elle demande. Ce qui est montrer aussi comment l'idéalisme se rattache en amont – tout au long de sa traversée de la philosophie transcendantale – à la tradition de la métaphysique classique. Ainsi, et en dépit de toutes les innovations au sein de l'idéalisme, se trouve malgré tout sauvegardée la continuité de problématiques bien précises, caractéristiques de la métaphysique. Ce qui ne revient nullement à aplanir la différence établie par la conscience moderne, à savoir la subjectivité transcendantale dans la figure du Moi comme principe de la philosophie. C'est précisément au contraire pour autant que l'on garde conscience du point de départ transcendantal-critique dans la philosophie kantienne et post-kantienne que se profile, et peut se profiler d'autant mieux ce qui rattache ce point de départ à des positions authentiquement métaphysiques, voire ce qui constitue une « rechute » en celles-ci. « Rechute » elle-même à comprendre, assurément, comme équivalant à une potentialisation de la conscience transcendantale qui, métamorphosée, devient conscience historique absolue, comme c'est le cas chez le dernier Schelling.

Le travail qui suit est premièrement le fruit de l'intérêt porté à la chose même telle qu'elle se présente en l'une et l'autre dimensions de la pensée exposée ici ; il résulte en second lieu du vœu que puisse accéder au niveau d'une pensée rationnelle, dont on puisse suivre et reprendre historiquement les étapes, la formule convenue de ce qu'il est convenu d'appeler une « affinité spirituelle » entre platonisme et idéalisme. Le résultat obtenu est certes fragmentaire, et cela en plusieurs sens : tout d'abord en ce que le rapport établi et à certains égards explicité entre platonisme et idéalisme demande à être précisé et modifié de manière à pouvoir intégrer, dans la réflexion portant sur ce problème, des figures déterminées du « platonisme » ayant servi de médiations, non sans avoir été elles-mêmes médiatisées, comme c'est la cas par exemple des éléments platoniciens patents ou latents dans la pensée de Jacob Böhme, Giordano Bruno et Spinoza. En second lieu, le rapport qu'entretient l'idéalisme en général avec Platon lui-même doit toujours encore être réfléchi de telle sorte que puisse être mis en évidence ce qu'il est resté d'impulsions authentiquement platoniciennes dans la réception néo-platonicienne. Autant de *desiderata* qui n'en laissent pas moins indemne une analogie structurelle qui ressort clairement. La confrontation directe de l'idéalisme et du (néo-)platonisme a en outre une fonction heuristique qui n'est pas négligeable, eu égard à une plus ample investigation des implications « platoniciennes » de l'idéalisme, parmi lesquelles il faut compter aussi le platonisme adapté au christianisme de la patristique. – Fragmentaire, la tentative risquée ici l'est aussi assurément dans sa genèse : si vaste qu'en ait été le plan, il lui faut se contenter de ne fournir provisoirement que quelques perspectives.

La première étude, intitulée « Deus est esse », vise en premier lieu à élucider quelques éléments dans le développement de la question de l'être, éléments étroitement entrelacés à la question de Dieu et qui, du moins en leur point de départ, demeurent très proches du concept platonicien originaire de l'être comme Idée ; le déploiement néo-platonicien de ce concept en être réflexif et sa potentialisation dans la philosophie médiévale justifient le passage à l'idéalisme. – L'étude intitulée « Plotin dans l'idéalisme allemand » donne des exemples concrets de ce que peut être une réception équivalant à une refonte créatrice pour quiconque la reprend à son propre compte. C'est tout particulièrement chez Schelling qu'il convient de mettre en évidence des structures néo-platoniciennes. Tentative qui me semble plus pertinente à élargir son horizon avec Goethe, Novalis et Hegel qu'à vouloir trouver son point de départ chez Fichte. – L'étude intitulée « Hegel et Proclus » apporte un complément appréciable à la question abordée par le chapitre précédent, quant au lieu logico-systématique occupé par la philosophie du néo-platonisme en général dans la pensée de Hegel. Si souhaitable qu'ait pu être, pour le fil conducteur de cet ouvrage, une explicitation moins tardive de ce point, c'est à dessein que je l'ai maintenue là où elle se trouve afin de préserver la cohérence des réflexions portant sur Hegel et Proclus. Celles-ci avaient déjà fait l'objet d'une publication dans le volume d'hommage à H.-G. Gadamer publié sous le titre *Hermeneutik und Dialektik* [*Herméneutique et dialectique*], Tübingen, 1970, tome II, p. 243-272. – Le chapitre sur Érigène, enfin, prend pour thème une redécouverte idéaliste, qui trouve son fondement dans la structure de pensée néo-platonicienne de la théologie philosophique d'Érigène. Le « platonisme » d'Érigène est envisagé en l'occurrence dans ses traits foncièrement « spéculatifs », autrement dit philosophiques, tels qu'ils se concentrent dans la question portant sur l'être à la fois *supra* et *intra* de Dieu, ainsi que sur les implications philosophiques du concept de rédemption.

DEUS EST ESSE – ESSE EST DEUS

LA QUESTION FONDAMENTALE ONTO-THÉOLOGIQUE COMME STRUCTURE DE PENSÉE ARISTOTÉLICO-NÉO-PLATONICIENNE

L'une des questions fondamentales de la philosophie grecque est la *question en quête de l'être :* καὶ δὴ καὶ τὸ πάλαι τε καὶ νῦν καὶ ἀεὶ ζητούμενον καὶ ἀεὶ ἀπορούμενον, τί τὸ ὄν, τοῦτό ἐστι τίς ἡ οὐσία [1]. Quant à la question de savoir ce qu'est cet être lui-même, elle a reçu diverses réponses, qui ont permis à leur tour d'expliciter les différences qu'elle abrite et les possibilités impliquées en elle : l'être comme commencement ou fondement radical, ce qui n'est qu'à partir de soi-même et en tant que soi-même, par quoi et en quoi est tout le reste, est conçu comme λόγος, ἕν, ἰδέα, πρώτη οὐσία ou νοῦς. Autant d'appellations qui ne désignent rien de « particulier » pour soi-même, mais des modes d'être ou d'apparaître de ce qu'il y a de plus général, pensé comme étant l'être véritable, l'être proprement dit.

La question en quête de l'être vise par conséquent quelque chose d'originaire, de premier (πρῶτον); envisagée sous l'aspect de cette question, la philosophie se ramène foncièrement à une *protologie*. Depuis Anaximandre, ce « premier » est identifié au θεῖον [le divin] ou au θεός [le dieu] [2]. La protologie s'avère ainsi être « théologie ». La question en quête de Dieu est par conséquent une question en quête du fondement, de ce qui vient en premier, ou, implicitement, de l'être. En cela, philosopher revient à tirer la conséquence, mais en se situant à un autre niveau, fondateur, de la réflexion, de la manière de penser mythique, telle qu'elle consiste à

1. Aristote, *Mét.*, 1028 b 2-4 [« Depuis longtemps déjà, comme à présent, comme toujours, ce qui est recherché et toujours met dans l'embarras : qu'est-ce que l'être ? à savoir : quelle est-elle, l'essence ? »].

2. Cf. W. Jaeger, *Die Theologie der frühen griechischen Denker* [*La théologie des premiers penseurs grecs*], Stuttgart, 1953, p. 42 *sq.*, 135, 233 *sq.* (n. 44).

comprendre « Dieu » comme phénomène prédicatif (et non comme le « sujet » recherché)[3].

L'affirmation selon laquelle la protologie est théologie trouve sa plus claire vérification chez Aristote [4], en ce qu'il comprend la « philosophie première », ou métaphysique, comme « théologie ». Cette pensée se donne le nom de « philosophie première » parce qu'elle s'enquiert de la πρώτη οὐσία ou ἀρχή, de la substance première ou du fondement qui englobe tout le reste, du fondement général, en-deçà duquel le questionnement ne peut remonter, et pour cette raison in-conditionné. La substance première est en elle-même indivise et indivisible, détachée (ab-solue, χωριστή) de ce qui est soumis à l'altération (à la mobilité), elle sert de fondement affranchi de tout processus (= se déroulant dans le temps) de tout ce qui est processus : c'est le premier « moteur », qui lui-même « n'est pas mû » (immobile et n'étant pas susceptible d'être mû, inaltérable). Vu que ce premier « moteur » constitue ce d'où viennent tout mouvement et toute altération, « tout en dépend »[5] ; mais ce qui en dépend n'en garde pas moins une visée essentielle de ce qui est premier, auquel il se rapporte comme à un être « aimé »[6].

Ce qui vient en premier est du même coup le meilleur, ce qu'il y a de plus précieux, et en tant quel tel il mène la meilleure vie qui soit : il *pense*. Le meilleur objet de sa pensée ne peut être exclusivement que lui-même. Il se pense donc lui-même, il est pensée de sa propre pensée (νοήσεως νόησις) [7]. Tandis que tout ce qui est soumis à la mobilité doit passer de l'état de non-être (celui de la possibilité) à celui d'être réel, passage qu'accomplit précisément le mouvement, la substance première est et demeure toujours ce qu'elle est : effectivité pure (ἐνέργεια), ou, formulé négativement : exclusion absolue de toute possibilité. La pure effectivité

3. Cf. les remarques éclairantes d'U. v. Wilamowitz-Moellendorf dans *Der Glaube der Hellenen*, Berlin, 1931, t. I, p. 18, ainsi que la littérature s'y rattachant, constituant autant de variations autour de cette thèse : W. J. Verdenius, *Entretiens sur l'Antiquité Classique*, I, Vandœuvres, 1952, p. 244. H. Kleinknecht écrit quant à lui dans le *Wörterbuch zum NT*, de Kittel, III, p. 68 : « S'il est dit dans la première épître de saint Jean : θεὸς ἀγάπη ἐστίν [« Dieu est amour »], en grec classique, il faudrait plutôt dire inversement : ἀγάπη θεός ἐστιν [« Amour est Dieu »]. »

4. On retiendra comme déterminantes pour le déploiement du concept de métaphysique les parties suivantes de ce qu'il est convenu d'appeler sa *Métaphysique* : Γ 1-3, E 1, K 1-8, Λ 5-10.

5. 1072 b 13 *sq.* : ἐκ τοιαύτης ἄρα ἀρχῆς ἤρτηται ὁ οὐρανὸς καὶ ἡ φύσις [« à un tel principe sont suspendus le ciel et la nature »].

6. κινεῖ ὡς ἐρώμενον [« il meut [ce qu'il meut] comme s'il en était aimé »] : 1072 b 3.

7. 1074 b 34. Pure θεωρία sans πρᾶξις : *de cælo* 292 a 22 *sq.* Cf. sur ce problème : H. J. Krämer, *Grundfragen der aristotelischen Theologie*, in : *Theologie und Philosophie*, 44 (1969), p. 498 *sq.*

garantit en tant que telle que son propre accomplissement qu'est la pensée s'accomplit *toujours*, que toujours, par conséquent, elle se pense elle-même. Ce toujours-se-penser-soi-même (l'effectivité de l'esprit, νοῦ ἐνέργεια) est la « vie » de la substance première[8]. Ce « vivant éternel parfait », Aristote l'appelle *Dieu*[9]. Par là même se trouve accomplie l'identification dont nous venons de parler.

La métaphysique ou philosophie première est définie par Aristote comme étant cette science qui envisage l'être en tant qu'il est[10], à laquelle il appartient de l'envisager sous l'aspect le plus général, et non pas sous un aspect déterminé (qui concernerait plutôt une science particulière telle que les mathématiques ou la physique) : l'être en tant qu'il est étant; elle envisage donc l'être (comme acte) en vertu duquel l'étant est ce qu'il est. Il ne manque pas de raisons convaincantes pour affirmer[11] que la question qui porte sur l'étant pour autant qu'il est, ou sur l'être de l'étant, ne saurait être comprise seulement comme question se rapportant de la même manière à tout étant et visant à s'enquérir de la structure générale de celui-ci, ou du prédicat le plus général qui lui convient, qu'elle ne peut donc être restreinte à cette *metaphysica generalis* qu'à la suite de la scolastique tardive nous avons pris l'habitudc d'appeler *ontologia*, mais qu'en faisant porter la question sur le ὂν ᾗ ὂν elle s'enquiert du même coup de la substance première[12]. Cette orientation n'est pas loin d'identifier ὂν ᾗ ὂν et πρώτη οὐσία ou ἀρχή (= θεός). Affirmer que Dieu est ὂν ᾗ ὂν radicalement, cela n'implique assurément pas que la question portant sur le ὂν ᾗ ὂν ne puisse se poser également dans le domaine des φυσικά. Pareille affirmation revient toutefois à ériger la philosophie première en principe de la science en général. Sur la base de cette identification, la philosophie première est unitairement *metaphysica specialis* (= une théologique) et *ontologia*. La métaphysique ne s'enquiert donc pas seulement de l'οὐσία dans la mesure où celle-ci est au sens logique καθόλου, c'est-à-dire revient à chaque étant particulier, déterminé en tant que catégorie la plus générale, mais encore, du même coup, de la πρώτη οὐσία, laquelle est καθόλου (universelle) dans la

8. 1072 b 27. *De cælo*, 279 a 21.

9. *Ibid.*, 30.

10. 1003 a 21 : ἔστιν ἐπιστήμη τις ἣ θεωρεῖ τὸ ὂν ᾗ ὂν καὶ τὰ τούτῳ ὑπάρχοντα καθ' αὑτό [« il existe une certaine science qui envisage l'être en tant qu'être et les attributs qui lui appartiennent essentiellement. »]

11. Cf. la controverse sur le concept de métaphysique entre A. Mansion, « Philosophie première, philosophie seconde et métaphysique chez Aristote », in : *Revue philos. de Louvain*, 56 (1958), p. 165-221, et P. Merlan, *From Platonism to Neoplatonism*, La Haye, 1960[2], n. p. 160 *sq.*, et du même auteur, « ὂν ᾗ ὂν und πρώτη οὐσία : Postkript zu einer Besprechung », in : *Phil. Rundschau*, 7 (1959), p. 148-153.

12. Cf. notamment *Mét.* 1003 b 15 *sq.* ; 1064 a 28 *sq.*

mesure où elle est présente et efficace en toutes les οὐσίαι particulières, dans la mesure où elle leur est « commune ». En faisant converger de cette façon l'ontologie et la théologique en tant que métaphysique, Aristote est le premier à avoir *explicité* la question de fond onto-théologique [13]. Comme question portant sur l'identité ou la relation entre être et fondement, ou entre être et Dieu, cette question est et demeure lourde de conséquences pour la philosophie, jusqu'à Hegel et Schelling compris [14]. Le problème que pose cette question au cours du développement historique qui sera le sien a été renforcé par la théologie *chrétienne*. Celle-ci a en effet tenté de comprendre son objet – comme cela apparaîtra de manière paradigmatique –

13. Cette question se trouvait assurément déjà posée implicitement par Platon, chez qui c'est à l'Idée du Bien que revient la place qu'occupera ultérieurement le θεός aristotélicien. Sur la question d'une éventuelle identité entre l'ἀγαθόν et « Dieu » déjà chez Platon, cf. C. Stumpf, *Verhältnis des Platonischen Gottes zur Idee des Guten*, Halle, 1869; W. J. Verdenius, *ibid.* (voir n. 3), p. 241 *sq.* L'Idée du Bien est certes « au-delà de l'être » (ἐπέκεινα τῆς οὐσίας = des idées, *Rép.*, 509 b 9), elle n'en est pas moins au fondement de l'être des idées, étant elle-même appelée « le plus resplendissant de l'étant » (518 c 9), « le plus heureux de l'étant » (526 e 3). Le « sur-être » conçu ultérieurement à partir de cette pensée n'est pas amoindrissement (*privatio*) de l'être, mais bien sa potentialisation. Par là se trouve au moins préparée, quant au fond, l'identification de Dieu et de l'être véritable. – Sur la théologie d'Aristote, cf. H. J. Krämer, *Grundfragen d. aristotelischen Theologie*, loc. cit. [n. 7], p. 363-382; 481-505; J. Pépin, « La théologie d'Aristote », in: *L'attualità della problematica aristotelica*, Studia Aristotelica, 3, Padoue, 1970, p. 81-126.

14. L'expression « onto-théologique » a été introduite dans la discussion de ces questions par M. Heidegger. La thèse de Heidegger veut que la métaphysique ayant toujours pensé l'être comme « quelque chose », et ce « quelque chose » à son tour comme Dieu, en vertu de sa constitution théologique, elle n'a pas pu penser l'ÊTRE (*Identität und Differenz*, Pfullingen, 1957 <tr. fr. A. Préau, in: *Questions I*, Paris, 1968, p. 257-308>). En cela, elle aurait été victime de l'oubli de l'être. Ce n'est pas ici le lieu d'engager une discussion sur les présuppositions et les conséquences de cette thèse. Nous nous en tiendrons à l'observation suivante : il est permis de se demander si la thèse qui est celle de Heidegger se laisse vérifier dès lors qu'on la confronte à des figures historiques concrètes de la métaphysique. Aussi longtemps que Heidegger lui-même ne peut encore s'engager à dire ce qu'est l'ÊTRE, il est toutefois permis de se demander si par exemple la philosophie néo-platonicienne et quelques auteurs dont Maître Eckhart n'est pas l'un des moindres ne se seraient pas émancipés de l'« oubli de l'être » par le concept de « sur-être », s'ils n'auraient pas visé précisément par là ce que Heidegger semble nommer par le mot ÊTRE. Pour Plotin ou Maître Eckhart notamment, l'Un, ou l'Être qu'est Dieu est tout aussi peu « quelque chose » au sens catégorial ou objectivant (ἕν = πρὸ τοῦ « τὶ », *Enn.* V 3, 12, 52) que l'ÊTRE selon Heidegger est susceptible d'être un « quelque chose » – Dieu ou fondement du monde. Ce qui vaut assurément en ces deux domaines, c'est que l'être ne peut être pensé que comme LUI-MÊME. Cf. Heidegger, *Humanismusbrief*, Berne, 1954, p. 76 <*Ga.* 9, p. 331; tr. fr. in: *Questions III*, Paris, 1966, p. 101>. En d'autres termes : à supposer que pour Eckhart l'« *unum* » identique à Dieu ou exprimant son essence, la représentant, ou encore que pour le Cusain le « *non aliud* » ou « *idem* » identique à Dieu soit à penser restrictivement comme « quelque chose », alors il n'y aurait pas jusqu'à l'« éclair appropriant » (*Ereignis*) dans lequel ou en tant que quoi l'ÊTRE vient à même soi au sens de Heidegger qui ne fût à son tour « quelque chose ».

aussi bien formellement qu'eu égard à son contenu, en faisant appel à des éléments essentiels de l'onto-théologique grecque. Quant à savoir dans quelle mesure les implications philosophiques des théologies chrétiennes ont recouvert jadis et à présent encore (avec une véhémence parfois accrue) leur propre principe, tel qu'il était lié à un événement historique, voire en ont ruiné le sens, c'est là une question que l'on a eu jusqu'à présent trop de réticence à poser, et qui est encore loin d'avoir reçu une réponse suffisante. Faire droit à cette question présuppose que l'on ait mené au préalable une réflexion sur l'histoire de la théologie, qui en l'occurrence est tout autant histoire de la philosophie – une réflexion qui toutefois ne se borne pas à dresser un bilan historique, mais consente à se laisser guider par la portée existentielle qui en constitue l'enjeu. À méditer l'objet authentique des deux perspectives qui sont celles de la pensée et de la foi, le rapport entre l'une et l'autre pourrait être déterminé de manière neuve.

Pour l'essentiel, notre discussion relative à la question de fond onto-théologique de l'identité entre être et Dieu sera menée en prenant comme fil directeur le verset *Ego sum qui sum* du livre vétéro-testamentaire de l'Exode (3, 14). Ce verset – entendu comme théologoumène – a suscité toute une tradition interprétative diversifiée et rémanente. Envisagée à partir de cette tradition, la pensée de saint Augustin, de Maître Eckhart, celle de Schelling apparaissent comme autant d'expressions particulièrement caractéristiques de la question de fond onto-théologique. Avant de présenter ces différents niveaux de compréhension, il faut tout d'abord montrer les conditions historiques mais aussi factuelles des possibilités de pensée qui se trouvent en elles explicitées, possibilités elles-mêmes pensées dans la philosophie du néo-platonisme comme dans sa répercussion théologique (la patristique).

Ainsi préparée, la présentation d'éléments essentiels tirés de l'histoire de l'interprétation d'Exode 3, 14 équivaut à la présentation d'une histoire du *problème* pensé dans la question de fond onto-théologique [15].

15. Ce qui se vérifierait par exemple à l'aide de l'interprétation de Genèse 1, 1 : *In principio fecit deus caelum et terram*, saint Jean 1, 1 : *In principio erat verbum*, ou encore [saint Paul] 1. Cor. 15, 28 : *Deus omnia in omnibus*. Cf. aussi W. Beierwaltes, « Augustins Interpretation von Sapientia 11, 21 », in : *Revue des Études Augustiniennes*, 15 (1969), p. 51 *sq*.

I

Exode III, 14

Afin de pouvoir prendre la mesure et de cerner l'intention de la refonte philosophique ultérieure du verset biblique, il serait sage de s'assurer au préalable du sens d'Exode 3, 14 replacé dans le contexte vétéro-testamentaire.

En hébreu, la phrase est la suivante :
'èhyèh asher 'èhyèh.
Ce que la Septante traduit :
'Εγώ εἰμι ὁ ὤν,
la Vulgate :
ego sum qui sum,
quant à la traduction allemande courante, c'est la suivante :
Ich bin der ich bin[16].

Cette phrase est la réponse à la question de Moïse, lorsqu'il demande ce qu'il doit dire aux fils d'Israël lorsqu'ils vont lui demander le nom de celui qui l'a envoyé. Il était nécessaire pour les Israélites *que* Dieu décline son nom, afin que (conformément à la représentation d'un lien étroit entre le nom et la chose, ou la personne) ils puissent tout bonnement entrer en relation avec leur Dieu. L'invocation de Dieu par l'homme présuppose que Dieu « institue une mémoire »[17] de son nom au sein du domaine des choses humaines.

Dans notre horizon de pensée déterminé par l'interprétation philosophique de cette phrase, il serait tentant de comprendre la nomination que Dieu donne de son nom comme nomination de l'*être*. Dans son acception hébraïque, vétéro-testamentaire, cette phrase ne dit pas toutefois : « Je suis l'être », au sens où par exemple cette phrase reposerait sur l'idée que Dieu n'« a » pas l'être, mais « serait » l'être au sens de l'aséité, ou bien encore au sens où il serait l'auteur de son être : en tant qu'il tirerait son origine de lui-même et non d'un autre que lui. Replacée dans son contexte vétéro-testamentaire, cette phrase ne signifie pas non plus que Dieu serait en lui-même

16. P. Heinisch, *Das Buch Exodus*, Bonn, 1934, p. 52. <La traduction donnée ici par l'A. n'est pas toutefois celle de Luther : *Ich werde sein der ich sein werde*, « Je serai qui [ou : tel que] je serai », à laquelle l'A. se référera dans la suite de son propos. En français, la traduction « Je suis celui qui suis » est sans doute aujourd'hui plus courante que « Je suis qui suis » (qu'on trouve chez Marguerite de Navarre) ou « Je suis celui qui EST » (Le Maistre de Saci) *N.d.T.*>.

17. Exode 20, 24. G. v. Rad, *Theologie des Alten Testaments*, Berlin, 1969^{4}, p. 195.

substantialité subsistant en soi en un sens spécialement philosophique, elle ne vise pas par conséquent à proposer quelque *définition de l'essence* de Dieu. Il n'en est pas moins compréhensible que la charge sémantique de cette phrase en hébreu ait pu susciter une réflexion philosophique de ce genre.

On ne saurait non plus admettre l'idée selon laquelle ce passage d'Exode 3, 14 aurait pour signification exclusive, par analogie avec Genèse 32, 30, une « fin de non-recevoir opposée impérieusement par Yahweh ». La réponse de Dieu, qui pourrait bien être comprise affirmativement comme une manière de décliner son nom, consiste, selon cette interprétation, à repousser purement et simplement toute question portant sur son nom. À vrai dire, la structure grammaticale de la proposition d'Exode 3, 14 (proposition relative équivoque) admet son interprétation comme formule de répudiation. N'en apparaît pas moins comme unilatérale et restrictive quant au sens global de cette phrase la conception selon laquelle la « fin de non-recevoir » aurait pour but de signifier clairement que Yahweh « est un Dieu à jamais insusceptible d'être intégré à un réseau systématique de relations élaboré par la sagesse et la théologie des hommes, comme d'être détenu dans son nom »[18]. La « fin de non-recevoir » est du reste assez clairement suggérée, quand bien même on comprend cette phrase comme revêtant en priorité une signification affirmative : *'èhyèh asher èhyèh* montre la liberté de Yahweh, telle qu'elle ne consent pas à être « fixée », mais dont la présence se *manifeste* dans l'avenir[19]. Cette liberté de Dieu qui ne saurait être « fixée », ni être « intégrée » en un « réseau systématique de relations » mis au point par l'homme, n'est autre que son attitude foncière dans l'histoire qui le lie à son peuple. L'être de Dieu s'annonce dans l'histoire comme volonté salvatrice de consolation. La composante essentiellement verbale de la phrase *'èhyèh asher 'èhyèh* doit de ce fait être rendue pas : Je suis ou j'existe, je suis (toujours) présent et prêt à agir, je suis là (au sens d'une présence secourable), je me manifeste[20]. Cette phrase renferme moins par

18. W. Zimmerli, *Der Mensch und seine Hoffnung im Alten Testament*, Göttingen, 1968, p. 176.

19. Dieu est l'être absolument libre, si l'on peut risquer une analogie avec Exode 33, 19 où il est dit : « J'accorde ma bienveillance à qui je l'accorde, je fais miséricorde à qui je fais miséricorde. » Auquel cas Exode 3, 14 pourrait se lire : Je serai présent à celui à qui je serai présent (cf. J. Plastaras, *The God of Exodus*, Milwaukee, 1966, p. 98 *sq.*).

20. Sur cet aspect du nom de Dieu Yahweh, cf. W. v. Soden, « Jahwe – "Er ist, Er erweist sich" », in : *Die Welt des Orients*, 3 (1964-66), p. 177-187, n. p. 183 et 185. – À côté de la traduction présentée ici de la Septante (ὁ ὤν, 3e siècle av. J.-C.), seule à avoir été et à être demeurée déterminante pour l'interprétation patristique d'Exode 3, 14, on trouve chez Aquila (2e siècle après J.-C.) et Théodotion (2e siècle après J.-C.) la traduction suivante :

conséquent une déclaration sur l'essence de Dieu telle qu'en elle-même, que bien plutôt une déclaration d'intention, tournée vers l'avenir : je suis vérace, je suis disposé à aider et à être efficace. L'existence de Dieu, son être même est « activité ». Cette nomination souligne que Dieu veut maintenir l'alliance qu'il a conclue avec son peuple, et ainsi sauver son peuple. Dieu *s'en tient* à la parole donnée, il est l'Allié loyal et le Juste.

Si Dieu est comme étant-là, il est *toujours*. Ou encore : le soutien qu'il apporte à son peuple est indéfectible et permanent, sa « présence » à ses côtés ne faillira pas même à l'*avenir :* c'est pourquoi Dieu est éprouvé comme Celui sur qui on peut compter, Celui qui sera toujours là, bref – le Dieu « éternel »[21].

Une traduction d'Exode 3, 14 conforme à la théologie vétéro-testamentaire pourrait dès lors s'énoncer : Je suis là tel que je suis là ; ou, en mettant l'accent sur l'aspect dynamique de la futurition : Je serai là tel que je serai là (M. Buber) ; ou encore : Je me manifeste comme celui qui se met à l'œuvre. En cela s'indique déjà que *'èhyèh asher 'èhyèh* est moins la déclaration d'une essence que, bien plutôt celle d'une *histoire*[22], dans

ἔσομαι (ὅς) ἔσομαι [« Je serai (celui qui) je serai »]. Cette traduction est toutefois demeurée sans incidence sur l'histoire de l'interprétation d'Exode 3, 14 (*Origenis Hexaplorum quae supersunt*, ed. F. Field, Oxford, 1875, I, p. 85). – Il n'existe pas de traduction latine de la Bible où ce passage soit rendu en termes de futurition, ce qui donnerait *ero qui ero*, comme nous le confirme le Père Bonifazius Fischer, OSB, du Vetus Latina Institut de Beuron. Cf. en outre sur ce point ici-même n. 325. – Sur l'aspect agissant et opérant, cf. C.H. Ratschow, *Werden und Wirken*, Berlin, 1941, p. 81 *sq.*

21. Cf. Isaïe 40, 28 ; 41, 4 ; 43, 10 *sq.* ; 44, 6 ; 48 ; 12. Cf. W. Eichrodt, *Theologie des Alten Testamentes*, Stuttgart-Göttingen, 1968^{8}, I 120 ; F. Rosenzweig, « "Der Ewige". Mendelssohn und der Gottesname », in : *Kleine Schriften*, Berlin, 1937, p. 182 *sq.* <« "L'Éternel". Mendelssohn et le nom de Dieu », in : *L'Écriture, le verbe et autres essais*, tr. fr. J.-L. Évard, P.U.F., Paris, 1998, p. 113-130>. À envisager les choses à partir du concept d'être, le rapprochement s'impose avec le texte de Sap. 13, 1 : ἐκ τῶν ὁρωμένων ἀγαθῶν οὐκ ἴσχυσαν (ἄνθρωποι) εἰδέναι τὸν ὄντα ; *et de his, quae videntur bona, non potuerunt intelligere eum, qui est* [« à partir des biens visibles, ils (= les hommes) n'ont pas été capables de connaître Celui qui est »] : être véritable par opposition à celui qui succombe aux sens, parce qu'en étant le fondement. Parallèles théologiques et textuels avec Exode 3, 14 : Jn. 8, 28 et 58 : ἐγω εἰμι « L'ἐγω εἰμι qui est dans l'Ancien Testament le lieu et la formule de la Révélation de Dieu… trouve son accomplissement dans le ἐγω εἰμι du Verbe fait chair, Jésus-Christ… Cet EGO EIMI se présente aux hommes dans l'histoire comme Verbe incarné » (J. Blank, *Krisis. Untersuchungen zur johanneischen Christologie und Eschatologie*, Fribourg, 1964, p. 229.

22. Sur les aspects textuels comme sur l'« histoire de l'interprétation, cf. M. Reisel, *The mysterious name of Y. H. W. H.*, Assen, 1957 ; et B. Albrektson, in : *Words and Meanings, Essays presented to D.W. Thomas* (éd. par P.R. Ackroyd), Cambridge, 1968.

laquelle Dieu lui-même s'engage comme Sauveur dont l'action n'est à nulle autre pareille[23].

II

La Patristique. L'« être » dans le néoplatonisme

Dans la traduction grecque (Septante) la proposition relative équivoque *asher 'èhyèh* devient un prédicat sous la forme d'un participe présent substantivé précédé de l'article : ὁ ὤν – ce qui vaudra comme présupposé linguistique de toutes les interprétations ultérieures. Il n'y a dès lors rien d'étonnant à ce que des exégètes se laissant guider par l'entente de l'être platonicienne ou néo-platonicienne aient cru interpréter la phrase ainsi établie précisément à partir de cette entente de l'être.

Cet aspect de l'interprétation s'est imposé pour la première fois avec Philon d'Alexandrie. Comme illustrations chrétiennes puisées dans le domaine de la littérature patristique peuvent lui être associés Grégoire de Nazianze et Grégoire de Nysse ; ce qui permet de tirer au clair le présupposé philosophique de cette interprétation chez Plutarque, Plotin et Porphyre, comme des conditions auxquelles elle a été soumise, ce qui rend possible, à son tour, une compréhension plus fine de l'interprétation que donnent de notre passage de l'Exode des auteurs comme saint Augustin et Maître Eckhart. Il reviendra à une réflexion portant sur le concept de Dieu chez le dernier Schelling – toujours au fil directeur de l'*Ego sum qui sum* – de clore ces remarques sur la question de fond onto-théologique. Ces diverses attitudes intellectuelles, qui ont trouvé à se concrétiser historiquement de diverses façons, n'en sont pas moins stimulées par la même question et gravitent autour du même enjeu, lequel n'a de cesse de se présenter sous de nouveaux aspects chaque fois que la question se trouve relancée.

Dans l'exégèse d'Exode 3, 14 due à *Philon*, le nom de Dieu est « l'Étant », au masculin (ὁ ὤν) ou au neutre (τὸ ὄν). Que Philon puisse recourir à deux genres, masculin et neutre, du participe présent de manière synonyme, cela montre pour le moins que dans ce contexte ce n'est pas la « personnalité » qui constitue le premier aspect du concept qu'il a de Dieu, mais bien plutôt la plus haute dénomination de l'intelligible, telle qu'elle demande à être comprise à partir de Platon : l'être véritable, ou être proprement dit. Le nom ὁ ὤν ou τὸ ὄν n'est donc pas à proprement parler un *nom propre* qui aurait pour ambition de rendre « dicible » cet indicible

23. H.W. Wolff, « Jahwe und die Götter in der alttestamentischen Prophetie », in : *Evangelische Theologie*, 8 (1969), p. 397-416.

que Dieu est en soi ; il renvoie bien plutôt au fait que Dieu seul *est* par opposition à tout étant (autre que LUI[24]), qu'il est au sens propre, tandis que « ce qui est après lui » *semble* seulement être[25]. Le nom ὁ ὤν instruit de la *différence* qui sépare l'étant (véritable) du non-étant[26], mais non de ce qu'est l'étant lui-même en son essence. La réponse à la question de Moïse s'enquérant du nom de Dieu nomme par conséquent tout ce que l'homme est en mesure de connaître de Dieu : τὸ ὄν ou εἶναι, *qu'*il est et qu'en cela consiste radicalement son être. L'être de Dieu, son existence (ὕπαρξις[27]) implique tous les prédicats possibles, encore qu'ils soient inadéquats à son essence. Ces prédicats sont « platoniciens », autrement dit l'être de Dieu est pensé comme immuable à l'instar de l'être de l'Idée, comme subsistant de manière intemporelle (ἑστώς, ἕστεκε)[28], persévérant en son identité, remplissant tout[29] parce que posant tout étant (θεός= τιθέναι)[30], ne manquant de rien[31], se trouvant partout (= au fondement de toutes choses) et ne se trouvant nulle part[32] (= ne s'investissant entièrement en aucune, parce qu'étant à lui-même son propre « lieu »[33]) ; ce qu'il est, il l'est en tant que lui-même, non au sens d'une propriété. Étant véritable, Dieu est la plénitude qui embrasse tout mais n'est pas elle-même embrassée, et par là-même le Premier et le Très-Haut[34].

Ce n'est pas seulement le concept de Dieu propre à Philon, dans lequel sont dialectiquement associés les éléments grec et juif, mais tout autant celui qu'on trouve chez Grégoire de Nazianze ou Grégoire de Nysse qui est

24. *Mut.*, 11 ; *vita Mos.* I, 75 ; *Det.* 160 : μόνος ἐν τῷ εἶναι ὑφέστεκεν [« seul il s'est tissé dans l'être »] : *Somn.* 1, 230 : μόνον εἶναι τὸ ὄν [« seul est l'étant »].

25. *Det.*, 160 : οὐκ ὄντων κατὰ τὸ εἶναι (comme le dieu, cf. aussi *Conf. ling.*, 137 : κατὰ τὸ εἶναι μόνον [« selon l'être seulement »], reprenant assurément le *Timée* de Platon, 37 e 6 : τῇ δὲ [οὐσίᾳ ἀϊδίᾳ] τὸ ἔστιν μόνον κατὰ τὸν ἀληθῆ λόγον προσήκει : [« en vérité, l'expression *est* ne s'applique qu'à celle-ci (=la substance éternelle) »], δόξῃ δὲ μόνον ὑφεστάναι νομιζόμενων.

26. *Vita Mos.*, 1, 75.

27. *Somn.*, 1, 231 : μαρτυρεῖ δὲ καὶ τὸ θεσπισθὲν λόγιον τῷ πυνθανομένῳ, εἰ ἔστιν ὄνομα αὐτῷ, ὅτι « ἐγώ εἰμι ὁ ὤν », ἵν' ὧν δυνατὸν ἀνθρώπῳ καταλαβεῖν μὴ ὄντων περὶ θεόν, ἐπιγνῷ τὴν ὕπαρξιν. *Post. Caini,* 15 *sq.*, 168 (sur Deut. 33, 39 : ὅτι ἐγώ εἰμι (ὁ θεὸς) ἴδετε, τουτέστι τὴν ἐμὴν ὕπαρξιν θεάσασθε. *Immut.*, 55, 62.

28. *Somn.*, 2, 221, *Sacr.* 67.

29. *Ibid.*

30. *Conf. ling.*, 137. L'étymologie se trouve déjà chez Hérodote, en II, 52, renvoyant à l'efficace des dieux.

31. *All.*, 2, 1. 3, 181, *Imm.* 7.

32. *Leg.*, 3, 4. *Migrat.*, 183. *Sacr.*, 67. *Conf. ling.*, 136.

33. *All.* I, 44 : αὐτὸς ἑαυτοῦ τόπος καὶ αὐτὸς ἑαυτοῦ πλήρης καὶ ἱκανὸς αὐτὸς ἑαυτῷ ὁ θεός [« à lui-même son propre lieu, à lui-même sa propre plénitude et se suffisant à lui-même, tel est le Dieu »].

34. *All.*, 3, 82.

déterminé de fond en comble par le concept essentiellement grec de l'être – l'être représenté comme le « toujours » intemporel, l'inaltérable, l'infini et l'omni-englobant. Tel n'est assurément pas l'unique élément constitutif de ce concept de Dieu, mais il ne s'en avère pas moins être un élément prédominant précisément dans l'interprétation d'Exode 3, 14.

Grégoire de Nazianze conçoit les désignations « L'Étant » (ὁ ὤν) et « Dieu » (ϑεός) comme des noms qui expriment l'essence ou l'être (οὐσία) de Dieu, posés en toute nécessité de par son être. Entre ces deux désignations, c'est « L'Étant » qui atteint le mieux l'idée visée (κυριωτέρα κλῆσις [35]) : « Nous cherchons une nature telle que l'être lui revienne en soi, et non en étant lié à autre chose que lui ; l'être en effet est véritablement Dieu, en propre et en entier, car il n'est pas déterminé ou limité ni par un avant ni par un après, Dieu en effet n'était ni ne sera » [36] – il *est*. Par cet être est entendue une présence affranchie du temps, une perfection immuable, une pure efficience et un être-en-soi illimité. « Toujours Dieu était, est et sera ; ou plutôt : *toujours il est*. Car le « était » et le « sera » résultent d'un découpage selon notre temps à nous, et du caractère fluctuant de la nature ; il est, lui, le toujours étant, et tel est le nom qu'il se donne à lui-même lorsqu'il s'adresse à Moïse sur la montagne. Car comprenant le tout en lui-même, il a l'être qui n'a pas commencé ni ne cessera, comme un océan de l'être, infini et illimité, surplombant tout concept de temps et de nature. » [37]

C'est en des termes semblables que Grégoire de Nysse développe ses pensées relatives à la connaissance de Dieu : elles aussi se veulent une interprétation de la phrase « Je suis celui qui suis ». En elle, Dieu se nomme lui-même. Son essence est déterminée comme intemporelle ou éternelle (ἀΐδιος) [38] ; en termes temporels, où la dimension temporelle se trouve néanmoins abolie, il est à penser comme celui qui se comporte toujours de la même façon, auquel rien ne s'ajoute et dont rien ne se

35. *Oratio,* 30, 18 ; PG 36, 128 A. De même Thomas d'Aquin, *S. Th.*, I, q. 13 a, 11.

36. *Oratio,* 30, 18 ; PG 36, 125 C *sq.*

37. *Oratio,* 45, 3 ; PG 36, 625 C : ϑεὸς ἦν μὲν ἀεὶ καὶ ἐστι καὶ ἔσται· μᾶλλον δὲ ἐστιν ἀεί. τὸ γὰρ ἦν καὶ ἔσται τοῦ καθ᾽ ἡμᾶς χρόνουτμήματα καὶ τῆς ῥευστῆς φύσεως. ὁ δὲ ὢν ἀεὶ καὶ τοῦτο αὐτὸς ἑαυτὸν ὀνομάζει τῷ Μωϋσεῖ χρηματίζων ἐπὶ τοῦ ὄρους. ὅλον γὰρ ἐν ἑαυτῷ συλλαβῷν ἔχει τὸ εἶναι, μήτε ἀρξάμενον μήτε παυσόμενον, οἷον τι πέλαγος οὔσίας ἄπειτον καὶ ἀόριστον, πᾶσαν ὑπερπίπτον ἔννοιαν καὶ χρόνουκαὶ φύσεως. Dans la métaphore πέλαγος τῆς οὐσίας s'indique l'idée d'une identité entre Dieu et l'être par la médiation de Jean Damascène (*de fide orthod.*, I, 9 ; PG 94, 936 B ; tr. lat. de Burgundio : *Totum enim inseipso comprehendens habet esse, velut quoddam pelagus substantiae infinitum et indeterminatum*, éd. Buytaert, Louvain, 1955, p. 49), dont la présence fut également impressionnante au Moyen-Âge, cf. par ex. Alexandre de Halès, *S. th.*, p. II, inq. II, tr. 1, q. 1 cap. 1, resp. 1 (ad 'nomen infinitum') ; Thomas d'Aquin, *S. Th.*, I, q. 13 a, 11 c ; Eckhart, *in Exod.*, n. 24 ; LW 2, 30, 9 *sq.* Sap. n. 54 ; LW 4, 490, 9.

38. *Contra Eunomium,* III, 3 ; t. II, 186, 13 Jaeger.

soustrait (ἀεὶ ὡσαύτως ἔχει, οὔτε προσγινόμενον οὔτε ἀπογινόμενον) [39], qui est et demeure toujours le MÊME[40], parce qu'il est toujours déjà ce qu'il est, sans qu'il y ait ni commencement ni fin de ses jours[41]. Cet être intemporel, cet être-toujours-déjà-lui-même est être *étant* par opposition à tout autre étant, être véritable et entier[42]. Il n'est pas déterminé ni délimité par quoi que ce soit d'autre. Par conséquent, la phrase « Je suis celui qui suis » dit seulement que Dieu est (μόνον, ὅτι ἔστι)[43]; ce faisant, elle n'indique pas moins le trait le plus caractéristique du concept de Dieu chez Grégoire de Nysse : « illimité dans l'être », ἀόριστον ἐν τῷ εἶναι[44] – Dieu est l'In-fini en tant qu'il est l'Être.

Si, sur tel ou tel point, des théologoumènes n'ont pas manqué pour réinvestir ce concept de nouveaux enjeux et de nouveaux champs d'application, il n'en reste pas moins qu'il s'agit là, avec ce concept de Dieu qui consiste à penser celui-ci comme l'ÊTRE in-temporel (éternel) et infini, d'un concept strictement philosophique quant à sa structure fondamentale. Le modèle de la dénomination théologique de Dieu comme être ou – philosophiquement parlant – de l'équivalence posée entre Dieu et l'être se constitue selon certains traits bien déterminés du concept d'être, tel qu'il a connu un intense développement, au sein d'une tradition qui remonte à Platon[45], dans la philosophie platonicienne et ce qui en a « préparé les voies ». Il faudra nous contenter, dans ce qui suit, de n'en livrer que quelques bribes, qui suffiront toutefois à faire ressortir les moments platoniciens et néo-platoniciens de l'histoire que nous prenons en vue, celle de l'interprétation d'Exode 3, 14.

39. 186, 14 *sq.* (Transposition sur le Dieu chrétien de déterminations platoniciennes pour l'être de l'idée et de déterminations platoniciennes pour l'être de l'éternité.)

40. 187, 15. αὐτός d'après Ps. 101, 28. Cf. sur ce point, *infra*, p. 39 *sq.*, l'interprétation augustinienne de ce passage.

41. ἄναρχος : 189, 27. Des jours sans fin : 187, 16.

42. ὄντως : 186, 25. 189, 1. ἀληθῶς : 189, 11. πάντως : 189, 12.

43. 188, 14

44. 186, 13. Au sens d'Isaïe, 44, 6 : Ἐγὼ πρῶτος καὶ ἐγὼ μετὰ ταῦτα : 187, 2- 188, 15. Sur cet aspect, cf. E. Mühlenberg, *Die Unendlichkeit Gottes bei Gregor von Nyssa*, Göttingen, 1966, p. 100 *sq.*

45. Est déjà « platonicienne » la première réception théologique d'Exode 3, 14, dans son dessein protreptique pour le christianisme tel qu'il s'atteste dans l'identification des intentions de Moïse et de celles de Platon : *Just.*, *Cohort. ad. Graec.* 22, PG 6, 281 A : ὁ μὲν γὰρ Μωϋσῆς, ὁ ὤν, ἔφη, ὁ δε Πλάτων, τὸ ὄν (en ayant cité préalablement le *Timée* en 27 d 5 *sq.*). ἑκάτερον δὲ τῶν εἰρημένων τῷ ἀεὶ ὄντι Θεῷ προσήκειν φαίνεται. αὐτὸς γὰρ ἐστι μόνος ὁ ἀεὶ ὤν, γένεσιν δὲ μὴ ἔξων [« Ce que Moïse a appelé l'Étant [*ho ôn*, au masculin] et Platon, l'étant [*to on*, au neutre]. Chacun de ces termes semble convenir au Dieu toujours étant. Celui-ci est en effet le seul toujours Étant, n'ayant point de devenir »].

Objet d'interprétations diverses, le concept de l'Être se pensant lui-même est quant à lui préparé par l'identification à laquelle procède résolument Plutarque entre Dieu et l'être. Eἶ (Tu es) est la seule manière de s'adresser au Dieu (Apollon) eu égard à son essence. Cette manière de s'adresser à lui nomme son essence : ÊTRE. Cet être du Dieu est le renversement *a priori* de notre situation à nous, comme situation humaine : nous autres, nous ne sommes pas ; prise dans ce qu'a d'« héraclitéen » l'étant lié au monde, notre nature ne fait jamais figure que de reflet obscur et incertain d'elle-même. Nous sommes en nous-mêmes aussi multiplicité (ἄθροισμα παντοδαπόν καὶ πανηγυρικῶς μεμιγμένον)[46] [« bigarrure agglomérée tant bien que mal, pompeux bric-à-brac »], et pour cette raison voués par notre altérité constitutive au règne de la différence, qui ne nous permet jamais de parvenir à une présence à nous-mêmes susceptible de demeurer. Le Dieu, en revanche, est être véritable, il est être au sens propre, original, il est « l'éternel, inadvenu et indestructible, auquel nul temps n'apporte de modification »[47]. Le trait foncier de l'être consiste donc en une négation du temps, en un demeurer-égal-à-soi-même sans procès aucun, en une présence « constante » à soi. Celui qui toujours est – une telle formulation recourt bien à un terme temporel, mais elle vise ce qui échappe au temporel, pour désigner l'éternité de l'être divin : « Le Dieu *est*, et il n'*est* selon aucun temps, mais selon l'éternité, cette éternité au repos, intemporelle, inaltérable pour laquelle il n'y a rien d'antérieur ni de postérieur, rien de futur ni rien de passé, rien de plus ancien ni rien de plus récent ; elle est *une*, et de son unique maintenant elle a empli le toujours ; n'est véritablement que ce qui lui est conforme, ce qui n'est pas advenu ni n'adviendra, qui n'a pas commencé et ne cessera pas »[48]. Le temps serait

46. *De E ap. Delphos*, 18 ; 392 a.

47. *Ibid.*, 19 ; 392 e : τὸ ἀΐδιον καὶ ἄφθαρτον, ᾧ χρόνος μεταβολὴν οὐδὲ εἷς ἐπάγει.

48. *Ibid.*, 20, 393 a *sq.* : ἀλλ' ἔστιν ὁ θεός, χρὴ φάναι, καὶ ἔστι κατ' οὐδένα χρόνον ἀλλὰ κατὰ τὸν αἰῶνα τὸν ἀκίνητον καὶ ἄχρονον καὶ ἀνέγκλιτον καὶ οὗ πρότερον οὐδέν ἐστιν οὐδ' ὕστερον οὐδὲ μέλλον οὐδὲ παρῳχημένον οὐδε πρεσβύτερον οὐδὲ νεώτερον. ἀλλ ' εἷς ὢν ἑνὶ τῷ νῦν τὸ ἀεὶ πεπλήρωκε, καὶ μόνον ἐστὶ τὸ κατὰ τοῦτον ὄντως ὄν, οὐ γεγονὸς, οὐδ' ἐσόμενον οὐδ' ἀρξάμενον οὐδὲ παυσόμενον. – Il est probable que, indépendamment du contact avec la Septante et Philon, Numesius (fr. 22, Leemans) a également été incité par Plutarque à identifier son « premier dieu » avec l'étant (ὁ ὤν). Cette possibilité n'a pas été envisagée par G. Whittaker, « Moses Atticizing », in : *Phoenix*, 21 (1967), n. p. 196-201, ni même dans son essai prenant pour thème le *De E apud Delphos* de Plutarque (*Class. Quart.*, N.S. 19 [1969], 185-192 ; où il cherche à rendre plausible, pour l'identification que l'on trouve chez Plutarque entre ἕν et θεός, l'existence d'une source néo-pythagoricienne – peut-être le commentaire du *Timée* par Eudore). – La question à laquelle il a été fait allusion du rapport entre Numesius et Plutarque n'est pas seulement attestée principiellement, mais également historiquement, vu que Eusèbe, *Praep. Evang.* XI, 11 (*GCS Eusebius*, t. 8, Deux. Partie, éd. par K. Mras, Berlin, 1956, p. 29 *sq.*), Cyrille, *Contra Jul.*, VIII, PG 76, 908 b et

« *distractio* », tandis que le « maintenant » in-temporel qui est un « toujours », est unité. L'être *est* donc unité : ἕν εἶναι δεῖ τὸ ὄν, ὥσπερ ὂν τὸ ἕν[49] [« l'étant doit être un, comme l'Un doit être étant »]. Mêmeté qui, en tant que formulation de l'immuablement-éternel, exclut de l'être l'altérité, cette altérité qui est le commencement ou le fondement du non-être[50]. S'adresser au Dieu (=Apollon) en lui disant « Tu es », cela revient donc à s'adresser à lui en lui disant : « Tu es (l') Un »[51], ce qui est l'appeler tout bonnement par son nom bien compris : 'Α-πόλλων, celui qui n'abrite en lui-même aucune multiplicité ni différence[52]. L'unité, comme trait foncier de l'essence d'Apollon (= du Dieu), justifie également son autre nom : le Pur et le Sacré (Φοῖβος), car ce n'est que du fait de sa liberté que l'Un est préservé et pur (εἰλικρινὲς καὶ καθαρόν) de toute différence[53].

C'est à cette idée de l'identité de l'être et de Dieu que *Plotin* apporte des modifications et des nuances. Ce n'est pas en effet le premier principe ou l'origine elle-même – l'Un – qui est être ; car cela, à quoi devrait revenir au sens propre la dénomination « Dieu », est bien plutôt « sur-étant », « au-delà » de l'être, soustrait du Tout en tant que non-être, et par le non-être différant de l'étant[54]. Il n'y a d'être au premier chef que par l'esprit et *en tant qu*'esprit : ce n'est donc qu'*une seule* nature que l'être et l'« esprit » : μία μὲν οὖν φύσις τό τε ὂν ὅ τε νοῦς (*Enn.* V 9, 8, 16 *sq.*). Le recours à Plotin dans le déploiement de notre problématique trouve sa légitimation dans le fait que des éléments essentiels du concept plotinien de l'esprit se trouvent coïncider avec certains traits caractéristiques du concept chrétien de Dieu, pour autant qu'il aura été conçu philosophiquement à une époque ultérieure. En outre, Plotin lui-même appelle l'esprit un « grand dieu », en tout cas par contraste avec l'Un comme « roi du roi (esprit) et des rois, père des dieux », peut-être en s'appuyant sur Numesius, le deuxième dieu[55]. En

Théodorète, *Graec. affect. curatio,* 2, PG 83, 860 (sources citées par Whittaker, in : *Class. Quart.*, 186, n. 1) citent la déclaration de Plutarque sur l'« être » et l'« unité » de Dieu, à côté de la théologie de Numenius, pour la mettre en rapport avec Exode 3, 14.

49. Plutarque, *ibid.*, 393 b.

50. *Ibid.*

51. εἶ <το ? > ἕν, *ibid.*

52. *Ibid.*, c : 'Απόλλων μὲν γὰρ οἷον ἀρνούμενος τὰ πολλὰ καὶ πλῆθος ἀποφάσκων ἐστίν. Sur cette étymologie, cf. Plutarque, *de Iside et Osiride,* 75 ; 381 f ; Plotin, V, 5, 6, 26 *sq.*

53. *De E apud Delphos,* 20 ; 393 c *sq.*

54. Par ex. V, 3, 11, 18 : ἕτερον ἁπάντων. V 4, 1, 6. V 5, 13, 6 : μόνον καὶ ἔρημον. 28 : οὐδὲν τῶν πάντων. (V 1, 7, 19 : μηδὲν τῶν πάντων.) 35 : ἀμιγὲς πάντων καὶ ὑπὲρ πάντα καὶ αἴτιον τῶν πάντων. V 6, 5, 37. VI 7, 17, 2 *sq.* : ἐπέκεινα. VI 8, 14, 43 : ὑπερόντως αὐτός.

55. V 5, 3, 1 *sq.*, 20 *sq.* Sur les différents sens que recouvre le terme θεός, cf. R. Arnou, *Le désir de Dieu dans la philosophie de Plotin,* Rome, 1967[2], notamment p. 119 *sq.* ; J. M. Rist, « *Theos* and the One in some texts of Plotinus », in : *Mediaev. Studies,* 24 (1962), p. 169-80.

étant désignée par le terme θεός, la dignité ontologique de l'esprit se trouve mise en évidence, détachée qu'elle est par là-même de tout ce qui est étant.

L'Un n'est pas être. Mais l'être provient de l'Un et n'est que par lui. L'être se trouve par là-même déterminé, en ce qu'il n'est pas l'Un lui-même. Mais l'être n'en a pas moins procédé de l'un ; l'être *est* procession de l'Un. En tant qu'entité autonome (hypostase), l'être accomplit sa propre procession, ou lui-même comme procession de l'Un retournant à l'Un originaire[56]. Cette régression de l'être, ou retour de l'Un dans l'être en l'Un lui-même, s'accomplit comme *réflexion* ou *pensée.* L'être étant à partir de l'Un et en dehors de l'Un est par là essentiellement *esprit*, qui, par la pensée, se reconduit à lui-même et à son origine. L'esprit est dès lors susceptible d'être déterminé comme la réflexion sur soi de l'être.

La pensée n'est pas extérieure à l'esprit, elle ne lui est pas prescrite de manière hétéronome ; c'est bien plutôt à partir de lui-même et de lui-même que l'esprit pense. Ce qu'il pense, il l'est lui-même, en sorte que même son « objet » n'est pas pour lui quelque chose qui lui serait étranger. L'autonomie de sa pensée réside donc dans l'identité de la pensée et du pensé en lui, ou – si le pensé est l'étant (les idées, l'intelligible) – dans l'identité de la pensée et de l'être. « L'esprit est ainsi l'étant véritable, en ce qu'il ne pense pas celui-ci comme de l'étant qui proviendrait d'ailleurs [que de lui-même], car celui-ci n'est ni avant lui ni après lui, l'esprit est bien plutôt le premier législateur, ou pour mieux dire : la loi de l'être lui-même. »[57] Afin d'étayer cet état de chose – selon lequel l'esprit *est* l'étant (les idées) ou l'être intemporel en général, en ceci qu'il le pense, que l'esprit se pensant lui-même *est*, et, du seul fait qu'il est être, *pense* celui-ci comme soi-même – Plotin détourne sciemment une parole maîtresse de Parménide en en faisant le modèle d'une pensée conçue absolument et selon l'hypostase : « C'est le même que penser et être »[58]. Leur identité lève toute question de priorité et revient à concevoir l'esprit comme unité autonome, comme compénétration réciproque de la pensée et de l'être ; l'esprit est, comme tel, immuable, étant et agissant en lui-même. À la phrase de Parménide, Plotin associe la déclaration d'Aristote selon laquelle la connaissance affranchie de la matière est identique à ce sur quoi elle porte, et le fragment (B 301) d'Héraclite : « Je me suis cherché moi-même ». L'identité de la pensée et de

56. V 2, 1, 9-12 : le problème de l'ἐπιστροφή.

57. V 9, 5, 26-29 : ὁ νοῦς ἄρα τὰ ὄντα ὄντως, οὐχ οἷα ἐστιν ἄλλοθι νοῶν. οὐ γάρ ἐστιν οὔτε πρὸ αὐτοῦ οὔτε μετ᾽ αὐτόν. ἀλλὰ οἷον νομοθέτης πρῶτος, μᾶλλον δὲ νόμος αὐτὸς τοῦ εἶναι Sur la question de la priorité entre pensée ou être : W. Beierwaltes, *Plotin, Über Ewigkeit und Zeit*, p. 26 *sq.*

58. Parménide, gr. B 3 ; je traduis dans l'esprit de Plotin : V 9, 5-29 ; V 1, 8, 17 ; III 8, 8, 8 ; V. Cilento, « Parmenido in Plotino », in : *Giorn. crit. di filos. ital.,* 43 (1964), p. 194-203. Cf. aussi *infra*, p. 57 *sq.*

l'être est rendue possible par le caractère intelligible de l'être. En accomplissant cette identité, l'esprit se reconnaît lui-même comme étant l'être véritable, relié à son origine, parce que rendu possible à partir d'elle. Cet accomplissement, en vertu duquel pensée et être ne font qu'« un », non pas par appropriation (οἰκειώσει) mais selon l'essence ou l'être (οὐσία), Plotin l'appelle « vivante contemplation » (θεωρία ζῶσα)[59]. La *vie* qui est celle de cette contemplation consiste précisément en ce que le contemplé ne demeure pas extérieur au contemplant (au pensant), ni fixé en lui-même, mais constitue un moment du pensant lui-même : le pensant *est* le pensé. La vie est certes quelque chose d'extérieur à la pensée, mais non la vie en soi, c'est-à-dire la vie de l'esprit lui-même, affranchi du temps comme du lieu (αὐτοζωή). « Si donc quelque chose de contemplé et de pensé doit avoir une vie, il faut que ce soit la vie [qui vit] d'elle-même. »[60] La vie tirant d'elle-même sa propre vie, ou vie en soi, est mesure et fondement de toute autre vie. En cela, elle est analogue à l'être comme à la fonction de l'esprit. Si par conséquent la vie en soi constitue un trait essentiel de l'esprit, si elle en constitue la mobilité propre et le pouvoir synthétisant auquel il se réfère, Plotin peut dire à bon droit que la « vie première » (= vie en soi) ne fait qu'un avec l'« esprit premier » (la pensée en soi). « Si la vie la plus véritable (= vie première) est vie par la pensée et si cette pensée équivaut à la pensée la plus véritable, alors la pensée la plus véritable est vivante, la contemplation et le contemplé qui lui correspond vivent et sont vie, tous deux forment ensemble une unité. »[61] L'inter-pénétration pensante de l'être et la connaissance de l'esprit par lui-même comme être véritable, propre et originaire – telle est donc la « vie », entendue comme constante mobilité spécifique de l'être.

La question de Plotin consistant à se demander comment et par quoi le multiple doit être compris en dehors de l'Un, se laisse dès lors thématiser de façon plus précise à partir de l'idée d'identité entre la pensée et l'être. Elle revient à demander : comment le multiple est-il unité ?

Par la procession de l'Un lui-même en l'être est posée la première altérité[62], et du même coup le multiple. Mais il appartient à la réflexion de contenir le multiple, qui se répandrait sinon en quelque chose d'absolument indéterminé. La première multiplicité se trouve toujours de ce fait

59. III 8, 8, 11.

60. *Ibid.*, 12 *sq.*

61. *Ibid.*, 26-30 : εἰ τοίνυν ἡ ζωὴ ἡ ἀληθεστάτη νοήσει ζωή ἐστιν, αὕτη δὲ ταὐτὸν τῇ ἀληθεστάτῃ νοήσει, ἡ ἀληθεστάτη νόησις ζῇ καὶ ἡ θεωρία καὶ τὸ θεώρημα τὸ τοιοῦτο ζῶν καὶ ζωη καὶ ἓν ὁμοῦ τὰ δύο. ἓν οὖν ὂν τὰ δύο πῶς αὖ πολλὰ τοῦτο τὸ ἕν;

62. Cf. Plotin, II 4, 5, 28 *sq.* ; V 1, 1, 4.

intégrée à un tout étant par lui-même, en raison de l'unité qui continue à prévaloir, davantage que tout ce qui s'ensuit du déploiement de l'être.

C'est seulement la multiplicité, ou altérité, qui rend possible la pensée[63]. La pensée s'appuie en effet sur du pensable, tel ou tel, et en même temps elle s'en détache. Cet appui et ce détachement de la pensée dans son rapport au pensable constituent la relation entre les multiples idées. Mais l'objectivation des idées particulières surmonte du même coup l'altérité absolue, en ramenant tout le pensable (= le toujours déjà pensé) à son fondement unitaire. L'esprit est à penser par conséquent comme unité ou identité *au sein de* la différence ; il est ἓν πολλά, Un-multiple[64]. Tout est en lui simultanément (πάντα ὁμοῦ), encore que distinct : οὕτως οὖν καὶ πολὺ μᾶλλον ὁ νοῦς ἐστιν ὁμοῦ πάντα καὶ αὖ οὐχ ὁμοῦ, ὅτι ἕκαστον δύναμις ἰδία[65]. Ce qui garantit l'unité est l'Un lui-même, tel qu'il fonde l'esprit comme « trace » de lui-même. Même l'étymologie du mot εἶναι est censée renvoyer à cet état de choses[66].

« L'être lui-même est en soi-même divers. »[67] Mais il revient à la pensée de fonder l'unité rendue possible par l'Un, en ce qu'elle est acte de synthèse ; « bien des moments se rencontrent en un point et alors a lieu une perception (une conscience) commune du tout »[68], du moins dans la pensée de soi-même, que Plotin comprend comme pensée au sens propre[69]. Dans la pensée de soi-même, l'être-en-manque-de-soi-même de la première multiplicité trouve sa plénitude. À l'Un indifférencié, en revanche, rien ne manque, pas même lui-même, il ne « cherche » rien ; l'autarcie de l'Un est fondée dans son unité elle-même. C'est pourquoi – à l'envisager du moins sous cet aspect – l'Un *ne* pense *pas*. La « seconde » autarcie, en revanche, celle qui est analogue à l'Un, à savoir l'esprit, « ne s'atteint elle-même qu'à travers la totalité [dans l'acte de penser], en ce [qu'elle] devient suffisante à

63. V 3, 10, 24 ; V 6, 1, 22 *sq.* ; VI 7, 37 *sq.* Sur ce problème, cf. W. Beierwaltes, *Plotin*, p. 21 *sq.* et 29 *sq.*

64. V 3, 15, 22 (conformément à la deuxième hypothèse du *Parménide* de Platon, E. R. Dodds, « The Parmenides of Plato and the origin of the neoplatonic One », in : *Class. Quaterly*, 22 [1928], 133).

65. V 9, 6, 7-9 ; IV 3, 4, 9 *sq.* : ἐπὶ μὲν οὖν τοῦ νοῦ ἑτερόντι χωριζομένου ἑαυτοῦ κατὰ μέρη μάλιστα ἀπ' ἀλλήλων, ὄντων δὲ ὁμοῦ ἀεί. VI 4, 4, 25 : νοῦς πολὺς ἑτερότητι, οὐ τόπῳ, ὁμοῦ δὲ πᾶς. VI 9, 5, 16 : πλῆθος ἀδιάκριτον καὶ αὖ διακεκριμένον.

66. V 5, 5, 13 : τὸ εἶναι ἴχνος ἑνός. lignes 14 *sq.* sur le rapport étymologique entre ἕν, εἶναι, οὐσία et ἑστία. VI 7, 17, 39 : νοῦς ἴχνος ἐκείνου.

67. V 3, 13, 33.

68. *Ibid.*, 13, 12-14 : κινδυνεύει ὅλως τὸ νοεῖν πολλῶν εἰς αὐτὸ συνελθόντων συναίσθησις εἶναι τοῦ ὅλου, ὅταν αὐτό τι ἑαυτὸ νοῇ, ὅ δὴ καὶ κυρίως ἐστὶ νοεῖν.

69. *Ibid.*, 16 : οὐ κυρίως.

partir de toutes ses parties, et ainsi repose en elle-même et incline vers elle-même »[69a].

L'esprit pourrait dès lors dire à bon droit de lui-même : « je suis être » – ὄν εἰμι[70]. C'est aussi parce que le ὄν (être) – fût-il unifié en lui-même – enveloppe une multiplicité qu'une telle *énonciation* : « je suis être » est adéquate : sous la forme de la différence entre sujet et prédicat, elle nomme ce qui est différencié en soi-même. Analogiquement, l'esprit pourrait dire de lui-même : « je suis pensée », car « à la pensée il faut toujours être dans l'altérité *et* dans la mêmeté »[71]. La polarité dans l'être de l'altérité et de la mêmeté, qui est l'esprit en tant que pensant, constitue la présupposition pour son être et l'accomplissement de sa pensée. Par opposition à quoi l'Un est l'absolument indifférencié, pure unité dépourvue d'altérité, totalement dépourvue de parties (ἀμερὲς πάντη). Si l'Un indivis voulait « exprimer ce qu'il est, il lui faudrait dire au préalable ce qu'il n'est pas, et par ce fait même il serait d'abord multiplicité, afin de pouvoir prétendre à l'unité. En disant « je suis cela », il s'exprimerait de manière erronée, s'il entendait par « cela » quelque chose de différent de lui ; et s'il ne désignait par là que quelque chose d'accidentel, il se qualifierait par là même de multiple ; tout au plus pourrait-il dire : « suis suis » et « je je » »[72].

Une éventuelle déclaration de l'Un sur lui-même ne pourrait donc pas se produire sous la forme propositionnelle consistant à associer un prédicat à un sujet, qui ne convient que là où une différence entre en jeu, elle ne pourrait consister qu'en une répétition de cela qu'il « est » : le « sujet » se répéterait dans le « prédicat » ou bien s'exprimerait entièrement en lui, pur de toute différence. « Suis suis » et « je je » est la tentative de rendre perceptible dans l'élément de la langue l'indifférencié par le moyen d'une forme langagière logique et grammaticale[73], c'est à ce titre une préfiguration plotinienne de la proposition spéculative[74].

Si la langue présente les choses telles qu'elles sont en elles-mêmes, un prédicat tel que ἐστιν (« est ») les recouvre aussi eu égard à l'Un *qua* ἀγαθόν : l'Un ne peut donc dire ni « je suis » ni « je suis le Bien », ἐγώ εἰμι τὸ ἀγαθόν, parce que le prédicat indiquerait en lui une différence. La

69a. *Ibid.*, 19-21 : καὶ τὸ ἐνδεὲς πρὸς αὑτὸ ὂν τῷ ὅλῳ πεποίηκε τὸ αὔταρκες ἱκανὸν ἐξ ἁπάντων γενόμενον, συνὸν ἑαυτῷ καὶ εἰς αὐτὸ νεῦον (Theiler, au lieu de : νοοῦν).

70. *Ibid.*, 18 *sq.* 24. 26. 15, 13.

71. V 3, 10, 24 *sq.* : ἀεὶ ἐν ἑτερότητι τὴν νόησιν εἶναι καὶ ἐν ταυτότητι δὲ ἐξ ἀνάγκης.

72. *Ibid.*, 10, 32-37 : καὶ γὰρ εἰ τὸ ἀμερὲς πάντη εἰπεῖν αὑτὸν δέοι, δεῖ πρότερον λέγειν ἃ μὴ ἔστιν. ὥστε καὶ οὕτως πολλὰ ἂν εἶναι, ἵνα ἓν εἴη, εἶθ ὅταν λέγῃ « εἰμι τόδε » τὸ « τὸδε » εἰ μὲν ἕτερον τι αὐτοῦ ἐρεῖ, ψεύδεται εἰ δὲ συμβεβηκὸς αὐτῷ, πολλὰ ἐρεῖ ἢ τοῦτο ἐρει « εἰμὶ εἰμὶ » καὶ « ἐγὼ ἐγώ ».

73. VI 7, 38, 8.

74. Cf. *infra*, p. 51 *sq.*

proposition « Je suis le Bien » serait le résultat d'une pensée de soi-même qui penserait le Bien, c'est-à-dire qui commencerait par en faire son vis-à-vis théorétique, pour l'identifier par après avec elle-même. Si l'Un doit demeurer un, il faut par conséquent que le Bien lui-même, en tant qu'essentiellement identique à l'Un, soit pensé séparément de la pensée du Bien[75].

Vu que l'Un est lui-même de façon indifférenciée, à savoir ne pense pas plus qu'il n'est (ἔστι δὲ οὐδὲ τὸ ἔστιν)[76], la seule méthode adéquate pour circonscrire l'Un est une dialectique *négative*. De l'Un, celle-ci ne prédique pas même ce qu'il y a de plus général : qu'il est, même s'il constitue, comme réalité pure et simple, le présupposé de toute pensée et de tout discours. Le simple « est » serait en effet une « adjonction » (προσθήκη) qui détruirait du même coup l'« être »-un et bon, ou son absoluité[77].

Mais d'autre part, il faut également faire droit au fait que si l'on peut dire du non-un, et donc de l'esprit, qu'il « est », c'est tout simplement pour la raison qu'il est « préservé » par l'Un et, à partir de la multiplicité qui est la sienne, s'ajointe en pensée en une unité[78] : la pensée aidant, la multiplicité de l'esprit est « de toutes parts unité », ἓν πανταχοῦ[79].

Ce qui distingue l'unité absolue de l'Un et l'unité de l'être se pensant lui-même, c'est uniquement la différence ou altérité comme « nouvelle » qualité ontologique et logique : l'unité originaire a éclaté, elle est devenue présente (« autre ») à elle-même comme être, mais se reprend du même coup par la pensée en unité qui tout à la fois supporte et abroge en soi la différence.

L'être de l'altérité, avec la fonction logique qui est la sienne, n'est toutefois pas encore synonyme de temps aux yeux de Plotin. L'être comme se-pensant-lui-même est bien plutôt, inaltérable, pure effectivité qui est « toujours » et qui est « infinie », présence constante dont le maintenant est toujours, « simultanéité » ponctuellement ramassée de tout ce qui est en lui et s'y trouve pensé, tandis que le maintenant du temps, chaque fois autre parce qu'autrement rempli, laisse l'altérité devenir le principe de disjonction et de succession. L'esprit ou l'être se réfléchissant lui-même est *éternel*. En d'autres termes : l'éternité (αἰών) est un moment essentiel, ou la « vie de l'esprit »[80]. L'activité pensante de l'esprit n'implique pas de ce fait un mouvement de l'antérieur au postérieur, au cours duquel seulement la

75. VI 7, 38, 11 *sq.*
76. *Ibid.*, 38, 1. Platon, *Parménide*, 141 e.
77. V 5, 13, 9 *sq.*
78. V 3, 15, 11 *sq.*
79. *Ibid.*, 19.
80. Cf. sur ce point W. Beierwaltes, *Plotin*, p. 35 *sq.*, 145 *sq.*

pensée pourrait se déployer – ce qui est essentiel en revanche à la pensée dianoétique, étroitement liée au temps en sa discursivité. L'activité pensante de l'esprit est bien plutôt conscience intemporelle de tout « pensable comme toujours déjà pensé » (ἄχρονος νόησις), différenciation de tous les νοητά en même temps que leur identification (par référence à l'unité)[81].

Des éléments essentiels, donc, et qui deviendront par la suite déterminants pour le concept philosophique de Dieu en théologie chrétienne, tels que l'identité entre Dieu, être, pensée et éternité, ont été pensés par Plotin, même si ce n'est pas à titre d'explicitation du principe premier et véritable, de l'Un. L'identification de Dieu et de l'être, de la pensée *et de l'Un* n'a été accomplie, quant à elle, par opposition à Plotin et au néoplatonisme ultérieur, que par *Porphyre*[82].

Le Dieu au sens propre est pour Porphyre l'Un et du même coup l'être[83], il est « plénitude de lui-même » (πλήρωμα ὢν αὐτὸς αὐτοῦ)[84]. Comparés à lui, nous ne sommes rien[85] – comme Plutarque y avait déjà insisté[86]. En tant qu'il est l'être *véritable*, il est le strictement Incommensurable. Certes, Porphyre conçoit le Dieu ou l'Un comme pré-existant (προούσιον), mais en même temps aussi – manifestement à la suite de l'Oracle Chaldaïque – comme pure efficience ou activité, qui est l'être même : αὐτὸ τὸ ἐνεργεῖν καθαρόν, ὥστε καὶ αὐτὸ τὸ εἶναι τὸ πρὸ τοῦ ὄντος[87] [« c'est lui la pure efficience, en sorte qu'il est lui-même l'être relativement à l'étant »]. Le Dieu n'est donc aucun étant mais l'Être lui-même étant avant tout étant (αὐτὸ τὸ εἶναι), mais en même temps, en tant qu'il est cet être absolu (ἀπὸλυτον)[88], la cause première et englobante de tout l'étant. Si l'« idée » est fondement ou être d'un étant concret, alors l'être de l'Un divin est « idée » de l'étant (ἰδέα τοῦ ὄντος)[89] ou de l'Un étant.

81. IV 4, 1, 11 *sq.*

82. À partir d'ici se trouvent reprises des formulations provenant de ma recension de : P. Hadot, « Porphyre et Victorinus », Paris, 1968, in : *Erasmus,* 21 (1969), p. 621-626. Nous devons à Hadot la démonstration convaincante que Porphyre est l'auteur d'une commentaire néo-platonicien du *Parménide,* conservé sur un palimpseste de Turin (*Rev. Ét. Gr.* 74 [1961], p. 410-38). Je cite le texte d'après l'édition établie et publiée par Hadot dans le second tome de son ouvrage.

83. *In Parm.,* VI 8 : τὸ εἶναι μόνον καὶ ὑπὲρ τὸ πᾶν.

84. *Ibid.*, ligne 9.

85. Cf. *supra,* p. 23.

86. IV 21 *sq.*, 26 *sq.* : ἡμεῖς οὖν τὸ οὐδὲν πρὸς ἐκεῖνον, <αὐ>τὸς δὲ τὸ μόνον ὄντως ὄν. Il n'y a pas de παραβολή ni de σχέσις de Dieu à l'étant. Cf. *infra,* p. 48 *sq.* sur Maître Eckhart.

87. XII 25-27.

88. XII 32.

89. *Ibid.*, 33 *sq.*

Se distinguant de Plotin et du néo-platonisme ultérieur dans la question de l'être de Dieu, Porphyre s'en distingue tout autant dans celle de la *pensée* de Dieu. Il admet deux niveaux ou dimensions de la pensée (de l'intelligence absolue) : une pensée qui, parce qu'elle est pur regard sans objet, ne peut faire retour sur soi, ce qui ne signifie pas pour autant une quelconque restriction de son essence ; et une seconde pensée, dans laquelle le pensant s'est dédouané de la pensée originaire, afin de se voir lui-même ; cette forme de la pensée consiste à faire retour sur soi, elle est réflexion sur soi. La première forme est identique à l'Un lui-même et elle est ainsi en même temps ce qui fonde la possibilité de la seconde forme (1re hypothèse du *Parménide* de Platon), tandis que la seconde forme est identique au deuxième Un, différencié en soi (2e hypothèse du *Parménide*, faisant pendant à l'Esprit plotinien)[90]. La première forme de la connaissance qu'a le divin de lui-même demeure pure identité à soi (αὐτὸ τοῦτο γνῶσις οὖσα)[91] ; tandis que la seconde est l'explicitation de ce qui est impliqué dans le divin, explicitation qui, en retour (ré-flexion) se porte garante de l'unité *au sein même* de la diversité.

Si Dieu est conçu en même temps comme être et comme non-être, comme pensée et comme non-pensée (au sens de la pensée non-réflexive), c'est par un paradoxe plein de sens que théologie négative et théologie affirmative sont en même temps légitimes et (autant que faire se peut) profèrent sur Dieu des énoncés adéquats. La théologie négative n'en devient pas moins en priorité l'expression de la faiblesse humaine : (ἡμεῖς) καὶ πάντα τά ὄντα τό μηδέν ἐσμεν πρός αὐτόν… ἡμεῖς οὖν τὸ οὐδὲν ὡς πρὸς ἐκεῖνον[92], tandis que la théologie affirmative se fait, quant à elle, renvoi à la plénitude de l'être divin : πλήρωμα ὢν αὐτός αὐτοῦ[93] – à vrai dire sans parvenir davantage à sa hauteur.

Cette conception du Dieu-Un se pensant lui-même et qui est l'être, telle qu'on la trouve chez Porphyre, a passé outre le blâme que Plotin adresse à Aristote de faire du principe quelque chose de second en lui attribuant la pensée[94], elle a transféré le Dieu aristotélicien se pensant lui-même dans l'horizon néo-platonicien d'une hénologie « théologique ».

Indépendamment de l'influence qu'elle a exercée sur saint Augustin, la pensée de Porphyre dont nous venons de retracer quelques grandes lignes a marqué d'une empreinte décisive la doctrine trinitaire de *Marius Victorinus*, et sans doute n'est-ce pas là la moindre des raisons pour

90. Cf. XIII et XIV.
91. V 34.
92. IV 21 *sq.*
93. IV 9.
94. Plot., V 1, 9, 7 *sq.*

lesquelles cette dernière représente l'unique complexe métaphysique dans l'univers de la pensée de langue latine.

Pour Marius Victorinus, Dieu est l'« *unum* » strictement *supra omnia*[95], et cependant, ou plutôt pour cette raison même, il est être pur : « *esse purum* »[96]. Il est la pensée même : *cum autem se ipsum intellegit, non ut alter alterum, fit ut intellegentia ipsa se intellegat*[97].

La triade *esse – vivere – intelligere*, ou *existentia – vita – intellegentia*, revêt pour Victorinus une importance particulière pour la détermination intrinsèque de l'être intra-trinitaire et de la mobilité qui lui est inhérente. Elle a été développée par Porphyre sous la forme ὕπαρξις – ζωή (δύναμις) – νόησις (νοῦς). Victorinus identifie l'*esse* au Père, le *vivere* au Fils, et l'*intelligere* au Saint-Esprit. L'être du Père est au fondement et à l'origine de la vie et de la connaissance, en substance égales à la sienne (homousie), du Fils et de l'Esprit. En cette *manifestatio* (*apparentia*, révélation de soi) intemporelle de l'être du Père dans la vie du Fils et dans la pensée de l'Esprit s'accomplit la constitution et la connaissance de soi de Dieu comme unité trine. Celle-ci est à comprendre, en vertu de la dialectique qui lui est immanente du repos et du mouvement, de la mêmeté (propriété des personnes trinitaires) et de l'altérité, comme une identité dynamique, qui implique une différence relative et n'en préserve pas moins l'unité des trois personnes. Si la vie est conçue essentiellement comme extranéation (δύναμις) de l'être – rendue possible et voulue en celui-ci à titre de possible pré-existant – ou encore, par comparaison avec l'Un « sur-étant » de l'être lui-même, comme Un simplement étant, la troisième « phase » intemporelle doit dès lors être pensée comme suspension réflexive de cette extranéation, ou comme retour du second Un en le premier. La vie s'accomplit ainsi dans la pensée. L'auto-engendrement divin se présente ainsi comme un cercle se déployant et se réfléchissant, et qui se décrit selon la loi μονὴ – πρόοδος – ἐπιστροφή[98].

95. *Adv. Arium* IV 23, 22 *sq.* (éd. P. Henry et P. Hadot, Paris, 1960, *Sources chrétiennes*, 68/9). *Ibid.*, 24, 29 *sq.* : *super omnia et idcirco nullum de omnibus*.

96. *Ibid.*, II 4, 43.

97. *Ibid.*, IV 27, 28

98. *Ibid.*, I 60, 1 *sq.* Sur la problématique d'ensemble, voir l'analyse du problème par P. Hadot, *Porphyre et Victorinus*, I, p. 272 *sq.*

III

Augustin

Avec l'explicitation de l'être comme esprit chez Plotin, et, chez Porphyre, de l'Un comme être pensant (ce qui revient à réintégrer entièrement le Dieu pensant aristotélicien dans le paysage du néo-platonisme) et de Dieu comme unité se pensant de manière trinitaire, se trouvent réunis les éléments essentiels, philosophiquement parlant, à partir desquels vont se constituer les concepts de Dieu et d'être chez *saint Augustin*, même si ces deux concepts ne requièrent pas chez lui une égale qualité d'attention. L'« Ego sum qui sum » revêt à ses yeux une signification centrale[99] tel qu'il est compris précisément à partir de cette tradition : elle constitue à ses yeux une incitation à expliciter *Dieu* comme être (véritable). Avec l'« Ego sum qui sum », Dieu donne son nom : « être », tel est donc son nom, le nom qui lui revient exclusivement. Or « être » signifie, au sens augustinien, « éternel », à savoir immuable, étant toujours (sans processus temporel) tel qu'il est, identique à lui-même, sans différenciation interne. De même que l'éternité constitue pour Plotin la vie de l'esprit, la forme dans laquelle l'esprit, en s'unifiant, se conçoit foncièrement lui-même, elle constitue pour saint Augustin un trait foncier de l'essence divine ; l'éternité est même identique à l'essence de Dieu. C'est pourquoi l'être, par quoi est entendu Dieu, et l'éternité se déterminent mutuellement de manière spéculaire : parce que Dieu (et lui seul) *est*, il est *éternel*, ou l'Éternel ; parce que Dieu peut être pensé comme Éternel, il *est*, ou il est l'*être*.

99. Ce qui a pu être appelé la « métaphysique de l'Exode » chez saint Augustin fait l'objet d'une discussion dans E. Gilson, *L'esprit de la philosophie médiévale*, Vrin, Paris, 1932, p. 54 *sq.* et *passim*; C. J. de Vogel, « Antike Seinsphilosophie und Christentum im Wandel der Jahrhunderte », in : *Festgabe J. Lortz*, Baden-Baden, 1958, p. 529 *sq.* ; repris dans « "Ego sum qui sum" et sa signification pour une philosophie chrétienne », in : *Rev. Sciences rel.*, 35 (1961), p. 350 *sq.* ; R. Berlinger, « Der Name Sein – Prolegomena zu Augustins Exodus-Metaphysik », in : *Wirklichkeit der Mitte, Festgabe A. Vetter*, Fribourg, 1968, p. 80-94 ; K. Kremer, *Die neuplatonische Seinsphilosophie und ihre Wirkung auf Thomas v. Aquin*, Leyde, 1966, p. 390 *sq.* ; en outre : W. Beierwaltes, *Phil. Rundschau*, 16 (1969), p. 141 *sq.*, notamment p. 148 *sq.*, et, du même auteur, l'édition de Plotin, *Über Ewigkeit und Zeit*, p. 172 *sq.*, quant à la problématique de la métaphysique de l'Exode et d'une « philosophie chrétienne ». Si l'on devait entendre par là un point de départ authentiquement chrétien en philosophie, l'explication d'Exode 3, 14 dans la patristique et chez saint Augustin ne constitue assurément pas le point de départ adéquat. Toutefois, une théologie chrétienne de l'Exode trouve son amorce avec saint Augustin, dans sa réflexion sur le *nomen misericordiæ* (cf. *supra*, p. 41). La spéculation sur le *nomen æternitatis* (*esse*) demeure, quant à elle, étroitement solidaire de structures et de contenus de pensée hérités de la philosophie grecque.

Presque tous les passages où saint Augustin cite ou interprète Exode 3, 14 se situent dans un horizon de pensée (néo-) platonicien : il institue une coupure entre l'étant mondain non-immuable, parce que soumis au temps, et, d'autre part, le principe ou le fondement de cet étant, lequel n'est autre que l'être même, affranchi du temps, comme être divin. Une telle coupure ne constitue pas toutefois une différence telle que rien ne saurait l'abolir ; en l'homme lui-même, la transcendance reposant sur l'espérance, la foi et la connaissance médiatise l'étant dans l'être, Dieu dans le monde, et ce qui est de l'ordre du fondé en son fondement. C'est là la médiation accordée et accomplie exemplairement par le « Dieu d'Abraham » dans le Médiateur qu'est le Christ.

Nous allons préciser la structure de pensée récurrente dans les méditations augustiniennes sur le nom Être en proposant une interprétation de quelques passages des *Enarrationes in Psalmos*. le fil directeur est fourni, en la matière, par le texte suivant :

> 10. « Vos années sont dans la génération des générations ». Pourquoi le psalmiste ne dit-il pas : vos années durent dans les siècles des siècles, expression par laquelle les saintes Écritures expriment ordinairement l'éternité ; mais « vos années sont dans la génération des générations » ? Mais que sont ces années ? Que sont-elles, sinon des années qui ne viennent ni ne passent ? Que sont-elles, sinon des années qui ne viennent pas pour n'être plus. Car, dans le temps, chaque jour vient que pour n'être plus ; et ainsi de chaque heure, de chaque mois, de chaque année. Aucun de ces espaces de temps ne demeure ; avant de venir, il sera ; une fois venu, il ne sera plus. Donc vos années éternelles, vos années immuables seront dans « la génération des générations. » Il y a une certaine génération des générations, dans laquelle sont vos années. Quelle est-elle ? Il y en a une, et si nous savons la reconnaître, nous y serons et les années de Dieu seront en nous. Comment seront-elles en nous ? De la même manière que Dieu lui-même sera en nous ; c'est pourquoi il est dit : « Afin que Dieu soit tout en tout. En effet, les années de Dieu ne sont point autres que Dieu lui-même ; les années de Dieu sont l'éternité de Dieu ; l'éternité est la substance même de Dieu en laquelle rien ne peut être soumis au changement. En elle, rien n'est passé de manière à n'être plus ; rien n'est à venir comme n'étant pas encore. En Dieu, en un seul mot, il EST ; et non point il A ÉTÉ ou il SERA ; car ce qui a été n'est plus, ce qui sera n'est pas encore ; et tout ce qui est en Dieu est, et ne peut qu'être.
>
> Admirons comment Dieu a donné mission à son serviteur Moïse. Moïse lui demandait comment il devait nommer celui qui l'envoyait ; il fit cette demande et reçut la réponse, et son juste désir ne fut pas frustré. Il faisait cette question, non par une curiosité de

présomption, mais par une nécessité de ministère. « Que répondrai-je, dit-il, aux enfants d'Israël, s'ils me demandent : Qui vous a envoyé vers nous ? » Et Lui, montrant à la créature son Créateur, à l'homme son Dieu, au mortel l'immortel, à l'être d'un jour l'éternel, lui dit : « JE SUIS CELUI QUI SUIS ». Si vous disiez : Je suis. Qui ? vous demanderait-on. L'un dirait : Gaïus, un autre : Lucius, un autre : Marcus. Vous en resteriez là si vous ne déclariez votre nom ? Voilà ce que Moïse attendait de la part de Dieu. Voilà quelle était sa question. Quel est votre nom ? Par qui dirai-je que je suis envoyé, à ceux qui me le demanderont ? « JE SUIS ». Qui êtes-vous ? « CELUI QUI SUIS ». Est-ce là votre nom ? Est-ce là tout votre nom ? « Je suis » serait-il votre nom, si tout ce qui est en dehors de vous n'était véritablement pas, par comparaison avec vous ? Ce nom est donc bien le vôtre, mais dites-le moi plus clairement encore. « Allez, dit-il, et dites aux enfants d'Israël : CELUI QUI EST m'a envoyé vers vous. JE SUIS CELUI QUI SUIS : CELUI QUI EST m'a envoyé vers vous. » Voilà le grand mot, IL EST ! le mot par excellence. IL EST ! En face de cela, qu'est-ce que l'homme ? À côté de ce grand mot, IL EST, qu'est-ce que l'homme, quelque chose qu'il soit ? Qui parviendra jusqu'à cet être souverain ? Qui participera à son existence ? Qui le désirera ? Qui y aspirera ? Qui aura la présomption de prétendre y arriver ?
Ne désespère pas, ô fragilité humaine ! « Je suis, dit-il, le Dieu d'Abraham et le Dieu d'Isaac et le Dieu de Jacob. Vous avez entendu ce que je suis en moi-même, apprenez ce que je suis pour vous. C'est donc cette éternité qui nous a appelés ; c'est du sein de cette éternité que le VERBE s'est élancé vers nous. Dieu était l'éternité, déjà était le Verbe, et le temps n'était pas encore. Pourquoi le temps n'était-il pas encore ? Parce que le temps a été créé ? Comment le temps a-t-il été créé ? « Toutes choses ont été faites par lui et rien n'a été fait sans lui ». O verbe antérieur aux temps, par qui les temps ont été faits ; ô Verbe né dans le temps, bien qu'étant la vie éternelle vous avez appelé des hommes soumis au temps pour les faire éternels ! C'est là la génération des générations. Car une génération s'en va et l'autre la remplace. Et vous voyez que les générations des hommes sur la terre sont semblables à la succession des feuilles sur les arbres ; toutefois sur les arbres tels que l'olivier, le laurier ou tout autre arbre toujours garni de feuillage. C'est ainsi que la terre porte les hommes comme des feuilles ; elle est couverte d'hommes, mais tandis que les uns meurent d'autres naissent pour leur succéder. C'est ainsi que l'arbre est toujours orné de son habit de verdure ; mais regardez au bas et voyez combien de feuilles desséchées vous foulez aux pieds.

12. Dès le commencement, Seigneur, vous avez fondé la terre. Je connais votre éternité ; par elle, vous précédez tout ce que vous avez fait. Dès le commencement, Seigneur, vous avez fondé la terre, et les

Cieux sont l'ouvrage de vos mains. ils périront ; mais vous, au contraire, vous demeurerez : ils vieilliront tous comme un vêtement et vous les changerez comme un manteau et ils seront changés ; vous, au contraire, vous êtes TOUJOURS LE MÊME. Qui êtes-vous ? CELUI QUI EST TOUJOURS LE MÊME. Vous qui avez dit : JE SUIS CELUI QUI SUIS, vous êtes TOUJOURS LE MÊME. Et bien que toutes les créatures n'existeraient pas si elles n'étaient pas de vous, par vous et en vous, cependant, elles ne sont pas ce que vous êtes, vous qui êtes TOUJOURS LE MÊME. Car vos années ne finiront pas, ces années qui seront dans la génération des générations ne finiront pas. Sachant cela, je vous demanderais à connaître le petit nombre de mes jours, si je ne savais que tous les jours du monde, depuis le commencement jusqu'à la fin, sont en petit nombre en comparaison de votre éternité.

14. Ces Cieux périront donc, mais non pour l'éternité : ils périront pour être métamorphosés. N'est-ce pas là ce que dit le psaume ? Lisez donc la suite : Et tous vieilliront comme un vêtement, comme un vêtement tu en changeras, et ils seront soumis à la mutation. Mais vous vous êtes TOUJOURS LE MÊME, et vos années ne feront jamais défaut. En entendant « vêtement », pouvez-vous entendre par là autre chose que le vêtement de chair ? Nous espérons donc que notre chair sera promise à pareille mutation, accomplie par Celui qui était avant nous et sera après nous ; par qui nous sommes ce que nous sommes, auquel nous irons lorsque nous aurons été transformés, Celui qui transforme mais n'est pas lui-même transformé, Celui qui crée mais n'est pas lui-même créé, Celui qui meut, mais qui lui-même demeure ; et ainsi, c'est de la chair et du sang que peut encore se comprendre : JE SUIS CELUI QUI SUIS : Vous êtes TOUJOURS LE MÊME, et vos années ne feront pas défaut.

Mais que sommes-nous, avec nos misérables années, en comparaison de vos années à vous ? Et que sont nos années à nous ? Et pourtant, nous ne devons pas désespérer. Dans la splendeur et la seigneurie de sa sagesse, Dieu a dit assurément : JE SUIS CELUI QUI SUIS, mais il s'est adressé à nous, pour nous consoler : Je suis le Dieu d'Abraham et le Dieu d'Isaac et le Dieu de Jacob : et nous sommes la semence d'Abraham. Même soumis à la déréliction de la terre et de la cendre, nous espérons en Lui. Serviteurs que nous sommes : mais par amour pour nous, notre Seigneur a revêtu la forme d'un serviteur ; par amour pour les mortels que nous sommes, l'Immortel a voulu mourir, par amour pour nous il nous a montré l'exemple de la résurrection. Laissez nous donc espérer que nous parviendrons à ces années qui ne passent point, au cours desquelles les jours ne passent point selon la carrière du soleil, au cours desquelles bien plutôt cela qui est demeure tel qu'il est, car cela seul véritablement est »[100].

Ce qui fournit le prétexte à l'explication de l'idée qui jusque là n'avait été esquissée que très généralement, c'est le vers du psalmiste : « vos années sont dans la génération des générations »[101]. Les années et les jours désignent ici métaphoriquement le temps. Les années évoquées par le psaume s'opposent toutefois aux années que nous connaissons par expérience. Bien qu'elles s'appellent des années selon le décompte du temps, elles ne sont manifestement pas en elles-mêmes déterminées par le temps. Être déterminé par le temps équivaut dans ce contexte à : porter la marque du néant et pour cette raison être périssable. Tous les temps (heures, jours, années) conviennent en « ce » temps pour « n'être pas ». D'eux rien ne « demeure ». C'est aussi de cette expérience que provient la comparaison, rendant un son élégiaque, du genre humain avec les feuilles caduques et les feuilles mortes : « Mais regardez au bas et voyez combien de feuilles desséchées vous foulez aux pieds »[102]. C'est le même point de départ, à savoir la *mutabilitas* de l'existence en ce monde, que prend saint Augustin dans la question portant sur « ce qu'il en *est* du nombre de mes jours »[103]. L'expérience de la nullité du temps pénètre jusqu'à la langue : je ne peux pas même maintenir en ce que je dis un « est », parce que celui-ci institue un présent ; tandis que je le dis, c'est le mot qui m'échappe, comme

100. *Enarr. in Psalm.*, CI, *Sermo* 2 ; 10, 11-68 ; 12, 1-15 ; 14, 25-49. Cf. tr. fr. Péronne, Ecalle, Vincent, Charpentier, Barreau, éd. Vivès (Paris, 1872-78), t. 14, p. 217 *sq.*

101. Ps. 101, 25. Vulgate : *in generationem et generationem anni tui.*

102. *Enarr. in Ps.*, CI, s. 2, 10, 67 *sq.*

Pour l'histoire de la comparaison : Eccl. (Jes. Sir.) 14, 17 *sq.* : πᾶσα σὰρξ ὡς ἱμάτιον παλαιοῦται… ὡς φύλλον θάλλον ἐπὶ δένδρου δασέος, τὰ μέν καταβάλλει, ἄλλα δὲ φύει, οὕτως γενεὰ σαρκὸς καὶ αἵματος, ἡ μὲν τελευτᾶ, ἑτέρα δὲ γεννᾶται [« Toute chair vieillit comme un vêtement … comme le feuillage verdoyant sur un arbre touffu, tantôt tombe et tantôt repousse, ainsi les générations de chair et de sang, l'une s'en va, tandis que l'autre advient »]. – Homère, *Iliade*, VI, v. 146-149 :

οἵη περ φύλλων γενεή, τοίη δὲ καὶ ἀνδρῶν.
φύλλα τὰ μέν τ' ἄνεμος χαμάδις χέει, ἄλλα δέ θ' ὕλη
τηλεθόωσα φύει, ἔαρος δ' ἐπιγίγνεται ὥρη.
ὣς ἀνδρῶν γενεὴ ἡ μὲν φύει ἡ δ' ἀπολήγει.
Comme naissent les feuilles, ainsi font les hommes.
Les feuilles, tout à tour, c'est le vent qui les épand sur le sol, et la forêt
Verdoyante qui les fait naître, quand se lèvent les jours de printemps.
Ainsi des hommes : une génération naît à l'instant même où une autre s'efface.
[tr. fr. P. Mazon]

Cf. en outre E. Norden sur l'*Enéide* de Virgile, livre VI, v. 309-12, Darmstadt, 1957[4], p. 223 *sq.*

103. *Enarr. in Ps.*, XXXVIII, 7 *sq.*

le temps. *Et tenes dies, qui unam syllabam non tenes ? Momentis transvolantibus cuncta rapiuntur, torrens rerum fluit ; de quo torrente ille in via bibit pro nobis* (Ps. 109, 7) *quia iam exaltavit caput*[104]. En elle-même et par elle-même, cette expérience contraint à déclarer : tout – tout homme en cette vie – est *vanitas*, vanité et vacuité[105].

À nos « misérables » années, à ces années temporelles et finies (*pannosi anni*)[106], s'opposent les années « éternelles » de Dieu, lesquelles ne s'altèrent point. Le jour de Dieu est un jour qui demeure (*manens*)[107], un aujourd'hui qui dure toujours[108] ou un « maintenant » ponctuel qui abolit aussi la présence temporelle en lui et demande par là à être pensé comme le mode d'être affranchi du temps des années divines[109]. Nos jours et nos années ne « sont » pas, tandis que les années de Dieu, elles, *sont* : *anni tui non deficient*[110]. Celles-ci ne sont rien d'autre que Lui-même, donc son éternité[111]. Or l'éternité est la « *substance* » de Dieu lui-même. L'éternité comme substance de Dieu signifie : *nihil habet mutabile ; ibi nihil est praeteritum, quasi iam non sit ; nihil est futurum, quasi nondum sit. Non est ibi nisi :* EST. Les années de Dieu comme substance divine signifient donc : la consistance en soi affranchie de tout processus et de tout temps, la constance immuable de Dieu en lui-même. Saint Augustin lui-même entend *substantia* au sens d'*essentia* (essence ou entité) *quam Graeci* οὐσίαν *vocant*[112] ; le terme *essentia* rend même encore mieux ce dont il s'agit, parce qu'il nomme plus clairement l'« *ipsum esse* ». Tandis que la *substantia* entendue comme *essentia* renvoie à ce qui demeure, au subsistant en SOI[113], à ce qui fait surgir et garantit tout le reste, à la *stabilitas*[114]

104. *Ibid.*, 7. Celui-ci, à savoir le Christ, est donc la consolation qui s'offre dans le flux du temps, cf. *infra*, p. 42 *sq.*

105. *Ibid.*, 10 ; en outre : CXLIII, 11.

106. *Enarr. in Ps.*, CI, s. 2 ; 14, 38.

107. *Ibid.*, XXXVIII, 7, 52.

108. *Conf.*, XI, 13, 16 : *hodiernus tuus (dies) aeternitas ; ideo coaeternum genuisti cui dixisti ; ego hodie genui te. Enarr. in Ps.*, CXXI, 6.

109. L'éternité de Dieu comme pure présenteté à soi : *semper praesens, semper stans* : *Conf.*, XI, 11, 16 et 13. Sur le νῦν (= αἰών) néo-platonicien susceptible d'être compris de même façon et foncièrement déterminant pour saint Augustin, cf. : Beierwaltes, *Plotin*, p. 170 *sq.*

110. *Ps.* 101, 28. De saint Augustin, cf. aussi : *Enarr. in Ps.*, XXXVIII, 7. *anni tui hodiernus dies* : *Conf.*, I, 6, 10.

111. *Ennarr. in Ps.*, CI, s. 2 ; 10, 26.

112. *De Trin.*, V, 2, 3, *Sermo* VII, 7. Sur la synonymie d'*essentia* (οὐσία) et de *substantia*, cf. déjà Hilaire, *De synodis*, 12, PL 10, 490 (cf. note complémentaire 33 in : *Œuvres de saint Augustin*, 15, Paris, 1955, p. 584). Sur l'histoire du problème, cf. M. Elsässer, *Das Personverhältnis des Boethius*, Diss., Wurzbourg, 1970.

113. *Sermo* VI, 3, 4. *Enarr. in Ps.*, XXXVIII, 7, 51 *sq.* (*dies manens*) ; *ibid.*, 8, 5 *sq.* (*mansio*). CI s. 2, 12 et 13.

de l'être divin. Cet être à toute épreuve, subsistant et perdurant intemporellement, est donc la pure identité à soi-même (l'étant toujours soi-même) de Dieu : *tu enim idem ipse es et anni tui non deficient* : Tu es le Même Soi-même, et tes années ne font pas défaut[115]. C'est le même rapport intrinsèque que saint Augustin élucide dans l'interprétation de la phrase « *cuius participatio eius in idipsum* »[116]. « *Idipsum* » est ce qui est toujours de la même façon, ce qui est éternel ; c'est le EST lui-même. L'être-en-soi substantiel, la présenteté intemporelle, le maintenant stable ou éternel comme l'identité à soi conservant à la fois elle-même et ce qu'elle fonde, tel est l'être véritable ou proprement dit, comparé auquel « notre » être est un néant, ou presque[117]. Cet être originel *est* exclusivement : *hoc est* e s t[118]. Il *est* ce qu'il est, et rien d'autre ; en tant que pure identité à soi-même, il exclut de lui toute différence au sens où cela impliquerait un amoindrissement de son être[119]. C'est cet être, dont le prédicat en soi le plus éminent est lui-même en sorte que seules peuvent être énoncées à son sujet des propositions identiques sur le modèle « l'être est l'être ou lui-même », que saint Augustin appelle l'être même (*ipsum esse*)[120], par opposition à l'être de ce monde qui n'est pas et jamais ne peut être lui-même, l'être suprême (*summe* ou *maxime esse*)[121], l'être authentique parce que non dérivable, se fondant en lui-même (*germanum esse*)[122], l'être véritable ou proprement dit, parce que demeurant toujours identique à lui-même, immuable, incontestable et se confirmant lui-même (*verum esse*)[123], l'être simple ou pur, parce que préservé de toute différence et par là n'étant que lui-même et n'étant pas autrement lui-même (*simplex* ou *sincerum*

114. *Trac. in Joh.*, II, 2, 27. *Enarr. in Ps.*, CXXI, 6, 9 *sq.* ; CXXVII, 15, 27 *sq.* Sur la relation entre στάσις et αἰών chez Plotin, en accord ici sur le fond avec saint Augustin, cf. W. Beierwaltes, *Plotin*, p. 37 *sq.*, 152 *sq.*, 176 (ἑστώς).

115. *Enarr. in Ps.*, CI, s. 2, 12 ; XXXVIII, 7 ; *Sermo* VII, 7.

116. *Enarr. in Ps.*, CXXI, 5. Sur l'*idipsum*, cf. aussi *Conf.*, IX, 4, 11 ; *De Trin.*, III, 2, 8. L'« identité » est un trait fondamental de l'éternité pour Plotin : W. Beierwaltes, *Plotin*, 27 *sq.* 158. 170 *sq.*

117. *Enarr. in Ps.*, XXXVIII, 7, 8, 12 : *deesse* ; 9, 39 *sq.* : *substantia mea tamquam nihil ante te… nihil esse… quod sum in comparatione eius quod est. Ibid.*, CI, s. 2 ; 10, 43 *sq.* : *esset tibi nomen ipsum esse, nisi quidquid est aliud, tibi comparatum, inveniretur non esse vere ?* Cf. Porphyre, *supra*, p. 30 *sq.*

118. *Tract. in Joh.*, II, 2, 11 *sq.* Sur « être » comme essence de l'éternité chez Plotin, cf. W. Beierwaltes, *Plotin*, p. 45 *sq.*, p. 172 *sq.* (ἔστι μόνον).

119. *Tract. in Joh.*, XXXIX, 8, 9 : *est quod est* ; *Enarr. in Ps.*, 11, 18 *sq.* : *est tantum id quod est.*

120. *De Trin.*, V, 2, 3 ; *Enarr. in Ps.*, CI, s. 2 ; 10, 44.

121. *De nat. boni*, XIX, 19.

122. *Sermo* VII, 7 ; *Enarr. in Ps.*, XXXVIII, 7, 49 *sq.*

123. *Sermo* VII, 7 ; *Enarr. in Ps.*, XXXVIII, 7, 49 ; *Tract. in Joh.*, XCIX, 5, 9 (*veraciter*).

esse)[124]. Si elles reviennent apparemment à différencier l'identique, toutes ces déterminations ne visent toujours au fond que LE MÊME (IDIPSUM), quitte à l'envisager sous différents aspects. C'est cet ÊTRE MÊME décrit sous divers aspects qu'enveloppe la phrase EGO SUM QUI SUM : en elle Dieu s'exprime comme l'être véritable (comme l'être même en son ipséité). Tel est son nom « tout entier », le seul qui lui revienne et nomme adéquatement son essence[125]. ÊTRE inclut l'être-bon, véridique et juste ; c'est l'énoncé de la plus haute généralité, de la plus haute envergure qui soit en même temps que, qualitativement parlant, le plus éminent qui soit. Le nom « être » est par conséquent le nom à la fois le plus général et le plus spécifique, non point un nom concret qu'il serait loisible de juxtaposer à d'autres, au sens où l'on peut dire Gaïus, Lucius ou Marcus, mais un nom d'essence : QUI SUM.

Du fait que Dieu s'*exprime* lui-même comme étant l'être, il apparaît clairement que la fermeté (*stabilitas*) de l'être n'est pas rigidité. La « mêmeté » ou éternité de Dieu est bien plutôt animée d'une mobilité interne, vu que Dieu est VERBE et ESPRIT. Dans le VERBE comme commencement (= *in principio*), c'est-à-dire par le verbe, ou en parlant, il crée de l'étant ; dans le VERBE, il transpose en réalité temporelle ce qui a toujours déjà été conçu en lui *idealiter* ; c'est dans l'acte consistant à proférer ce VERBE, et par lui, que cette réalité temporelle surgit du néant[126]. L'ESPRIT « relie » le VERBE au Père et institue ainsi l'unité pensante et aimante[127]. Mais l'énoncé selon lequel Dieu *est* l'être concerne toute la trinité comme unité[128]. Donc, même si saint Augustin comprend le pur être de Dieu comme unité trinitaire, même s'il conçoit le VERBE comme *sapientia* ou encore *intelligentia*, et pense l'ESPRIT comme *copula*, il n'a pas thématisé, dans son interprétation de l'Exode, la réflexivité de l'être et le relatif *qui*

124. *Sermo* VII, 7 ; *Enarr. in Ps.*, XXXVIII, 7, 49 (*simplex*).

125. *Enarr. in Ps.*, CI, s. 2 ; 10, 43 : *totum quod vocaris*.

126. Cf. sur ce point par ex. *Conf.*, XI, 3-9 ; *Enarr. in Ps.*, CI, s. 2 ; 12, 1 *sq.*

127. Sa fonction (en tant qu'*amor*) se définit comme *communio* et *copulare* : *De fide et symb.*, 9, 19 ; *de Trin.*, IX, 8, 13 : *Verbum ergo nostrum et mentem de qua gignitur, quasi medius amor coniungit seque cum eis tertium complexu incorporeo sine ulla confusione constringit*. Le VERBE divin est à comprendre dans son rapport à l'ESPRIT analogiquement au verbe humain. Cf. aussi *De Trin.*, XV, 19, 37. Et avant saint Augustin, notamment Marius Victorinus : le Saint-Esprit est *Patri et Filii « copula » : hymn.* I, 4 (p. 620, éd. Henry-Hadot) ; *connexio, complexio* : *ibid.*, III, 241, 245 (p. 650).

128. *Tract. in Joh.*, XL, 3, 7 : *ad ipsum esse pertinet tota trinitas* (cette affirmation dans le contexte d'Exode 3, 14). De même, Marius Victorinus, qui appelle la trinité ὄν *primum, secundum, tertium*, même si celle-ci est *unum* ὄν *et simplex* (*Hymn.* III, 141 *sq.* ; 239 *sq.* : *omne autem* ὄν *semper in tribus*. *Adv. Arium*, II, 4, 29 *sq.*, Henry-Hadot, p. 406).

comme caractère relationnel de l'être, en lui-même et lui étant attenant. C'est à Maître Eckhart qu'il reviendra de le faire [129].

Dans le nom de l'*ipsum esse*, l'Éternel se nomme en s'adressant au temporel [130]. Le nom n'est pourtant pas proféré en vue de lui-même, mais renvoie bien plutôt à ce qui se trouve désigné par LUI [131]. Celui qu'il désigne, le *magnum Est* [132], pourrait être éprouvé par l'homme étant en ce monde, temporel, et portant de fait la marque du néant, comme l'antithèse sans médiation possible avec son « être » propre. C'est pourquoi saint Augustin, fidèle au texte et au sens de l'Exode, différencie le nom « être » en deux aspects : d'une part, le nom s'applique à l'être même étant en lui : *nomen aeternum* (*aeternitatis*), ou *in se*, *apud me*; d'autre part, à ceux auxquels il est adressé: *nomen temporale*, *ad nos*, *propter te*, *nomen misericordiae* [133]. En ce nom temporel de miséricorde, Dieu se dit comme l'être s'adressant au temps et à l'histoire, et ainsi à l'homme: l'ÊTRE ne demeure pas exclusivement tourné vers lui-même, mais, tout en demeurant lui-même, il consent à se tourner vers l'homme; il le préserve ainsi du découragement [134] et le console [135] par l'espoir que celui-ci peut mettre en LUI, en celui QUI EST. Le fait qu'il se tourne vers le temporel se montre dans la nomination du nom en cela déjà que CELUI QUI EST s'annonce tout autant comme le Dieu d'Abraham, d'Isaac et de Jacob : *Qui est misit me ad vos. Ego sum Deus Abraham et Deus Isaac et Deus Jacob* [136]. L'espoir que donne cet aspect sotériologique du nom « être » se reporte sur les « années qui ne passent point » [137], sur la participation au MÊME LUI MÊME [138], donc sur l'ÊTRE de Dieu affranchi du temps – afin que les années de Dieu soient en nous, nous mêmes étant en elles. L'espoir [139] de participer à l'être même

129. Cf. *infra*, p. 53 *sq*. Sur le problème de la conscience de soi dans son rapport à la trinité, cf. M. Schmaus, *Die psychologische Trinitätslehre des heiligen Augustinus*, Münster, 1927 (1967²), p. 253 *sq*., 264 *sq*., 347 *sq*.

130. *Enarr. in Ps*., CI, s. 2; 10, 38.

131. *Enarr. in Ps*., IX, 11, 7, *sq*. : *non enim nomen propter se nomen est, sed propter id quod significat.*

132. *Enarr. in Ps*., CI, s. 2; 10, 47 *sq*. : *Magnum ecce Est, magnum Est. Ad hoc homo quid est ?*

133. *Sermo* VII, 7; *Enarr. in Ps*., CI, s. 2; 10, 53 *sq*. : *apud me – propter te. Ibid*., CXXXIV, 6, 26 *sq*. : *ad me – ad te.*

134. *Enarr. in Ps*., CI, s. 2; 10, 51.

135. *Ibid*., 14, 41 *sq*.

136. Par ex. *Enarr. in Ps*., CI, s. 2, 10; CXXXIV 6. *Sermo* VII 7.

137. *Enarr. in Ps*., CI s. 2; 12, 10 *sq*. CXXI 6, 2 *sq*. Cf. *supra*, n. 109. En outre : *Conf*., XI, 11, 13 : *semper stans aeternitas*. Sur στάσις comme prédicat d'éternité, cf. *supra*, n. 114.

138. *Enarr. in Ps*., CXXI, 5, 3 *sq*.

139. *Enarr. in Ps*., CI, s. 2; 14, 46-49; *ibid*, IX, 11, 12 *sq*.; *Sermo* VII, 7 : *erige spem, Ego sum Deus Abraham, Deus Isaac et Jacob ; sic sum quod sum, sic sum ipsum esse, sic sum cum ipso esse, ut nolim hominibus deesse.*

émeut par là l'humaine transcendance. Ce qui signifie : retour hors de l'étant temporel (délivrance de l'implication dans le temps) et conversion vers l'intériorité, afin de connaître dans la connaissance de soi le *fondement* de l'être propre et de se dépasser soi-même en allant cers LUI[140]. C'est finalement « faire le saut » dans ce qui « tient bon »[141].

Ce sur quoi se fonde une telle espérance, dans la perspective de l'histoire du salut, c'est le Christ ; en lui s'accomplit le consentement originel de Dieu par le *nomen misericordiae*. « C'est en lui (le Dieu d'Abraham) que nous mettons notre espoir. Nous sommes des serviteurs ; c'est pour nous mortels que l'immortel a voulu mourir, c'est pour nous qu'il a montré l'exemple de la résurrection. Qu'il nous soit donc permis d'espérer parvenir à ces années qui ne passent point, au cours desquelles les jours ne passent point avec la carrière du soleil, au cours desquelles demeure bien plutôt cela qui est, et comme il est, parce que cela seul véritablement est. »[142] Par l'Incarnation, le Christ se fait le Médiateur entre le temps ou l'histoire et l'être intemporel, il a donc aboli une fois pour toutes, par un seul acte s'insérant dans la trame de l'histoire, la différence apparemment sans médiation possible entre être et non-être (parce que être-créé) – et dans cette mesure nous avons déjà tous été menés hors du pays d'Égypte[143]. Cette abolition exemplaire de la différence doit toutefois être chaque fois réaccomplie, au cours de l'histoire de chaque vie, comme [réponse à l'appel de la] transcendance. Par là le Christ, *magister interior*, devient d'une part la condition de possibilité interne de l'acte fondateur de l'humain[144] ; mais d'autre part il devient la garantie historique, ou se rattachant à l'histoire du salut, de tout le sens dont se charge le franchissement qu'opère la médiation. L'être immuable est le but à atteindre en tout cheminement de la pensée comme de la vie ; il est *patria*[145]. Entre elle, la

140. Sur le problème de cette transcendance, cf. *De lib. arbitr.*, II, 3, 7 *sq.* ; *Conf.*, VII, 10, 16.

141. *Enarr. in Ps.*, XXXVIII, 9, et 10.

142. *Enarr. in Ps.*, CI, s. 2 ; 14, 43-49 : *in illo speramus. Servi sumus ; sed propter nos Dominus noster formam servi accepit ; propter nos mortales immortalis mori voluit, propter nos exemplum resurrectionis ostendit. Ergo speremus venturos nos ad hos annos stantes, in quibus non circuitu solis peraguntur dies, sed manet quod est sicuti est, quia hoc solum vere est. Ibid.*, CXXI, 5, 33-35 : *ut autem efficiaris tu particeps in idipsum, factus est ipse prior particeps tui, et Verbum caro factum est, ut caro participet Verbum.* Ligne 51 : *Ego descendo, quia tu venire non potes. – Alter* topos, cf. sur ce point la digression sur ὁμοίωσις θεῷ et θεοποίησις in : W. Beierwaltes, *Proclus*, p. 385 *sq.*

143. *Enarr. in Ps.*, LXXX, 15, 5 *sq.* (l'aspect temporel du *qui est* et son incidence).

144. Cf. W. Beierwaltes, « Zu Augustins Metaphysik der Sprache », *Augustinian Studies*, II (1972).

145. *Enarr. in Ps.*, XXXVIII, 8, 5-7 : *mansio quaedam erit finis currendi* ; *et in ipsa mansione patria sine peregrinatione, sine seditione, sine tentatione. Ibid.*, 22, 36 ; *Tract. in*

demeure du père (patrie), et nous, il y a la « mer de ce monde »[146], la « région de la dissemblance » ou de la contrariété[147]. « Afin qu'il y ait un chemin sur lequel nous puissions aller, est venu de là-bas celui vers lequel nous voulions aller. Et qu'a-t-il fait ? Il a disposé du bois afin que, sur lui, nous puissions traverser la mer. Nul ne peut franchir la mer de ce monde, qui n'est porté par la croix du Christ. »[148]

Le premier aspect du nom ÊTRE (*nomen aeternum* ou *essentia vera*) correspond, dans l'interprétation qu'en donne saint Augustin, à des traits essentiels du concept néo-platonicien d'être. Le second aspect (*nomen temporale* ou *misericordiae*), en revanche, est biblique : il se rapproche du sens vétéro-testamentaire de *Ego sum qui sum* (« Je serai là [pour vous] comme le je serai là »), entendu comme énoncé porteur d'une histoire ; Dieu consent librement à une Alliance qui se fonde et consiste précisément dans l'être immuable de Dieu, parce que cet être est en même temps un « être pour » Abraham, Isaac et Jacob. Dans la perspective de l'histoire du salut, ce consentement culmine dans l'Incarnation du Christ. *Laudemus ergo ineffabiliter eius* (*Dei*) *essentiam, et amemus misericordiam*[149].

IV

MAÎTRE ECKHART

Comme l'ont montré des recherches étendues et partiellement intensives[150], les concepts augustiniens de Dieu et d'être sont impensables sans la philosophie du néoplatonisme, et en particulier celle de Plotin et de Porphyre ; à Marius Victorinus, dont le rôle aura été significatif pour

Joh., II, 2, 25. *patria* est aussi une métaphore pour Dieu comme fond ontologique et téléologique de tout étant, le lieu auquel tout tend, et qui est le « repos » même : cf. W. Beierwaltes, « Augustins Interpretation von Sapientia 11 », in : *Rev. Ét. Aug.*, 15 (1969), p. 59 *sq.*

146. *Tract. in Joh.*, II, 2, 26 et 29.

147. *Conf.*, VII, 10, 16 : *regio dissimilitudinis.*

148. *Tract. in Joh.*, II, 2, 30-35 : *ut ergo esset et qua iremus, venit inde ad quem ire volebamus. Et quid fecit ? Instituit lignum quo mare transeamus. Nemo enim potest transire mare huis saeculi nisi cruce Christi portatus. Hanc crucem aliquando amplectitur et infirmus oculis. Et qui non videt longe quo eat, non ab illa recedat, et ipsa illum perducet.* »

149. *Sermo* VII, 7.

150. W. Theiler, *Die Vorbereitung des Neuplatonismus*, Berlin, 1930. Du même auteur, *Porphyrios und Augustin*, Halle, 1933. O. Perler, *Der Nus bei Plotin und das Verbum bei Augustinus*, Fribourg (Suisse), 1931. P. Henry, *Plotin et l'Occident*, Louvain, 1934. J. Barion, *Plotin und Augustinus*, Berlin, 1935. J. Ritter, *Mundus intelligibilis*, Francfort, 1937. J. O'Meara, *The young Augustine*, Londres, 1954.

Augustin, revient une fonction de médiation, par rapport aux philosophèmes néoplatonicien. Ainsi la pensée d'Augustin se présente comme une unité nouvelle, relativement close – et sur de nombreux points élaborée réflexivement[151] –, qui rassemble des éléments grecs, romains[152] et chrétiens. Cette unité est assurée par un questionnement originellement métaphysique : *deum et animam scire cupio. Nihil plus ? Nihil omnino*[153]. La puissance de rayonnement de cette pensée est due – en dépit de son apparente étroitesse – à une problématisation *universelle* englobant aussi une réflexion sur l'histoire, et à la tentative réussie de rendre la foi autant que possible intelligible à la raison, et surtout à une langue fascinante par laquelle elle s'efforce de convaincre. Le Moyen-Âge compte Augustin au nombre des autorités les plus importantes. C'est par lui également que la pensée néoplatonicienne aura été transmise indirectement, qu'elle sera restée vivante et en même temps transformée en un coup d'envoi véritablement nouveau.

Notre réflexion sur le rapport de Dieu et de l'être se concentre à présent sur Maître Eckhart. Avec lui, la question onto-théologique de fond a trouvé son déploiement extrême ; en d'autres termes, elle propose cette idée qui, en fonction de présuppositions philosophiques et théologiques, mais aussi dans l'optique de son développement à venir, peut être considérée comme la plus haute et la mieux différenciée. En fonctions de ces présuppositions philosophiques et théologiques, et dans la perspective de notre problématique spécifique, l'interprétation augustinienne de l'*Ego sum qui sum* est pour Eckhart l'une des plus réellement significatives, quand bien même ce dernier ne nommerait pas toujours Augustin là où il pourrait l'être. L'intention augustinienne fondamentale de comprendre dans l'*Ego sum qui sum* Dieu comme l'être im-muable, éternel, demeure préservée dans le concept eckhartien d'être; pourtant Eckhart l'élargit et l'approfondit sur plusieurs aspects essentiels[154].

151. Par ex., *c. Acad.* III, 18.

152. S'agissant de philosophie, il faut surtout renvoyer à l'*Hortensius* de Cicéron ; cf. C. Becker, article « Cicero », in : *RAC*, 3 (1957), p. 117 *sq.* M. Testard, *Saint Augustin et Cicéron*, Paris, 1958.

153. *Soliloqu.*, I, 2, 7. Également *de ordine* II, 18, 47 : *duplex quaestio est : una de anima, altera de Deo. Prima efficit ut nosmet ipsos noverimus, altera, ut originem nostram.* Ces deux questions seront maintenues en dépit de toutes les différenciations ultérieures.

154. Nous n'avons pas l'intention dans cette étude de présenter une histoire complète des interprétations d'*Exode* III, 14, dans laquelle seraient considérés, après Augustin, principalement Jean Scot Érigène, Thierry de Chartres, Ulrich de Strasbourg, Alexandre de Halès, Thomas d'Aquin, Bonaventure et Duns Scot. – Il suffit ici de souligner la continuité de la problématique et de l'exposition de la question elle-même telle qu'elle est attestée par le rapport d'Eckhart à Augustin, mais aussi à Thomas (en particulier s'agissant de la question de l'identité de l'*esse* et de l'*essentia* en Dieu). – Comme sources immédiates de l'interprétation

1. Dans son exégèse [155] de la proposition « Je suis qui je suis », Eckhart réfléchit tout d'abord aux éléments et à la structure de cette proposition. « Je », « suis » et « qui » ne s'attribuent, quand ils sont pris au sens propre, qu'à Dieu seul. Le pronom personnel « Ego », dès lors qu'il est énoncé par Dieu, s'institue dans une différence absolue par rapport à tout ce qui est *par* lui. Il signifie : « pure substance » (*mera substantia*) [156] et indique que Dieu seul est pure substance, que le « Je » qui le représente ou l'exprime n'est pas au sens de l'étant qui est par lui. L'étant est en tant que « quelque chose » <*aliquid*> certes également substance, mais toujours seulement de telle sorte qu'en lui et à même lui est présent de l'adventice (*accidens*), lequel n'a d'être que par cette substance déterminée et n'exerce sa fonction qu'en lui et par lui. Dans la relation de la substance et de l'adventice demeure toujours une différence, de telle sorte que l'adventice ne peut jamais être entièrement propre à la substance. Substance et accident constituent certes un tout unitaire : mais le ceci ou le cela, le quelque chose déterminé par une forme interne (*hoc aut hoc*) ne parviennent jamais à l'identité, autrement dit la substance ne supprime jamais en elle l'accident, en sorte que celui-ci ne soit plus lui-même et devienne seulement substance, pure substance. Le « quelque chose » défini par la forme est donc toujours déterminé « qualitativement » ; ainsi tout ce qui est possible peut être énoncé de lui catégorialement, parce qu'il est en lui comme en sa substance, son principe ontologique sous-jacent. En tant que ce quelque chose déterminé qualitativement, l'étant est distingué d'un autre étant (*distinctum, divisum*), il

eckhartienne d'*Exode*, il faut mentionner surtout Jean Damascène (= Grégoire de Nazianze, cf. *supra*, p. 21 *sq.*), Bernard de Clairvaux (*De consideratione* V, 6, PL 182, 795 *sq.*) et Moïse Maïmonide. Ce dernier propose dans son *Dux neutrorum* I, 61 *sq.* (sur *Exode* III, 14, voir en particulier le chapitre 63 <tr. fr. S. Munk, Paris, Maisonneuve & Larose, nouvelle édition, 1970, p. 270 *sq.*>) une interprétation fondamentale, bien connue de Eckhart qui le nomme Rabbi Moyses, portant aussi bien sur l'être de Dieu, en tant qu'unité, que sur la forme linguistique des noms singuliers. Sur le versant aristotélicien, mais aussi surtout néoplatonicien (unité ; théologie négative) de cette référence, voir J. Koch « Meister Eckhart und die jüdische Religionsphilosophie des Mittelalters », in : *Jahres-Bericht der Schlesischen Gesellschaft für vaterländische Cultur,* 101 (1928), p. 134-148 <repris in J. Koch, *Kleine Schriften*, t. I, *Storia e Letteratura*, p. 127, Rome 1973>. W. Kluxen, « Die Geschichte des Maimonides im lateinischen Abendland als Beispiel einer christlich-jüdischen Begegnung », in : *Miscellanea Mediaevalia* 4 (1996), p. 146-182, et en particulier p. 162 *sq.*

155. Cf. sur ce point en particulier l'*Expositio libri Exodi,* LW. 2, 20 *sq.*, à laquelle il faudra toujours revenir dans les développements qui suivent. Les notes renvoient à d'autres interprétations similaires tirées d'autres ouvrages de Maître Eckhart.

156. *Ex.*, n. 14, LW. 2 ; 30, 3 *sq.* : (*ego*) *discretivum pronomen meram substantiam significat.* De même, *Eccl.* n. 3, LW 2 ; 232, 8 (cf. la note de Koch relative à ce passage) 235, 15. *Pred.*, 28, DW. 2 ; 68, 4 <Eckhart, *Traités et Sermons,* tr. fr. Alain de Libera, GF., Paris, 1993, p. 326>.

n'est pas ce qu'est l'autre, parce que – à l'inverse de l'être même – il est traversé « de manière déterminante » par le Rien. Cette différence de chaque étant par rapport aux autres, son « n'être-pas » ce qu'est un autre constitue la finitude ou la délimitation (*finitum*) constitutive de chaque étant.

Délimitation, finitude et par là même temporalité sont proprement posées dans l'acte divin de la création. Le « quelque-chose-qui-est », en tant que substance finie, dé-limitée, est donc toujours à comprendre comme créé (*creatum*). C'est dans son être-créé que réside sa différence fondamentale, qui implique toutes les autres différences, par rapport à l'unique pure substance. Celle-ci « se tient tout entière en elle-même par elle-même tout entière, et « en tout ce qui est sien », elle ne s'appuie sur rien, elle n'est mêlée à rien » [157]. Elle est absolue « auto-stance », qui peut se suffire à soi-même [158] et n'a besoin de rien d'« autre » ou d'étranger pour être entièrement elle-même : *in deo enim non est aliud* [159]. Libre de toute altérité – en termes cusains : Non-Autre, *non-aliud* – elle est « la simplicité la plus pure » [160] ou encore l'unité, l'Unique ou l'Un pur et simple (*der Eine oder das Eine*) [161]. L'unité comme exclusion de la différence est exclusion du nombre et de la pluralité. Quand la pluralité ou l'étant multiple est déterminé par la

157. *Eccl.* n. 10, LW. 2; 239, 1 *sq.* : *substantia se tota stans in se ipsa tota et in « quolibet sui », nulli innixa, nulli permixta. Ex.*, n. 17; 23, 7 : *impermixtio.* Cf. Plotin, V, 5, 13, 35 : l'Un est ἀμιγές πάντων.

158. *Sufficientia, Ex.*, n. 20; 26, 5. Idée qu'Eckhart confirme souvent d'une référence à la proposition 21 du *Liber de causis : Primum est dives per se* : le Premier est plénitude d'être; il l'est par soi-même, il est donc entièrement à partir de soi-même et non pas d'un autre ou dans un autre. Comme tel il, est également fondement effluant de tout étant (*effluxus, influere, emanatio*). À propos de cette citation, voir aussi *Joh.*, n. 88, LW 3; 76, 10. 262; 217, 3 <Œuvre Latine de Maître Eckhart (OLME) 6, p. 176-178>. *Sermo* 6, n. 55, LW 4; 55, 1 *sq.* : *dei natura, esse et vita subsistit in se communicando et se ipsum se totum dando. Primum enim dives per se. Sermo* 29, n. 299; LW 4; 266, 7 *sq. Eccl.* n. 38, LW 2; 265, 13 : « *per se dives* » *est et influens et forma lucens. Prol. op. prop.*, 21, LW 1; 178, 10 *sq.* <OLME. 1, p. 88. – Sur cet adage, voir aussi W. Beierwaltes : « "Primum est dives per se". Maître Eckhart et le *Liber de causis* », in : *Voici Maître Eckhart, Textes et études réunies par* Émilie Zum Brunn, J. Millon, Grenoble, 1998, p. 285-300>.

159. *Sermo* 29, n. 304, LW 4; 270, 7 *sq.*

160. *Omnimoda et purissima simplicitas ... ipsum esse simplex esse* : *Sermo* 6, n. 52, LW 4; 50, 7 *sq.*

161. *Merissima unitas* : *Joh.*, n. 35, LW 3, 30, 3 <OLME. 6, p. 82>. Parmi les nombreuses formulations, voir en particulier le sermon allemand sur Gal. 3, 20 et Deut. 6, 4 : *Deus unus est* (*Sermo* 29, LW. 4; 263 *sq.*, et aussi 322 *sq.*). *Prol. op. prop.*, n. 14; LW 1; 173, 14 *sq.* : *Deus, se toto esse, simpliciter est unus sive unum est* <OLME. 1, p. 82>. *Pred.* 21 (« Unus deus et pater omnium », Éph. 4, 6); DW 1, 357 *sq.* 368, 5 : « in dem daz got ein ist, sô ist volbrâht gotes gotheit » <« du fait que Dieu est un, la déité de Dieu est accomplie », tr. fr. Jeanne Ancelet-Hustache, *Sermons,* vol. 1, p. 187>. *Pred.* 23, DW 1, 401, 5 *sq.* (« dâ ist al ander abegeleget »), <tr. fr. Jeanne-Ancelet Hustache, vol. cit., p. 210 : « ... à ce qui est Un, tout autre chose est enlevée »>.

délimitation, la différence (*distinctum, hoc aut hoc*), la chose Une ou l'Un est, en tant qu'absolue permanence, *in-distinctus* : *en-soi* même non-distinct (indifférent) et du même coup non-distinct par rapport à l'autre qui est en soi et entre soi distinct[162]. Cela ne signifie pas qu'il est sans distinction par rapport à l'étant et ainsi indistinctement identique à soi, car il est bien plutôt retiré loin de lui à tel point qu'une relation ne pourrait pas même être pensée dans la même dimension. Être-*distinctum* attire déjà la substance pure dans l'étant. Formulé de manière paradoxale : *Deus autem indistinctum quoddam est quod sua indistinctione distinguitur*[163]. Eckhart désigne également cette distinction par in-distinction, caractéristique de la substance absolue, par le concept d'« abegescheidenheit » <détachement> qu'il a intensément médité. Ainsi Dieu est Non-Quelque-Chose[164] <*non-aliquid, nihil*>, libre à l'égard de toute forme différenciante[165] ; celui qui veut accéder à lui doit lui-même se délivrer de toute créature, « stân ûf einem blôzen nihte » (reposer sur le pur néant), et donc devenir lui-même in-différent[166].

L'absence de différence ou encore la pure identité est, en Dieu, effective à titre de réflexion : sur la base de son indifférence et de sa suffisance, il retourne immédiatement en lui-même par la pensée[167], et « en Dieu chaque accident passe en substance »[168], ce qui devrait plutôt s'énoncer « est déjà passé » ou encore : n'a jamais été rendu possible en lui, en tant que pure substance. La pure substance est donc dépourvue d'accident, sans rien d'autre ou d'étranger, sans déterminité qualitative-catégoriale, et par conséquent sans « forme » non plus. Quand Dieu est ce qu'il est, à savoir substance pure, in-conditionnée, il-limitée, in-finie, cet être unique en son genre, qui est le sien, ne peut s'indiquer dans la langue qu'à l'aide de

162. *Sermo* 4, 1, n. 28, LW 4 ; 28, 5 *sq.* : *deus in se indistinctissimus secundum naturam ipsius, utpote vere unus et propriissime et ab aliis distinctissimus.* La non-distinction *en soi* et du coup la distinction d'avec l'étant implique que Dieu est sans déterminité délimitante, et donc Non-Quelque-Chose <*non-aliquid*> et par conséquent *in-finitum.* « Allerleie mittel ist gote vremde ... Unterscheit enist noch in der natûre gotes noch in den persônen nâch der natûre einicheit » (*Liber « Benedictus »*, DW 5 ; 114, 21 *sq.* <« Toute médiation est étrangère à Dieu ... Aucune distinction n'existe ni dans la nature de Dieu ni dans les personnes divines d'après l'unité de leur nature », tr. fr. A. de Libera, in : *Traités et Sermons*, GF., Paris, 1993, p. 178>.

163. *Sap.* n. 154, LW 2 ; 490, 7 *sq. Sermo* 29, LW 4 ; 265, 7 : *unum est indistinctum ab omnibus.*

164. *Von abegescheidenheit*, DW 5 ; 406, 8 <tr. fr. Jeanne Ancelet-Hustache, *Les Traités*, p. 162>.

165. *Ibid.*, 411, 3 <tr. fr. cit., p. 163>.

166. 425, 3 <tr. fr., p. 169>.

167. *Eccl.*, n. 10, LW 2 ; 239, 3.

168. *Ibid.*, 239, 7 : *ergo omne accidens in deo transit in substantiam.*

négations : la langue manifeste cet être unique en son genre (*singulariter sum ego*), en énonçant ce qu'il *n'*est *pas*, ou encore en disant : qu'il n'est pas étant et que, en tant que non-étant, il s'excepte absolument de l'étant [169].

C'est donc dans le non-être de l'étant que réside l'être de Dieu. À l'aide de la préposition « au-delà », « au-dessus-de » se laisse également formuler le fait que la substance pure est sans accident ou qu'elle n'est précisément *pas* l'étant : *super accidens, super speciem, super genus* [170]; *super omnia* et comme telle, en dépit de son immanence activement fondatrice au sein de tout étant-créé : *extra omnia* [171]. La substance pure ou absolue est donc non-être ou être-autrement que l'étant qui en procède, ou encore sur-être pur et simple [172], et donc in-fini (*infinitum*) et sans-mesure (*immensum*); c'est ce que signifie le « qui » dans la proposition « Ego sum qui sum » [173]. Le *sum*, comme élément de la proposition « Ego sum qui sum » renvoie, au sens d'Eckhart, à la substantialité de ce à quoi répond, dans la proposition, l'*ego sum* : l'« être pur ». La proposition « je suis » énonce par conséquent l'être pur du sujet « Je », de la « pure substance » ; ou encore, le prédicat « sum » dans la proposition « ego sum », « je suis », attribue au sujet ce qu'il est lui-même : être pur. « Sum » est l'essence du sujet (*essentia subjecti*). « Ego sum » est donc, quand il est énoncé de Dieu (*ego*), l'explicitation du même : le prédicat n'ajoute rien au sujet, il dit bien plutôt cela même que le sujet est en lui-même. L'identité réelle du sujet et du prédicat dans la proposition « Ego sum » renvoie, en tant qu'énoncé sur Dieu ou en tant qu'auto-énonciation de Dieu, à l'identité en lui de ce qui, hors de lui, et donc dans l'étant, est nécessairement différent : l'identité de l'essence et de l'être, de la « quiddité » et de la « quoddité » [174]. Parce que l'étant a toujours

169. Quant au primat de la négation dans l'énoncé portant sur Dieu, voir *Eccl.*, n. 63, LW 2; 293, 3 : *modus aptissimus est loquendi de divinis. Joh.*, n. 206, LW 3; 174, 14 *sq.* : *hoc enim deo proprium est, ut de ipso verius quid et ubi non sit, sciatur, quam sciatur quid et ubi sit.– Sermo* 37, n. 375, LW 4 : 320, 5 : *negatione scitur deus.* Voir aussi la n. 2 à ce passage. Sur le problème de la négation dans le contexte du concept d'être, voir V. Lossky, *Théologie négative et connaissance de Dieu chez Maître Eckhart*, Paris, Vrin, 1960.

170. *Ex.*, n. 14; 20, 6 *sq.*

171. *Eccl.*, n. 54, LW 2; 282, 13 *sq. Joh.*, n. 240, LW 3; 200, 11.

172. *Pred.*, 9, DW 1; 142, 9 *sq.* : Dieu est « über wesene » (au-dessus de l'être). Pourtant cela ne signifie pas qu'il n'est *pas*, mais qu'il est *autrement* que l'étant : « hie mite enhân ich im niht wesen abegesprochen, mêr : ich hân ez in im gehoehet » (*ibid.*, 146, 5 *sq.*) [« Mais quand j'ai dit que Dieu n'était pas un être et qu'il était au-dessus de l'être, je ne lui ai pas par-là dénié l'être, au contraire : j'ai exhaussé l'être en Lui » <tr. fr. A. de Libera, *Traités et Sermons*, p. 276>].

173. *Ex.*, n. 14; 20, 9. Investissement philosophique d'un terme de grammaire. Sur le rapport entre « qui » et « infinitum », cf. Priscien, *Partitiones XII* (*Grammatici Lat.*, éd. Keil III, 467); Probus, *Inst. artium*, 564-576 (*ibid.*, IV 133).

174. *Ex.*, n. 15; 21, 4, *sq.* Pour l'histoire de ce problème, voir Thomas d'Aquin, *De ente et essentia.* Pour le terme « anitas », cf. M.-Th. d'Alverny, « Anniyya – anitas », in : *Mélanges*

« le goût d'ombre du néant »[175], le néant est donc toujours en lui dialectiquement référé au quelque chose comme à ce qui est à chaque fois son essence, et la différence de l'essence et de l'être est toujours déterminante en lui. L'étant n'est jamais son être ni l'être même, il demeure toujours être-« quelque chose », et, en tant qu'ainsi « fini », il est, pour ainsi dire, milieu entre Dieu et le néant[176]. Il *participe* seulement à l'être même, et cela *grâce à* celui-ci même. Mais Dieu est la suppression de toute différence en lui-même, de sorte que son essence est son être ou encore l'être est son essence : *Esse enim dei est quiditas*[177].

Dans son analyse de la structure de la proposition, Eckhart inclut la relative introduite par le pronom « qui », en sorte qu'il l'interprète comme synonyme du membre de phrase analysé en premier lieu « Ego sum » et la construit comme un prédicat au sens du « qui je suis » ou de l'étant (*der Seiende*) (ὁ ὤν pris comme εἶναι). La proposition tout entière « Ego sum qui sum » reste donc à ses yeux une proposition principale : « Je suis <celui> qui je suis » = « je suis ce Je-suis ». « Le premier « Je suis » désigne l'essence de la chose et est le sujet ou encore cela qui est dénommé. Le second « Je suis », qui est répété, désigne pourtant lui aussi l'être, et il est le prédicat ou encore ce qui dénomme, la dénomination. »[178] Dans le discours *fini* le sujet est « déterminé » par le prédicat : le prédicat explicite le sujet. Le rapport sujet – prédicat est analogue à celui de la matière et de la forme. Le sujet est donc in-formé ou encore, en tant que sous-jacent à l'énoncé complet, il est conduit à l'« achèvement » par le prédicat propositionnel. « Le dénominatif et la dénomination se rapportent donc

offerts à Étienne Gilson, Toronto-Paris, 1959, p. 59-91. <Repris in M.-Th. d'Alverny, *Avicenne en Occident*, Paris, Vrin, 1993>.

175. *Joh.*, n. 20, LW 3 ; 17, 10 *sq.* : *res enim omnis creata sapit umbram nihili* <OLME 6, p. 56>.

176. *Ibid.*, n. 220 ; 185, 6 *sq.* : … *quod totum universum comparatum deo se habet sicut nihil comparatum ipsi universo, ita ipsum universum, ens omne sit quasi medium inter deum et nihil.* La nullité de l'étant est présentée avec insistance : cf. n. 175, et : *omnes creaturae sunt unum purum nihil* (*Rechtfertigungschrift* <Apologie> 4, 15 ; 20, 23 Daniels). *alle creatûren sind ein lûter nicht* (*Pred.* 5a, DW. 1 ; 80, 12 <tr. fr. de Libera, p. 250>). La relation de l'étant à l'être est incommensurable en dépit du rapport créateur : « comparé » à l'être l'étant n'est « rien » (*Ex.*, n. 18 ; 24, 14. n. 22 ; 28, 12 *sq.*, qui se réclame des *auctoritates* ; cf. aussi *Joh.*, n. 220, LW 3 ; 185, 3 *sq.* : *totum universum, comparatum deo, minus est quam sit culex comparatione hominis.*) Cf. Porphyre, *in Parm.* IV 21 *sq.* (Hadot, II, 76) : texte cité *supra*, n. 86. *« Nulleitas » creaturarum vel vitae nostrae* : Eckhart, *Eccl.*, n. 61, LW 2 ; 290, 7 *sq.* *Sermo* 15, 2, n. 158, LW 4 ; 150, 4 *sq.* À propos du terme οὐδένεια : Philon, *mut.* 54, *som.* 1, 60. Syrianus, *in Mét.*, 101, 4 (Kroll). Proclus, *in Tim.*, I, 374, 16 (Diehl).

177. *Ex.*, n. 18 ; 28, 7.

178. *Ibid.*, 19 ; 25, 8 *sq.* <li sum *primo dictum significat rei essentiam et est subjectum sive agnominatum. Secundo vero positum sive repetitum significat esse et est praedicatum sive agnominans et agnominatio*>.

toujours comme la forme et l'accomplissement du sujet, par exemple, quand quelqu'un est nommé juste, bon, sage, etc., autant de cas où justement l'essence ne se suffit pas à elle-même, mais est nécessiteuse et pauvre et où elle a besoin de quelque chose qui contribue à sa perfection. »[179] La structure de la proposition propre au discours fini ne peut certainement pas servir de modèle pour le discours qui porte sur Dieu. En tant que pure substance ou qu'être pur, Dieu est auto-suffisance, *dives per se*, « riche par soi-même », comme Eckhart le redit toujours à nouveau, conformément au concept de Principe, déterminé néoplatoniciennement, qui figure dans le *Liber de causis*[180]. C'est pourquoi dans la proposition « Je suis qui je suis », entendue comme une auto-énonciation de Dieu, il n'y a aucun être entre indéterminé et déterminant, imparfait et perfectionnant. Le sujet est bien plutôt déjà lui-même ce qu'il y a de plus accompli, l'être le plus achevé et le plus pur : *summa perfectio, plenissimum et purissimum esse*[181]. C'est pourquoi, dans la proposition « Je suis qui je

179. *Ibid.*, 19 ; 25, 14 *sq.* <*Agnominans autem et agnominatio semper se habet ut forma et perfectio subjecti, puta cum aliquis dicitur esse justus, bonus, sapiens et hujusmodi, ubi scilicet essentia non sufficit sibi, sed egena est et mendica, indigens alio aliquo perficiente*>.

180. Cf. *supra*, n. 158.

181. *Ex.*, n. 21 ; 27, 14 *sq.* L'idée que « n'avoir besoin de rien » (*egere nihilo*) ou que l'auto-suffisance constitue le trait fondamental de l'être le plus parfait, renvoie à la représentation grecque du divin, selon laquelle « n'avoir besoin de rien est divin » ; cf. par exemple, Euripide, *Herc.* 1345 *sq.* : δεῖται γὰρ ὁ θεός, εἴπερ ἔστ' ὀρθῶς θεός, οὐδενός. Antiphon Soph., fr. B 10 (ces deux passages manifestement d'après Xénophane A 32). – Idée transformée en un impératif incitant à s'exercer à l'absence de besoin et, par là, à la ressemblance avec Dieu : Xénophon, *Mem.*, I 6, 10 : ἐγὼ δὲ (à savoir Socrate) νομίζω τὸ μὲν μηδενὸς δεῖσθαι θεῖον εἶναι, τὸ δ' ὡς ἐλαχίστων ἐγγυτάτω τοῦ θείου. αὐτάρκεια, αὐταρκές, ἱκανόν, pensé comme caractéristique du principe ou de l'être intelligible : Platon, *Phaed.*, 101 e 1, *Phileb.*, 20 d 4. 67 a 7. Aristote, *De caelo*, 279 a 20-22, à propos d'οὐρανός, ἐν ᾧ καὶ τὸ θεῖον πᾶν ἱδρῦσθαί φαμεν. 278 b 15 : ἀναλλοίωτα καὶ ἀπαθῆ τὴν ἀρίστην ἔχοντα ζωὴν καὶ τὴν αὐταρκεστάτην διατελεῖ τὸν ἅπαντα αἰῶνα. Philon, *Leg. all.*, 2, 2 et 3, 3, 181 : χρεῖος γὰρ οὐδενός ὁ ὤν. *Immut.*, 7. *Conf. ling.*, 175. Plotin, VI, 9, 6, 17 *sq.* : δεῖ μὲν ἱκανώτατον ἁπάντων καὶ αὐταρκέστατον καὶ ἀνενδεέστατον εἶναι (τὸ ἕν). V, 5, 4, 16 : δεῖ μηδέν. VI, 6, 4, 1 *sq.* : εἰ τὸ ἀγαθὸν ἁπλοῦν καὶ ἀνενδεὲς δεῖ εἶναι, οὐδ' ἂν τοῦ νοεῖν δέοιτο. (Cf. aussi n. 157 : ἀμιγές). Proclus, *in Parmenidem*, 723, 12 *sq.* (Cousin). – Par analogie avec l'autarcie de l'Un lui-même, l'esprit est sur la base de son *unité* dans la différence, comme l'être pur, richesse ou satiété (κόρος) : Plotin, V, 9, 9, 7 *sq.* : ἔστιν οὖν οὗτος ὁ νοῦς ἐν αὑτῷ καὶ ἔχων ἑαυτὸν ἐν ἡσυχίᾳ κόρος ἀεί. III, 8, 11, 40. À l'inverse, l'étant qui est déterminé diversement par la matière se meut selon la dialectique de πόρος et de πενία (métaphore mythique venue de Platon, *Banquet*, 203 b. Eckhart : *dives per se – egenum*) ou de la faim (soif) et de la satiété ; cf. l'explication proposée par Eckhart d'*Ecclesiasticus* 24, 29, selon une idée téléologique déterminée par le néoplatonisme (*deus* comme *finis = locus, quies,* voir *infra*, n. 283 et 295) : *Qui edunt me, adhuc esuriunt*, LW 2 ; 274, 11 *sq.* Cf. aussi *infra*, p. 142, n. 182. W. Theiler a dégagé l'arrière-plan de cette histoire d'un problème, in : *Forschungen zum Neuplatonismus*, Berlin, 1966, p. 192. Avant Platon, le fragment d'Héraclite B 65 est

suis », sujet et prédicat sont identiques. En d'autres termes : quand dans une proposition sujet et prédicat sont le même, alors cette proposition est nécessairement un énoncé qui porte « sur » l'être le plus parfait ou encore auto-énonciation de l'être même. Le prédicat n'élargit pas en lui le sujet, mais est l'interprétation du sujet, son auto-explicitation. Ce sujet signifie la pure substance ou la pure essence (*essentia*). En tant qu'auto-explicitation du sujet, le prédicat révèle donc l'identité de l'essence et de l'être (*essentia et esse*) comme l'essence de cette pure substance. Le second « je suis », dans la proposition « Je suis qui je suis », explique seulement ce qu'est le premier « je suis » en tant qu'unité ou identité en soi : « *cum ergo dicit : sum qui sum, docet ipsum subjectum « sum » esse ipsum praedicatum « sum » secundo positum, et quod ipsum agnominans est ipsum agnominatum, essentia est esse, quidditas est anitas, « essentia sufficit sibi », essentia est ipsa sufficientia* »[182].

L'analyse eckhartienne des propositions « Je suis » et « Je suis qui je suis », qui se fonde sur l'affirmation qu'en elles sujet et prédicat sont identiques, pour autant qu'ils sont dits de Dieu, vise formellement, mais aussi quant à la chose même, quelque chose de semblable à la « proposition spéculative » de Hegel.

Quand Eckhart déclare que, dans les propositions « Ego sum » et « Ego sum qui sum », le sujet et le prédicat disent le même et donc se réfèrent, en le présentant, à l'Être Un, il supprime la forme courante de la proposition telle qu'elle est constituée par la différence. Que l'absence de relation ou l'absoluité caractéristique de l'auto-énonciation de l'origine détruise la forme de la proposition constituée par la différence, c'est ce que Plotin avait déjà indiqué, en n'admettant comme éventuelle auto-énonciation de l'Un que le « Je Je » ou le « suis suis ». À la place de la proposition différenciée en sujet et prédicat – telle qu'elle caractérise l'attitude logico-formelle du savoir et, comme telle, tombe dans le domaine de l'« opinion » –, Hegel a posé la proposition spéculative ou encore la proposition philosophique au sens propre du terme. « La nature qui est celle du jugement ou de la proposition en général, à savoir d'inclure la différence du sujet et du prédicat, est détruite par la proposition spéculative, et la proposition identique que devient la première proposition renferme le contrecoup en réaction à ce rapport qu'on vient d'évoquer »[183].

significatif : τὸ πῦρ χρησμοσύνη καὶ κόρος : le feu constitué en élément du λόγος assure et ordonne la polarité au sein de l'étant.

182. *Ex.*, n. 20 ; 26, 2 *sq.* À propos d'« istikeit » comme terme pour désigner l'être pur, cf. les matériaux rassemblés par M. S. Morard OP : « Ist, istic, istikeit bei Meister Eckhart », in : *Freiburger Zeitschrift für Phil. u. Theol.*, 3 (1956), p. 169-186.

183. Hegel, *Préface* à la *Phénoménologie de l'esprit*, éd. Hoffmeister, Hambourg 1952[6] <tr. fr. B. Bourgeois, Paris, Vrin, 1997, p. 149>. Dans la tradition à laquelle appartient

La « destruction » consiste en ce que le sujet n'est plus sous-jacent au prédicat à titre de Soi objectif et qui demeure fixe en soi-même, mais l'ensemble de la proposition est constituée comme un mouvement du sujet en direction du prédicat et en retour de ce dernier en direction du sujet. Un tel mouvement est réflexion : l'auto-réflexion de la relation du sujet et du prédicat. Le passage du sujet dans le prédicat transforme le prédicat en auto-énonciation du sujet, et ainsi le prédicat n'est « plus un prédicat du sujet, mais il est la substance, il est l'essence et le concept de ce dont il est question »[184]. La différence du sujet et du prédicat n'est pas anéantie par là même, mais c'est la fixité des deux qui est relevée, de telle sorte que leur unité ressorte « comme une harmonie »[185]. Hegel introduit, à titre d'exemple de proposition spéculative ou identique, cette proposition : « Dieu est l'être ». Quand, dans la proposition spéculative, le prédicat est donc « substance », ce qui veut dire : essence ou concept de ce dont il est question, alors une telle proposition indique que l'être est « la substance de Dieu » : l'essence. Dieu n'est donc pas ce que la proposition, appréhendée formellement, pourrait signifier : le sujet *stable*, fixé en soi-même. Le sujet est bien plutôt « immédiatement aussi dans le prédicat »[186]; le sujet « se *dissout* » ou « disparaît » dans son prédicat. Quand la proposition énonce dans son prédicat ce qu'est le sujet, ce « quid » est le vrai, quand en outre, dans la proposition spéculative, le prédicat est le sujet, alors le vrai qu'exprime la proposition, est sujet. Cela signifie que le « sujet » d'une proposition philosophique n'est pas un sujet fixé en lui-même ou une substance se tenant en soi, mais une subjectivité mue dialectiquement, réflexive : « le mouvement dialectique, cette marche qui s'engendre elle-même, se conduit elle-même plus avant, et revient en elle-même »[187]. La proposition « Dieu est l'être » ne parle donc pas de deux réalités dont l'une déterminerait partiellement l'autre. Elle vise bien plutôt le sujet *un,* se saisissant lui-même dans le prédicat comme identité réflexive ou se déterminant lui-même comme prédicat, par conséquent l'être comme sujet, celui que la métaphysique nomme Dieu. Cet être est-il compris comme un sujet, médiatisé avec soi-même par la réflexion, comme l'auto-mouvement du sujet qui se prédique soi-même, alors le mot « Dieu » n'est pas un

Eckhart, la proposition, proche de l'« argument ontologique », *Deus est,* passait pour une *propositio per se nota, quia praedicatum est idem cum subjecto ; Deus enim est suum esse* (Thomas d'Aquin, *S. Th.*, I, qu. 2, a. 1 c.).

184. *Ibid.*, 50; tr. fr. cit., p. 147.

185. *Ibid.*, 51 ; tr. fr. cit., p. 149.

186. *Ibid.*, 51 ; tr. fr. cit., p. 151.

187. *Ibid.*, 53; tr. fr. cit., p. 155.

vocable dépourvu de sens ou un simple nom ; dans l'être se réfléchissant, il a sa pleine signification[188].

2. Un trait fondamental essentiel dans l'interprétation eckhartienne de la proposition « Je suis qui je suis » est *augustinien* : « Je suis qui je suis » énonce l'identité et l'ipséité immuable de Dieu (*firmitas* et *stabilitas*)[189] et par là son éternité. À la différence pourtant d'Augustin, Eckhart a le premier thématisé de manière intensive l'« être même » ou l'« être pur » comme mobilité qui se pense soi-même. Il a ainsi amorcé un tournant, caractéristique de sa pensée, dans l'histoire de l'interprétation d'*Exode* III, 14[190]. La conception de Dieu dont il témoigne, à savoir que l'être de Dieu est sa pensée et que sa pensée est son être, rend possible, quant à la chose même, l'idée fondamentale d'une théologie spéculative idéaliste, à savoir que l'absolu se conçoit lui-même comme son être et son idée, et par là est absolue auto-médiation réflexive.

Eckhart élucide ces idées, dans un passage, très riche d'implications, de son commentaire de l'*Exode* : « Il faut noter, en troisième lieu, ce qu'est la répétition où il est dit deux fois : « Je suis qui je suis », car elle indique la pureté de l'affirmation, en excluant toute négation de Dieu lui-même ; ensuite, elle indique une certaine conversion réflexive de l'être en lui-même et sur lui-même, et sa manence et sa fixation en lui-même ; ensuite un certain bouillonnement et une parturition de soi-même – s'échauffant en soi et se liquéfiant en soi et vers soi-même, lumière dans la lumière et vers la lumière, se pénétrant totalement tout entière, réfléchie tout entière sur elle-même totalement et renvoyée de partout, selon ce mot du sage : « L'unité engendre – ou a engendré – l'unité et elle a réfléchi sur elle-même son amour ou son ardeur ». C'est pourquoi il est dit chez Jean (ch. 1) : « en lui était la vie ». La vie signifie en effet une forme de jaillissement par lequel une chose se gonflant intérieurement en elle-même se répand d'abord en elle-même entièrement, pénétrant de soi-même chaque partie en chaque partie, avant de se déverser et de déborder au dehors »[191].

188. *Ibid.*, 22 *sq.* ; tr. fr. cit. p. 75.

189. *Ex.*, n. 155 *sq.* 138, 9 *sq.*

190. Ce tournant se laisse encore déceler, dans sa teneur réelle, chez le Cusain, Böhme et Schelling (cf. *infra*, p. 80 *sq.*), même si l'on ne peut pas toujours démontrer une filiation historique exacte de cette idée.

191. *Ex.*, n. 16 ; 21, 7-22, 6 : *Tertio notandum quod repetitio, quod bis ait : sum qui sum, puritatem affirmationis excluso omni negativo ab ipso deo indicat; rursus ipsius esse, quandam in se ipsum et super se ipsum reflexivam conversionem et in se ipso mansionem sive fixionem ; adhuc autem quandam bullitionem sive parturitionem sui – in se fervens et in se ipso et in se ipsum liquescens et bulliens, lux in luce et in lucem se toto se totum penetrans, et se toto super se totum conversum et reflexum undique, secundum illud sapientis : « monas monadem gignit – vel genuit – et in se ipsum reflexit amorem – sive ardorem ». Propter hoc Joh. 1*

La « répétition » du premier « Je suis » dans le second doit être comprise – on le verra – comme renforcement réflexif du premier, comme auto-explicitation de l'identité ou encore comme pure affirmation qui s'affirme soi-même, être pur. Elle exclut tout négatif, tout ce qui est étranger, autre, opposé, multiple, et donc tout non-être ou néant. Elle est par conséquent *negatio negationis* ou *privatio privationis.* Cette suppression de la négation n'est pourtant pas, comme par exemple chez Proclus[192], dépassement de la dialectique négative, et donc de la pensée et de l'énonciation en général eu égard à l'impensabilité de l'Un, mais c'est un trait fondamental de l'être lui-même : celui qui dit de lui-même « Je suis qui je suis » est *negatio negationis.* « Dieu n'est pas une partie du tout, mais quelque chose d'extérieur ou plutôt d'antérieur et de supérieur au tout. Et c'est pourquoi ne lui convient aucune privation ni négation, mais lui est propre, et propre à lui seul, la négation de la négation, qui est le cœur et la pointe de la plus pure affirmation, selon cette parole : "Je suis qui je suis" »[193].

La pure affirmation est un acte de pensée et de parole. C'est pourquoi le redoublement du « je suis » signifie essentiellement que l'être divin qui n'est borné par rien (*infinitum*) se réfléchit soi-même : *in se ipsum et super se ipsum reflexiva conversio*[194]. L'auto-affirmation comme auto-réflexion implique que d'une certaine manière ce qui pense et ce qui est pensé sont « différenciés », et pourtant sur la base de l'éternité de l'acte, dans lequel il n'y a ni antérieur ni postérieur, ils sont toujours déjà abolis l'un dans l'autre. L'unité, c'est-à-dire l'absence d'opposition de l'être pur, demeure en soi, et elle est elle-même, nonobstant le mouvement qui est en elle par le penser : *mansio sive fixio*[195]. La réflexivité, la possibilité de l'auto-réflexion, est fondée, aux yeux d'Eckhart, qui suit ici tout à fait la pensée

dicitur : « in ipso vita erat ». Vita enim quandam dicit exseritionem, qua res in se ipsa intumescens se profundit primo in se toto, quodlibet sui in quodlibet sui, antequam effundat et ebulliat extra.

192. Sur le rapport d'Eckhart à Proclus, cf. W. Beierwaltes, *Proklos,* p. 364 et 395 *sq.*

193. *Joh.,* 207, LW 3 ; 175, 3 *sq.* : *unde deus non est pars aliqua universi, sed aliquid extra aut potius prius et superius universo. Et propter hoc ipsi nulla privatio aut negatio convenit, sed propria est sibi, et sibi soli, negatio negationis, quae est medulla et apex purissimae affirmationis, secundum illud : « ego sum qui sum ».* – *Ex.,* n. 74 ; 77, 11 *sq.* : *negatio vero negationis purissima et plenissima est affirmatio : « ego sum qui sum ».* – *Pred.,* 21, DW 1 ; 361, 10 : *ein* (= *unum, Got ist ein* : 364, 4) *ist ein versagen des versagennes* <« Un est la négation de la négation », tr. fr. Ancelet-Hustache, *Sermons,* I, p. 185>. Sur ce point, cf. les notes de l'édition Quint, DW. 1, p. 361 *sq.* et les passages de mon livre sur Proclus indiqués dans la note précédente.

194. Cf. n. 191.

195. Cité ci-dessus.

néoplatonicienne[196], sur l'immatérialité (en quoi consiste sa « liberté »)[197], la substantialité[198] et la simplicité[199] de l'intellect. L'être pur en pensant sort de lui-même et retourne en lui-même : il réfléchit son propre penser comme son être propre et son être propre comme son propre penser.

L'auto-réflexion de Dieu est ainsi nécessairement un cercle éternel. En lui, le point de départ et le terme de la pensée sont le même : *processu ergo* (*deus*) *non recedit a primo, sed accedit ad primum, et sic novissimum est primus*[200]. Le cercle réflexif, en lequel s'accomplit trinitairement l'identité de l'être pur, n'admet pas d'antérieur ou de postérieur; ce qui signifie de manière générale, qu'il ne tolère rien de différent, au sens propre, de mutuellement exclusif. C'est en cela que se révèle le paradoxe de la doctrine trinitaire en général : devoir garantir l'unité de l'essence dans la différence des personnes, ce qui pour Eckhart ressemble de très près à une aporie : pouvoir encore penser de manière convaincante, sur la base de la prévalence de l'unité dans le concept de Dieu en général, la diversité des personnes divines : *inseparabilis distinctio et tamen distinctio, videat qui potest*[201]. Il faut donc penser la procession des personnes divines en Dieu d'une manière différente de la procession de l'étant à partir d'un autre étant ou de son principe originel : « plus un étant procède à l'extérieur, plus il a le goût d'altérité et de diversité. C'est pourquoi, dans la déité, la première procession n'a que très peu d'altérité et aucune diversité »[202]. En Dieu ne « surgit » rien d'autre (*aliud*), aucune autre nature ou aucun autre être (*Wesen*), mais un « autre, au masculin » (*alius masculine*) qui appartient à

196. Pour l'esprit qui se réfléchit lui-même, la liberté à l'égard de la matière corporelle est constitutive : Proclus, *Elementatio theol.*, 15; 16, 30 (Dodds) : πᾶν τὸ πρὸς ἑαυτὸ ἐπιστρεπτικὸν ἀσώματόν ἐστιν. La conversion de cette proposition s'énonce : tout esprit se réfléchit (= retour en soi-même) : πᾶς νοῦς ἑαυτὸν νοεῖ (ἐπιστρέφει πρὸς ἑαυτόν). Cette idée est sous-jacente à la proposition du *Liber de causis,* souvent citée par Eckhart : *omnis sciens scit essentiam suam, ergo est rediens ad essentiam suam reditione completa* (prop. 15). Cf. « Neoplatonica », in : *Phil. Rundschau,* 11 (1963), p. 202 *sq.*

197. *Qu. Par.* I, n. 13, LW 5; 61, 5 *sq.* : ... *aliquid est liberum, quia immune a materia ... Sed intellectus et intelligere maxime est immune a materia, quia tanto aliquid est minus reflexivum quanto materialius.*

198. *Eccl.*, n. 10, LW 2; 239, 1 *sq.*

199. Par ex. *Sap.*, n. 5, LW 2; 326, 7 *sq.* La substantialité comme auto-suffisance (*fixio*) et la *simplicitas* sont déjà pensées dans le *Liber de causis* (prop. 15) comme fondement de la possibilité de l'auto-réflexion.

200. *Eccl.*, n. 56, LW 2; 285, 5 *sq.*

201. Augustin, *Conf.*, XIII, 11, 12.

202. *Joh.*, n. 133, LW 3; 114, 5-7 : *quando plus procedit ad extra, tanto plus sapit alietatis et diversitatis. Propter quod in divinis primus processus minimum habet alietatis, diversitatis nihil* <OLME 6, p. 255>. – Thomas d'Aquin, *S. Th.*, I, qu. 3, a. 3 ad 1m : il n'y a aucune *diversitas* en Dieu.

la même espèce[203]. Il n'en résulte donc aucune *distinctio inter principium et principiatum*[204], telle qu'elle a lieu avec la position d'un étant extra-divin incapable de se produire lui-même (*producere se ipsum in esse*). Pourtant, le principe est en général, pour ainsi dire, « le dieu de son principié, puisque ce dernier reçoit son être de lui, par lui et en lui »[205]. Dans le domaine de l'absolu, de ce qui n'est pas causalement contingent, le principié est donc lui-même le principe, et tous les deux sont *principium sine principio*[206]. Le procès dans un cercle absolu de pensée hors temps ne constitue donc ni contrariété ni diversité, et il n'a pas non plus besoin de celle-ci pour sa propre constitution; le mouvement va bien plutôt, dissolvant et identifiant, « du même au même »[207]. Ce qui « procède » dans ce mouvement est donc un moment qui est partie intégrante de l'être ou de l'essence de la trinité entière. Est pertinente dans ce contexte l'élucidation de la question que Maître Eckhart a posée dans sa première *Quaestio Parisiensis* : est-ce qu'en Dieu être et connaître (penser intellectif) sont identiques ? L'interprétation ne concernerait pas le centre problématique de cette question, si elle s'en tenait avec insistance aux énoncés eckhartiens qui suggèrent une « priorité » de la pensée (du connaître intellectif) sur l'être, afin de reconstruire par lui quelque disparité entre un jeune et un plus tardif Eckhart, lequel ferait de l'être le fondement de son discours sur Dieu[208]. C'est pourquoi la seule chose qui ait vraiment du sens, c'est non seulement de montrer la différence des conceptions, mais aussi de les

203. *Ibid.*, ligne 11 *sq.* <OLME 6, 257>.

204. N. 135; 115, 11 *sq.*

205. *Ibid.*, 115, 13-15 : *semper enim principium deus est sui principiati, utpote habens esse suum ab ipso, per ipsum et in ipso.*

206. N. 136; 116, 1 *sq.* <OLME 6, 259>.

207. *Ibid.*, n. 113; 114, 10 : *ab eodem in idem.* Trait pertinent s'agissant du mouvement circulaire du ciel (Aristote, *Phys.*, 246 b 18), lequel propose une analogie du cercle trinitaire.

208. Sur la problématique de la première *Question Parisienne*, voir W. Bange, *Meister Eckharts Lehre vom göttlichen und geschöpflichen Sein*, Limbourg, 1937, p. 47 *sq.* Dom Placid Kelley, « Meister Eckharts doctrine of divine subjectivity », *Downside Review*, 76 (1958), p. 65-103. V. Lossky, *Théologie négative*, p. 163 *sq.* – M. Grabmann (« Neuaufgefundene Pariser Quaestionen Meister Eckharts und ihre Stelle in seinem geistigen Entwicklungsgange », *Abh. Bayer. Ak. Wiss., phil-hist. Kl.*, XXXII, 7, Munich 1927, en particulier p. 48 *sq.*) souligne la différence tranchée entre la position parisienne et celle plus tardive, car il n'accorde aucun crédit à l'interprétation par la « théologie négative ». Demeure inéclaircie l'exposition de la question par Eckhart, qui accepte tout d'abord l'identité de l'*esse* et de l'*intelligere*, et cela pas seulement dans le rappel des *auctoritates*. Le passage décisif pour cette question (n. 8, à la fin, et n. 9, éd. Geyer) ne semble pas avoir été pris au sérieux par Grabmann. – Une interprétation plus poussée que celle qui peut être esquissée ici devrait surtout clarifier le concept d'« identité » et la question de savoir sous quel *modus entis* le pur *intelligere* devrait être pensé.

comprendre à titre de motif et d'élaboration d'une seule et unique question, celle de l'être de Dieu.

La question du rapport entre être et penser est depuis Parménide une question fondamentale pour la philosophie et la théologie philosophique. Plotin a d'abord conçu ce rapport comme identité et par suite comme constitutif essentiel de l'esprit absolu[209]. Pour la théologie chrétienne, l'élaboration de cette question s'est imposée comme nécessaire en raison de l'identification du « Fils » et de la « Sagesse » ou du « Verbe », et cela en particulier dans la spéculation trinitaire[210]. Eckhart se situe, sans aucun doute, dans une tradition qui identifie l'être et le penser en Dieu, et cependant, à sa propre question : *utrum in deo sit idem esse et intelligere,* il n'apporte aucune réponse univoque, comme par exemple l'avait fait Thomas : *quidquid autem est in deo, est divina essentia. Intelligere ergo dei est divina essentia, et divinum esse est ipse deus : nam deus est sua essentia et suum esse*[211]. Dans la réponse eckhartienne se trouvent confrontés, sous forme d'alternative apparente, deux groupes d'énoncés, dont l'un (a) affirme l'identité de l'être et du penser en Dieu, et dont l'autre (b) souligne en revanche la priorité du penser par rapport à l'être.

(a) 1. Parce que tout ce qui est dans le Premier et le Simple, est celui-ci, l'*intelligere* est en tant qu'« acte immanent » l'essence de Dieu ; ce qui vaut également pour l'être, être et penser sont donc identiques en Dieu[212].
2. Penser (connaître intellectif) est l'être de Dieu même, *intelligere est ipsum esse* DEI[213].
3. Par son être même Dieu opère et pense, *ipso esse operatur et intelligit,* ce qui suppose que son être soit tout entier penser, comme il est tout entier opérer ou acte pur[214].

(b) 1. Le penser (connaître intellectif) lui-même est l'assise fondamentale de l'être même, *ipsum intelligere est fundamentum ipsius esse*[215] : Dieu ne pense pas parce qu'il est, de sorte que son être soit le « fondement » de sa pensée, mais il est parce qu'il pense.

209. Cf. sur ce point, W. Beierwaltes, *Plotin,* p. 22 *sq.*, et *supra,* p. 25.

210. Cf. W. Beierwaltes, « Das Problem des absoluten Selbstbewußtsein bei Johannes Scotus Eriugena », in : *Platonismus in der Philosophie des Mittelalters,* p. 484 *sq.*

211. *Sum. contra Gentiles,* I, 45.

212. Eckhart, *Qu. Par.* I, n. 1, LW 5, 37 <*Maître Eckhart à Paris. Une critique médiévale de l'ontothéologie.* Études, Textes et Introductions, Paris, P.U.F., 1984, p. 176-177>.

213. *Ibid.*, p. 38, 5 *sq.* <177>.

214. N. 3 ; 40, 4 <178-179>.

215. N. 4 ; 40, 7 <179>.

2. Ce qui est en Dieu, est au-dessus de l'être même et est tout entier penser (connaître intellectif), *quidquid est in deo, est super ipsum esse et est totum intelligere*[216].

Quand Eckhart affirme que l'*intelligere* est quelque chose de « plus haut » que l'être[217], et qu'il attribue à l'*intelligere* le plus haut degré de perfection par rapport au *vivere* et à l'*esse*[218], cela vaut de l'*esse* ou de l'*ens* en tant qu'*ens* ou *esse creabile* ou *creatum*[219] ; cela vaudrait aussi d'un être absolu qui serait représenté comme non-pensant. Il n'est cependant ni pensable que Dieu ne soit pas, ni qu'il ne pense pas[220]. Si donc il *est* et *pense*, alors en lui être et penser doivent nécessairement constituer un seul et même être (*Wesen*). C'est également ce qu'indique le premier groupe d'énoncés dans la réponse eckhartienne à la question posée. Et Eckhart n'a pas non plus récusé *expressis verbis* cette position. L'autre groupe d'énoncés qui affirment, comme une apparente alternative, l'identité de l'être et du penser ne peut donc pas être compris comme une opposition exclusive. L'intention de ce second groupe doit plutôt tendre à la différenciation du concept d'être. Une telle différenciation se révèle déjà dans l'affirmation qui vient restreindre la proposition opposée : *deus est intelligere et non ens vel esse*[221], à savoir : s'il y a en Dieu quelque chose que l'on veuille nommer « être », alors cela lui appartient en fonction du penser[222]. Car en Dieu il n'y a pas un être « sans-plus », c'est-à-dire non-pensant, mais la pureté de l'être (*puritas essendi*, être pur), au sens de l'être véritable et propre, lequel est plénitude absolue et fondement absolu, et par conséquent – dans la conception d'Eckhart – aussi penser. C'est en ce sens que l'être lui revient exclusivement : *deo ergo non competit esse, nisi talem puritatem voces esse*[223]. Parce que Dieu n'est pas par essence (*formaliter*) un étant, comme le créé est, de par son essence, étant, son être qui lui

216. N. 8 ; 44, 13 *sq.* <183>.

217. N. 12 ; 47, 14 *sq.* : *est aliquid altius ente* <186>.

218. N. 6 ; 43, 4 *sq.* <181>.

219. En ce sens l'*ens* ou l'*esse* peut donc s'appliquer aussi à Dieu (41, 14).

220. L'idée de l'être se pensant soi-même, qui est en même temps principe, n'est pas conçue contre le néoplatonisme, comme pourrait le suggérer la thèse plotinienne ou porphyrienne de l'Un qui ne pense pas. Porph. *in Parm.* (= Palimpseste de Turin, éd. Hadot), in : *Porphyre et Victorinus*, II, 64 *sq.*) : Dieu ou l'Un est certes προούσιον, et pourtant également pure activité (XII, 25 *sq.*), « Idée » de l'être (XII, 32 *sq.*), identité qui se pense elle-même (V 34. XIV, 10 *sq.*), cf. *supra*, p. 30 *sq.* Hadot montre, dans le premier volume de son *Porphyre et Victorinus*, l'importance de ce point de vue porphyrien sur le problème pour la doctrine trinitaire de Marius Victorinus.

221. *Qu. Par.*, I, n. 4 ; 41, 13 *sq.* <179 *sq.*>

222. *Ibid.*, n. 8 ; 45, 5 : *sibi competit per intelligere.*

223. *Ibid.*, n. 9 ; 45, 14 *sq.* <184>.

appartient essentiellement (*essentialiter*) est « plus haut que l'étant » (*altius ente*). Dieu n'*est* donc *pas,* comme l'étant *est,* son « être » est un « sur-être ». De Dieu rien ne peut être nié qui lui appartienne de par son essence, car il contient tout étant selon la modalité de son être-soi : *in puritate, plenitudine, perfectione ... Ego sum qui sum*[224]. L'étant est donc en lui être, il est son être originaire et par conséquent pur : Sur-être[225]. Mais un tel sur-être ne serait pas lui-même *sans* pensée; il est ce qu'il est par le penser et en tant que penser. On retrouve ainsi la position initiale : l'être de Dieu est penser et son penser est être. Ce qui a été modifié, c'est le concept d'« être » en tant qu'il appartient, comme sur-être, uniquement à Dieu et qu'il est donc identique à lui. Pas plus qu'Eckhart, en pensant Dieu comme sur-être, ne lui « retire » l'être – *ich hân ez in im gehoehet* –, il ne peut le lui retirer quand il le caractérise emphatiquement comme penser (*intelligere*). Le penser n'est pas sans l'être; l'un et l'autre se tiennent donc en tant qu'auto-réflexion absolue dans une « connexion de fondation » cooriginaire. Si Dieu est être pur et penser, alors la proposition : *ipsum esse est fundamentum ipsius intelligere* sonne tout aussi eckhartienne que celle déjà cité[226] : *ipsum intelligere* (*est*) *fundamentum ipsius esse.* Affirmer qu'Eckhart, à l'époque de la première des *Questions Parisiennes,* aurait enseigné la « priorité » en Dieu du penser sur l'être, ce serait construire de toutes pièces une contradiction qui dans la Question elle-même n'est pas résolue. En outre, on ne verrait pas non plus très bien comment une priorité en Dieu serait pensable en général, dans la mesure où son éternité est un *simul* (à la fois – *zugleich*)[227] qui exclut tout ce qui précède et ce qui suit, temporellement, ou elle est encore un maintenant ponctuel; ainsi un processus causal, dans lequel le penser serait le « fondement » de l'être[228], est également impossible. À cela s'ajoute encore le fait que la thèse de l'identité en Dieu du penser et du sur-être est sans aucun doute constitutive de part en part pour le concept eckhartien de Dieu après la *Question Parisienne* : Dieu est tout entier penser et tout entier être[229]. En tant que pensée pure (*purus intellectus*) et être pur (*esse purum*), il ne pense que lui-même, autrement dit : son être : *wesen ist sô lûter und sô hôch, allez das*

224. *Ibid.*, n. 12; 48, 7 *sq.* <187>.

225. Cf. *supra,* n. 172.

226. N. 215.

227. Par ex. *Eccl.*, n. 56, LW 2; 285 4 *sq. Ex.*, n. 167; 146, 10 *sq.*

228. Le fait que l'être revienne à Dieu *per intelligere* (*Qu. Par.* n. 8; 45, 5) ne saurait être compris au sens d'une causalité efficiente. Cela signifie plutôt : par la médiation de ..., ou sur le mode de ... L'*intelligere* est donc une forme d'effectuation ou encore l'acte de l'être.

229. *Joh.*, n. 31, LW 3; 25, 2 <OLME 6, 71 *sq.*> : *semper actu intelligit, et intelligendo gignit rationem; et ipsa ratio, quam gignit ipsum intelligere suum, est ipse deus; deus erat verbum.* n. 34; 32, 11 <77 *sq.*> : *ipsum principium semper est intellectus purus.*

got ist, daz ist ein wesen. Got enbekennet niht dann aleine wesen, er enweiz niht dan wesen, wesen ist sîn rinc. Got enminnet niht dan sîn wesen, er gedenket niht dan sîn wesen[230]. Lui seul est donc identité du penser et de l'être, l'être qui se pense comme unité ou le penser qui est absolument : *in ipso solo esse est intelligere ... ubi esse non est ipsum intelligere, nunquam est aequalitas*[231]. *Sed in deo ipsum est esse quod intelligere solum*[232].

L'élucidation du rapport de l'être et de la pensée en Dieu a déjà montré que celui-ci ne doit pas être conçu comme quelque chose de statique : Eckhart le comprend bien plutôt comme *acte* pur, processus intemporel, mobilité « stable ». Ladite *mansio sive fixio,* en laquelle s'accomplit l'auto-réflexion, doit donc être pensée par analogie avec la σταθερὰ κίνησις néoplatonicienne. Se trouve ainsi indiqué l'horizon historique des concepts et des problèmes à partir duquel cette idée devient compréhensible dans ses présuppositions : un tel horizon englobe le *Liber de causis,* Thomas d'Aquin, Albert le Grand, Dietrich de Freiberg, et remonte, à partir de là, jusqu'à Proclus, et à travers diverses médiations, à Plotin, Aristote et à la « doctrine » platonicienne « des catégories » du *Sophiste*[233]. Ce qu'ont en commun ces différentes initiatives, c'est la question de savoir comment la pensée pense l'être et dans quelle mesure cette pensée est vie, et par là même vie de l'être, ou – en termes aristotéliciens[234] – comment la vie est l'effectivité de l'esprit divin qui se pense soi-même.

Eckhart décrit cet acte de l'auto-affirmation divine ou de l'auto-réflexion, tel qu'il s'exprime dans le « Je suis qui je suis », comme un « bouillonnement interne » (*bullitio*)[235] ou un « engendrement de soi-

230. *Pred.*, 8, DW 1 ; 130, 5 *sq.* <« l'être est si pur et si haut que tout ce que Dieu est n'est qu'un être. Dieu ne connaît rien que l'être, Il ne sait rien que l'être, l'être est sa sphère. Dieu n'aime que son être, Il ne pense rien que son être », tr. fr. A. de Libera, *Traités et Sermons,* p. 270>.

231. « Aequalitas » est synonyme, dans le domaine du divin, d'*unitas, indistinctio.* Cf. par exemple *Sap.* n. 37/38, LW 2 ; 359, 1 et 13 *sq.*

232. *Sermo* 29, n. 301, LW 4; 268, 7 *sq.* Il en va de même de l'identité de l'unité et de l'être : sur la base de l'énoncé *esse fundatur* (cf. *fundamentum !*) *et figitur in uno et per unum* (Prol. op. prop. n. 9, LW 1, 171, 5 <OLME 1, 79>), aucune priorité (causale) de l'unité par rapport à l'être en Dieu ne saurait être affirmée. Bien plutôt l'être de Dieu *est* unité et son unité n'est rien d'autre qu'unité de l'être qui unifie en pensant.

233. Sur ce point, voir Plotin, V, 9, 7, 11. II, 2, 3, 20 *sq.* Pour l'histoire du problème, cf. P. Hadot, « Être, vie, pensée chez Plotin et avant Plotin », in : *Les sources de Plotin,* Genève, 1960, p. 107-151, et du même auteur, *Porphyre et Victorinus,* I, 213 *sq.* W. Beierwaltes, *Proklos,* p. 93 *sq.*, et du même, *Phil. Rundschau,* 11 (1963), p. 206 *sq.*

234. *Mét.*, 1072 b 27 : ἡ γὰρ νοῦς ἐνέργεια ζωή. Cette idée est, avec *De anima* 430 a 3 *sq.*, un élément essentiel de l'histoire du problème évoquée dans la n. 233.

235. Eckhart a pu rencontrer le terme *ebullitio* (cf. sur ce point, n. 244 *infra*) chez Dietrich de Freiberg (*De intellectu et intelligibili,* p. 129 *sq.* (Krebs) <voir aujourd'hui

même » (*parturitio sui*). Entrer en ébullition ou s'engendrer soi-même est un acte trinitaire : l'Unique engendré, le Fils ou le Verbe naît ainsi. Le Père, qui est l'être, s'exprime lui-même dans le Verbe et comme Verbe, lequel est – identiquement – être pur. Dans la parturition réflexive de soi-même, le premier « Je suis » se « répète » dans le second ou comme le second, sans pour autant se dédoubler lui-même en un sens quantitatif. « L'unité <la monade> engendre l'unité ou l'a engendré »[236], parce que le Fils ou le Verbe, en tant qu'« autre » unité, est toujours déjà engendré, c'est-à-dire

l'édition des *Opera omnia,* t. I, éd. B. Mojsisch, Hambourg, 1977, p. 142, 63>. Il vise ici un acte d'extériorisation des *intellectus separati.* Dietrich réfère cette idée à la doctrine proclusienne de la causalité (*Elementatio theologica*) et il décrit cet acte comme *quandam transfusionem, qua una pars fluat in aliam, quo redundet in extra* (*ibid.*, p. 127 <139, 89-90>). Le terme *bullitio* n'est pas attesté, dans un usage métaphorique proche de celui d'Eckhart, avant 1280 (le *Mittellateinisches Wörterbuch*, édité par l'Académie des Sciences de Bavière, rassemble les principaux matériaux jusqu'à cette date; les autres glossaires n'ajoutent pas d'informations complémentaires). Sur le fond, l'usage eckhartien du terme correspond à l'idée néoplatonicienne que l'esprit ou l'être est une vie qui ne se fatigue jamais, ne s'épuise jamais, car elle est toujours « jaillissante », toujours « en ébullition » : Plotin (en jouant sur l'étymologie) VI, 5, 12, 9 : οἷον ὑπερζέουσα ζωῇ. En VI, 7, 12, 19 *sq.*, Plotin pose la question de savoir d'où vient la vie dans le monde intelligible : il n'y a qu'une source unique qui ajointe entre elles toutes les qualités et les préserve, il n'y à là ni pauvreté ni embarras (πενία μηδ' ἀπορία), « mais toutes choses sont pleines et bouillonnent de vie », πάντων ζωῆς πεπληρωμένων καὶ οἷον ζεόντων. On retrouve la métaphore chez Proclus, pour l'esprit libéré du temps : *in Alc.*, 249, 4-6, l'exhortation à celui qui accomplit l'ascension : θεατὴς γενοῦ τῆς φύσεως ἐκείνης καὶ ἰδὲ μένουσαν ἐν αἰῶνι φύσιν καὶ ζωὴν ζέουσαν καὶ ἄγρυπνον νόησιν καὶ μηδενὶ λείπουσαν εἰς τὸ ζῆν. Et dans un contexte similaire, chez Damascius, *Dub.*, II, 32, 18 : ἡ ζωὴ οὐσίας (scil. νοητῆς) ἐστὶν οἷον ζέσις. (L'οἷον plotinien se retrouve dans les *quaedam* ou *quasi* eckhartiens). On rencontre aussi chez Damascius la métaphore de la « fécondité » de la vie intelligible (κυοῦν, ligne 20. Cf. la *parturitio* d'Eckhart). Dans la réflexion théologique – en présentant le procès trinitaire – Synesius (*hymn.* 5, 33 *sq.* Terzaghi) nomme « l'unique source, l'unique racine qui a accordé les bénédictions des biens supra-étants et le surgeon qui bouillonne et déborde de poussée procréatrice ». Après Eckhart, la métaphore se maintient s'agissant de la vie divine, mais elle s'applique de plus en plus à ce qui est irrationnel, comme par exemple chez Jacob Böhme, dans le concept métaphorique de *Qual, Quelle, Qualität* (tourment, source, qualité).

236. La proposition (souvent citée par Eckhart, par exemple *Joh.*, n. 164, LW 3; 135, 7 [*quod ait Hermes Trismegistus*]) vient du *Liber XXIV Philosophorum* (Baeumker, Beiträge 25, 1/2; Münster 1927, 208, 1) : *deus est monas, monadem gignens, in se suum reflectens ardorem,* élargi sur le modèle : *semper nascitur filius et semper natus* (cf. n. 237), par un *vel genuit* <*Le Livre des XXIV Philosophes,* traduit du latin, édité et annoté par Françoise Hudry, J. Millon, Grenoble, 1989, p. 89>. Cet élargissement et la mention d'Hermes Trismégite renvoient à la source directe d'Eckhart : Alanus ab Insulis <Alain de Lille>, *regulae theol.* 3 (PL 210, 624 C) et Albert le Grand (*Summa theol.*, I tr. 3, qu. 13, m. 3 arg. 7, Borgnet 31, 59 b). À propos de la connaissance qu'avait Eckhart du *Liber XXIV Philosophorum,* cf. H. Wackerzapp, *Der Einfluß Meister Eckharts auf die ersten philosophischen Schriften des Nikolaus von Kues,* Münster, 1962, p. 141 *sq.*

hors temps[237]. Parce que l'unité n'est qu'unité et par là unité absolue, elle ne peut que produire à nouveau l'unité ; elle ne peut pas donner ce qu'elle n'a pas[238]. L'unité, dans l'acte d'engendrement, a « retourné son amour ou son ardeur sur elle-même ». Mais l'amour en lequel Dieu s'aime lui-même, est l'Esprit Saint. L'« amour » ne permet pas que le pôle de la réflexion demeure fixé en lui-même (*amor est uniens*)[239], et il le reconduit circulairement au commencement, mais désormais à ce commencement qui se pense et s'aime soi-même dans ce cercle. L'amour est donc l'élément mobile, qui se déploie et en même temps revient en arrière dans le processus trinitaire[240].

Eckhart nomme également le se-penser-soi-même, s'exprimer-soi-même et s'engendrer-soi-même, en usant du terme beaucoup plus courant en comparaison de la *bullitio,* d'*emanatio personarum* ou d'*emanatio personalis* ou *formalis*[241] : l'émanation a-temporelle ou la procession des personnes en Dieu même, cette procession qui ne détruit pas l'unité originaire – le Dieu trinitaire demeure *un* et le resterait même « s'il y avait en lui mille personnes »[242] –, mais qui bien plutôt la manifeste comme un être qui vit précisément de cette auto-réflexion : *sîn gebern daz ist sîn*

237. *Prol. gen. op. trip.* n. 21, LW 1 ; 165, 1 *sq.* <OLME 1, 68> : *quia finis est principium, semper perfectum incipit et natum nascitur. Sic ergo deus creavit omnia, quia creare non desiit, sed semper creat et creare incipit.* L'a-temporalité de la procession du fils en Dieu (*processio, productio, emanatio, generatio*) : *si semper in principio, semper nascitur, semper generatur* (*Joh.*, n. 8, LW 3 ; 8, 10 *sq.* <OLME 6, 36>).

238. *Joh.*, n. 342, LW 3 ; 291, 5 *sq.* : *Unum ... non producit* simile, *sed* unum *et* idem *se ipsum ... hinc est quod in divinis personis emanatio est formalis quaedam ebullitio, et propter hoc tres personae sunt simpliciter unum et absolute, ibid.*, n. 329 ; 279, 3 *sq.* : *quod se toto est unum non potest alteri dare esse multum. Quomodo enim daret quod non habet ?* Cf. Plotin, VI, 7, 15, 19 *sq.* : διδόντος ἐκείνου(scil. τοῦ ἑνὸς) ἃ μὴ εἶχεν αὐτός.

239. *Sermo* 6, 1, n. 52, LW 4 ; 51, 2.

240. *Joh.*, n. 163, LW 3 ; 134, 9 *sq.* <OLME 6, 294> : *patet quod in divinis est amor procedens, et quod spiritus sanctus est.* Tel est l'*amor notionalis* (= *personalis, toto se amat deus, Sermo* 6, 1, n. 55, LW 4 ; 53, 2), qui est l'équivalent d'une *floritio.* Le *flos generationis* (= *spiratio, spirat amorem, Sermo* 49, 3, n. 512, LW 4 ; 427, 8) est l'Esprit Saint. Ce rapprochement du *Spiritus Sanctus* et de l'*amor* (*dilectio, caritas*) est traditionnel depuis Augustin (par exemple, *de Trin.*, XV, 17, 29. M. Schmaus, *Die psychologische Trinitätslehre des heiligen Augustinus,* Münster, 1927 [1972^{2}], p. 261 *sq.*, 370 *sq.*, 384 *sq.*)

241. Par ex., *Joh.*, n. 8, LW 3 ; 8, 10 *sq.* 25 ; 20, 5 *sq.* 35 ; 29, 7 n. 82 ; 70, 7 : *emanatio personarum* comme *personalis distinctio* (ligne 14). n. 342 ; 291, 8 : *emanatio = formalis ebullitio.*

242. *Sap.* n. 112, LW 2 ; 449, 1 *sq.* : *in deo autem nec cadit numerus nec multitudo nec negatio, sed mera affirmatio et plenitudo esse, secundum illud : « ego sum qui sum ». ... propter quod tres personae non sunt multi, sed unus deus, etiam si essent mille personae.*

inneblîben, und sîn inneblîben ist sîn ûzgebern. Ez blîbet allez daz eine, daz in im selben quellende ist[243].

Cette *bullitio* intratrinitaire ou encore *e-bullitio* est le fondement qui rend possible l'*e-bullitio* créatrice, celle qui, en sortant de soi, donne en partage la plénitude qui appartient en propre à son être, et qui pose l'autre[244].

Eckhart caractérise comme lumière[245] cet acte réflexif qui se manifeste à travers la *bullitio* et l'*emanatio* comme vie de l'être trinitaire. Cette lumière se pénètre elle-même tout entière ; rien ne lui « résiste »[246], parce que rien n'est étranger pour la réflexion et par suite pour elle-même dans l'être pur. La lumière en tant que fonction éclairante du penser est donc constitutive pour l'être pur : l'être est lumière. « Lumière » ne doit pas être entendue, en tant qu'elle s'énonce de l'être pur qui se pense, comme une métaphore ou un symbole, mais au sens « propre » et « véritable »[247] : *deus ... est lux simpliciter et absolute plena et vera, utpote nulli inferior et superior omnibus*[248]. Chaque étant implique la lumière de l'être[249] comme lumière non-distinguée, qui est délimitée dans l'acte créateur de communication de soi et qui s'individue elle-même en chaque créature singulière. La *creatio* est de ce point de vue un acte d'illumination qui pose l'étant comme distinct[250].

243. *Pred.*, 28, DW 2 ; 63, 3 *sq.* <tr. fr. A. de Libera, p. 326 : « Pour Lui, engendrer c'est demeurer en Lui-même et demeurer en Lui-même c'est engendrer hors de Lui-même. Tout cela reste l'Un jaillissant en Lui-même »>.

244. Sur la distinction (pas toujours respectée [cf. le passage cité n. 241]) des termes *bullitio* et *ebullitio*, cf. l'annotation des LW. 4, 236, à propos de cet énoncé eckhartien : *deus sub ratione boni est principium ebullitionis ad extra, sub ratione vero notionis est principium bullitionis in se ipso, quae se habet causaliter et exemplar<iter> ad ebullitionem.* Ce qui procède (*Filius, Verbum*) est image (*imago*) identique au Père, *vita quaedam, ac si imagineris rem ex se ipsa et in se ipsa intumescere et bullire in se ipsa necdum cointellecta ebullitione* (*Sermo* 49, 3, n. 511, LW 4 ; 426, 2 *sq.*).

245. *Ex.*, 16 ; 21, 12 *sq.*

246. Cf. Plotin, V 8, 4, 4 *sq.* (à propos de l'esprit) : διαφανῆ γὰρ πάντα καὶ σκοτεινὸν οὐδὲ ἀντίτυπον οὐδέν, ἀλλὰ πᾶς παντὶ φανερὸς εἰς τὸ εἴσω καὶ πάντα· φῶς γὰρ φωτί. καὶ γὰρ ἔχει πᾶς πάντα ἐν αὑτῷ, καὶ αὖ ὁρᾷ ἐν ἄλλῳ πάντα, ὥστε πανταχοῦ πάντα καὶ πᾶν πᾶν καὶ ἕκαστον πᾶν καὶ ἄπειρος ἡ αἴγλη.

247. Comme le dit expressément Eckhart, *Joh.*, n. 86, LW 3 ; 74, 6 *sq.* <OLME 6, p. 173>.

248. *Ibid.*, n. 87 ; 75, 11 *sq.* <175>.

249. *Unumquodque enim lux est et lucet in suis principiis* (*Joh.*, n. 20 ; 17, 2 *sq.* <55>).

250. Distinguer est une fonction de la lumière ! Sur ce point, voir en particulier *Joh.*, n. 91 ; 78, 11 *sq.* <159> : ... *illuminat deus lumine sui esse.* n. 92 ; 79, 14 *sq.* <161> : *omne enim influxum lumen est ... maxime si influens causa et principium se toto sit lux.* J. Koch, « Über die Lichtsymbolik im Bereich der Philosophie und der Mystik des Mittelalters », in : *Stud. Generale,* 13 (1960), p. 665 *sq.*

La proposition « Je suis qui je suis » dit par conséquent, selon l'interprétation eckhartienne : Dieu est être pur, pure substance, pure (auto)-affirmation, auto-réflexion, auto-énonciation et auto-illumination. Le fait que Dieu soit être pur implique toutes les autres dénominations ; ou en d'autres termes : celles-ci sont l'auto-explicitation de l'être comme identité (unité)[251] au sein de la trinité.

3. Une compréhension adéquate de l'exégèse eckhartienne de l'*Exode* permet également d'élucider la proposition si souvent citée, tirée du *Prologus in Opus tripartitum* et du *Prologus in Opus propositionum : esse est deus*[252]. Les deux contextes font appel, de différentes manières, au même argument.

Il est clair d'emblée que la thèse « l'être est Dieu » ne vise pas l'étant, *ens hoc aut hoc* ou *habens esse*[253]. « L'être est Dieu » n'identifie donc pas l'être en tant qu'étant dans son ensemble, l'être du monde (de manière panthéiste, comme on l'a dit souvent[254]) à Dieu, mais montre précisément la différence de l'être et de l'étant, puisque l'être est pensé comme ce qui n'appartient en propre qu'à Dieu seul[255]. Ainsi seuls l'être absolu et Dieu sont identiques (*deus igitur et esse idem*[256]), ou encore, en renversant la thèse : seul Dieu est être absolu et pur[257], de sorte qu'à la question : qu'est-il ou qui est-il ?, on ne puisse répondre qu'au sens d'*Exode* III, 14 : l'être[258]. Parce qu'il est être absolu ou plénitude d'être, on ne peut lui dénier rien d'étant ; il est la négation de toute négation de l'être, pure auto-affirmation.

251. *Identitas est enim unitas, Sermo* 29, n. 303, LW 4 ; 269, 12 *sq.*

252. LW 1 ; 156 *sq.*, 166 *sq.* Cf. sur ce point W. Bange, *Meister Eckharts Lehre vom göttlichen und geschöpflichen Sein*, p. 19 *sq.*

253. *Prol. op. prop.*, n. 3 ; 166, 13. *Prol. op. trip.*, n. 12 ; 157, 11. Sur l'*ens hoc aut hoc* (= *distinctum, finitum*) opposé à l'*esse absolute et simpliciter* (p. 166, 13), qui est *non-aliquid* (*Nicht-Etwas*), cf. par ex. *Joh.*, n. 52, LW 3 ; 43, 11, n. 103 ; 88, 12. *Prol. op. prop.* n. 4 ; 168, 2 *sq. Von abegescheidenheit*, DW 5, 406, 7 ; 425, 1 : *diz oder daz.*

254. Déjà dans son *Apologie*, Eckhart se défend contre cette accusation : *cum dicitur : esse est deus, dicendum quod hoc verum est de esse absoluto, non de esse formaliter inhaerente* (Daniels, 10, 1, *sq.*).

255. *Prol. op. prop.* n. 5 ; 186, 6 *sq.* : *quod solus deus ens proprie est, patet Exodi 3 : « ego sum qui sum »* <OLME 5>.

256. *Prol. op. trip.*, n. 12 ; 157, 12 <OLME 79-81>.

257. *Prol. op. trip.*, n. 17 ; 162, 2 <OLME 87>. *Op. prop.*, n. 15 ; 175, 8 : *deus autem esse est. Sermo* 29, n. 298, LW 4 ; 265, 8 : *plenitudo esse. Joh.*, n. 207, LW 3 ; 174, 13 : *esse plenum* (cf. Plotin, V 6, 6, 20, à propos du νοῦς : πλῆρες δέ ἐστι τὸ εἶναι). *Sermo* 29, n. 301, LW 4 ; 267, 8 : *purum esse quod sit omnium esse. Joh.*, n. 239 ; 200, 5, n. 242 ; 202, 8 : *merum et simplex. Ibid.*, n. 60 ; 50, 1, n. 205 ; 172, 12, n. 221 ; 185, 14 : *esse ipsum.* n. 52 ; 43, 12 : *absolute. Eccl.*, n. 64, LW 2 ; 294, 4 : *primum et simplicissimum.* Cf. aussi n. 292 *sq.*

258. *Prol. op. prop.*, n. 5 ; 169, 1 *sq.* : *quid aut quis est ? respondetur : esse, Exodi 3 : « sum qui sum » et « qui est »* <OLME 1, 75>.

Il en est de même des traits essentiels et « transcendantaux » de l'être : unité, vérité, bonté, qu'il est aussi bien *en mode absolu.* Il est donc « tout », être et en même temps « rien », c'est-à-dire aucun être au sens de l'étant « restreint », déterminé[259]. Si Dieu n'était pas être absolu, il serait alors néant radical ou encore il serait fondé par un étant antérieur à LUI[260]. Mais cela est contradictoire avec son être et son concept. L'explicitation de la thèse : *esse est deus* ou *deus est esse*, se révèle comme le concept le plus conséquent de l'argument ontologique d'Anselme : Dieu ne peut être pensé que comme être; on ne peut pas penser qu'il n'est pas. Parce qu'il est quelque chose en comparaison de quoi rien de plus haut ne peut être pensé, et qu'il est donc le plus haut, il est la perfection qui est, le fondement in-conditionné et non-fondé : sans « pourquoi » le « pourquoi » lui-même[261].

Dans l'être-fond sans-fond de Dieu, la différence par rapport à l'étant est particulièrement claire. L'étant est immédiatement (*immediate*[262]) – c'est-à-dire exclusivement, sans la médiation d'un autre – de, à partir de ou par lui qui est l'être purement et simplement[263]. L'être absolu est donc également fondement et origine absolus : *creator. Creatio est collatio esse,* collation de l'être à l'étant qui, constitué par lui, dépend de LUI[264]. La condition pour que l'étant en soi, bien que dépendant, puisse être cependant en tant

259. *Ibid.*, n. 12; 172, 7 : *competit ipsi negatio negationis esse* <81>. n. 15; 175, 13 *sq.* : *de ipso ente, deo, nihil negari potest nisi negatio<ne> negationis omnis esse.*

260. *Prol. op. trip.* n. 13; 158, 1 *sq.* <57>.

261. *Joh.*, n. 50; 41, 11 *sq.* <OLME 6, 107> : *Non habet (principium) quare, sed ipsum est quare omnium et omnibus. Ibid.*, n. 336; 285, 5 *sq.* : *ipsa (forma [dei]) dat esse, ipsa est esse, ipsa est quare. « got wirket sunder warumbe »* et il n'a pas de « Pourquoi » : *Pred.*, 43; 146, 20 *sq.* Pfeiffer.

262. Sur *immediate, Sap.*, n. 19, LW 2; 340, 3. *Joh.*, n. 53, LW 3; 44, 10 *sq.* : *omnia tamen et singula ... immediate ab ipso solo habent esse sive quod sunt. Ibid.*, n. 205; 172, 14 : *immediate – inter esse enim et ens ut ens nullum cadit medium.* « Immediate » indique la proximité de Dieu à l'étant ou celle de son opération en lui, et marque aussi, paradoxalement, la distance ou l'altérité de Dieu par rapport à l'étant : *nihil tam proprie enti, nihil tam intimum quam esse. Deus autem esse est et ab ipso immediate omne esse* (n. 238; 199, 3 *sq.*), *Sermo* 25, 2, n. 264, LW 4; 240, 9. *Prol. op. prop.* 4; 168, 1 <OLME 1, 73>. H. Ebeling, *Meister Eckharts Mystik,* Stuttgart, 1941, p. 56 *sq.*

263. Caractéristique d'Eckhart est aussi le fait qu'il analyse le problème de la causalité et du processus trinitaire à la faveur d'une réflexion sur les prépositions. Cf. en particulier le sermon sur *Rom.* 11, 36 : *ex ipso, per ipsum et in ipso sunt omnia,* LW 4, 29 *sq.* Voir aussi *Sermo* 25, n. 1; 230, 6 *sq. Joh.*, n. 34, LW 3; 28, 4. n. 337; 286, 10 *sq.* Sur l'origine platonicienne de cette forme de pensée et ses différenciations néoplatoniciennes et patristiques, voir W. Theiler, *Die Vorbereitung des Neuplatonismus,* Berlin 1934, 19 *sq.*, et H. Dörrie, « Präpositionen und Metaphysik », in : *Mus. Helveticum* 26 (1969), p. 217-228, et du même auteur : « Die Epiphanias-Predigt des Gregor v. Nazianz », in : *Kyriakon, Festschrift Joh. Quasten,* Münster 1970, I, 415 *sq.*

264. *Prol. op. trip.*, n. 16; 160, 7 <OLME 1, 61>.

qu'étant, est la création dans l'origine elle-même : *creavit in principio* signifie au sens eckhartien que Dieu a *en soi,* dans l'être comme principe, « créé »[265] l'étant (comme idée de ce qui est déterminé temporellement). Une telle création n'implique aucun processus successif, il s'accomplit bien plutôt « toujours », « aujourd'hui », « maintenant », *necessario simul fit et factum est, simul incipit et perfectum est*[266], parce que Dieu est tout uniment « commencement » et « fin » éternels[267]. Son « être-riche-par-soi » (*dives per se*) ou sa bonté absolue (*bonitas pura*) sont aussi la raison[268] pour laquelle l'être se porte lui-même à ébullition (*ebullitio*), déborde au dehors et pose l'étant comme « ceci ou ceci », c'est-à-dire comme quelque chose de singulier et déterminé : *omne quod est per esse et ab esse habet, quod sit*[269]. L'être pur est donc du même coup *esse rerum* ou *omnium esse*[270]. Idée qui peut facilement donner lieu à une mésinterprétation panthéiste, comme si les « choses » ou « toutes choses » étaient identiques à Dieu sans distinction. L'être en soi sans différence de Dieu (*in se indistinctissimus*[271]) pose cependant dans ce « débordement » créateur tout ce qu'il a de plus distinct (la différence comme étant et dans l'étant), et par là même la différence d'avec soi-même : *esse omnium* (*gen. objectivus*) signifie l'être en tant *fond*(*ement*) universel de tout. C'est en cela que se révèle aussi sa différenciation par rapport à ce qui est fondé ; il ne différencie pas lui-même, mais l'étant. En vertu de cet être-différent de l'étant en soi-même (*essentia creati foris stat et distincta*) et par rapport à son fondement, la proposition : *deus est esse omnium* ou *esse est deus* indique bien plutôt que l'étant ne peut être, par l'acte fondateur de l'être, qu'« analo-

265. *Prol. op. trip.*, n. 17 ; 160, 13 : *creavit in principio, id est in se ipso.* La référence à Augustin, *Conf.*, XI 11, 13, *quae per te atque in te fiunt* (LW 1, 160, n. 7) n'est pas pertinente, puisque le « in » s'entend ici au sens de fin. L'idée reste pourtant augustinienne : *Conf.*, XI 3 *sq.*, Augustin commente Gen. 1, 1 : *In principio fecit deus caelum et terram.* Le mode de création : *in verbo, dicendo, in filio, in sapientia,* et donc en lui-même. Même idée encore plus nette chez Érigène, *Prol. in Ev. Joh.*, c. 7, 5, éd. Jeauneau, Paris, 1969, p. 230 *sq.* (PL 122, 287 B *sq.*).

266. *Prol. op. trip.*, n. 19 ; 163, 9 *sq.* <65>.

267. *Ibid.*, et n. 21 ; 165, 1.

268. Sur le motif de la création « quia bonus », cf. R.-H. Cousineau, « Creation and freedom. An Augustinian problem : « quia voluit » and/or « quia bonus » », in : *Rech. August.*, 2 (1962), p. 253-73. (Néo)platonicienne est l'idée fondamentale que le Bien donne en partage « sans réserve » sa bonté. Cf. par ex., Plotin, V 4, 1, 28 ; 35. V 5, 12, 33 ; 45. On retrouve la même idée chez Platon, *Tim.*, 29 e 2, *Phèdre,* 247 a 7, et *Epinomis,* 988 b 6 *sq.* (démythologisation de la « Déité jalouse » en Dieu non malveillant).

269. *Prol. op. trip.*, n. 12 ; 157, 5 *sq.* <OLME, 55-57>.

270. Par ex. *Sermo* 6, 1, n. 53 ; LW 4, 51, 8. *Sermo* 29, n. 301 ; 267, 8.

271. *Sermo* 4, 1, n. 28, LW 4 ; 28, 5.

giquement » à LUI[272], autrement dit qu'en lui (l'étant) similitude et dissemblance s'interpénètrent dialectiquement. En d'autres termes : ce qui est individué ou distingué par la *creatio* n'est pas l'être même, parce que l'être en tant qu'il crée demeure, en dépit de la procession de l'étant, en soi-même[273]. Dans la langue, le rapport de l'être créateur à l'étant créé ne se laisse formuler qu'à travers des paradoxes : d'un côté, l'être même est le fondement de l'essence et de l'existence de l'étant ; il est pour cette raison « au plus intime » de l'étant, partout et « en » tout[274], et précisément rien qui soit « distinct » de l'étant, puisqu'il est commun à tout[275] ; mais d'un

272. *Totum esse est ab esse dei, analogice tamen* : *Apologie*, 52, 13. Sur le « foris », *Joh.*, n. 304, LW. 3 ; 253, 5 et 9.

273. *Sermo* 29, n. 299, LW 4 ; 266, 8 *sq.* : *unum descendit in omnia et singula, manens semper unum et divisa uniens. Pred.* 9, DW 1 ; 144, 4 *sq.* : *got ist etwaz, daz dâ ... in im selber blîbende ist* <tr. fr. A. de Libera, p. 276>. Idée qui appartient à la tradition du motif néoplatonicien fondamental selon lequel l'Un, en tant que fondement de tout, laisse sans doute les choses procéder de lui, mais demeure lui-même en soi, sans être pour autant diminué en rien (l'image de la source, de la racine, de la semence). Voir W. Beierwaltes, *Plotin*, p. 11 *sq.* Du même auteur, *Proklos*, p. 118 *sq.*, 162 *sq.*, 173 *sq.*, 343 *sq. Phil. Rundschau*, 16 (1969), 132 *sq.* (μονή). De manière caractéristique, Eckhart cite souvent ce vers tiré de la *Consolatio* de Boèce (III, m. 9) qui décrit dans une perspective cosmologique (orientée sur le néoplatonisme, cf. F. Klinger, *De Boethii consolatione philosophiae*, Berlin, 1921, p. 40 *sq.*) l'opération, immanente au monde, du dieu qui demeure (en soi) transcendant : *stabilisque manens das cuncta moveri. Ex.*, n. 156 ; 138, 15.

274. *Joh.*, n. 34, LW 3 ; 28, 7 : *omnium intimum. Sermo* 4, 2, n. 29, LW 4 ; 30, 3 *sq.* : *esse, deus scilicet, est intimum omni enti. Sermo* 29, n. 296 ; 264, 2 : *Deus est in intimis cujuslibet et solum in intimis* (avec la note de l'éditeur). *Deus ubique et in omnibus, utpote esse* : *Joh.*, n. 96 ; 83, 1, n. 112 ; 97, 10 *sq.* : *ubique autem est, qui nusquam est, nulli, inquam, loco, patriae vel domo affixus amore. Sic in omnibus est, qui nullo hoc aliquo sive creato afficitur. Ibid.*, n. 210 ; 177, 10 : *quod deus ubique est, nusquam est.* Pour l'histoire du problème, voir Pierre Lombard, *Sent.* I, d. 37 c. 5, n. 344. Alain de Lille, à propos de : *Deus est sphaera intelligibilis, cujus centrum ubique, circumferentia nusquam : hujus spere centrum ubique est, quia universitas rerum gratia sua proprium omne<m> optinet locum ; circumferentia nusquam, quia immensitas divina extra cuncta non exclusa, intra cuncta non inclusa* (*Sermo de sphaera intelligibili*, éd. M.-Th. d'Alverny, Alain de Lille, *Textes inédits*, Paris, 1965, p. 305 ; cf. aussi Alanus, *Regul. theol.* 7, PL 210, 627). Bernard de Clairvaux, *de consideratione*, V, 6 ; PL 182, 796 D. Érigène, *Div. nat.* V 38 ; PL 122, 994 B : *totus enim deus est totus ubique, totus super omne, quod dicitur et intelligitur, exaltatus.* Proclus, *in Parm.* 1087, 32 *sq.* 1133, 19. *Theol. Plat.* II, 5 ; 93, 43 *sq.* Plotin, III 9, 4, 1-9. VI 8, 16, 1 *sq.* : L'Un est πανταχοῦ καὶ οὐδαμοῦ. Sur Plotin, voir *supra*, n. 32.

275. *Sermo* 6, 1, n. 53, LW 4 ; 51, 7 *sq.* et 52, 3 *sq.* : *Primo, quod deus communis est : omne ens et omne omnium esse ipse est, « in ipso, per ipsum et ab ipso » ... Secundo nota quod omne commune, in quantum commune, deus, et omne non commune, in quantum non commune, deus non est, sed creatum est.* L'être « commun » ou « universel », quand il est dit de Dieu, n'est pas identique à l'*ens commune* en tant que concept abstrait, et pas davantage à la « propriété » catégoriale la plus générale de l'étant ; il signifie bien plutôt l'opération de l'être même qui constitue et maintient chaque étant, sans que celui-ci ne s'identifie non plus avec *un* étant qui reçoit l'être (*esse accipere*). S'il ne s'identifie pas avec un étant déterminé,

autre côté, et en même temps, il est « au-delà » de tout étant[276], il n'est pas quelque chose *<non-aliquid>*, et ainsi le fondement de tout quelque chose, il est, en tant que cause première, absolument en dehors de la chaîne des causes (secondes) causées, il est – autrement que l'étant – non-distinct[277], i.e. incommensurable *qua mensura et regula*[278] *omnium.* Le *totus-intra* – et *totus-extra-esse* de Dieu[279] veut dire par conséquent que l'étant ne peut être que *par* lui, par l'être comme fondement, mais que Dieu lui-même est en même temps, au sens véritable, ab-solu, unique et Un, et que (dans l'acte de créer) il ne se perd pas lui-même à travers l'étant ou en lui ; et cela parce qu'il n'est pas *formaliter,* selon son essence, dans l'étant, mais *virtute,* c'est-à-dire par sa possibilité active, qui institue et conserve l'être. Par cette différenciation de l'être et de l'étant, de l'absolu et du singulier, « nous n'enlevons pas – comme le dit Eckhart – l'être aux choses, ni ne détruisons l'être des choses, mais nous l'établissons »[280]. Par là se trouve également établie l'analogie de l'étant à l'être. L'étant qui est immédiatement et exclusivement par Dieu, être, renvoie participativement à son fondement. L'étant n'est donc jamais au sens propre lui-même, il est uniquement comme signe[281]. D'où également, à titre d'élément constitutif de l'étant, la « faim » et la « soif » de l'être qui seul apaise et rassasie[282]. Autrement dit, et sans métaphore biblique : Dieu est la cause finale de l'étant, le « lieu » et le « repos » de l'étant, auquel en tant qu'être-créé il aspire à retourner; à l'*effluxus* de l'étant correspond donc son *refluxus sive regressus in ipsum deum*[283].

alors avec aucun d'entre eux : il demeure donc *extra et supra* (cf. *Joh.*, n. 103, LW 3; 88, 13 *sq.* <OLME 6, 205>). Si Dieu, en tant que l'être même, est *indistinctus,* mais que l'étant est *distinctum,* alors il est vrai que : *distinctum autem proprie non recipit indistinctum* (*ibid.*, n. 99; 85, 14 *sq.*).

276. Cf. *supra*, n. 172.

277. *Sap.*, n. 39, LW 2; 360, 4 *sq.* : *hoc ipso, quod creaturae sunt multae, distinctae et inaequales, sequitur quod deus est indistinctus, non multus nec inaequalis.* Parmi les textes cités, note 1 des LW 2, 360, voir en particulier *Ex.*, n. 58.

278. *Eccl.*, n. 64, LW 2; 294, 4 *sq.* : *utpote esse primum et simplicissimum, mensura est et regula omnium quae sunt quocumque modo essendi.*

279. *Ex.*, n. 163; 143, 5 *sq.* : *deus est in quolibet creato per potentiam, praesentiam et essentiam, in quolibet totus, totus intra, totus extra.* Cette idée est bien élucidée par Bonaventure, *Itin. mentis in Deum*, V, 8.

280. *Prol. op. prop.*, n. 15; 176, 6 *sq.* <OLME 1, 85) : *Hoc autem dicentes non tollimus rebus esse nec esse rerum destruimus, sed statuimus.*

281. C'est en cela que consiste son analogie. Cf. J. Koch, « Zur Analogielehre Meister Eckharts », in : *Mélanges offerts à Étienne Gilson,* Paris, Vrin, 1959, p. 327-350.

282. *Eccl.*, n. 45 *sq.*, LW 2; 274, 4 *sq.* n. 53; 282, 1 *sq.*

283. *Sermo* 25, 1, n. 259, LW 4; 237, 1 *sq.* Au problème, indiqué n. 273, de la μονή dans la πρόοδος correspond ici – non moins fondée néoplatoniciennement – l'ἐπιστροφή. C'est de l'insuffisance de l'étant par rapport à l'absolue suffisance du principe que résulte ce

La thèse *esse est deus* ou encore *deus est esse* s'est révélée comme ce qui permet d'interpréter la proposition *Ego sum qui sum.* Elle implique aussi l'auto-réflexion de l'être qui est exposée dans le *Commentaire de l'Exode,* parce que le *principium* « dans » lequel Dieu crée contient en pensée tout ce qu'il crée et tout ce en quoi en créant il opère, ou encore tout ce qu'il est lui-même en tant qu'idée. Dans le Père, le Principe préexiste à chaque étant singulier comme son idée ou comme sa cause originaire; elle est en lui comme une semence. Le Principe l'engendre comme son Fils, tandis qu'il l'énonce comme son propre VERBE : *hoc semen est Verbum* DEI[284]. L'engendrement intradivin et la profération constituent le fondement et la condition de possibilité de ce qui est créé « hors » de l'être absolu.

4. « Je suis qui je suis » est la réponse de Dieu à la question posée par Moïse à propos de son *nom.* La proposition n'est donc pas seulement, dans un sens philosophique abstrait, « auto-énonciation » de l'être (*repetitio, reflexio, Filius-Verbum,* proposition spéculative), mais en un sens concret : l'être de Dieu s'exprime en tant que Je (*ego*). C'est parce qu'il est un Je qu'il peut se nommer par son nom. Cette expression personnelle de Dieu en son nom est cependant interprétée par Eckhart comme an-historique, parce qu'elle est primordialement un acte intra-trinitaire. Cependant, très tôt et chez Eckhart en particulier, à la suite de Moïse Maïmonide, une spéculation approfondie s'est attachée au « nom »[285]. Le nom par lequel Dieu se nomme et avec lequel nous le dénommons, est analogue à une définition qui décrit l'essence ou la substance d'une chose[286]. Mais l'essence (*essentia, substantia*) de Dieu est son être; c'est pourquoi le nom divin « Je suis qui je suis » nomme son être : « être »,

mouvement téléologique en retour de l'étant vers son fondement. Le problème est retranscrit dans la tradition latine à l'aide des termes *pondus, quies, locus.* La « pesanteur » inscrite dans l'étant ne trouve son « repos » que dans la fin absolue. Cf. W. Beierwaltes, « Augustins Interpretation von Sapientia 11, 21 », *Rev. Ét. Aug.,* 15 (1969), p. 58 *sq.* Et sur ce point, Érigène, *div. nat.,* I, 21 ; 98, 2 (Sheldon-Williams) : *deus est « locus » locorum.* III, 9 ; PL 122, 643 C : *locus omnium* (en tant que point de départ et terme ultime de l'étant). Eckhart, *Joh.,* n. 199 *sq.,* LW 3 ; 168, 1 *sq.* (à propos de la question : *ubi habitas ?) : tu es ubi et locus omnium. Ibid.,* n. 202 ; 170, 5 *sq.* : *omnia in deum tendunt et recurrunt* (*locus proprius* [οἰκεῖος τόπος : Aristote, *Phys.,* 212 b 33], *quies, finis*). Philon, *All.,* 1, 44 (θεὸς) αὐτὸς ἑαυτοῦ τόπος καὶ αὐτὸς ἑαυτοῦ πλήρης καὶ ἱκανὸς αὐτὸς ἑαυτῷ ὁ θεός. Plénitude de l'être (absence de besoin) et auto-suffisance forment la raison de son être origine et fin.

284. *Tab. auct. Libri parab. Gen.,* LW I ; 463, 1 *sq. Lib. parab. Gen.,* n. 48, LW I ; 516, 12 *sq.* n. 200 ; 673, 6 *sq.*

285. Les noms de Dieu tiennent lieu, en théologie, de prédicats philosophiques attribués au Principe; cela est particulièrement clair dans le *de divinis nominibus* du Ps. Denys l'Aréopagite.

286. *Ex.,* n. 18 ; 23, 9 *sq.* n. 167 ; 146, 13 *sq.*

« est », « qui est », tel est son nom[287]. « Être » est le premier nom de Dieu et celui qui lui est le mieux approprié, parce qu'il implique tous les autres noms qui nomment des traits essentiels particuliers[288]. Le nom « être » n'est pas comme un nom-propre destiné à dé-finir un individu, un nom qui lui serait donné conformément à la « proprietas suppositi »[289], un parmi d'autres noms possibles (les noms divins se réflètent en abyme les uns les autres) ; il est bien plutôt le nom le plus universel et par là même aussi le plus propre, le nom purement et simplement : *super omne nomen*[290]. Le nom « être » en lequel s'exprime l'essence de Dieu, est donc le plus universel et en même temps le plus propre : JE. *« Ego », daz wort « ich » enist nieman eigen dan gote aleine in sîner einicheit*[291].

Dans le commentaire eckhartienne de la proposition « Je suis qui je suis », l'idée centrale est donc que Dieu est pure substance ou être pur, que cet être est absolue auto-réflexion et que Dieu s'exprime lui-même comme « Je » de l'être. Notre interprétation s'est appuyée pour l'essentiel sur le *Commentaire de l'Exode* et sur sa relation, quant au fond, à la première *Question Parisienne* et à la proposition : *esse est deus.* D'autres passages dans lesquels Eckhart interprète *Exode* III, 14 ou s'y réfère allusivement, ont pu être invoqués pour contribuer à l'éclairer. Indépendamment du fait que le commentaire de l'*Exode* explicite de la manière la plus approfondie la *réflexivité de l'être,* ces passages montrent clairement pour l'essentiel – en accord avec le *Commentaire de l'Exode* – comment l'être de Dieu est à penser en tant que l'être même : comme identité de l'*ipsum esse* et de

287. *Ex.*, n. 168 ; 147, 5 *sq.* : *esse est proprium nomen solius dei. Ibid.*, n. 26 ; 31, 10 *sq.* : *hoc nomen « est » mihi in aeternum, supple « erit » vel « congruit ». « Qui est » : Ex.*, n. 22 ; 28, 12 *sq. Eccl.*, n. 34, LW 2 ; 263, 5. C'est dans son exégèse d'*Ex.* III, 15, 3 et 20, 7, qu'Eckhart éclaire de la manière la plus détaillée la signification du « nom » : *omnipotens nomen ejus, non assumes nomen dei tui in vanum,* n. 27 ; 32, 2 *sq.* et n. 143 *sq.* ; 130, 6 *sq.* – Sur la tradition du « Tétragramme » dans le Moyen-Âge allemand, voir E. Happ, *Kommentar zum zweiten Buch von Wolframs Willehalm,* Diss. Munich, 1963, à propos de 101, 1 (*trinitât*).

288. *Ex.*, n. 163 ; 142, 11 *sq.* : *illud nomen est propriissimum rei, cui competunt et attribuuntur omnia, quae illius rei sunt propria. Sed ipsi esse conveniunt et congruunt omnia, quae deo sunt propria. Igitur hoc nomen esse est primum et magis proprium inter omnia nomina dei. Prol. op. prop.*, n. 5 ; 168, 6 *sq.* <OLME 1, 75>, *Pred.* 8, DW 1 ; 132, 1 *sq.* <tr. fr. A. de Libera, 271>.

289. *Ex.*, n. 165 ; 144, 16 (ce nom « Martin » [*Martinus*]). Déjà Augustin opposait dans son commentaire de l'*Exode* le nom général au nom individuel. Cf. *supra*, p. 34 et 41.

290. *Ex.*, n. 35 ; 41, 8 *sq.* n. 168 ; 147, 7 *sq.* – Le *Ps.* 137, 2, Paul, *Phil.* 2, 9 et le *Liber de causis,* prop. 22 (*causa prima est super omne nomen quo nominatur*) servent d'autorités pour cette idée que le nom doit aussi être nié ou encore que le nom de Dieu est absolu, que ce nom ne s'attribue qu'à lui. Sur le *nomen innominable* et ses sources, voir V. Lossky, *Théologie négative,* p. 13 *sq.*

291. *Pred.* 28, DW 2 ; 64, 4 *sq.* : « Le mot latin *ego,* qui signifie « je » n'appartient à personne, il n'est propre qu'à Dieu seul dans son unité » <tr. fr. A. de Libera, p. 326>.

l'*essentia* (il est ce qu'il est ; il est celui qu'il est[292], comme immutabilité, sans processualité temporelle[293], et donc simplicité sans opposé, comme négation de tout ce qui est négatif, c'est-à-dire qui lui est étranger : affirmation la plus pure (*purissima affirmatio*)[294].

Cette interprétation de la proposition « Ego sum qui sum » comme auto-explicitation de l'être divin, qui dans l'« être » se nomme par son nom, n'est pas sans conséquences pour le concept d'étant. L'être est le fondement et la fin de l'étant créé par lui, il est ce qui fait défaut à l'étant, sa perfection toujours visée. La structure téléologique de l'étant s'exprime à travers sa « faim » et sa « soif » de l'être : « celui qui me mange, moi qui suis l'être – « Je suis qui je suis » ; « Qui est » m'a envoyé – a encore faim, puisqu'en effet l'étant n'est en soi-même que pure et simple puissance de l'être. Cette puissance est désir et soif de l'être même »[295]. Cette structure téléologique de l'étant concerne également l'homme : quand il veut « suivre Dieu », le « faire naître » en lui-même, le toucher et ne faire qu'un avec lui, il doit tout « laisser »[296], et devenir simple comme l'être même simple et pur[297]. « Je suis qui je suis » est donc ce qui rend possible, par sa provocation, que l'homme soit ce qu'il doit être : *aliquid altius se ipso homine*. Dans cet énoncé se trouve uniquement effleuré ce qui pour le Maître Eckhart mystique est l'idée centrale. L'explicitation du concept de Dieu ne se présente donc pas « abstraitement », à côté de l'existence mystique, mais elle en constitue la présupposition et la justification

292. *Ex.*, n. 158 ; 140, 5 *sq.*

293. *Von abegescheidenheit*, DW 5 ; 419, 2 *sq.* <*Traités*, tr. fr. J. Ancelet-Hustache, 166>. *Firmitas, stabilitas, immobilitas* : *Ex.*, n. 156 ; 138, 13 *sq.* n. 167 ; 146, 10 *sq.*

294. *Dei omnimoda et purissima simplicitas : Sermo* 6, 1 ; LW 4 ; 50, 6 *sq. negatio negationis, affirmatio* : *Joh.*, n. 207, LW 3 ; 175, 4 *sq. Sap.*, n. 112, LW 2 ; 449, 1 *sq. Eccl.*, *ibid.*, 293, 1 *sq.*

295. Exégèse d'*Eccl.* 24, 29 : *Qui edunt me, adhuc esuriunt*, LW 2 ; 274, 11 *sq.* : *Sic ergo sitit et appetit esse omne ens, utpote in se et ex se nudum, sicut materia formam et « turpe bonum ». Et hoc est quod hic dicitur : « Qui edunt me » qui sum esse, – Ex. 3 : « Ego sum qui sum, qui est misit me » – « adhuc esuriunt », utpote in se nuda et potentia ad esse, quae potentia appetitus est et sitis ipsius esse.* Cf. Lossky, *Théologie négative*, p. 329 *sq.*

296. Le thème néoplatonicien du retrait abstractif de tout ce qui est conditionné, multiple (Plotin V, 3, 17, 38 : ἄφελε πάντα), qui est en tant que κάθαρσις, ὁμοίωσις ou ἅπλωσις, le présupposé de l'union à l'Un, se relie au « sequere me » néotestamentaire (Jean., 1, 43) et au « relectis omnibus secuti sunt eum » (Luc, 5, 11 ; cf. *Sermo* 14, 2, LW 4 ; 143 *sq.* : problème du retour au Soi propre et de la transcendance. *Joh.*, n. 246, LW 3 ; 205, 10 : « relinquere omnia corde ». Thématique de l'*abegescheidenheit*, DW 5, 400 *sq.*). La dimension philosophique de cette idée est renforcée par l'élément biblique, l'élément biblique reçoit aussi de cette substructure philosophique une rigueur rationnelle. Sur ce point, déjà Érigène, *de div. nat.* V, 32 ; PL 122, 949 B.

297. *Joh.*, n. 242, LW 3 ; 202, 8 *sq.* : *quarto oportet sequentum deum relinquere omnia quia deus est simplex et merum esse. Exodi 3 : « ego sum qui sum ».*

rationnelle : elle ne forme donc pas contraste par rapport à une expérience de Dieu dans la foi. La visée propre d'Eckhart de ne pas disjoindre immédiatement foi et pensée se révèle justement dans son principe herméneutique fondamental : *ea quae sacra asserit fides christiana et utriusque testamenti scriptura, exponere* per rationes naturales philosophorum (*in Joh.*, n. 2 <OLME 6, 27>).

Nous avons nous aussi suivi ce principe en essayant d'expliquer les présuppositions philosophiques et les conséquences de la pensée d'Eckhart.

V

Schelling

Par la projection de la pensée spéculative de Maître Eckhart et la reprise de la tradition philosophique et théologique, des éléments essentiels de la question de fond onto-théologique ont été portés à la conscience ; c'est par eux que la métaphysique classique est déterminée de fond en comble.

Au cours du questionnement moderne en quête d'une assurance dans la connaissance et le savoir, après la constitution transcendantale de la conscience comme conscience de soi réflexive comme du fait de la légitimation, qui en est solidaire, de l'autonomie humaine et d'une authentique démiurgie, comme de la revendication de l'être humain à l'encontre de prétentions absolutistes de la théologie[298], la question onto-théologique s'est trouvée restreinte dans quelques uns de ses aspects traditionnels, en ce que par exemple elle a pu faire l'objet d'une refonte en termes de structures de la conscience, ou a déchu en maximes purement pratiques sans fondation théorique suffisante.

Malgré toutes ces restrictions et refontes, c'est une étonnante continuité[299] qui prévaut, au moins jusqu'à l'idéalisme allemand et par lui, quant à la question de savoir si, eu égard à la découverte de la subjectivité transcendantale, c'est l'être de Dieu ou l'être en tant que Dieu qui doit être pensé comme transcendant cette subjectivité, ou encore si cette subjectivité elle-même est à comprendre comme l'acte absolu, ou bien si Dieu, par la conscience absolue, fait sienne l'histoire de cette conscience. – Les

298. Cf. H. Blumenberg, *Die Legitimität der Neuzeit*, Francfort, 1966, p. 77 *sq.* <tr. fr. Gallimard, Paris, 1999, p. 98 *sq.*>.

299. Cf. sur ce point : W. Schulz, *Der Gott der neuzeitlichen Metaphysik*, Pfullingen, 1957 <tr. fr. J. Colette, Éditions du CNRS, Paris, 1976>.

réponses de Fichte, Hegel et Schelling accusent parfois de fortes divergences, même si elles partagent les attendus de la question et certains de ses aspects. Avec cette question s'enchevêtre celle de la différence entre foi et savoir, ou philosophie et théologie, qui est devenue un problème fondamental de l'idéalisme. C'est sur la pensée de *Schelling* que se focaliseront les réflexions qui suivent sur la conception idéaliste de la question de fond onto-théologique. Ce qui est dit ici de manière fragmentaire est complété, pour ce qui est de certains aspects de la question de l'absolu, par notre étude « Plotin dans l'idéalisme allemand »[300], sans à vrai dire prétendre pour autant par là à l'exhaustivité.

Pour Schelling, la relation essentielle entre philosophie et théologie n'a jamais fait l'ombre d'un doute depuis ses débuts – dans *Le Plus ancien programme systématique de l'idéalisme allemand...* : la vraie philosophie est en même temps théologie ou religion philosophique. C'est pourquoi Dieu est le premier objet de la philosophie, à charge pour celle-ci d'expliciter le Dieu en devenir. La question de Dieu est donc la question centrale de la philosophie. De ce fait, la *Philosophie de la Révélation* de Schelling constitue la dernière grande tentative visant à reconstituer philosophiquement Dieu tel qu'il est apparu dans le Christ, en prenant issue de la conscience mythologique, autrement dit de le saisir se faisant et convaincant par le Christ, et de mener ainsi à son terme le « procès théogonique ».

Du même coup, la philosophie se heurte en cette tentative à sa propre limite. Ce qu'il y a d'invérifiable dans ce à quoi elle prétend vire en ce qui en est le terme.

La question de fond onto-théologique relative à l'identité entre être et Dieu, telle qu'elle a été explicitée jusqu'à présent en quelques étapes de son histoire, demeure également déterminante pour Schelling, fût-ce non sans quelque modification. « Être », conçu de façon non pas vide et abstraite, mais comme Esprit, nomme ce que Schelling entend par l'Absolu ou par Dieu. Cet être pensant absolument ne demeure pas quant à lui fixé en lui-même, bien plutôt il se crée et se désenveloppe au cours de l'histoire, à laquelle il apporte à la fois fondation et finalisation[301].

Pour ce qui est de la visée foncière : dans la constitution d'un système de l'Esprit absolu, Schelling ne diffère pas de Hegel en dépit de bien des divergences, en sorte que l'entreprise philosophique de l'un comme de l'autre est susceptible d'être comprise légitimement comme idéalisme « objectif » de la subjectivité absolue.

300. Cf. *infra*, p. 105 *sq.*

301. Sur cet aspect de la pensée de Schelling, cf. W. Kasper, *Das Absolute in der Geschichte*, Mayence, 1965.

Il n'en reste pas moins que l'exposition schellingienne de la question de l'identité entre être et Dieu laisse affleurer certaines affinités avec l'impulsion initiale de la pensée eckhartienne, comme avec son intention philosophique et théologique. Tout autant qu'Eckhart le meut la tentative visant à concevoir Dieu comme l'absolue réflexion de lui-même, comme cercle trinitaire réflexif de l'Absolu qui, dans l'affirmation de soi, se rend transparent à lui-même pour autant qu'il se connaît, et s'identifie ainsi à la vie ou à la mobilité au sens le plus éminent. En sondant les affinités qui s'attestent dans l'identification de Dieu et de l'être se pensant lui-même, nous ferons également ressortir – et cela justement dans l'interprétation schellingienne du verset de l'Exode – la différence foncière qui sépare le concept schellingien de Dieu de celui d'Eckhart, à savoir : que Dieu est être *en devenir* parce que *voulant* l'être.

Dans le Premier Livre de la *Philosophie de la mythologie*, qui développe le concept d'un monothéisme strict (unicité absolue de Dieu), Schelling est aux prises avec la question de l'être dans l'horizon de la question de Dieu. Dieu ne peut être identifié à l'être au sens participial, s'il doit être l'absolument Unique. « Or si Dieu n'est pas un être, s'il n'est pas quelque chose qui ne ferait que prendre part à l'être, il ne lui reste plus qu'à être l'Étant lui-même, *ipsum ens*, αὐτὸ τὸ Ὄν, et tel est également le pré-concept nécessaire que nous devons poser de Dieu afin de poser Dieu (et non : un Dieu). Dieu n'est donc autre que l'étant lui-même. »[302] La question qu'il faut poser est la suivante : qu'en est-il de l'étant lui-même, afin que l'identité entre Dieu et être n'apparaisse pas comme une identité vide, tautologique, qui reviendrait par là-même à ne rien énoncer sur l'unicité de Dieu ? Pour ce qui est de la forme de cet énoncé d'identité, il faut toujours garder en vue que, envisagée à partir de son objet, elle n'est pas pensable comme énoncé se réglant sur le schéma sujet-prédicat, mais seulement par analogie avec la proposition spéculative hégélienne, dans laquelle l'énoncé et l'objet sur lequel il porte se posent comme identiques. « Si je dis : il (Dieu) est l'étant lui-même, il me faut dire également : il est l'Un lui-même, par quoi se trouve exprimé que l'unité ne lui est nullement attribuée comme prédicat, qu'elle n'est pas *énoncée* à son sujet, mais qu'il est lui-même l'Un. »[303]

Qu'est-ce donc que l'« étant lui-même », – dans sa différence avec l'« être » ? Répondre à cette question n'invite nullement à se laisser conduire ou éconduire dans l'habitude de pensée marquée par le concept

302. *Philosophie de la Mythologie*, XII, 25 <tr. fr. Alain Pernet [*Le monothéisme*], Vrin, Paris, 1992, p. 37>. Cette deuxième Leçon demeure directrice pour la présentation qui lui fait suite.

303. *Philosophie de la mythologie*, XII, 27 <tr. fr. p. 39>.

(scolastique) hérité de Boèce, puis heideggérien d'une différence ontologique, qui comprend *esse* soit comme l'universel, ce qui fonde et englobe l'*ens* particulier, soit comme l'ÊTRE entendu comme différend ou avènement de la différence entre être et étant, où l'étant ne peut jamais fonctionner comme but proprement dit du questionnement ; au cours de l'histoire de l'être – du moins dans l'horizon qui est celui de Heidegger – l'être rabattu sur l'étant a toujours proscrit la pensée mémorieuse de l'ÊTRE.

Sans que l'existence d'une relation de fait entre la différence ontologique chez Heidegger et chez Schelling puisse être contestée, l'explicitation à laquelle recourt Schelling procède, terminologiquement, de manière strictement contraire à celle de Heidegger : du moins depuis les *Conférences privées de Stuttgart* et les *Âges du monde*, l'être est déterminé simplement comme commencement indéterminé, « matière », possibilité ou fond obscur de l'étant lui-même ; mais celui-ci est la réalité effective étant en soi, achevée, et donc devant être, telle qu'elle s'atteste ne serait-ce que dans la déterminité du participe. Si « l'étant lui-même », ou, comme Schelling l'appelle, « cela qui est l'étant... », αὐτὸ τὸ Ὄν[304], est pensé comme identique à Dieu[305], alors il ne peut être le purement-étant[306] ou le simple pouvoir-être, il est bien plutôt quelque chose de *libre* faisant face à l'être comme pure possibilité, et *négation* de celui-ci : l'étant pour lui-même à titre de *sujet*. Un tel sujet, conçu comme pur et limpide pouvoir d'être qui comme tel est *étant* (et non pas seulement pouvant-être, donc purement-étant), doit toutefois en même temps être *objet*, lequel, à ce titre,

304. *Introduction historico-critique à la philosophie de la mythologie*, XI, 563 <tr. fr. Gallimard, Paris, 1998, p. 518>. Cf. aussi p. 362 *sq.* <tr. fr. p. 340 *sq.*> sur « cela qui est l'étant » comme « principe » opposé à l'« étant ».

305. *Philosophie de la mythologie*, XII, 29 <tr. fr. p. 41> : « Dieu est l'étant lui-même. »

306. L'inconstance de Schelling est assez irritante, dans l'emploi qu'il fait des termes « être et étant ». La Deuxième Leçon de la *Philosophie de la mythologie* reste assez proche de la signification que nous venons d'indiquer. Sur le purement-étant, qui correspond à l'être par opposition à l'« étant lui-même » ou à « cela qui est l'étant », cf. *Philosophie de la Révélation*, XIII, 212, 220, 265 <tr. fr. P.U.F., Paris, 1991 ; p. 59, 66, 114> (l'étant sans retour sur soi-même), et *Conférences de Stuttgart*, VII, 479 *sq.* <tr. fr. p. 254 *sq.*> : « L'idéal est le Dieu étant ou le Dieu existant, ou encore Dieu *sensu eminenti*. Car par Dieu au sens strict nous entendons toujours le Dieu étant. Par là, les deux principes (inconscient et conscient) se rapportent également en Dieu comme étant et être. L'idéal ou le *conscient* est le sujet de l'être, l'inconscient n'est que le prédicat de ce sujet, de l'étant, et n'est donc que pour l'étant. Si, par conséquent, Dieu a opéré une scission en lui-même, il s'est par là-même scindé, en tant qu'*étant*, de son être... Si Dieu demeurait inextricablement mêlé à son être, il n'y aurait pas de vie, pas de progression. » *Âges du monde*, p. 20 <tr. fr. p. 33> : « L'être ne peut jamais toutefois, comme tel, être l'étant... ». L'être est « soumis » en Dieu à l'étant ; « Dieu, le proprement étant, est au-dessus de son être ; le ciel est son trône et la terre son escabeau. » Cf. aussi *Âges du monde*, p. 65 <tr. fr. p. 83>, et *infra* p. 81 *sq.* : Dieu, qui est l'étant lui-même, comme « seigneur de l'être ».

n'est pas moins étant. Leur unité fonde la réflexion, en sorte que l'Absolu pensé de cette façon n'est ni pur pouvoir-être ni pur être de l'être, mais la *puissance étant* absolument de pouvoir être et en même temps n'être pas : puissance et acte tout en un, donc, ce qui est en possession de soi-même dans le savoir, la conscience de soi absolue, qui en vertu de son être *qua* pouvoir-être absolu est absolument *libre* de s'extérioriser. Ce dernier énoncé semble invalider la proposition « Dieu est l'*étant* lui-même », car, en sa liberté précisément d'être ou de n'être pas, Dieu est le « *sur*-étant, selon l'appellation que lui ont déjà donné des Anciens »[307]. Mais si la proposition selon laquelle « Dieu est l'étant lui-même » doit garder un sens compatible avec ce moment plus affiné du sens, il faut que « l'étant lui-même » signifie précisément cet être se réfléchissant et s'étant lui-même amené, en pensant, à son propre achèvement, qui n'est plus l'« immédiat » ou le « non-médiatisé », ni non plus, donc, l'être comme purement étant en lequel Dieu ne peut pas encore être Lui-Même. En guise d'explicitation, Schelling nomme pour cette raison l'« étant lui-même » : « cela qui *est* l'étant » ou encore « cela qui *sera* » – et tel est l'esprit absolu, achevé, clos sur lui-même[308].

Vu que Dieu est esprit absolu en cela qui est l'étant ou qui le sera, vu que son essence est donc être se réfléchissant, vaut également pour le dernier Schelling ce qu'il avait pensé au sujet de l'Absolu comme affirmation de soi dans son *Système de toute la philosophie et de la philosophie de la nature en particulier* de 1804 – analogiquement à la pure *affirmatio* de Dieu au sens d'Eckhart : « Dieu est l'affirmation absolue de soi-même »... « Il n'est que pour autant qu'il s'affirme lui-même. Cette affirmation de soi ou cette égalité du sujet et de l'objet se reconnaît elle-même dans la raison, et par là il y a aussi dans la raison une connaissance de soi, c'est-à-dire une affirmation immédiate de l'idée de Dieu. »[309] En lui-même, donc, en s'affirmant lui-même, il *est* l'identité (égalité) de l'affirmant (le pensant, le sujet) et de l'affirmé (l'être pensé, l'objet) ; il est l'affirmé de lui-même ou l'« affirmation de soi-même » s'accomplissant en une répétition infinie[310]. L'égalité éternelle parce qu'absolue du sujet et de

307. *Philosophie de la mythologie*, XII, 58 <tr. fr. p. 74> ; XI, 570 <tr. fr. p. 524> ; XII, 100, n. 2 <tr. fr. p. 101> : allusion au Pseudo-Denys l'Aréopagite sur cette question. Sur le fond, on peut comparer Plotin et Proclus : Plotin, IV, 7, 38, 1, et III, 8, 9 *sq.* (dans la traduction de Creuzer : c. 8, p. 47 *sq.*). La paraphrase donnée par Windischmann sur VI, 8 ; 9 est la suivante : « Comment peut être nommé ce qui est au-delà de toute existence et de tout substance, que cela existe ou subsiste à partir d'un autre ou à partir de soi-même » ? Proclus, *Theol. Plat.*, III, 1 ; 124, 45 (ὑπερουσίον).

308. *Philosophie de la Révélation*, XIII, 239 <tr. fr. p. 88>.

309. *Système...*, VI, 672, 675, 696.

310. *Système...*, VI, p. 172 *sq.*

l'objet se reconnaît elle-même, ou : la pensée absolue est la connaissance que cette égalité prend d'elle-même.

Dans l'horizon de la dernière philosophie, l'explicitation de l'auto-affirmation divine apparaît comme le concept de l'Esprit absolu, lequel se déploie en lui-même trinitairement et déploie ainsi du même coup l'histoire comme une histoire sienne, de manière trinitaire, comme répondant aux âges du Père, du Fils et du Saint-Esprit. Cet Esprit est tout d'abord l'étant *en soi*, pure ipséité, sujet pour ainsi dire clos sur lui-même. Vu que ce sujet n'est pas être mort, vide, mais un sujet pensant, il devient *pour* lui-même, objet de lui-même ; un esprit étant pour soi peut tout aussi peu que l'étant en soi être exclusivement pour lui-même, c'est-à-dire ne se rapporter que négativement à son propre présupposé. Ne peut prétendre être esprit achevé, autrement dit absolu, que l'unité des termes jusque là séparés : « l'étant pour soi dans l'*en* soi ou l'être-sujet, l'étant étant *comme* sujet à lui-même objet..., en sorte qu'il est » l'un et l'autre « en une seule et même figure »[311], sans que sujet et objet se restreignent mutuellement. C'est là l'Esprit en tant qu'étant *auprès* de lui-même, tel qu'il est librement en possession de lui-même. C'est seulement à la fin de ce procès que l'Esprit a libéré son propre commencement de son caractère abstrait ou de sa négativité, parce qu'il l'a mené hors de son initialité : l'esprit est essentiellement mouvement consistant à se produire en sortant de soi-même (être-hors-de-soi voulu), sans que pour autant ce mouvement s'accomplisse au prix de son absoluité; tout aussi essentiel lui est également la rentrée en soi-même. Être-auprès-de-soi signifie donc : l'Esprit est également *en*-soi dans l'être-*hors*-de-soi, dans sa « ré-solution » : en son essence propre. En se reprenant, il maintient comme proprement lui-même le fait de s'éloigner de lui-même. Telle est sa dialectique.

L'être-auprès-de-soi, comme trait foncier de l'esprit, pourrait toutefois être mécompris comme « autiste », à la manière dont Schelling interprète la pensée de la pensée, chez Aristote, comme pensée-ne-pensant-qu'à-soi-même, nonobstant le fait que – d'accord en cela avec Hegel – il a compris précisément ce concept d'Aristote comme l'un des concepts les plus éminents de la philosophie. Le Dieu étant en un seul et même sujet-objet indissociable pense bien plutôt, précisément, non pas toujours « à soi », ses pensées « séjournent constamment dans ce qui est en dehors de lui, dans sa Création ». Ce procès consistant, en créant, à prendre congé de soi-même, est « suspension » de soi-même, à partir de laquelle, et médiatisé

311. *Philosophie de la Révélation*, XIII, 253 *sq.* <tr. fr. p. 102 *sq.*>; *Philosophie de la mythologie*, XII, p. 57 *sq.* <tr. fr. p. 65 *sq.*>.

par laquelle l'être de Dieu se « restaure » et par là-même, en se potentialisant, s'élève à sa divinité (XIV, 351 *sq.*).

L'esprit conçu comme unité des trois moments intemporels : en soi, pour ou hors de soi, et auprès de soi dans l'en soi et le pour soi, peut être compris selon le modèle néo-platonicien comme persistance – procession – retour. La réflexivité implicite dans l'Absolu fait du pur pouvant-être une pure réalité, de l'en soi un pour soi ; c'est un mouvement progressif en lui, qui toutefois se reprend en son commencement et ainsi ne fait que « parcourir » l'absoluité de l'Absolu, sans pour autant laisser l'Absolu lui-même s'altérer *en tant qu'*absolu (problème de la trinité)[312]. Il demeure lui-même tout en « sortant » de lui-même, autrement dit, tout absolu qu'il soit, il ne sort pas absolument ou entièrement de lui-même de telle sorte qu'il poserait un « monde » en se dédoublant. En tant qu'affirmation de soi, son absoluité est bien plutôt « l'éternel retour en soi, non pas comme action [qui lui adviendrait en quelque sorte par surcroît], mais comme l'*être* éternel de Dieu en soi-même »[313]. L'*être* de Dieu est donc retour en soi-même (ἐπιστροφή) en ce qu'il prend la relève – en se potentialisant – de la sortie hors de lui. Pour Schelling comme pour la phénoménologie hégélienne, c'est ainsi que le concept de substance, dans la réflexion à présent constitutive de la substance, prend « vie » : « Le concept le plus éminent de Dieu, et par là le concept le plus éminent tout court, sera celui par lequel il est déterminé comme un être absolument autonome, c'est-à-dire le concept de substance, par lequel il est déterminé comme un étant entièrement en lui-même, comme *s'en étant retourné* en lui-même. »[314] Si le Dieu n'est rien d'autre que « relation »[315], il demande à être pensé comme rétroversion pensante de ce qu'il a *lui-même* posé en dehors de son commencement précisément en ce commencement comme sa « fin », y trouvant son achèvement : « sortie de soi et retour en soi-même »[316], ou puissance d'abord posée hors d'elle-même, puis ramenée à elle-même : la conscience, comme idéalité accomplie[317]. Le même esprit médiatise donc son en soi ne se sachant pas encore par le second moment du mouvement par lequel il s'extrait du pur être-objet pour parvenir à l'identité du sujet et de l'objet. Ce n'est « que par le retour en soi-même » qu'il se possède lui-même et qu'il s'accomplit en cette possession de soi. Pour le dire dans la métaphore du cercle : l'être en soi est pur centre sans aucun être hors de soi ;

312. Cf. par ex. *Âges du monde*, p. 67 *sq.* <tr. fr. p. 85 *sq.*>, p. 199 <tr. fr. p. 233> (vie).
313. *Aphorismes...*, VII, 158 <tr. fr. *Œuvres métaphysiques*, p. 38>.
314. *Darstellung des philosophischen Empirismus*, X, 279.
315. *Ibid.*, 260.
316. *Âges du monde*, p. 67 <tr. fr. p. 85>.
317. *Philosophie de la mythologie*, XII, 119 *sq.* <tr. fr. p. 118 *sq.*>.

pour soi, l'esprit est ex-centrique, ce n'est que dans l'être auprès de soi de l'en soi et du pour soi qu'il est accompli : le « centre posé excentriquement » ou « l'excentrique posé comme un centre »[318]. La métaphore du cercle fait aussi apparaître clairement que le mouvement, le procès ou l'acte de l'esprit est simultané, que le « devenir » est ainsi, paradoxalement, un devenir affranchi du temps : le commencement est posé en même temps que la fin, et la fin en même temps que le commencement. En tant qu'*absolu*, que divin, l'esprit est tout en un les trois moments ou figures – « et ainsi comme d'un coup de baguette magique, comme en un rien de temps ou en un éclair, l'esprit se trouve posé »[319]. Le retour de l'esprit en soi le « clôt » ou l'« accomplit », en sorte que la réflexivité devient l'indice de son absoluité, de sa non-indigence ou liberté : en cela il apparaît comme « l'esprit vivant, véritablement comme celui qui sera »[320]. C'est dans le prolongement de cette conception schellingienne de l'Esprit mû trinitairement, tenant lieu du Dieu trine, que se situe, à l'instar du concept de substance, l'intention de la *Logique* hégélienne, qu'elle accomplit comme modèle d'une structure « théologique » ou « théogonique » immanente à l'histoire. Cette structure, qui relève de l'*être*, *est* la réflexivité absolue ou l'auto-constitution de la subjectivité pure, divine[321]. Mais plutôt que Hegel, c'est *Platon*[322] que Schelling nomme comme autorité pour l'aspect qui est ici en discussion de son idée fondamentale : d'après un « ancien *logos* », Dieu renferme en lui « le commencement, le milieu et la fin des choses » et « se fraye un chemin par son action », c'est-à-dire, demeurant en soi dans ce cercle, différencie en lui commencement, milieu et fin en les jouant l'un contre l'autre afin de parvenir au mouvement, mais il boucle aussi la boucle avec soi, c'est-à-dire avec son propre commencement, en une récapitulation réflexive et constitutive de l'histoire[323].

L'issue de la question de Dieu telle qu'elle est déployée et explicitée par Schelling à l'aide de la proposition « Dieu est l'étant lui-même » se trouve

318. *Philosophie de la Révélation*, XIII, 257 <tr. fr. p. 106-107>.

319. *Ibid.*, XIII, 259 <tr. fr. p. 108>, par analogie avec le *nunc stans* dans la définition classique de l'éternité, conformément à laquelle même l'*incommutabilitas* n'exclut pas la mobilité. Cf. p. 31 *sq.*, 49 *sq.* Sur l'éclair comme métaphore pour l'efficience de Dieu chez J. Böhme, cf. l'article *Fulguration* dans le *Historisches Wörterbuch der Philosophie* édité par J. Ritter.

320. *Philosophie de la Révélation*, XIII, 261 <tr. fr. p. 111>.

321. La radicalisation schellingienne du problème fondamental de l'idéalisme allemand a fait l'objet d'une explicitation éclairante dans l'interprétation subtile proposée par Walter Schulz, *Die Vollendung des deutschen Idealismus in der Spätphilosophie Schellings*, Stuttgart, 1955.

322. *Lois*, 716 a. Cf. W. Beierwaltes, *Proklos*, p. 72 *sq.*, 78 *sq.*

323. Sur l'interprétation de ce passage : *Philosophie de la Révélation*, XIII, 275 *sq.* <tr. fr. p. 124 *sq.*> ; *Philosophie de la mythologie*, XII, 80 ; 83, n. 1 <tr. fr. p. 85, 88>.

nuancée par la référence à Exode 3, 14. Envisagée à partir du résultat de l'argumentation, la proposition « Dieu est l'étant lui-même » ne signifie pas l'unité du concept et de l'objet du concept (donc l'identité entre concept et être), et elle ne signifie pas non plus – en un sens scolastique – qu'en *Dieu* essence et être ne feraient qu'un. « L'intérêt de la philosophie est bien plutôt précisément de conduire Dieu, de cet être identique à l'essence, en l'être différent de l'essence, en l'être exprès, véritable, et en cela consiste précisément le triomphe de la philosophie. »[324] Mais cela signifie : l'étant lui-même n'est pas ce qui *est* déjà, mais *ce qui sera*. Donc : l'étant lui-même, qui n'est autre que *Dieu*, est *cela qui sera*. C'est en ce sens à présent que Schelling comprend la phrase « du document le plus anciennement attesté dans lequel il soit question du Dieu véritable », dans lequel « ce Dieu s'appelle par son propre nom : Je serai »[325]. En ce futur comme mode

324. *Philosophie de la mythologie*, XII, 32 <tr. fr. p. 43-44>.

325. *Ibid.* Traduction en termes de futurition d'Exode 3, 14 également en SW XI, 171 <tr. fr. p. 174-175> : « Je serai qui je serai », et *Philosophie de la Révélation*, XIII, 269 *sq.* (n. 2, p. 270 <tr. fr. p. 118-119> : demander à être compris sans restriction de l'*incommutabilitas* !). Cette traduction est fournie à Schelling par Luther, mais aussi par les *Loci Theologici* de Joh. Gerhard (Iéna, 1610) qu'il a souvent utilisés, I 253 b et 255a (cité d'après l'édition de Leipzig, 1885) : *ero qui ero*. Schelling comprend « Jehovah » (en XI, 165) non comme nomination du Dieu « étant », mais du Dieu « constamment seulement en devenir » (cf. Gerhard, I 250 *sq.*). L'« être » du Dieu est sa processualité intemporelle (XII, 108 *sq.* <tr. fr. p. 109>; XIV, 107 <tr. fr. p. 127>). Malgré des formulations pouvant induire en erreur (cf. par exemple : *Système de l'idéalisme transcendantal*, III, 603 *sq.* ; *Recherches philosophiques sur l'essence de la liberté humaine...*, VII, 358 *sq.* <tr. fr. p. 144>; l'écrit de 1812 contre Jacobi, *Schellings Denkmal...*, VIII, 81 ; *Philosophie de la mythologie*, XII, 118 <tr. fr. p. 118>), elles-mêmes appelées par la relation de Dieu à l'histoire et à la conscience qu'il prend de lui-même en l'homme, le « Dieu en devenir » de Schelling n'est pas identique au Dieu grossièrement anthropomorphiste qui n'est constitué que par l'effort démesuré ou l'activisme égocentrique de l'homme, tel que peuvent le suggérer Rilke et Scheler (cf. sur ce point : H. Deku, *Studium æternitatis imitandæ*, in : *Wahrheit, Wert und Sein, Festgabe für D. v. Hildebrand*, Ratisbonne, 1970, p. 120 *sq.*) ainsi que – usurpant Schelling – W. R. Corti s'en est fait le porte-parole dans les *Schellingstudien*, éd. par A. M. Koktanek, Munich, 1965, notamment p. 111 *sq.* Pour le verdict de Schelling contre un tel Dieu construit de manière anthropomorphique : *Âges du monde* (troisième version), SW VIII, 254-256. Sur cette thèse, cf. aussi H. Fuhrmans, *Schellings Philosophie der Weltalter*, Düsseldorf, 1954, p. 220 *sq.*, 225 *sq.*

Addendum de l'édition allemande :

La plus ancienne attestation à ma connaissance de la traduction en termes de futurition, telle qu'elle est imprimée chez Gerhard, *ero qui ero*, au lieu de *ego sum qui sum*, se trouve dans : *Biblia*, ed. Sanctes Pagninus OP, Leyde, 1528 (traduit de l'hébreu et du grec. Date indiquée en fin de volume : 1527) : *Et dixit Deus ad Moseh. Ero qui ero. Et dixit. Sic dices filiis Israel. Ero misit me ad vos.* Il ne s'agit donc pas nécessairement, chez Gerhard, d'une rétro-traduction latine à partir de l'allemand de Luther.

Addendum de l'A. à cet addendum pour la traduction française :

Ces indications peuvent à présent être corrigées et complétées par les remarques suivantes :

d'être de Dieu, en cette mobilité et en cette vie se déployant réflexivement, Schelling pense donc « le concept le plus éminent de Dieu, pour autant qu'il est déterminé comme l'étant lui-même »[326]. Et cela précisément parce qu'il est *affranchi* de l'être, *libre* à son égard, de l'être en vertu duquel il serait pour ainsi dire tenu de coïncider avec un étant déterminé (un quelque chose), qui par là le restreindrait et le désisterait de son absoluité. « Dieu est en ce sens en dehors de l'être, au-dessus de l'être, il n'est pas toutefois seulement en lui-même *libre de* l'être, pure essence, il est également libre *à l'encontre de* l'être, c'est-à-dire libre d'être ou de n'être pas une pure et limpide liberté, d'adopter ou de ne pas adopter un être ; ce qu'inclut également le « Je serai qui je serai ». Ce que l'on peut traduire par : qui je *veux* être – je ne suis pas le *nécessairement* étant (en ce sens), mais le *Seigneur de l'être*. Vous voyez par là comment, du seul fait que Dieu est déclaré être l'étant lui-même, c'est du même coup comme *esprit* qu'il est déterminé. »[327] Or est esprit ce qui peut être et n'être pas, ou « *cela qui sera* »[328], cela qui, *avant* et au-dessus de l'être, est l'étant lui-même. Si c'est par conséquent l'aspiration véritable comme le triomphe[329] de la philosophie de conduire Dieu, par-delà l'être identique à l'essence, en l'être effectif, l'un est atteint et l'autre fêté : dans l'être comme *liberté* absolue. « C'est ici seulement qu'il (Dieu) peut dire de lui-même : Je serai qui je serai, c'est-à-dire qui je *veux* être… c'est ici que l'esprit achevé se présente comme Dieu. »[330] C'est seulement en vertu de cette liberté qu'il est absolument Lui-Même ; la liberté à l'encontre de l'être non-médiatisé est sa

Dionysius Cartusianus (Denys le Chartreux, 1402/3 – 1471) cite et discute également, dans son interprétation du présent en Exode 3, 14 (*Ego sum qui sum*) le *futur*, en revoyant à Nicolas de Lyre (mort en 1349, bon connaisseur de l'hébreu) et à Rabbi Paulus : *Verumtamen Nicolaus de Lyra, et Rabbi Paulus concorditer dicunt, quod Hebraica veritas non habet. Ego sum qui sum, et, Qui es, misit me ; sed, Ero qui ero, et, Qui erit, misit me…* (*Enarr. in cap. III Exodi*, art. V, in : *Opera omnia* I, ed. cura et labore Monachorum Sacri Ordinis Cartusiensis, Cologne, 1896, p. 499). – Johannes Reuchlin, *De verbo mirifico*, Hagenau, 1494, 1517) II, 53 *sq.*, également connaisseur de l'hébreu, traduit bien Exode 3, 14 en termes de futurition, mais comprend la déclaration par laquelle Dieu se présente au sens de la conception traditionnelle comme *ipsum esse*. – Georgius Venetus, *De harmonia mundi* I, 4, 2 (première édition : Venise, 1525, dans l'édition de 1545 : p. 62). – La traduction *grecque* due à Aquila : ἔσομαι ὃς ἔσομαι, « Je serai qui je serai », avait déjà pris acte en son temps du sens plus précis de l'hébreu, par comparaison avec le Ἐγώ εἰμι ὁ ὤν, « Je suis celui qui suis » de la Septante.

326. *Philosophie de la mythologie*, XII, 33 <tr. fr. p. 44-45>.

327. *Ibid.*

328. *Philosophie de la Révélation*, XIII, 239 <tr. fr. p. 87>.

329. *Philosophie de la mythologie*, XII, 34 ; 32 <tr. fr. p. 46 ; 44>.

330. *Philosophie de la Révélation*, XIII, 269 *sq.* <tr. fr. p. 118 *sq.*>.

liberté d'auto-médiation en réflexion. « L'être véritable de Dieu (celui de la liberté absolue) consiste en ceci qu'il est, Lui – Lui-même. »[331]

La mêmeté de Dieu, sa liberté absolue[332] est la forme sous laquelle apparaît l'être de Dieu comme *volonté*[333]. Le principe fondamental qu'est la proposition de l'écrit sur la liberté s'est maintenu dans le concept de Dieu élaboré par la dernière philosophie, qui prend pour cible la proposition « Je serai qui je serai, c'est-à-dire qui je veux être » : « En dernière et suprême instance, il n'y a pas d'autre être que le vouloir. Vouloir est l'être primordial et c'est à lui seul que reviennent tous les prédicats de ce dernier : absence de fondement, éternité, indépendance à l'égard du temps, auto-affirmation. Tout l'effort de la philosophie ne vise qu'à trouver cette suprême expression. »[334] Cette suprême expression, la philosophie l'a bel et bien trouvée, en pensant Dieu comme l'être qui sera ou qui veut être, ce qu'il est précisément lui-même de par son être à venir, par lui voulu, c'est-à-dire affirmé, à savoir : l'auto-affirmation absolument libre comme réflexion de l'Absolu lui-même. Dans les termes extrêmes de l'énoncé philosophique qui ne peut adéquatement ni affirmer ni nier quoi que ce soit de Dieu, cela signifie qu'elle ne peut lui « prescrire » ce qu'il doit être. Vu qu'il n'est ce qu'il est qu'en vertu de lui-même, un énoncé « déterminant », c'est-à-dire ne le délivrant pas lui-même absolument, ne le remettant pas en liberté, reviendrait à une telle prescription. Il ne peut donc être que « ce qu'il veut être »[335].

L'étant lui-même, cela qui est l'étant, est ce qui sera, la liberté absolue entendue comme volonté absolue se représente dans la métaphore « *Seigneur de l'être* »[336]. Ce qui revient à dire tout d'abord que le Dieu est

331. « Lui-même » comme celui qui est absolument libre, comme l'Unique. Cette nomination est « irremplaçable » autant qu'indépassable. L'identité ne se laisse expliciter que par de l'identique. – Il n'est pas jusqu'à Heidegger qui, pour conforter l'exclusion de l'étant hors de l'être, l'incommensurabilité de celui-ci avec l'étant, ne pense en fin de compte en climat schellingien : « Quant à l'être – qu'est-ce que l'être ? Il est Lui-même. » (*Lettre sur l'humanisme* [1947], Berne, 1954, p. 76). Même avec le ES [« ÇA »] appropriant de *Temps et être* (1962), Heidegger n'a pu surenchérir sur cette proposition identitaire.

332. Cf. par ex. *Recherches philosophiques sur l'essence de la liberté humaine*..., VII, 394 *sq.* <tr. fr. p. 176 *sq.*> ; *Conférences de Stuttgart*, VI, 457 <tr. fr. p. 234> : « Dieu en tant que l'absolument étant est aussi par là l'absolument libre. » *Philosophie de la mythologie*, XII, 89 <tr. fr. p. 92> ; *Philosophie de la Révélation*, XIII, 256, 305 <tr. fr. p. 105 ; 158>.

333. *Recherches*..., VII, 359 *sq.* ; *Darst. des philos. Empirismus*, X, 281.

334. *Recherches*..., VII, 350 <tr. fr. p. 137>.

335. *Réponse à Eschenmayer*, VIII, 168.

336. Dans le contexte de l'interprétation de l'Exode : *Philosophie de la mythologie*, XII, 33 <tr. fr. p. 44-45>. Dans le même contexte, et dans celui de l'interprétation du nom divin Jehovah (*Philosophie de la mythologie*, XI, 166 *sq.* <tr. fr. p. 170>, XII, 47 <tr. fr. p. 56> ; *Philosophie de la Révélation*, XIV, 129 <tr. fr. p. 149-140> ; cf. Gerhard, I, 250 *sq.* [éd. de 1885], comme « Seigneur » : *Philosophie de la mythologie*, XI, 564 <tr. fr. *Introduction*...,

entièrement lui-même, qu'en possession de lui-même il dispose de lui-même, et qu'il est libre vis-à-vis de son être propre[337] ; cet être est au sens strict ab-solu, parce qu'en lui n'est à l'œuvre aucune nécessité qui le prendrait à revers. Sa liberté est sa « nécessité ». « Seigneur de l'être » signifie aussi qu'il est libre vis-à-vis de son propre « être originel » ou « être immémorial » qu'en se sortant de son commencement il métamorphose en un être saisissable[338], et non moins libre vis-à-vis de l'être créé par lui, résultant de sa propre extériorisation ; de cet être, il « dispose » en le ramenant à lui, en le faisant revenir en son commencement. « Dieu n'est Dieu qu'en tant qu'il est le Seigneur inconditionné de l'être ; ce qu'il ne serait pas, s'il n'était également Seigneur de l'être ramené de l'aliénation. »[339] Dans l'écrit sur l'empirisme philosophique (exposé pour la dernière fois en 1836), cet être est encore pensé comme « corrélat nécessaire » de Dieu, vu qu'aucun seigneur ne peut être sans quelque chose sur quoi il exerce sa domination et que ce Dieu est en soi pure relation. Dans la *Philosophie de la mythologie* et la *Philosophie de la Révélation* se trouve reprise cette idée de la liberté absolue de Dieu, identique à l'étant lui-même ou à ce qui sera. Ici encore, Schelling interprète l'être seigneur dans la tournure d'une relation, mais approfondie théologiquement[340] : « Dieu n'est Dieu que comme Seigneur, et il n'est pas Seigneur sans quelque chose

p. 519> ; *Darstellung des philos. Empirismus,* X, 260 *sq.*). La métaphore courante faisant pendant à « Seigneur » dans la tradition platonico-aristotélico-néoplatonicienne est celle de « roi » ; cf. sur ce point H. Dörrie, « Der König. Ein platonisches Schlüsselwort, von Plotin mit neuem Sinn erfüllt », in : *Rev. Int. Philos.*, 24 (1970), p. 217 *sq.*

337. *Darstellung des philos. Empirismus*, X, 269 ; *Philosophie de la Révélation,* XIII, 105 <tr. fr. p. 128-129>. Foncièrement comparable, l'idée de Plotin selon laquelle l'Un, entièrement Lui-Même en tant que premier et éminent (cf. *supra*, n. 331), peut être pour cette raison « Seigneur » ou souverain sur lui-même et par conséquent souverain (« roi ») sur toute autre chose : VI, 8, 14, 42 *sq.* : δι' αὐτὸν αὐτός. καὶ γὰρ πρώτως αὐτὸς καὶ ὑπερόντως αὐτός. 15, 8 : αὐτός ἐστιν οὗτος ὁ ποιῶν ἑαυτὸν καὶ κύριος ἑαυτοῦ καὶ οὐχ ὥς τι ἕτερον ἠθέλησε γενόμενος, ἀλλ' ὡς θέλει αὐτός. Cf. aussi la traduction par Windischmann d'*Ennéades* VI, 8, 9 (fort rhapsodique, d'une fougue qui évoque bien plutôt Schelling que Plotin) : « Il est la puissance absolue, il est maître de lui-même, quoi qu'il veuille, cela arrive. Élevé au-dessus de tout acte de la volonté, il s'est subordonné celle-ci, il n'est pas saisi par la nécessité, mais il est la nécessité et la loi des mondes. »

338. *Philosophie de la Révélation*, XIV, 344 et 350 <tr. fr. p. 363 ; 369>.

339. *Darstellung des philos. Empirismus*, X, 271.

340. Dans la *Philosophie de la Révélation*, XIII, 291 <tr. fr. p. 143>, Schelling cite la phrase de Newton : *Deus est vox relativa* (*Scholium Generale* à la fin du Livre III des *Philosophiae naturalis Principia mathematica*), qui selon Schelling est censée affirmer que la « relation » est constitutive de l'être de Dieu (Newton : παντοκράτωρ contre l'*anima mundi*). Même citation, mais plus développée, dans la *Darstellung des philos. Empirismus*, X, 261, où elle est censée montrer le rapport entre la pure « relation » et l'être souverain : *Deitas est dominatio Dei, non in corpus proprium, sed in servos* (Schelling : *subditos*).... *Deus sine dominatio – nihil aliud est quam Fatum et Natura.*

sur quoi exercer sa domination». la phrase: «Dieu n'est pas sans le monde»[341] indique bien, certes, que Dieu n'*est* pas absolu tant qu'il n'est pas passé par la sphère de l'esprit fini, c'est-à-dire s'il ne s'était pas réapproprié ce qui s'est rendu à lui étranger. Comprise isolément, la phrase «Dieu n'est pas sans le monde» est fausse, car «Dieu est Seigneur dès *avant* le monde, Seigneur de le poser ou de ne pas le poser»[342]. Ce Seigneur de l'être absolument libre, en tant que tel *étant* et non pas seulement conceptuel – tel est l'objet proprement dit de la philosophie «positive», son principe *et* son *telos*[343] : le Dieu l'étant, ὁ ὢν θεός[344]. En tant que tel, il est contraire au Dieu seulement *conceptuel* de la philosophie négative (= philosophie de la raison ou de la réflexion). Ce n'est que par le pouvoir qui est le sien de prendre ses distances avec lui-même qu'il confirme son absolue liberté[345].

L'interprétation d'Exode 3, 14 comme signifiant «je serai qui je veux être», selon laquelle Dieu se nomme «Seigneur de l'être», fait précisément fond, d'après Schelling, sur le nom divin de Jehovah, compris comme seigneur (κύριος)[346]. Philosophiquement parlant, cela signifie que Dieu, entendu comme cela qui est l'étant même, est en même temps l'absolu pouvoir-être: comme rien ne *peut* être en dehors de Dieu, seul Dieu est «pouvoir d'exister». Pouvoir-être ne signifie pas toutefois dans le contexte de ces problèmes l'être possible passif à l'origine, mais la pure effectivité, l'*actus purissimus* entendu comme *omni-potentia*, la «pure puissance d'exister»[347]. Il *peut* être ou encore il est le pur pouvoir-être en vertu de son *vouloir*, lequel *veut* librement, en se suffisant à lui-même, n'ayant besoin de rien d'autre. Il est ainsi l'identité entre être, pouvoir et vouloir – «pouvoir» entendu comme «vouloir au repos», la volonté étant entendue quant à elle comme puissance, et le vouloir lui-même comme acte de la volonté[348]. Le vouloir, comme puissance absolue d'exister universellement (*potentia existendi*), est donc l'être de la divinité. Il y a bien en cette

341. *Philosophie de la Révélation*, XIII, 291 <tr. fr. p. 143>. Hegel a présenté dans toute son intensité la dialectique de l'infini et du fini, de Dieu et du monde, telle qu'elle culmine dans la phrase : « Sans le monde, Dieu n'est pas Dieu » (*Begriff der Religion*, éd. Lasson, Leipzig, 1925, p. 148).

342. *Philosophie de la Révélation*, XIII, 291 <tr. fr. p. 143>.

343. *Philosophie de la mythologie*, XI, 563 <tr. fr. p. 518>.

344. *Ibid.*, XII, 70 <tr. fr. p. 76>, par opposition au Dieu purement conceptuel de la philosophie de la réflexion (ou science rationnelle).

345. *Philosophie de la Révélation*, XIV, 351 <tr. fr. p. 370>.

346. Cf. n. 317 et 336 *sq.*

347. *Philosophie de la mythologie*, XII, 35 <tr. fr. p. 46>.

348. *Ibid.*, 34 *sq.* <tr. fr. p. 45 *sq.*>. En tendant à l'identification d'être et pouvoir à un pouvoir-être étant *actus purissimus*, Schelling se situe dans la mouvance du Cusain (*Possest*) et de G. Bruno (*Della causa, principio ed uno*, Dial. V).

argumentation un trait de panthéisme : si rien n'*est* en dehors de Dieu, alors tout être ne peut être que l'être de Dieu. Que tout être ne puisse être que l'être de Dieu, cela n'est toutefois que le « principe » du panthéisme, une idée « qui fait battre tous les cœurs »[349], mais non le véritable panthéisme lui-même. Au grossier panthéisme spinoziste, Schelling oppose – sans préjudice de l'immanence de Dieu dans le monde et l'histoire – le Dieu transcendant qui, en tant précisément que Seigneur de l'être, ne se perd pas dans l'être[350], qui au cours de son propre procès surpasse tout procès, en ce qu'il serait « non pas le résultat simplement logique, mais bien effectif d'un procès »[351]. La liberté absolue comme essence du Dieu ne fait pas seulement apparaître l'« étant lui-même » comme l'« étant même »[352], elle potentialise l'être en *sur*-être. Si les puissances, en leur unité ou indifférence, sont l'être de Dieu, il lui faut pouvoir se « libérer », en tant qu'il est l'absolument libre, de cet être, autrement dit, il lui faut pouvoir n'être que Lui-Même *sans* cela, sans même être « conditionné » par ou « dépendant » de lui-même. En cela consiste « sa solitude et son unicité d'une sublimité sans égale. Dans le concept d'unicité réside celui de *mise à l'écart*, de sécession, et l'on peut dire que tel est le concept originel de Dieu : être Celui qui est à part de tout le reste et, bien loin d'être pareil que tout, Celui qui est *sans pareil* (ἅτερος τῶν ἄλλων, comme disent les Pythagoriciens), et en ce sens l'Unique »[353]. Dieu, qui en tant que Seigneur

349. *Philosophie de la mythologie*, XII, 40 <tr. fr. p. 50>.

350. Cf. par ex. *Philosophie de la révélation*, XIII, 292 <tr. fr. p. 144> : « Certes, d'après notre présentation aussi, le monde naît par un procès d'institution divine, mais par un procès au cours duquel Dieu lui-même n'intervient pas, vu que, cause première, il demeure bien plutôt en dehors du monde. »

351. *Ibid.*, XIII, 121 <tr. fr. p. 145>.

352. *Philosophie de la mythologie*, XI, 585 <tr. fr. p. 538>.

353. *Ibid.*, XII, 100 <tr. fr. p. 101-102>. La deuxième des notes figurant dans le texte imprimé ne laisse pas d'être instructive quant à la conception que se fait Schelling de la tradition de pensée au sein de laquelle il s'inscrit : l'« absolu dénuement » (chez Dieu) de « matière » (= de la possibilisation) « de son être », analogue à la *puritas essendi* ou à l'*esse purum* d'Eckhart, rapproche Schelling de l'οὐσία ὑπερούσιος, ou « être supersubstantiel, selon la manière de s'exprimer des théologiens » (cf. *supra*, n. 307), « tels que Pachymère commentant Denys l'Aréopagite, *Des noms divins*, c. 5 : κυρίως οὐσία ἐπὶ θεοῦ οὐκ ἄν λέγοιτο, ἔστι γὰρ ὑπερούσιος. Pour les commentateurs plus tardis, cf. J. Gerhard, *Loc. Theol.*, t. III, p. 251, § 60 [éd. de Leipzig, 1885, I 396 b, où ne sont pas mentionnés ce passage de Denys ni celui que nous allons citer de Jean Damascène]. Jean Damascène [dont Schelling fait l'éloge, *ibid.*, p. 46 <tr. fr. p. 56>, parce que « de lui provient presque tout ce qu'on trouve de spéculatif dans notre théologie jusqu'ici] dit même en ce sens que Dieu est ἀνούσιος ». – Les concepts d'« unicité », de « sécession », de « sans pareil » correspondent aux prédicats de l'Un chez les néo-platoniciens ; μόνον : Plot., VI, 9, 11, 50 *sq.* ; VI, 8, 9, 13. παρὸν μὴ παρεῖναι, ἐξῃρημένον, etc., par ex. Plotin, VI, 9, 4, 24 ; Proclus, *Theol. Plat.*, II, 8 ; 103, 32 ; 104, 9 (Portus) ; *in Parm.* 661, 27 ; 1107, 32 (Cousin). (Le concept de l'entité « à part » a pu être

de l'être est celui qui sera, est donc celui qui est libre vis-à-vis de l'être, l'Un qui est tel et qui tel sera, distinct de tout, et par là le sur-étant. Dans cette mesure, le « concept », comme dit Schelling, de seigneur de l'être est « plus éminent que celui d'après lequel Dieu n'est que *l'être lui-même* (τὸ Ὄν), l'être universel[354] … D'après ce concept, il est ὄντως ὤν, qui est plus que simplement l'étant, et en ce sens surétant. »[355]. À vrai dire, le sur-être de Dieu est déjà visé dans la déclaration de Schelling sur laquelle nous avons commencé par nous pencher : « Dieu est l'étant lui-même ».

Les moments évoqués : réflexion sur soi comme affirmation de soi, mobilité trinitaire vivante dans les puissances visant à l'unité ou à l'identité[356], cette même vie réflexive comme pure effectivité, puissance qui est à son tour en tant que pouvoir accompli, sur-être comme volonté et liberté vis-à-vis de l'être propre comme vis-à-vis de l'être du monde : tous ces moments apparaissent comme autant de moments ou de « points de passage » inamissibles de l'*être* de l'Absolu. Ce sont en même temps les implications de la conception schellingienne de la phrase « Je suis celui qui suis », qui présente Dieu comme cela qui est l'étant lui-même, ou encore comme « l'étant lui-même *qu'il est*, c'est-à-dire qu'il est véritablement, … (qui dans l'être aussi se maintient comme même, comme l'étant lui-même, c'est-à-dire comme esprit »[357]) ; en tant qu'il est esprit et absolue liberté,

rencontré par Schelling dans la théologie aristotélicienne : *Mét.*, 1073 a 5). – πάντων ἕτερον (le « sans pareil », dans la note 3 en SW XII, 100 [*Philosophie de la mythologie* <tr. fr. p. 102, n. 18>], Schelling appelle ce rapport : « différence absolue ») : Plotin V 4, 1, 6; V 3, 11, 18. Le fait que Schelling attribue cette idée aux Pythagoriciens remonte à sa connaissance de l'ouvrage de A. Boeckh, *Philolaos des Pythagoreers Lehren nebst den Bruchstücken seines Werkes*, Berlin, 1819, et au n°19 (dans cette numérotation) des fragments de Philolaos (Boeckh traduisait ainsi le passage de Philolaos provenant de Philon et « pas tout à fait littéral » : Dieu est la suprême unité, « unique, constant, immobile, égal à lui-même et distinct de l'Autre »). Proche de la déclaration citée ci-dessus (SW XII, 100 <tr. fr. p. 102>), ce passage des *Âges du monde*, p. 20 <tr. fr. p. 32> : « la vigueur de Dieu par laquelle, avant toute autre chose, Lui-Même est en tant que Lui-Même [αὐτός, κύριος], l'Unique [μόνος, ἕν], coupé de tout [ἐξῃρημένον], qui doit nécessairement être d'abord et être tout seul afin qu'autre chose puisse être » (c'est moi qui ai rajouté entre crochets les termes grecs). Sur « Seigneur » et « sur-étant », cf. aussi *Philosophie de la Révélation*, XIV, 350 <tr. fr. p. 369>.

354. Cf. *supra*, n. 324 (sur le triomphe de la philosophie).

355. *Darstellung des philos. Empirismus*, X, 260.

356. N'ont pu être abordées ici la succession des « puissances » dans le procès théogonique et l'importance qui revêt spécialement la doctrine des puissances pour la question de Dieu. Sur ce point, cf. W. Schulz, *Die Vollendung des deutschen Idealismus in der Spätphilosophie Schellings*, notamment p. 187 *sq.* ; H. Fuhrmans, *Schellings Idee einer negativen und positiven Philosophie*, Berlin, 1940 ; du même auteur : *Schellings Philosophie der Weltalter*, Düsseldorf, 1954.

357. *Philosophie de la mythologie*, XII, 41 <tr. fr. p. 51>.

Schelling le conçoit précisément comme celui qui *sera* parce qu'il *veut* être, comme le Dieu qui dans cette mesure seulement est effectif, et unique.

L'explicitation schellingienne du verset de l'Exode est l'indice tant de la version de l'être en volonté que de la médiation de l'être avec le pur concept. Du fait que le vouloir demeure compris comme « être originaire », et que le concept demande à être compris comme interprétation de l'être par lui-même, l'unité des deux étant quant à elle constitutive pour Dieu en tant qu'il est l'« étant lui-même » ou le sur-être, bref, l'être tout court, on peut dire que la question onto-théologique fondamentale a atteint son point culminant à l'époque moderne, en même temps qu'elle a trouvé son terme. Du moins pour ce qui est de la spéculation philosophique, dont n'allait pas tarder à se libérer à son tour la visée *religieuse* ou purement théologique de la question qui nous occupe.

PLOTIN DANS L'IDÉALISME ALLEMAND

À l'encontre de la tendance des histoires de la philosophie de Jakob Brucker, Dietrich Tiedemann et Wilhelm Gottlieb Tenneman[1], qui exerçaient une forte influence sur la conscience de l'époque, s'est imposée à la fin du dix-huitième et au début du dix-neuvième siècle une appréciation plus juste de la philosophie néoplatonicienne. Elle alla parfois jusqu'à l'admiration et l'imitation. Goethe, Novalis, Schelling, Creuzer, le jeune Fichte et Hegel, entre autres, jouèrent un rôle particulièrement décisif dans cette transformation de la conscience qui fut en même temps son affermissement. Des philosophes eux-mêmes[2] ou des historiens de la philosophie qui abordaient aussi la problématique philosophique de leur temps affirmèrent une affinité objective entre le néoplatonisme et l'idéalisme. Cette affinité ne peut certes pas toujours être « attestée » par des connexions historiques concrètes. Elle se révèle bien plutôt de façon privilégiée dans la façon de penser et dans la question ou dans le contenu de la pensée qui, dans des conditions historiquement transformées, tendent vers le même problème ou la même question.

Les pages suivantes traiteront de la réception de *Plotin* – quant au texte ou à la façon de penser en général – dans la philosophie idéaliste, qui sera représentée par Schelling et Hegel. Si la discussion spécifiquement philosophique est précédée de réflexions sur Novalis et Goethe, ce n'est pas par respect pour la confusion, aujourd'hui à la mode en philosophie et

1. J. Brucker, *Historia critica philosophiæ*, Leipzig 1742, t. II, 217 *sq.* (dans le chapitre *de secta eclectica*). D. Tiedemann, *Geist der speculativen Philosophie*, Marbourg, 1793, t. 3 (l'annonce prometteuse de la p. 263 et l'épilogue conciliateur des p. 431 *sq.* sont radicalement contredits par les p. 373, 382, 402, 427 qui constituent une diffamation de Plotin liée à son système). W. G. Tennemann, *Geschichte der Philosophie*, Leipzig 1807, t. 6, 66. Quant à la structure et à la signification de ces histoires de la philosophie cf. L. Geldsetzer, *Die Philosophie der Philosophiegeschichte im 19. Jahrhundert*, Meisenheim, 1968.

2. Cf. le chapitre « Hegel et Proclus » p. 155 *sq.* et *infra*, p. 90 *sq.*, p. 109 *sq.*

légèrement irrationnelle, entre la poésie et la pensée, mais pour des raisons historiques : la pensée de Novalis et de Goethe a été touchée et influencée par Plotin ou par des éléments néoplatoniciens. Cette influence n'a certes pas été assez profonde, assez soutenue ni assez universelle pour qu'il soit légitime de parler de plotinisme, comme par exemple chez Ficin. Ce qui est surprenant, c'est qu'en dépit du vernis de l'histoire et à travers lui, Plotin ait somme toute pu être découvert par des pensées dont il n'était cependant pas aussi proche que l'étaient Platon et Aristote, Spinoza ou Bruno[3].

Avant les quatre parties mentionnées, qui concilient de façon paradigmatique différents aspects afin de former un tout, peuvent figurer quelques témoignages qui mettent en évidence l'horizon positif déjà évoqué d'une réception de Plotin dans l'idéalisme.

Friedrich *Creuzer*, qui édita en 1805 une traduction allemande de l'*Ennéade* III, 8 de Plotin « De la nature, de la contemplation et de l'Un », qui publia en 1814 l'*Ennéade* I, 6 « Du Beau » et en 1835 la grande édition critique de l'ensemble des Ennéades[4], a souvent remarqué que Plotin était proche de « beaucoup d'idées de la nouvelle philosophie », sans pourtant expliciter ni fonder davantage cette indication. Mais l'intérêt qu'il portait à la philosophie de son temps stimula constamment son travail sur Plotin et Proclus[5]. En ce qui concerne Plotin, c'est délibérément – vraisemblablement pour des raisons philosophiques – qu'il a d'abord fait porter un effort particulier précisément sur les écrits concernant la nature, la contemplation et l'Un (l'Absolu), mais aussi le beau, reflet de l'Absolu dans les idées.

Immanuel Hermann Fichte, le fils de Johann Gottlieb Fichte, défendit avec emphase Plotin contre des erreurs effectives ou possibles dans sa dissertation *De philosophiæ novæ Platonicæ origine* (Berlin 1818) : « Si vero in Plotino sola ejus de philosophia merita spectamus, etiam hic non exigua laude dignum eum omnes aequi judicabunt : nos maximis, quos tempus vidit, philosophis quin eum adnumeremus, haud dubitamus, non

3. G. Bruno en particulier est un intermédiaire direct et plus encore indirect entre Plotin et l'idéalisme. F.H. Jacobi donnait déjà, dans ses *Beilage zu den Briefen über die Lehre des Spinoza* (1795) des extraits du dialogue de Bruno *De la causa, principio et uno* (Werke IV, 2e partie, 1819, p. 8 sur Plotin). Schelling loue ces *Beilage* dans les notes de son *Bruno* (1802), IV, 330 <tr. fr. J. Rivelaygue, Paris, 1987, note p. 154 à 156>. Le rapport de Bruno au néoplatonisme et son influence, par cette voie, sur l'idéalisme, doivent être exposés dans un ouvrage à part. (Désormais publié dans W. Beierwaltes, *Identität und Differenz*, Francfort, 1980, p. 204-240 : « Absolute Identität. Neuplatonische Implikationen in Schellings *Bruno*. »)

4. III, 8 in *Studien*, éd. par C. Daub et F. Creuzer, I, Heidelberg, 1805, 23 *sq. Plotini Liber de Pulchritudine*, Heidelberg 1814. *Plotini Opera omnia*, Oxford, 1835, 3 vol.

5. Par ex. *Studien* I 59. Lettre à Caroline von Günderode du 7 novembre 1804 (*Die Liebe der Günderode*, éd. par K. Preisendanz, Munich, 1912, 35).

solum ob insignem in singulis problematis tractandis felicitatem, id enim vel minoribus ingeniis haud raro contigit, sed ante omnia propter praeclarum atque unicum fere ingenii vigorem et agilitatem quasi in cogitando : numquam sibi satisfaciens, nova semper molitur, semper altiora petit, ubique novas sibi aperit vias : nullis absterritus difficultatibus, eas ipsas tam ingeniose in suas partes convertere callet, ut haud raro confirmare inde queat dogmata sua. Et, ut omnia uno verbo complectar : vir ille totus quasi ἐνέργεια *ipsa est philosophica*, et vis et nisus philosophandi, ac propterea optimus fortasse ad alia ingenia acuenda. Et probari quidem potest, omnia fere problemata, quae ad nostros usque dies maxime philosophos exerceant, jam ab eo esse pertractata, et saltem, quod etiam haud exiguam laudem meretur, intimis veluti difficultatem nervis expositis, ad felicius futurum judicium ab eo esse composita atque parata. »[6] Fichte reconnaît un rapport objectif de la philosophie plotinienne au développement ultérieur des problèmes, en particulier dans l'interrogation sur Dieu, la structure et l'immortalité de l'âme, la liberté de l'homme et l'origine du mal. Peut-être déjà influencé par la situation inaugurée par Hegel, il prévoit pour Plotin à son époque une redécouverte semblable à celle qui s'est déjà accomplie pour Spinoza, Bruno et Machiavel. « Eadem Plotinus, dignissimus, qui quartus illustribus illis nominibus adjungatur, de nostra aetate sperare potest; et nactus nunc jam est Virum Eximium[7] patronum, qui abunde omnibus votis nostris ac desideriis satisfacturus, ex mortibus veluti nobis reducet illum, reponetque in angustum antiquorum philosophorum ordinem, quos colimus, a quibus edocemur. »[8]

Hegel a montré le rapport intime, objectif que sa propre philosophie entretient avec le néoplatonisme précisément par la portée systématique du lieu qu'il a réservé à cette philosophie à l'intérieur du développement historique de la philosophie dans son ensemble[9]. L'interprétation de Plotin par Hegel qui en résulta rendit pour la première fois à nouveau possible une

6. P. 7. – D'après les renseignements fournis par Hermann Ehret (Fribourg), qui prétend posséder la plus grande partie du *Nachlass* de I. H. Fichte, la deuxième et plus importante partie de la dissertation aurait été perdue. Fichte mentionne, à la fin de la partie qui a été conservée (p. 68), l'intention de son travail : une « explication approfondie de la doctrine plotinienne ».

7. Le « Vir eximius » est certainement Creuzer. Ses deux textes de Plotin alors parus sont mentionnés p. 17, en note, et expressément, de façon laudative, p. 32 (*vide egregie de iis disserentem Creuzerum in Prae. ad Plot. de pulchritudine*).

8. Fichte p. 9. Face à la constatation fichtéenne d'une continuité des problèmes, on ne peut que taxer de naïveté C. Steinhart, très méritant quant à l'exposition adéquate de la philosophie néoplatonicienne, lorsqu'il recommande aux philosophes de son temps la lecture de Plotin, afin qu'ils en tirent profit pour la doctrine de Dieu et la métaphysique de l'esprit (*Meletamata Plotiniana*, Naumburg 1840, 55-57).

9. Cf. le chapitre « Hegel et Proclus », p. 167 *sq.*

compréhension *philosophique* de Plotin, comme l'a également spontanément reconnu la recherche plotinienne contemporaine [10].

L'affinité affirmée et fondée de la pensée idéaliste vis-à-vis de Plotin ne doit certes pas dissimuler la différence. Celle-ci est présente dans les réflexions qui suivent, même là où elle n'est pas particulièrement soulignée. La différence la plus frappante – pour le dire de façon très générale – est le commencement spécifiquement transcendantal de la philosophie des « héritiers », qui a pour conséquence nécessaire la « subjectivisation » radicale de la pensée et sa transformation en principe vis-à-vis de l'être. L'autoréflexion du *sujet* constitutive de la philosophie transcendantale a certes son paradigme séduisant dans le concept plotinien de l'esprit *absolu* qui se pense lui-même et qui est en même temps l'être, Plotin ne doit pourtant pas être « transcendantalement » transformé et par là déformé par la confrontation avec l'idéalisme, un destin qui a de nos jours été au plus haut point celui de Thomas d'Aquin, entre autres, certes, cela va de soi, dans un intérêt idéologique d'appropriation.

Considérons maintenant les constellations particulières de la pensée qui met en évidence la communication persistante et fascinante des différentes structures de pensée. Cette particularité permet de pénétrer la problématique dans son ensemble.

I

NOVALIS

NOVALIS voit dans bien des idées fondamentales de Plotin la confirmation ou l'approfondissement des siennes. Il se sent plus proche de lui que de la philosophie idéaliste. « Je ne sais », écrit-il dans une lettre du

10. C.H. Kirchner, *Die Philosophie des Plotin*, Halle, 1854 (à l'exception du grand chapitre sur Plotin dans la *Philosophie der Griechen* de E. Zeller, c'est la première présentation globale de Plotin en allemand), p. 9, 4 : « C'est un grand mérite de Hegel que d'avoir traité le néoplatonisme tout à fait comme une création grecque. La voie d'une considération véritablement scientifique fut ainsi ouverte pour la première fois. » De même, A. Richter, *Neu-Platonische Studien*, cahier 1, Halle 1864, 15e cahier 4, p. IV : « Tandis qu'il (l'auteur) s'éloigne souvent assez considérablement de Hegel dans le détail, il ne peut que mentionner avec la plus complète approbation ce qui est dit ici (dans l'exposé sur Plotin par Hegel) en général pour caractériser Plotin. Avec le coup d'œil du génie, Hegel a saisi l'essentiel, le cœur, écarté d'un geste les erreurs de compréhension et le mépris, et a eu, là encore, une action novatrice et incitative. D'un autre côté, son génie et son indépendance furent précisément une limite dans l'interprétation du philosophe étranger, limite qui peut cependant être écartée par une libre fréquentation de Hegel. »

10 décembre 1798 à Friedrich Schlegel[1], « si je t'ai déjà écrit au sujet de mon cher *Plotin*. C'est par Tiedemann que j'ai connu ce philosophe fait pour moi – et j'ai presque été effrayé de sa ressemblance avec Fichte et Kant – et sa ressemblance idéale avec eux. Il est plus selon mon cœur que les deux autres. Quelqu'un m'a dit que ma découverte n'était pas nouvelle et que cet accord merveilleux avait déjà été remarqué dans la vie de Maïmon. Mais pourquoi n'en dit-on rien ? Il y a encore chez Plotin beaucoup de matériaux inutilisés – et il serait certes digne d'être redécouvert ». Hans-Joachim Mähl a démontré dans un travail[2] de fond, qui interprète les matériaux avec prudence, que Novalis devait sa connaissance de Plotin uniquement au passage consacré à Plotin dans l'ouvrage de Dietrich Tiedemann, *Geist der spekulativen Philosophie*[3]. Mähl met en évidence ce qui est selon lui le mérite propre de Novalis : à quel point celui-ci a transformé de façon productive l'interprétation de Tiedemann – qui, en dépit d'un certain effort de compréhension adéquate, présente Plotin comme un « exalté (*Schwärmer*) hypermétaphysique » – pour la rendre conforme à sa maxime selon laquelle l'appropriation est l'occupation incessante de l'esprit, « la métamorphose de l'étranger en propre »[4]. Novalis a repensé les points de départs et ses aperçus pénétrants se sont plus approchés de l'esprit originaire que n'importe quel interprète rationaliste aurait pu le faire.

La « physique » de Plotin était pour lui centrale. Il voyait en elle l'anticipation d'une physique à venir, pas encore atteinte, mais au moins préparée – en particulier par Goethe – : une physique « logique » ou « théologique »[5], qui fonde entièrement le sensible dans l'intelligible, sans pour autant le dépasser ni le détruire. « Ce qu'il y a de meilleur dans la

1. *Schriften*, éd. par P. Kluckhohn et R. Samuel, t. IV 252, Leipzig 1929. La datation est de H. Ritter, le passage est cité par Mähl 139, n. 1 (cf. note suivante).

2. « Novalis und Plotin, Untersuchungen zu einer neuen Edition und Interpretation des "Allgemeinen Brouillon" », in : *Jahrbuch des Freien Deutschen Hochstifts,* 1963, Tübingen 1963, 139-250. Les recherches de Mähl rendent superflus, du point de vue de notre thème spécifique, les travaux imprécis, qui survolent de façon rhapsodique les connexions et les possibilités historiques, de P.F. Reiff, « Plotin und die deutsche Romantik », in : *Euphorion,* 19 (1912) 591-612 et Th. Hæring, *Novalis als Philosoph,* Stuttgart, 1954. Pour une première information M. Wundt, « Plotin und die Romantik », in : *Neue Jahrbücher für das Klassiche Altertum,* 35 (8e année), 1915, 649-672, est toujours instructif. Mais il n'y a pas d'étude philosophique approfondie du sujet. Le présent ouvrage ne peut apporter rien de nouveau quant à la présentation des matériaux. Mais la présentation de la question de la signification de Plotin pour l'idéalisme allemand serait appauvrie d'une nuance caractéristique et essentielle si Novalis – ou Goethe – n'y figuraient pas.

3. Tome III, Marburg 1793, 263-433.

4. II 646, n°468. Les textes de Novalis sont cités d'après la nouvelle édition critique de feu P. Kluckhohn : *Novalis Schriften III. Das philosophische Werk II.* Éd. par R. Samuel, en collaboration avec H.-J. Mähl et G. Schulz, Stuttgart, 1960. Réédition, Darmstadt 1981.

5. III 129. 179, ligne 9.

nature n'est pourtant pas vu clairement par ces messieurs (Joh. Wilh. Ritter, Schelling et Baader). Fichte fera à ce sujet honte à ses amis, et Hemsterhuis a pressenti assez clairement cette voie sacrée vers la physique. Chez Spinoza aussi vit déjà cette étincelle divine de l'entendement de la nature. Plotin, peut-être stimulé par Platon, fut le premier à pénétrer le sanctuaire avec un esprit pur – et nul n'est allé après lui aussi loin. Dans bien des écrits anciens bat une pulsation pleine de mystère, qui indique le point de contact avec le monde invisible – un devenir vivant. Goethe doit devenir le grand prêtre de cette physique – il comprend à la perfection le service du temple »[6]. La physique à venir, logique ou théologique, formée selon le modèle plotinien « ne sait rien de matériaux concrets, mais elle plonge obstinément d'une main hardie dans le chaos du monde »[7]. D'où l'exhortation : « Nous ne serons des physiciens que lorsque nous ferons des matériaux et des forces de l'*imagination* la norme régulative des matériaux et des forces de la nature »[8]. Le point de départ plotinien de cette physique transcendantale est constitué par les λόγοι : les principes structurels logiques ou les formes rationnelles qui mettent en relation le νοῦς ou la ψυχή avec la φύσις, donc le haut avec le bas, et permettent ainsi au fondement intelligible de se développer dans l'autre constitué à partir du fondement originaire par « l'aliénation » ou « l'émanation ». Les λόγοι sont alors la preuve que νοῦς et ψυχή sont au fondement de la nature, qu'ils la conservent et la rendent compréhensible. La nature au sens plotinien n'est donc précisément pas une accumulation de matière concrète, mais bien plutôt la concrétion de son fondement spirituel, elle-même productrice de façon théorétique ou imaginative : « La matière, qui n'a en elle-même aucune qualité, est déterminée de façon qualitative lorsque le λόγος agit en elle (lorsqu'elle est 'logicisée', λογωθεῖσα). Car ce n'est pas le feu qui doit s'ajouter à la matière pour qu'elle devienne feu, mais le λόγος ; ce qui n'est alors pas une mince preuve du rôle producteur des λόγοι dans les êtres vivants et les plantes, et du fait que la nature est λόγος qui fait surgir, en tant que produit par lui, un autre λόγος qui donne à ce qui gît au fondement quelque chose de lui mais persiste lui-même en tant que lui-même. »[9]

La méthode plotinienne, constituer la nature par une contemplation « imaginative », qui n'est certes pas à comprendre de façon subjective, et donc par des λόγοι en tant que médiateurs de l'imagination, est selon

6. III 469, n°1096.

7. III 179, ligne 10.

8. III 448, n°934.

9. Plotin, *Ennéades,* III 8, 2, 25-30. Sur le concept plotinien de *logos,* cf. E. Früchtel, *Weltentwurf und Logos*, Francfort, 1970.

Novalis de « l'empirisme actif »[10] ou de « l'expérimentation en Dieu »[11], parce que cette méthode manifeste dans la nature précisément le fondement divin[12]. La nature jaillit d'un *faire* imaginatif ou intuitif, elle est au sens littéral « œuvre » (*Machwerk*)[13], « poésie ». En d'autres termes, l'acte du physicien véritable, de l'empiriste actif (qui ébauche par l'imagination) et donc du philosophe qui expérimente en Dieu est alors « regard actif »[14] ou « contemplation productrice »[15]. Ce qui chez Plotin accomplit la contemplation productrice ou la production contemplative du νοῦς absolu et objectif dans la φύσις elle-même (comme son fondement), mais qui peut de toute façon être reconduit au concept par le philosophe en tant que contemplateur de la nature, est entièrement pensé par Novalis comme acte du sujet constituant et construisant[16]. La nature est ainsi l'esquisse du « philosophe poète » lui-même[17]. Cette insistance sur la contemplation productrice du sujet fait certes de Plotin plutôt un fichtéen. La « ressemblance idéale » de Plotin et de Fichte consiste pour Novalis précisément en ceci que Plotin, de même que Fichte, « a choisi le schéma logique de la science » (en termes plotiniens : le νοῦς en tant que lieu des idées) « en quelque sorte comme modèle d'une construction réelle de l'homme et du monde »[18]. La pensée de l'un comme de l'autre n'est donc pas une abstraction qui demeure dans l'immanence, mais une réflexion productive, qui pose l'autre en tant que réel. « L'émanation logique » est donc toujours en même temps une constitution « réelle » ou une construction de la réalité du monde et de la nature[19]. Pourtant, dans la réflexion et la présentation de cet acte fondamental, qui synthétise l'idéal (le logique) et le réel, le Plotin de Novalis va même plus loin que Fichte : « Plotin, quant à la plupart de ses résultats, était déjà – *idéaliste critique et réaliste*. La méthode de Fichte et de Kant n'est pas encore exposée complètement ni assez précisément.

10. III 448, 22.

11. III 443, n°914.

12. Il faut ici comparer avec Goethe, *Maximen und Reflexionen* 509 : « Il y a une douce empirie qui se fait le plus intimement identique à l'objet et devient ainsi véritable théorie. Mais cette élévation des capacités de l'esprit est le propre d'une époque très cultivée ».

13. III 448, 29.

14. III 443, 11.

15. Cf. II 646, 23.

16. Goethe est au contraire « non-idéaliste » lorsqu'il laisse subsister la nature en dehors de la subjectivité en dépit de son rapport dialectique à cette dernière, cf. *Maximen und Reflexionen* 51 : « Cherchez en vous, vous y trouverez tout, et réjouissez-vous lorsque là, au-dehors, de quelque façon que vous l'appeliez, se trouve une nature, qui dit oui et amen à tout ce que vous avez trouvé en elle. »

17. III 415, 29.

18. III 443, n°908.

19. Cf. Mähl, *op. cit.* 194 *sq.*

Aucun des deux ne sait encore expérimenter avec légèreté et diversité – encore moins de façon poétique – Tout est encore si raide, si angoissé »[20]. Tiedemann reproche à Plotin de saisir l'émanation logique en même temps comme une production physique, c'est-à-dire réelle et de devoir ainsi sans cesse aller de l'idéalisme au réalisme, alors qu'à la fin il ne vise rien d'autre que « l'intellectualisation de l'ensemble des objets de notre connaissance »[21]. Or Novalis pense ce reproche de façon positive, comme ce qui doit véritablement être atteint, et qui fera de Plotin le paradigme unique de la physique à venir : il y voit en effet l'acte constitutif qui synthétise l'idéal et le réel, le comprendre et le produire et par là-même – les deux actes étant équivalents – pose le sensible comme ce qui est, en son fondement, spirituel. De là vient également la critique adressée à Fichte, certes exagérée, mais compréhensible à partir de Plotin : « Fichte ne comprend pas l'hypostase – et il lui manque ainsi l'autre moitié de l'esprit producteur »[22]. La « première moitié » de l'esprit producteur serait le fondement absolu ou le sujet de l'intelligible en soi et pour soi ou près de soi ; quant à « l'autre moitié », elle serait la dimension de l'intelligible se déployant, à partir du fondement absolu, dans des étapes chaque fois séparées (« hypostases »), c'est elle qui contribue à constituer le sensible et l'implique donc toujours. La dialectique et la synthèse des deux « moitiés », l'unité donc du principe de l'unité *et* de la diversité[23] est comprise par Novalis comme le point central de la « doctrine (plotinienne) de l'émanation » ou du « système de l'émanation »[24] en général. L'« absence de l'autre aspect » chez Fichte signifie donc certainement que la réflexion ou l'activité qui pose l'altérité demeure beaucoup trop *enfermée* dans le sujet, si bien qu'elle ne peut absolument pas se déployer dans un domaine « hypostatiquement » posé.

La synthèse positive de l'idéalisme et du réalisme ainsi supposée chez Plotin, qui va encore plus loin que Fichte, lave également de tout soupçon d'inexactitude « l'expérimentation par les images » incriminée par Tiedemann. Plotin correspond bien plutôt précisément, selon Novalis, au nouvel idéal de l'idéalisme et du réalisme, selon lequel « l'abstrait doit devenir sensible et le sensible abstrait » c'est-à-dire « intellectualisé ». Ce nouvel idéal ne voit dans l'image ou la métaphore aucun détournement du concept parce qu'il croit que le concept est déjà dans l'image ; celle-ci

20. III 445, n°924.
21. Tiedemann, *Geist der speculativen Philosophie*, III 387.
22. III 465, n°1067
23. III 429, 34 *sq.*
24. III 443, n°914 ; 449, n°937.

représente et médiatise le concept, elle est « schématisme » ou « symbolisation accompagnatrice »[25].

La ressemblance idéaliste de Plotin et de Fichte est cependant pertinente, en dépit des différences soulignées, quant au but des deux pensées : « Sans extase – une conscience qui absorbe toute chose, qui se met à la place de toute chose – l'ensemble de la philosophie ne peut pas aller loin (le but de Spinoza) »[26]. Quant au « but de Spinoza », il s'agit de l'*amor Dei intellectualis,* dont la pensée idéaliste a fait l'équivalent de l'intuition intellectuelle[27] ; mais celle-ci est identifiée par Novalis à l'extase plotinienne[28]. Pensée de façon plotinienne, l'extase permet pour la première fois à l'homme d'expérimenter en tant que réalité ce qui, dans le savoir portant sur l'Un lui-même, peut uniquement être préparé par l'ascension dialectique de la pensée – « celui qui l'a vu sait de quoi je parle »[29] –, le rendant ainsi capable de « construire » par la suite, par la réflexion, le développement de l'Un dans les hypostases. Le chemin de la pensée plotinienne n'est donc ascendant que de façon secondaire ; il est bien plutôt a priori déterminé « d'en haut » : l'extase est le fondement du chemin. De même, l'intuition intellectuelle dans la philosophie idéaliste a une fonction principielle – du point de vue de l'idéalisme comme de celui de l'herméneutique – dans la constitution du sujet et donc aussi de la réalité. Fichte la nomme « l'unique assise ferme pour toute philosophie », elle est, en tant qu'acte du philosophe « l'intuition de soi-même dans l'accomplissement de l'acte par lequel le Moi surgit pour le philosophe ». Elle n'est pas seulement le principe explicatif de tout ce qui survient dans la conscience, mais le principe de possibilité de « l'acte » par lequel le monde intelligible *surgit* pour la première fois – le monde sensible est op-posé à la conscience en tant que conscience finie[30]. Schelling comprend l'intuition intellectuelle comme l'organe ou le médium, caractéristique et nécessaire, de toute pensée transcendantale, parce que « c'est à travers le savoir que le moi a de lui-même que le moi lui-même (l'objet) apparaît pour la première fois », et qu'ainsi seulement est rendue possible la pensée transcendantale. La philosophie, sans cette intuition de soi-même constitutive du sujet ou du Moi, est aussi incompréhensible que la géométrie sans l'intuition de

25. III 441, n°899.

26. III 465, n°1067.

27. Schelling, *Lettres sur le dogmatisme et le criticisme,* I 317 *sq.* <tr. fr. J.-F. Courtine in Schelling, *Premiers écrits,* Paris, 1987, p. 188-189> ; cf. également *infra,* p. 136 *sq.*

28. III 440, n°896.

29. Plotin VI 9, 9, 47. De même I 6, 7, 2.

30. *Seconde introduction à la doctrine de la science*, éd. par F. Medicus (Phil. Bibl. 239, Hambourg 1954), p. 49 et 53 <tr. fr. A. Philonenko, in : J.G. Fichte, *Œuvres choisies de philosophie première,* Paris, 1980, p. 274 et 293>.

l'espace : de même que les constructions géométriques sont chaque fois des modes différents de la limitation (spécification) de cette intuition, de même « sans l'intuition intellectuelle toute philosophie est absolument incompréhensible car tous ses concepts ne sont que les différentes limitations de la production ayant pour objet elle-même, c'est-à-dire de l'intuition intellectuelle »[31]. L'extase mystique ne peut certes pas être comprise comme le fondement de la possibilité de l'être du sujet, c'est-à-dire de l'esprit humain, mais toutefois comme le fondement expérimentable de l'évidence ou du savoir de ce qui, en tant qu'être-au-delà étant en soi (objectif), rend possible et maintient l'esprit absolu, étant en tant qu'hypostase, et donc aussi l'esprit humain. L'extase en tant qu'expérience lumineuse de l'évidence du fondement agit en retour sur la réflexion qui cherche à comprendre ce qui jaillit du fondement et le fondement lui-même. Même si on ne peut produire une identité de contenu entre l'intuition intellectuelle, qui demeure constamment réflexion, et l'extase mystique, qui *saute* précisément par dessus toute réflexion dialectique en un instant en dehors du temps, une analogie demeure légitime : les deux modes sont points de départ et d'arrivée et ainsi principes de chacune des différentes philosophies. Et si quelque chose pouvait en général apparaître semblable ou identique aux représentations d'un esprit tel que Novalis, qui, dans l'acte de l'appropriation elle-même veut être libre dans l'étranger et permet à cet étranger d'agir en lui de façon autonome, cela devait être l'intuition intellectuelle et l'extase. Toutes deux – certes avec une intention et des conséquences différentes – supposent en outre le retour dans l'intériorité comme condition de la réussite : chez Plotin afin de transcender, par ce retour, l'intériorité à partir de son fondement, chez Novalis afin d'agir aussi, dans et à partir de l'intériorité, sur l'extériorité. « Le premier pas ... sera un regard vers l'intériorité, une contemplation de nous-même qui nous coupe de tout le reste »[32]. Ou encore : « Vers l'intériorité se dirige le chemin mystérieux. En nous ou nulle part ailleurs se trouve l'éternité avec ses mondes, le passé et le futur »[33]. Dans cette perspective la descente d'Henri sous la terre dans *Henri d'Ofterdingen* est aussi le symbole de l'entrée dans notre propre intériorité, dans les profondeurs du cœur. Celui-ci représente « le monde intérieur dans sa totalité », dans lequel on revient « comme dans son ancienne patrie »[34].

31. Schelling, *Système de l'idéalisme transcendantal*, III 370 <tr. fr. C. Dubois, Louvain, 1978, p. 34>.

32. II 425.

33. II 418, n°17.

34. Cf. chap. 5 ; I 239 *sq*. III 650, n°553. I 367 (Tieck).

II

GOETHE

GOETHE a découvert un point commun entre sa pensée et celle de Plotin : le rapport dialectique de la nature et de l'art et le fondement de l'une et l'autre dans l'idée et la contemplation.

Si l'on en croit le paralipomène à *Poésie et Vérité* VI, Goethe a eu accès aux textes plotiniens dès 1782 : « comme par une inspiration, Plotin (lui) plut extraordinairement », même la difficulté du texte, atténuée par la traduction de Ficin, ne l'effraya pas au premier abord. La deuxième rencontre intensive avec Plotin peut avoir été provoquée par les *Studien* de Daub et Creuzer (Heidelberg 1805), dans lesquelles Creuzer publia une traduction commentée de l'*Ennéade* III, 8 « De la nature, de la contemplation et de l'Un »[1]. Même s'il est peu probable que Goethe ait lu précisément cette Ennéade lors de sa découverte de Plotin, une confrontation des philosophèmes plotiniens avec le premier concept de la nature de Goethe est instructif quant à la possibilité de communication des deux formes de conscience. Plotin a de plus, pour Goethe, une fonction heuristique.

a) La nature au sens de Plotin est l'image de l'âme; mais l'esprit « contemple » en elle à travers l'âme; le résultat de cette contemplation est le monde sensible. La contemplation de la nature en tant qu'activité qui lui est essentielle n'est pas une recherche discursive, mais – selon le modèle de l'intuition artistique – une connaissance qui a déjà compris son objet. Ce qui, dans la conception de Plotin, pouvait paraître à Goethe compatible avec son propre concept de la nature, est l'identification de la pensée ou de la contemplation avec la production en tant qu'acte fondamental de la nature : « Elle a pensé et toujours elle médite », écrit-il déjà dans le fragment *La nature* du *Tiefurter Journal* de 1783[2]. Plotin : « La nature …

1. *Weimarer Ausgabe* (WA) 1re partie, t. 27, 382. Quant à la question de la fiabilité du texte gœthéen : F. Koch, *Goethe und Plotin*, Leipzig, 1925, 19 *sq.* Le renvoi à ce qu'il y a « d'incompréhensible » chez Plotin et aux « personnes enthousiastes », qui sont fascinées par cela, tout comme la mention de la « traduction latine », parlent davantage en faveur de Plotin que d'Épictète, tant du point de vue du contenu que de l'image que se faisait l'époque de Plotin. – Goethe connaissait les *Studien* : le 3 juillet 1805, il envoya à H.K.A. Eichstädt, l'éditeur de la *Jenaer Allgem. Literaturzeitung* une recension des poèmes de Günderode (désignée par le pseudonyme de « Tyan ») publiés dans ce volume (Lettre du 3-7-1805, WA, partie IV, t. 19, p. 23 *sq.*).

2. « Fragment » n°32. WA II 11, 5-9. Goethe, dans ses explications au chancelier von Müller (WA II 1, 10-12), a reconnu ce fragment comme le sien, bien qu'il ne puisse plus se souvenir l'avoir lui-même écrit ou dicté. Il fut inclus parmi les dernières œuvres (*Goethe's nachgelassene Werke*, X, Stuttgart-Tübingen, 1835, sous le titre : *Die Natur. Aphoristisch.*

a la contemplation en elle, et ce qu'elle crée, elle le crée en vue de la contemplation »[3]. Sa « praxis » est la « theoria »[4]. Le fragment de Goethe : « elle crée toujours de nouvelles formes » ; mais sa création est identique à sa méditation ; la nature productive et l'esprit se comportent l'un vis-à-vis de l'autre non comme des contraires, mais s'intègrent réciproquement :

« Il Lui convient (au Dieu) de mouvoir le monde de l'intérieur/De conserver la nature en lui et d'être dans la nature, / Afin que ce qui en lui vit, se meut, est, / Ne manque jamais de sa force, de son esprit. »[5]

La nature « est l'unique artiste, elle donne un spectacle »[6]. Plotin lui aussi pense la création contemplative de la nature par analogie avec l'acte créateur artistique[7], la nature et le monde sont un drame qui ne répand certainement pas seulement l'éclat du spectacle goethéen de la nature[8]. La nature – selon le fragment de Goethe – est « sage et tranquille », elle « n'a aucune parole ni aucun discours, mais elle crée des langues et des cœurs par lesquels elle éprouve des sentiments et parle ». La nature de Plotin, si on lui demande dans quel but elle crée, nomme l'élément de sa création : « Tu ne devrais pas m'interroger, mais apprendre en silence, de même que je me tais et n'ai pas coutume de faire des discours. Qu'y a-t-il donc à apprendre? Que ce qui est ici mis au jour est mon spectacle, tandis que je me tais, et qu'il me convient tout à fait, à moi qui suis née d'une telle contemplation,

(*Um das Jahr 1780*)). S'il devait cependant, comme beaucoup le pensent, avoir été écrit par G. Chr. Tobler, il peut cependant, selon Goethe lui-même, être revendiqué comme l'expression authentique de son propre concept de nature. Parmi ceux qui interprètent le fragment comme gœthéen : W. Schadewaldt, *Goethestudien. Natur und Altertum*, Zurich, 1963, 94 ; W. Saenger, *Goethe und Giordano Bruno*, Berlin, 1930, 159 *sq.* ; H.-G. Gadamer, *Goethe und die Philosophie, Kleine Schriften* II, Tubingen, 1967, 85 *sq.* Il est comparé à la pensée de Plotin en tant que « conviction » de Goethe par H. F. Müller, « Goethe und Plotinos », in : *Germanisch-Romanische Monatschrift*, 7 (1915-1919) 46 ; F. Koch, *Goethe und Plotin*, p. 71 et 237. Quant au problème philologique de l'authenticité, cf. R. Steiner, *Schriften der Goethe-Gesellschaft*, VII, Weimar, 1892, 393 *sq.* ; H. Schneider, « Goethes Prosahymnus "Die Natur" », in : *Archiv f. d. Studium der neueren Sprachen und Literaturen*, N.S. 20 (1908), p. 257-281. F. Schultz, *Der pseudogœthische Hymnus an die Natur, Festschrift f. Jul. Petersen Z. 60. Geb.*, Leipzig, 1938, 79-100.

3. Plotin III 8, 1, 22 *sq.*

4. III 8, 6, 10.

5. Introduction à *Gott und Welt*, WA I 3, 73.– Que dans ces vers soit « traduit » Giordano Bruno et avec lui une pensée néoplatonicienne, c'est ce que remarqua Bruno Bauch dans sa Leçon inaugurale à Halle : « Über Goethes philosophische Weltanschauung », in : *Preuß. Jahrbücher* 115 (1904) 518-529, p. 523, note.

6. Fragment de Goethe *Die Natur*, p. 6. Cf. également Creuzer dans sa traduction de Plotin III 8, p. 35 : « mein Schauspiel » (...).

7. III 8, 5, 6 *sq.*

8. III 2, 11, 13. 15, 22 *sq.* 15, 44 *sq.* 16, 23 *sq.*

de posséder un tempérament désireux de contempler »[9]. Elle est θεωρία ἄψοφος parce qu'elle n'a besoin, pour contempler, de rien d'extérieur[10], on peut dire d'elle ce qu'on dit des sages : πάντα εἴσω[11] tout lui est intérieur. « Les langues et les cœurs » qu'elle se crée sont ceux qui philosophent, qui, en tant qu'interprètes de la nature, la ramènent à son fondement, l'esprit et l'Un, et, transcendant ainsi le domaine de la nature, se transforment eux-mêmes en l'intelligible (ὁμοίωσις, ἅπλωσις).

De même que la nature de Plotin doit être comprise comme l'harmonie ou la sympathie de forces contraires, comme l'unité d'un mouvement productif et d'un repos qui assure le maintien de l'ensemble, unité qui se fonde dans le logos ou dans la sphère intelligible et qui est garantie par elle, de même la nature de Goethe doit être comprise comme une force vivante, créatrice de formes, comme une totalité organique, dans laquelle la polarité du singulier élève toujours davantage la puissance de l'ensemble, le singulier reflète l'ensemble. Dans cette unité dialectique ou totalité, la figure produite se dissout dans le procès, mais le procès tend vers la figure ; telle est précisément la fonction de la Nature-Dieu, de « laisser s'écouler vers l'esprit ce qui est ferme » et de « conserver fermement ce qui est produit par l'esprit ». C'est en même temps ce que l'homme peut « gagner dans la vie » de plus élevé : que ce procès se « révèle » à lui[12].

Une conviction fondamentale, qui influence considérablement le concept de nature de l'une et l'autre pensée, insiste sur l'idée que « tout le factuel est déjà de la théorie »[13]. Pour Plotin cela signifie que tout être singulier dans le monde sensible est θεώρημα, produit d'une contemplation active, se forme et se développe en elle et ne peut donc jamais être considéré comme un *factum brutum*, mais doit être reconduit à des principes formels rationnels (λόγοι) afin de pouvoir en général être compris. Pour Goethe cela signifie que l'esprit est ce qui constitue, ce qui lie, ce qui subsume en soi toutes choses. C'est pourquoi l'esprit ne peut pas non plus être compris comme contraire de la nature : la base de la manifestation, la nature, est entièrement pénétrée par ce qui se manifeste, l'esprit. Goethe n'est certainement pas concerné par la fondation transcendante, propre à Plotin, de la nature et du monde dans l'esprit et dans l'Un, l'idée ou le fondement de l'unité est pour lui bien plutôt efficace et

9. III 8, 4, 3 *sq.* Traduction de Creuzer, dans son édition (selon la division de Marcile Ficin) du 3e chapitre.

10. III 8, 4, 27. 5, 25.

11. III 8, 6, 40. Quant à la problématique de Plotin en III 8, cf. J.N. Deck, *Nature, contemplatio and the One*, Toronto, 1967 et ma recension dans *Gnomon*, 41 (1969), 547 *sq.*

12. Poème *Im ersten Beinhaus war's* (1826), Hamburger Ausgabe (E. Trunz) I 367.

13. Goethe, *Wanderjahre*, IIe livre : *Betrachtungen im Sinne der Wanderer*, Hamburger Ausgabe (E. Trunz), VIII 304.

circonscrite dans le procès de façon immanente. D'où l'exhortation : « qu'on ne cherche donc rien derrière les phénomènes ; ils sont eux-mêmes la doctrine »[14]. Le « coup d'œil attentif » sur les phénomènes inclut chaque fois aussi l'idée. « Voir » doit toujours en même temps être « comprendre » ou du moins y conduire : « Tout regard devient une contemplation, toute contemplation une méditation, toute méditation un enchaînement et ainsi on peut dire que lors de chaque coup d'œil attentif nous théorétisons déjà le monde. »[15] Chez Plotin comme chez Goethe la fondation de la nature dans une contemplation créatrice est défense et surmontement à la fois : contre les coups et les revers donc, ὠθισμός et μοχλεία[16].

b) Une confrontation précisément déterminable et riche de conséquences entre Goethe et le texte de Plotin se produisit pendant l'été 1805 à Lauchstädt[17]. Il en jaillit aussitôt une traduction du premier chapitre de l'*Ennéade* V, 8 « De la beauté spirituelle ». Goethe l'a plus tard incluse dans *Aus Makariens Archiv*[18] et lui a alors[19] ajouté une critique. S'il faut comprendre de façon programmatique pour la pensée de Goethe la phrase qui, dans les *Maximes et réflexions*, est placée en premier selon l'ordre de l'édition de dernière main : « Tout ce qui est sensé a déjà été pensé, on doit seulement tenter de le penser une fois encore », si donc « l'ancienne vérité » a été énoncée et doit être présentée à la réflexion[20], cette idée s'applique aussi à Plotin. Le point commun de Plotin et de Goethe est la pensée que l'art est la beauté qui apparaît en tant que *forme*, que l'art *est* avant tout par l'idée. Si l'art imite la nature, ce n'est pas en tant qu'il redouble de façon naturaliste ou vériste ce qui est extérieur, mais en tant qu'il revient aux λόγοι (*rationes* selon Ficin, le *Vernünftige* (rationnel) dans la traduction de Goethe), « dont la nature elle-même est composée et d'après lesquels elle

14. *Ibid.*

15. Préface à la *Farbenlehre*, WA II 1, p. XII.

16. Plotin III 8, 2, 4 *sq.* (dans un sens polémique contre les Épicuriens).

17. Les documents à ce sujet sont présentés par H. F. Müller (cf. note. 2), F. Koch, *op. cit.*, p. 19 *sq.*, et E. Grumach, *Goethe und die Antike*, Potsdam, 1949, II 815 *sq.* La comparaison très prolixe de Koch, qui procède par associations d'idées, reste très largement hypothétique. K.P. Hasse, *Von Plotin zu Goethe*, Iéna, 1911, 2e éd., a des apparences séduisantes, il a certes l'intention « de mettre en lumière le progrès de la pensée humaine à partir des bases néoplatoniciennes (contre le matérialisme de Hæckel) » (VIII), il s'enlise cependant dans une vision du monde pathétique, qui ne parvient à aucune *confrontation* d'Érigène, Nicolas de Cuse, Bruno et l'idéalisme allemand avec Plotin ou le néoplatonisme. Les philosophes cités sont survolés, le néoplatonisme est effleuré de façon indifférenciée.

18. N°17-25, *Hamburger Ausgabe*, VIII 462 *sq.* Cf. à ce sujet, de façon très détaillée, H. Schmitz, *Goethes Altersdenken im problemgeschichtlichen Zusammenhang*, Bonn, 1959, 157 *sq.*

19. *Ibid.*, n°26-28.

20. Cf. à ce sujet P. Stöcklein, *Wege zum späten Goethe*, Hambourg, 1949, 157 *sq.*

agit ». La différence qui le sépare de Plotin est rendue explicite par Goethe lui-même dans son supplément critique : le caractère indéniablement misérable du principe qui anime et qui ordonne dans le phénomène ne devrait pas nous inciter à « repousser le principe formateur et la forme supérieure elle-même dans une unité imperceptible à notre sens externe comme interne ». Ce qui signifie : il ne faut pas fonder les εἴδη et le fondement des εἴδη, l'esprit, dans l'Un insaisissable, transcendant, mais dans l'Un fermement fixé. C'est également contre le principe fondamental plotinien d'une intensité progressive de l'étant qu'est dirigé l'énoncé : « Une forme spirituelle n'est en rien amoindrie lorsqu'elle surgit dans le phénomène ». Le phénomène n'est bien au contraire pas moindre que son fondement, ce qui est engendré pas moindre que ce qui engendre, « c'est même l'avantage de la production vivante, que ce qui est produit peut être plus parfait que ce qui produit ». Ce qui est contraire à l'affirmation de Plotin, selon laquelle l'*idée* de beauté est plus belle que son phénomène. Une consomption trop spiritualiste – du moins selon Goethe – du phénomène du beau va donc contre l'identification de l'idée et de la nature, de la beauté et du phénomène. À l'idée d'une nature libre de toute transcendance, complètement pénétrée par l'idée correspond un phénomène ou une œuvre d'art dans laquelle la beauté apparaît totalement. Le phénomène n'a derrière lui aucun épi – ou métaphénomène qui serait sa vérité. Le phénomène n'est donc – pour le dire dans l'autre sens –, ni en tant que nature ni en tant qu'art, quelque chose de simplement dérivé, de participant : l'idée *est* bien plutôt ce qui vient à l'apparition et vient donc à notre rencontre « en tant que loi de tous les phénomènes »[21]. Ce qui apparaît provoque le spectateur en tant que positivement sensible : « L'intention la plus haute de l'art est de montrer des formes humaines qui signifient de la façon la plus *sensible* possible et aussi belles que possible »[22].

Le domaine de l'esthétique plotinienne renforce la maxime goethéenne de l'introduction à la *Théorie des couleurs*[23], selon laquelle l'œil doit son existence à la lumière. L'œil se forme « à la lumière pour la lumière, afin que la lumière intérieure s'oppose à la lumière extérieure ». C'est alors la réceptivité à la lumière de l'œil lui-même qui permet la vision de la lumière et des couleurs. La doctrine de l'ὅμοιον-ὁμοίῳ, que Plotin explicite en I 6, 9 comme la condition de la vision du Bon et du Beau, est transcrite par Goethe dans la strophe suivante :

21. *Maximen und Reflexionen*, n°13.
22. *Ibid.*, 736.
23. WA II 1, p. XXXI.

> « Si l'œil n'était semblable au soleil, / Comment pourrions-nous voir la lumière ? / Si ne vivait pas en nous, la force propre au Dieu / Comment le divin pourrait-il nous ravir ? »[24].

L'œil, sens remarquable entre tous, est le lieu où ce qui est intérieur se tourne vers l'extérieur, ce qui est extérieur vers l'intérieur. Il comprend le visible en ce sens qu'il le « livre à l'homme tout entier ». Dans l'œil « se reflète de l'extérieur le monde, de l'intérieur l'homme. La totalité de l'intérieur et de l'extérieur est achevée par l'œil »[25]. Au-delà du contexte particulier, le mot des « mystiques anciens » traduit dans cette strophe signifie alors l'unité de l'intérieur et de l'extérieur dans l'homme[26]. L'œil comme médiation devient l'herméneutique de cette relation. Il montre que nous ne sommes capables de comprendre l'extérieur en général que par « l'extérieur dans l'intérieur » ou par l'extérieur intériorisé a priori. « L'extérieur dans l'intérieur » devient la condition de chaque expérience et de chaque compréhension. Le rapport de l'œil et de ce qui est vu sert alors aussi de modèle à la relation entre « le divin en nous » et le divin en général : c'est précisément par le « divin en nous » que nous devenons d'abord conscients du « divin dans l'univers »[27].

La supposition et le but de Goethe et de Plotin divergent certes pour l'essentiel. Pourtant, les traces plotiniennes mises en évidence et parcourues justifient l'énoncé apodictique de Zelter : « Il (Plotin) est de toute façon des nôtres »[28].

24. On trouve ces vers, sous une forme légèrement différente, dans la deuxième édition de la *Farbenlehre* et dans les *Zahmen Xenien* (WA I 3, 279).

25. Paralipomena II à la *Farbenlehre*, WA II 5, 12.

26. Cf. le poème *Epirrhema* (Hbg. Ag., I 358) : « Il faut dans la contemplation de la nature, / Toujours considérer un comme tout; / Rien n'est à l'intérieur, rien n'est à l'extérieur : / Car ce qui est à l'intérieur, cela est à l'extérieur. / Saisissez ainsi sans délai / Pieusement et publiquement le secret. » Également *Maximen und Reflexionen,* n°511, cité *supra*, p. 95, n. 16.

27. La convergence objective de ce concept du divin exprimé dans les *Maximen und Reflexionen* (n°8) et de la « dernière parole » de Plotin dans la *Vita Plotini* de Porphyre, 2, 26 *sq.*, dans laquelle le divin « en nous » est distingué du divin « dans le tout », est remarquable (Ficin : *quod in nobis divinum est, ad divinum ipsum, quod viget in universo, redigere*). Goethe a lu la *Vita* : Lettre à F.A. Wolf du 29 août 1805, où il cite un extrait du texte latin (Ficin) du deuxième chapitre (WA IV 19, 51). En ce qui concerne Porphyre, cf. W. Beierwaltes, « Neoplatonica », in : *Philos. Rundschau* 16 (1969) 131 *sq.*

28. Lettre à Goethe du 5 septembre 1805 (*Der Briefwechsel zwischen Goethe und Zelter*, éd. par M. Hecker, Leipzig, 1913, I 121).

III

SCHELLING

SCHELLING n'a que relativement peu connu les textes de Plotin. L'initiateur négatif d'une rencontre *directe* de Schelling avec Plotin fut sans doute Franz Berg[1], professeur d'histoire de l'Église à Würzburg. Celui-ci publia en 1804, en tant que « supplément » à son *Épicritique de la philosophie*[2], ouvrage paru par la suite, prétentieux mais sec et stérile, un dialogue intitulé : « Sextus ou sur la connaissance absolue de Schelling ». Ce dialogue, qui se voulait une réplique au *Bruno* de Schelling, devait convaincre que « le courant puissant de la philosophie, sur lequel on a tant compté depuis quelques décennies, s'est perdu dans les sables après s'être beaucoup dispersé »[3]. Berg attaqua dans *Sextus* l'idée schellingienne de l'Absolu, la représentation de l'identité du réel et de l'idéal et en particulier l'inexplicable « intuition intellectuelle », qui devait lui apparaître comme un acte irrationnel, défiant toute logique. Les deux personnages du dialogue *Sextus* sont à interpréter de façon symbolique : Sextus, partisan des lumières et sceptique à l'humeur massacrante ou « sombre »[4], reflet de Berg, et Plotin, le défenseur de l'intuition intellectuelle qui se veut une caricature de Schelling et de ses disciples. Quant à savoir pourquoi Berg choisit précisément pour les partisans de Schelling le nom de Plotin, quelques indications sont données par des remarques de Sextus sur Plotin, le « visionnaire (*Schwärmer*) néoplatonicien » qui « prenait toujours ses phantasmes pour la réalité »[5]. Ceci vaut, selon Berg, aussi de Schelling. Plotin est également le paradigme de Schelling dans la transposition de la

1. C'est ce qu'a supposé, certainement à juste titre, M. Wundt : *Plotin und die Romantik*, *op. cit.* (*supra*, p. 93, n. 2) 660 *sq.* Dans cette dissertation, Wundt met à disposition des matériaux divers quant à la « descendance de Plotin ». Ceci est ici précisé et élargi. Un traitement minutieux, rapporté à la chose même, et non pas seulement historique, du rapport de l'idéalisme et de la philosophie plotinienne, telle ne semble pas être l'intention de Wundt. Suivre les processus de réception ne me semble à vrai dire philosophiquement légitime que si la problématique objective est prise en compte ou si le contenu dirige d'emblée la réflexion, dans laquelle doit être inclus le conditionnement historique complexe d'une pensée.

2. Arnstadt et Rudolstadt, 1805.

3. *Epicritik*, Introduction XIX *sq.* G.K. Götz a répliqué au *Sextus* de Berg par un *Anti-Sextus oder über die absolute Erkenntnis von Schelling*, Heidelberg, 1807, dans lequel il s'efforce de montrer que rien n'autorisait Berg à « laisser tomber le couperet » sur Schelling.

4. « Partisan des lumières petit et sombre », ainsi Schelling nomme-t-il son médisant adversaire dans son explication « Au public », qu'il composa fin mars 1805 à Würzburg et publia dans différents journaux. Cf. F.W.J. Schelling. *Briefe und Dokumente*, t. I, éd. par F. Fuhrmans, Bonn, 1962, 324 *sq.*

5. *Sextus*, 74.

religion en philosophie et inversement[6]. Celle-ci apparaissait, d'un point de vue objectivement et historiquement aussi peu éclairé que celui de Berg, comme panthéisation en même temps que polythéisation du monde. Tous deux, Plotin et Schelling, s'entêtaient pour lui à ne pas sortir de la *camera obscura* de la « non réflexion ». « Si Plotin revenait, il éprouverait une grande joie »[7].

On peut penser qu'en dépit du travestissement que Berg avait fait subir à Plotin, *Sextus* éveilla considérablement l'intérêt de Schelling pour Plotin. C'est en effet précisément en 1804[8], l'année de la parution de la polémique de Berg, que Schelling prie son ami Carl Josef Hieronymus Windischmann, professeur de philosophie, médecin et bibliothécaire de la cour à Aschaffenburg[9], de rechercher si l'édition de Plotin par Ficin se trouvait dans cette bibliothèque[10]. Quelques jours plus tard[11], Schelling remarque dans une lettre à Windischmann : « j'écrirai prochainement au sujet de Plotin ». Il n'est ensuite de nouveau question de Plotin que l'année suivante (1805). Le 25 août 1805, Windischmann écrit à Schelling : « Soyez remercié, mon respectable ami, pour la confiance bienveillante dont vous avez fait preuve en m'envoyant vos aphorismes[12]. Ils seront pour moi ce soir un délicieux festin. Je les annoterai sincèrement de mes

6. *Ibid.*, 150 *sq.*

7. 152 *sq.* Le *Nachlaß* de Berg, conservé à la bibliothèque universitaire de Würzburg, qui contient de nombreuses notices concernant des sujets philosophiques, des notes et des extraits de lecture, ne permet pas de conclure que Berg se soit occupé sérieusement de Plotin. Dans sa présentation de Plotin, il suit l'opinion dominante, à son époque, dans l'histoire de la philosophie.

8. Lettre du 7-4-1804, Plitt II 16.

9. Au sujet de Windischmann, cf. A. Dyroff, *C. J. Windischmann und seinen Kreis*, Cologne, 1916.

10. Lettre du 7-4-1804, Plitt II 16. Il n'existe là apparemment aucune réponse de Windischmann, du moins il n'y en a pas parmi les lettres de Windischmann qui me sont accessibles, tirées des archives de littérature de l'académie berlinoise des sciences et qui ne sont pas contenues dans le recueil de Plitt. L'édition de Ficin était (et est encore aujourd'hui) à la bibliothèque de la cour de Aschaffenburg ; elle ne contient cependant pas de note marginale.

11. Lettre du 22-4-1804, Plitt II 17. La lettre de Windischmann du 1-5-1804, qui peut être considérée comme une réponse possible, ne contient rien sur Plotin.

12. Il s'agit des *Aphorismes pour introduire à la philosophie de la nature*, d'abord publiés dans les *Jahrbüchern der Medicin als Wissenchaft*, t. I, cahier 1, Tübingen, Cotta 1805, p. 3-88. Le titre n'est certes pas précisé, mais le renvoi, dans les remarques de Windischmann, à la « p. 76 » et à tel ou tel paragraphe est éclairant. – La lettre de Schelling datée chez Plitt (II 51) du 19 février 1805 est de l'année 1806 (selon un renseignement amicalement fourni par H. Fuhrmans). On y lit : « Voici de nouveaux aphorismes ; j'ai besoin de réconfort. Donnez-moi très sincèrement votre avis sur les points qui pourraient vous sembler mauvais. » Ces « nouveaux aphorismes » sont les « Aphorismes sur la philosophie de la nature », parus dans le 2e cahier des *Jahrbücher*, 1806, p. 3 *sq.*

insignifiantes remarques et vous les renverrai intacts au plus tard dans deux ou trois jours ». Ce qui se produisit en effet, comme le montre la lettre de Windischmann du 29 août 1805[13]. À cette lettre étaient joints des « remarques » et des extraits de textes de Plotin[14]. Ces derniers, auxquels Windischmann se rapporte souvent dans ses remarques, devaient en quelque sorte servir de commentaire aux aphorismes de Schelling. Schelling remercie le 5 septembre 1805[15] pour les remarques de Windischmann et pour les « passages de Plotin ». Le remerciement exprime la grande considération accordée aux textes : « Recevez tous mes remerciements pour les magnifiques passages de Plotin que je souhaite conserver encore quelque temps. La supposition que vous formulez à la fin de vos remarques est très plausible. Si seulement quelqu'un qui en soit capable avait le temps et l'envie de restituer les œuvres de cet homme divin ! Si vous avez extrait de Plotin encore d'autres passages significatifs sur la matière, le temps, l'espace, la mort et la finitude, faites-les moi donc aussi parvenir. »[16] Les traductions de Plotin par Windischmann, bien que Schelling ait deux fois annoncé son intention de les lui renvoyer[17], sont apparemment demeurées chez Schelling[18].

Si on fait abstraction de la caractérisation des textes propre à Schelling, cette anthologie – même obscurcie par une connaissance de la langue pas toujours adaptée au texte à traduire et par la façon de travailler rhapsodique de Windischmann – pouvait au moins faire apparaître l'ébauche de la conception de Plotin sur le monde, la raison, la purification, l'illumination, l'intuition, la connaissance de soi et de Dieu, la nature, le tout, l'être, l'éternité, Dieu, « l'émanation » et l'Un lui-même.

La relation de Schelling à F. Creuzer donne une autre indication sur la possibilité d'une connaissance ultérieure de Plotin par Schelling. Il estimait beaucoup sa *Symbolique*, en dépit de certaines objections, parce qu'elle était très proche de son intention de construire une mythologie philosophique. Les *Études* de Creuzer (premier volume en 1805 avec la

13. Archives de littérature, archives centrales de l'Académie allemande des sciences à Berlin, division *Schelling-Nachlaß*. Cf. le texte ci-dessous, p. 201.

14. Cf. *infra*, p. 202 *sq.*

15. Plitt II 72 *sq.*

16. *Ibid.*, 73.

17. Lettres à Windischmann du 15-3 et 17-4-1806, Plitt II 83 et 84 (« Votre Plotin est encore chez moi ; je l'ai conseillé à Caroline ; si vous le voulez immédiatement, écrivez moi, sinon, il viendra dans 14 jours avec Schott. »). Dans la lettre suivante de Schelling à Windischmann (1-8-1806, déjà écrite à Munich), il n'en est plus question.

18. Elles se trouvent aujourd'hui dans le *Schelling-Nachlaß* des archives de littérature de l'académie berlinoise des sciences. Quant aux textes et au jugement que l'on peut porter sur eux, cf. l'annexe p. 201 *sq.*

traduction commentée de Plotin III, 8)[19] étaient connues de Schelling. Cela résulte explicitement d'une note de Schelling située sous les traductions de Plotin par Windischmann dans le *Nachlass* de Schelling à Berlin[20].

19. Cf. *supra*, p. 85.

20.

Creuzer, *Études* :	Passage cité par Schelling :
31 (=Plot. III 8, 1, 22-24) : « … et comment la nature, qui, comme ils disent, est dépourvue de représentation et de raison, a *en elle* la contemplation, et ce qu'elle produit, elle le produit par la contemplation, qu'elle n'a pas et de quelle façon cela se passe. »	« 1. Comment la nature connaît-elle ? Un œil interne pour se voir. » « 2. La nature est dépourvue de la représentation et de la rationalité parce qu'elle a la contemplation *en elle* et ce qu'elle produit, elle le produit par la contemplation, qu'elle *n'a pas*. »
34 (= III 8, 3, 3-6) « Car l'action peut bien se produire après un concept, parce qu'elle est en effet différente du concept : au contraire le concept, même celui qui accompagne l'action, n'est certes pas action. »	« L'action peut bien se produire après un concept, parce qu'elle est en effet différente du concept : au contraire le concept lui-même, celui qui accompagne l'action, n'est certes pas action. »
34 (= III 8, 3, 12 *sq.*) « Mais comment a-t-elle elle-même (la nature) la contemplation ? Celle qui est déduite d'un concept, elle ne l'a pas. »	« La nature n'a pas la contemplation déduite d'un concept. »
42 (= III 8, 7, 1-3) « Il a été démontré en détail que non seulement tout véritablement existant est à partir de la contemplation et est lui-même contemplation, mais aussi que celui qui a été produit à partir de ce dernier, qui est devenu parce que celui-ci contemplait, est un résultat de la contemplation. »	« Tout véritablement existant est *contemplation*. De même ce qui est produit à partir de la contemplation est à nouveau *contemplation*. Car il est devenu parce que celui-ci contemplait. »

La note de Schelling fait encore référence à des textes : « *Ennéade* III. 6-7. 9. 10. Plat. *Philèbe*, p. 233 *sq.* » Cette référence provient de la note 24 de Creuzer (p. 77) : « Les très remarquables idées de Plotin sur la *matière* (ὕλη) en général peuvent être connues à partir du texte principal III 6-7, de même 9. 10, auquel on peut comparer les textes *platoniciens* (*Philèbe*, p. 233 *sq.* et *Timée*, p. 345 *sq.*) » Le concept plotinien de matière présente apparemment pour Schelling un intérêt particulier : cf. *Recherches sur l'essence de la liberté humaine*, VII 355 <tr. fr. J.-F. Courtine et E. Martineau in *Œuvres métaphysiques*, Paris, 1980, p. 141-142>. – Schelling connaissait et appréciait les *Études* de Creuzer, comme cela est également attesté par une lettre de Schelling à Creuzer datant de 1844, citée dans Creuzer, *Aus dem Leben eines alten Professors*, Leipzig-Darmstadt, 1848, 112 : « Lorsque parurent, voici quarante ans, vos premiers articles (il s'agit de « *L'étude de l'Antiquité comme préparation à la philosophie* ») dans les *Studien*, apparut dans les sciences

Le 15 octobre 1815, Schelling remercie Creuzer de « l'envoi de Plotin » ; il s'agit certainement de l'édition par Creuzer, parue en 1814, de l'*Ennéade* I, 6 « Du Beau »[21].

L'influence relativement faible de Plotin sur Schelling quant à ce qui en est *extérieurement mesurable*, contraste d'autant plus avec l'affirmation des contemporains selon laquelle Schelling possédait avec Plotin une *affinité intérieure* non négligeable pour sa propre pensée. Face au parallélisme péjoratif déjà mentionné établi par Berg entre Schelling et Plotin se dresse le plaidoyer fervent de Creuzer pour Plotin et Schelling dans une lettre à Caroline von Günderode[22] : « Puisses-tu seulement continuer à te laisser

philosophiques un ton nouveau, inhabituel en Allemagne ; un nouvel espoir de voir à nouveau renoués, de façon grandiose, les anciens rapports entre la philologie et la philosophie, pour l'extension de l'une comme de l'autre, se répandit à travers l'Allemagne. »

21. Cf. *supra*, p. 90 n. 4. Schelling travailla sur cette édition immédiatement après sa parution, comme cela ressort d'une note de la conférence de 1815 *Sur les divinités de Samothrace* (VIII 383). – Par Creuzer, Schelling put aussi connaître des textes essentiels de Proclus : Creuzer dédicaça à Schelling le premier tome de l'*Initia Philosophiæ et Theologiæ*, Francfort, 1820, qui contenait le *Commentaire de l'Alcibiade* de Proclus, en tant qu'un « Platonicorum Monumentum Philosophiæque Interpres Primarius ». Dans une lettre à Creuzer du 3-5-1821, Schelling remercie pour cette dédicace et pour l'envoi du deuxième cahier de l'*Initia* (Plitt III 4). Le 3-9-1822, Schelling écrit à Creuzer : « Ma grande dette envers vous s'est tant accrue avec les deux parties du Proclus (le troisième tome, paru en 1822, contient l'*Elementatio theologica* de Proclus avec la traduction latine remaniée du *Aem. Portus*) et la cinquième partie de la *Symbolique*, que je doute de pouvoir jamais m'en acquitter. Je vais maintenant également tenter de me frayer un chemin, avec votre aide, dans cette *Institutionem theologicam* de Proclus, bien que je ne puisse nier une certaine crainte devant la monotonie de la présentation et le caractère dogmatique de l'exposé » (Plitt III 12). – Dans le *Plotini Liber de pulchritudine* de Creuzer est également contenu un fragment du commentaire proclusien d'*Alcibiade*, intitulé par Creuzer *Disputatio de unitate et pulchritudine*. – Citations de Proclus chez Schelling : XI 378 <*Introduction à la philosophie de la mythologie. Livre II : Exposé de la philosophie rationnelle pure*, tr. fr. sous la dir. de J.F. Courtine et de J.-F. Marquet, Paris, 1998, p. 354-355>. XIII 444. 448. 523 <*Philosophie de la Révélation, Livre II*, tr. fr. sous la dir. de J.-F. Courtine et J.-F. Marquet, Paris, 1991, p. 303, 307, 387>.

22. Lettre du 7-11-1804, *Die Liebe der Günderode*, éd. par K. Preisendanz, Munich, 1912, 35. *Studien* I 59. La structure de la philosophie néoplatonicienne, « sa tendance continuelle vers l'idéal », était une raison essentielle de la publication par Creuzer dans les *Studien* d'une traduction de Plotin. Dans la préface de ses œuvres complètes, il souligne une fois encore le rapport de Plotin à la philosophie contemporaine : « Nostra denique aetas Alexandrinæ familiæ placita nunc ad Regiomontani philosophiæ rationem exigi, et velut luxuriantis agri exuberantiam ad exilitatem Kantianam castigari vidit (selon ce texte et la p. XXII, on peut conclure qu'il s'agit certainement de Tennemann), nunc ab aliis philosophis Germaniæ (outre ceux qui sont cités p. XXII, cela désigne certainement Schelling et Hegel, cf. *Aus dem Leben eines alten Professors*, 128, 2e éd.), qui liberus circumspicere altiusque evolare coepissent, cupidius aliquanto tractari, et ad rerum naturalium principia causasque noscendas adhiberi ».

saisir par cet esprit puissant qui souffle dans les œuvres de Schelling – chez Spinoza et quelques philosophes anciens. Vois, tu fais revivre les glorieux temps anciens par la simplicité de ta profonde poésie – de même que par ton sérieux pour la philosophie – tu me rappelles ici la vierge qui, enthousiasmée par elle et l'apprenant avec enthousiasme – consacra à son service aussi bien sa vie que sa mort – Hypatia. Elle appartient à la même école que celle dont se réclame cet homme dont je vous ai envoyé récemment, à toi et à nos païens, quelques fragments. – Je m'étonne que tu ne m'écrives rien de l'accord visible avec les idées de Schelling. Daub, à qui j'ai récemment lu ces passages, trouve la ressemblance telle qu'elle ne pourrait être plus grande. Puisque, entre temps, les fragments vous ont procuré de la joie – j'espère que vous avez été sincère envers moi – je veillerai à ce que vous fassiez plus ample connaissance avec le philosophe PLOTIN (un platonicien), puisque tel est son nom. Mais vous devez pour cela me laisser du temps – puisque je dois malheureusement consacrer souvent beaucoup de temps au service extérieur de la bibliothèque. » « Les mystiques contemplatifs (tels Plotin) sont infiniment plus près du vrai que les professeurs discoureurs »[23], qui se contentent de tourner autour des murs du temple, sans jamais y pénétrer : cette pensée retrouve – peut-être de façon quelque peu extrême – la revendication du cercle romantique de Heidelberg à l'égard des vrais philosophes[24]. – Windischmann considérait le « formalisme hyperphysique »[25] du « génial Plotin »[26] comme un élément essentiel du développement du concept de nature chez Schelling : chez lui s'est accompli le commencement platonicien et plotinien[27]. De même, mais avec une connotation critique, Friedrich Schlegel rapproche Schelling de Plotin. Dans ses leçons sur le « Développement de la philosophie » (1804-5), il dit de Plotin : « C'est lui, parmi tous les Alexandrins, qui fait le plus preuve

23. Lettre à Caroline du 29 juillet 1805, Preisendanz, 142.

24. L'intérêt porté par Görres à Plotin est également compréhensible de ce point de vue. Cf. Lettre de Creuzer à Daniel Wyttenbach in *Plotini Liber de pulchritudine*, Heidelberg, 1814, XXXIV *sq.* : « Gœrresius, quo ego homine nihil in vita ingeniosus vidi. Neminem vidi qui ipso magis in philosophando suus esset. Quem ego cum alienissimum reperissem ab eorum ratione, qui, quod apud Ciceronem de Stoicis esse nosti, et spinas vellunt et ossa nudant ; cum ipso mihi egregie convenit. Idem physiologiæ (cf. son *Exposition der Physiologie*, 1805) operam dabat nec veteres philosophos negligebat, praecipue Platonem *Plotinum*que, qui sua ubertate compleverunt reliquos philosophos omnes ».

25. *Ideen zur Physik*, Wurzbourg-Bamberg, 1805 (t. 1), p. 431 ; ceci est à comprendre, au sens de l'idéalisme, de façon positive, opposé à la déficience de cette pensée dans la « doctrine kabbaliste de l'émanation ». Quant au « coup d'œil hyperphysique » de Plotin : Tennemann, VI 50.

26. Windischmann, dans la recension du *Sextus* de Berg, in : *Jenaische Allg. Literatur-Zeitung*, n°40, 1805, p. 314.

27. Cf. à ce sujet *infra*, p. 139 *sq.*

de génie, et qui le confirme de la façon la plus fructueuse. Nous trouvons chez lui beaucoup d'idées qui s'accordent avec le nouvel idéalisme ... Ce qui distingue le plus Plotin, c'est sa doctrine de l'extase (une intuition intellectuelle de la divinité). Il caractérise cet acte de connaissance surnaturelle de façon strictement philosophique, comme un état de ravissement, qui n'est pas aussi grossier que la sensation, mais, comme on pourrait le dire dans le nouveau langage philosophique, qui doit être pensé comme un acte de sortie de soi. Il le nomme simplification de l'âme, – négation de toute diversité et différence en elle. Plotin invoque cette simplification de l'âme comme la plus haute source de connaissance de sa philosophie »[28]. Quant à Schelling, Schlegel caractérise sa « dernière œuvre » (il s'agit certainement de *Philosophie et religion*, 1804), « qui annule les précédentes, ... comme une restitution du spinozisme et de la philosophie plotinienne »[29].

La proximité, comprise de façon positive, de Plotin – celle du néoplatonisme en général – et de Schelling a été intensifiée par J.F. Winzer[30] et Joh. Ulrich Wirth, un théiste spéculatif dont la pensée se situe dans l'horizon de Schelling et de Schleiermacher. Celui-ci comprend sans hésitation le « nouveau schellingianisme », c'est-à-dire la philosophie de Schelling après le système de l'identité, comme le « néoplatonisme de notre temps », comme « le néoplatonisme dans la forme de la conscience moderne ... c'est-à-dire qu'il est le néoplatonisme dans sa forme achevée, plus scientifique ». Un énoncé semblable à celui de Feuerbach, selon lequel Hegel serait le « Proclus allemand »[31]. Une affinité de Schelling avec le

28. *Die Entwicklung der Philosophie in zwölf Büchern* (1804/5), Livre 1, Introduction, in : *Philosophische Vorlesungen*, éd. par J. J. Anstett, Munich 1964 (t. XII de l'édition critique de E. Behler) 238 *sq*. Il y a des raisons de supposer que l'opinion d'abord négative de F. Schlegel à l'égard de Plotin – influencée par l'exposé de Tiedemann – fut transformée par Novalis. L'intuition est alors propre aux deux, l'extase étant la pensée centrale de Plotin. Cf. à ce sujet Mähl, *Novalis und Plotin*, p. 238 *sq*.

29. *Ibid.*, p. 294.

30. *Adumbratio decretorum Plotini de rebus ad doctrinam morum pertinentibus*, Wittenberg, 1809. Au commencement de sa description des problèmes éthiques chez Plotin (p. 6), il constate : « temporibus nostris novam aliquam et singularem commendationem Plotini decreta habere ex eo, quod viros quosdam sapientes et doctos, quorum placita multorum laudibus cummaxime iactantur, si non eadem prorsus, simillima tamen, tanquam certissima et unice vera, ore ac scriptis profiteri intelligimus. » En note sont alors cités des écrits de Schelling et de Schleiermacher « sur la religion ». Winzer ne réalise pas de comparaison ni de discussion avec la doctrine de Plotin, du moins pas dans les 22 pages imprimées de sa leçon inaugurale qui sont à notre disposition, qui sont désignées comme « specimen I ».

31. *Die speculative Idee Gottes und die damit zusammenhängenden Probleme der philosophie*, Stuttgart-Tübingen, 1845, p. 412, 414. Une remarque de Wirth dans les *Philosophische Studien*, Stuttgart, 1854, p. 209 *sq*. va dans le même sens : « ... les néoplatoniciens,

néoplatonisme lui semble avant tout démontrée par la tentative des deux philosophies d'unir les contraires : l'idéal et le réel, le transcendant et l'immanent[32]. Il est vrai qu'au fondement de cette représentation se trouve déjà la compréhension typiquement idéaliste de l'Un néoplatonicien : il serait l'identité principielle en tant que l'Absolu lui-même. Mais en tant que tel il serait l'unité dialectique de l'être, de l'esprit et de la vie, ce qui n'est certes valable que de la deuxième hypostase plotinienne, l'esprit[33]. De ce point de vue d'une dialectique de l'Absolu, le néoplatonisme, en pénétrant dans ce « mystère sacré » (la dialectique) a atteint « le plus haut sommet de l'idéalisme dont le monde antique en général fut capable »[34]. Il est ainsi devenu le prototype de l'idéalisme nouveau et achevé[35].

Il pourrait paraître plus tentant – parce que cela serait au premier coup d'œil plus significatif et plus productif – de dégager par exemple la signification de Platon ou d'Aristote pour Schelling, plutôt que de chercher chez lui des traces plotiniennes. Si nous le tentons, en dépit du petit nombre de points de contact *explicites* de Schelling avec Plotin, ce n'est pas afin « d'expliquer » Schelling par des « sources » et « influences » jusque-là méconnues, mais parce que nous sommes convaincus que la philosophie de Schelling, tant dans les éléments précis de sa façon de penser que dans les fondements essentiels de sa problématique, est empreinte d'une affinité profonde avec la pensée néoplatonicienne. Néoplatonicienne, est certes également, par des aspects précis, l'empreinte originelle qui s'est concrétisée chez Bruno, Böhme, Oetinger et Spinoza et

qui se sont complètement plongés dans le procès conceptuel purement déductif, transcendantal, et ont ainsi incité à la production de pensées si significatives qu'une puissante action en retour sur toute la théologie et la philosophie postérieures jusqu'à nos jours est discernable. En font partie à notre époque entre autres les systèmes de J. Böhme, Fr. Baader, Schelling. »

32. *Ibid.*, p. 239. 248. 414. 416.

33. Cf. *infra*, p. 115 *sq.* À l'inverse Wirth, *op. cit.*, p. 253.

34. Wirth, *op. cit.* 243.

35. Aux témoignages déjà cités quant aux affinités de l'idéalisme et de Plotin, il faut ajouter, pour les jugements positifs : A. Richter, *Neu-Platonische Studien*, cahier I (Halle, 1864) 15, cahier II (1867), p. 27. E. v. Hartmann, *Schellings philosophisches System*, Leipzig, 1897, p. 6 : « Là (chez Plotin), il aurait véritablement pu trouver une grande partie de la concordance principielle qu'il prétend chercher chez Aristote. » Hartmann affirme que Schelling n'a pas connu Plotin.

Pour les jugements péjoratifs : D. Tiedemann, *Geist der speculativen Philosophie*, III p. 428 *sq.* (Plotin en tant que « panthéisme » et « spinozisme grossier »). G. W. Tennemann, *Geschichte der Philosophie,* VI p. 131, note* (« des idées fantaisistes sur la vie de la matière », semblables à la philosophie de Plotin, chez Görres) ; également p. 175, n. 212 (un spinozisme et un panthéisme cachés). G. B. Jäsche, *Der Pantheismus*, Berlin, 1828, II, p. 127 : Plotin dans le sillage des « nouveaux panthéistes idéalistes », à côté de Bruno et Spinoza, ceci à cause d'une compréhension émanatiste erronée de la philosophie plotinienne.

qui fut déterminante, sous cette forme, pour Schelling. Indépendamment du fait que la connaissance des éléments plotiniens aide à vérifier le néoplatonicien chez les derniers auteurs cités, elle fait apparaître la structure de la pensée de Schelling elle-même plus différenciée. L'élément originairement néoplatonicien, en particulier plotinien chez Schelling a jusqu'alors été caché par une direction de recherche consacrée à la dérive « théosophique » de sa pensée*.

* *Note lors de la correction des épreuves.*

Pendant l'impression du manuscrit, j'ai eu connaissance de l'ouvrage de Harald Holz, *Spekulation und Faktizität. Zum Freiheitsbegriff des mittleren und späten Schelling*, Bonn, 1970. Contre une orientation de recherche assez largement répandue et devenue une opinion commune, Holz tente à bon droit de montrer que Schelling n'est pas tant influencé par la théosophie de Böhme et d'Œtinger, mais bien plutôt par la pensée platonicienne et néoplatonicienne (surtout par Plotin et Proclus) et par la théologie patristique, en particulier le subordinatianisme pré-nicéen (surtout Origène). Ce qui signifie concrètement : la « légende böhmienne », que Holz considère comme détruite par son ouvrage, est remplacée par le néoplatonisme. – Je suis d'accord avec l'intention de Holz de montrer que les éléments de la tradition néoplatonicienne sont eux aussi significatifs pour Schelling. Dans la mise en application de cette intention, j'ai à vrai dire procédé de façon plus circonspecte que Holz, puisque j'ai surtout explicité, par leur confrontation, des *affinités* précises dans les formes de pensée, affinités dont « l'exactitude » peut être confirmée ou renforcée par les contacts effectifs de Schelling avec les textes néoplatoniciens. C'est pourquoi je n'ai pas toujours accompli le passage hypothétique de l'affinité constatable à « l'influence » historique. L'hypothèse selon laquelle Schelling aurait déjà connu *Plotin* vers 1798 par l'intermédiaire de Novalis (Holz, p. 53, A. 14 et – dans le sens de cette idée – p. 60; Mähl, *Novalis und Plotin*, p. 142 s'oppose à cette idée) est difficilement soutenable.

Si Schelling, jusqu'aux environs de 1804, n'a sans doute connu Plotin que par Tiedemann (dans lequel il ne pouvait trouver aucun texte grec), il me semble cependant herméneutiquement légitime, en raison de la familiarité de Schelling avec Platon, avec le « platonisme » (par Löffler, cf. Plitt I 114), avec Spinoza et Bruno également (cf. F. H. Jacobi, *Über die Lehre des Spinoza*, 1789, où il publiait des extraits de G. Bruno que Schelling connaissait : IV 330), de comparer aussi, quant à la structure, les écrits de jeunesse de Schelling avec Plotin. L'accord objectif, pendant cette période, d'aspects essentiels est précisément annonciateur de la continuelle concordance *interne* de Schelling avec Plotin, qui ne dissimule certes jamais leur différence. L'ouverture précoce de Schelling à la structure de pensée néoplatonicienne est indéniable; la datation historique précise pour la période avant 1804 doit selon moi demeurer une hypothèse.

La constatation et l'élaboration d'une relation entre Schelling et *Proclus* me semble pouvoir être négligée parce qu'on ne peut pas démontrer chez Schelling (même en supposant la connaissance du chapitre sur Proclus chez Tiedemann et Tennemann) une connaissance *qui aurait eu des conséquences concrètes* ni *surtout* une appréciation significative des textes de Proclus. (Cf. à ce sujet *supra*, p. 109, n. 21, ainsi que la correspondance entre V. Cousin et Schelling (outre Plitt : J. Barthélémy Saint Hilaire, *Victor Cousin, sa vie, sa correspondance*, Paris, 1895). – Bien que Cousin ait dédié le 4e tome de son édition de Proclus (1821), qui contient les livres I et II du commentaire proclusien du Parménide, à Schelling et à Hegel en tant qu'aux *Philosophiæ praesentis Ducibus, Unius Parmenidei et Platonici Restitutoribus*, une influence effective de ce texte sur Schelling n'est dans le détail pas démontrable. Si on

Plotin, en tant que paradigme de la pensée néoplatonicienne, a pour Schelling une fonction heuristique et herméneutique essentielle, comme cela va être souligné. Supposer une telle fonction pour Wolff ou Kant par exemple est d'emblée impossible. La pensée de Schelling n'est en effet pas demeurée une philosophie transcendantale pure, mais, à partir d'un commencement transcendantal, a tenté de saisir la totalité de l'être comme ce qui comporte en soi des degrés et qui est fondé dans un Absolu. La subjectivité fut ainsi posée de façon universelle et infinie. Même la question fondamentale onto-théologique de la tradition métaphysique pouvait ainsi être pensée de façon nouvelle et achevée par l'idéalisme.

Ce qui suit montre chez Schelling et Plotin des structures de pensée qui se touchent et s'éclairent mutuellement. La discussion suit le mouvement interne des deux systèmes : commencer par l'Absolu et, par la question de la possibilité de sa connaissance, retourner à lui. – D'une façon générale, une contribution à la précision du développement historique de la pensée de Schelling ἐν παρέργῳ n'est pas notre intention.

1. L'ABSOLU de Schelling peut être confronté, de façon pertinente, aussi bien à l'UN qu'au NOUS (ESPRIT) de Plotin. L'Absolu, identique à Dieu, est, comme l'Un, le fondement et le commencement du mouvement interne du système. Schelling comprend certes l'Absolu comme pensée, comme acte de la raison, comme auto-connaissance, auto-affirmation et auto-acceptation qui contemple les choses en soi, et comme absolue personnalité. Là apparaît à vrai dire une différence essentielle avec le concept plotinien de l'Un : l'absence de relation, c'est-à-dire la non-pensée, en sont constitutifs, parce que la pensée au sens de Plotin est un mode de la pluralité[36]. Ceci ne

considère ce qui est imprimé, chez Fabricius, des textes néoplatoniciens, leur importance en tant qu'intermédiaires pour Schelling est certainement surévaluée dans la thèse de Holz (cf. en particulier p. 60)). Au contraire, Holz place parfois « l'influence » des philosophèmes proclusiens au-dessus de celle de Plotin. Quant aux sources et aux aspects des problèmes, mon ouvrage sur Proclus est presque exclusivement le point de départ et d'orientation des réflexions de Holz. C'est ainsi qu'un pré-concept déterminé et nécessairement sélectif de la compréhension de Proclus est devenu le fil directeur de très nombreux « parallèles ». Mais il n'y a pas de « triade de l'Absolu » (p. 97) ni d'Absolu triadique chez Proclus ; la citation p. 97, A. 15, suggère à tort que j'aurais affirmé une telle triade.

36. « L'Un ne pense pas » : cette proposition doit évidemment être valable pour l'Un, en dépit des expressions ambivalentes de Plotin. Cf. J.M. Rist, *Plotinus : The road to reality*, Toronto, 1967, p. 38 *sq.* G. W. Gerlach, *De differentia, quæ inter Plotini et Schellingii doctrinam de numine summo intercedit*, Wittenberg, 1811, a déjà attiré l'attention sur le fait que ceci, à côté d'autres philosophèmes incompatibles, constituait un point de différence essentiel entre Plotin et Schelling. Il souligne sans cesse la « mirabilis similitudo » des deux systèmes (par ex. p. 4, 15, 18. 22 : *invenimus Plotinum ... sibi cogitasse vel proponere voluisse, quod Schellingius adsequi studet in explicando τῷ Absoluto*), mais ne l'explique cependant pas davantage, « propter angustos dissertationis terminos ». Parmi les

correspondant pas au concept de Schelling, ses énoncés sur l'Absolu convergent d'autant plus avec le concept plotinien de l'esprit, qui est à comprendre comme esprit absolu, c'est-à-dire non-humain, qui fonde avant tout le monde et l'homme dans leur être intelligible.

Ces deux affirmations sont maintenant à vérifier :

a) Plotin pense l'Un libre de toute forme déterminée, parce que chaque forme limite l'universalité de l'Un. Si la définition ou la détermination appartient au « fini » ou au limité (πέρας) et si chaque étant-déterminé se différencie précisément par cet être-déterminé ou être-forme d'un autre déterminé ou d'une autre forme, l'Un, le fondement déterminant de toute forme, doit alors être pensé lui-même comme sans détermination ou sans forme et donc in-fini. Parce que la forme délimite (en le déterminant) chaque étant à partir de la totalité de l'étant comme quelque chose, l'Un sans forme ne peut pas être quelque chose. Il est bien plutôt « avant le quelque chose » (πρὸ τοῦ τὶ[37]) et ainsi n'est « rien » dans le domaine de l'étant : οὐδὲν πάντων[38], essentiellement (par le non-être) différent (πάντων ἕτερον)[39] de tout étant et pour cette raison nommé aussi sur-étant (ὑπερούσιον)[40].

divergences irréductibles, que Gerlach ne dissimule pas sous l'idéalisme comme le fera plus tard par exemple J. U. Wirth, il faut certes compter l'idée que l'Absolu de Schelling est, au contraire de l'Un plotinien, « raison absolue » (p. 22 *sq.*). L'identification de l'âme du monde et de l'Absolu (ἕν) n'a pas non plus chez Plotin le même sens que chez Schelling (p. 26). L'affirmation de Gerlach selon laquelle Schelling se différencie de Plotin essentiellement par le concept de « chute » (à l'opposé de la prétendue continuelle « émanation » chez Plotin, cf. à ce sujet p. 122 *sq.*) et que Plotin, par l'introduction de deux « principes auxiliaires » (p. 29), νοῦς et ψυχή, aurait, à l'inverse de Schelling, dépossédé l'Absolu (ἕν) de son être créateur et engendreur immédiat, est certainement fausse.

37. V 3, 12, 50-52 : τὸ δέ (scil. τὸ ἕν) ἐστιν ἄνευ τοῦ « τὶ » ἕν· εἰ γὰρ τὶ ἕν, οὐκ ἂν αὐτοέν· τὸ γὰρ « αὐτὸ » πρὸ τοῦ « τὶ ». *Ibid.*, 13, 4 : οὔτε τι τῶν πάντων. V 5, 6, 5. VI 8, 9, 9.

38. V 5, 6, 9 ; 13, 29. VI 7, 32, 12 *sq.* VI 8, 9, 42 *sq.* VI 9, 3, 41. ἀμιγές : V 5, 13, 35.

39. V 4, 1, 6. ἕτερον ἁπάντων : V 3, 11, 18. ἕτερον τῶν πάντων : VI 7, 42, 13.

40. ὑπὲρ πάντα τὰ ὄντα : V 5, 13, 33 et 35. VI 7, 37, 30. ὑπερόντως : VI 8, 14, 43. ἐπέκεινα : par ex. V 4, 2, 41. VI 2, 3, 7 *sq.* Quant à la préhistoire de cette pensée, cf. H. J. Krämer, *Der Ursprung der Geistmetaphysik*, Amsterdam, 1964, p. 208 *sq.* Pour Proclus, outre les textes indiqués dans mon ouvrage sur *Proclus* 336, p. 40, cf. également *Timée* II 213, 19. *Theol. Plat.*, III 1 ; 118, 16. 21 ; 163, 36 (τὸ μόνως ὑπερούσιον). – Schelling, après les traductions de Plotin par Windischmann (cf. p. 210 *sq.*) pouvait penser, outre au pseudo-Denys l'Aréopagite (*Mythologie,* XII 100, <tr. fr. A. Pernet, *Le Monothéisme,* Paris, 1992, p. 101>), également à Plotin : *Les Âges du monde,* p. 226 <tr. fr. P. David, Paris, 1992, p. 263-264> : « Toutes les doctrines supérieures, les meilleures doctrines, sont sur ce point unanimes : le véritable Très-Haut se situe au-dessus de tout être, c'est pourquoi beaucoup lui ont donné le nom de supra-essentiel, de surréel (ὑπερούσιον, ὑπερόν) ». De là résulte le paradoxe que le « Très-haut est et pourtant n'est pas. » « Il est, mais comme s'il n'était pas » (p. 228 <tr. fr. p. 266>). « … Dieu, qui en soi n'est pas étant, mais est pure liberté d'être ou de

Il est incontestable que selon Schelling l'Absolu ou Dieu est purement et simplement Un, l'Un ou l'unité originelle[41] ; pure identité qui ne laisse rien discerner en elle, ou « absolue indifférence »[42] qui doit être pensée comme unité ou sans aucune autre détermination. Cet Un absolu ou l'Un en tant qu'Absolu est la totalité d'un univers d'idées. La totalité signifie l'ensemble de ce qui est et peut être. C'est pourquoi on ne peut penser en lui des parties, qui se limitent et s'excluent. « L'indifférence absolue » caractérise donc l'Absolu en tant que l'Un, qui est « tout en tout, absolument et à tous égards sans détermination »[43]. En ce sens il est aussi purement et simplement l'in-fini, ceci à vrai dire seulement en tant qu'il a toujours in-formé le fini en lui, c'est-à-dire qu'il l'a surmonté dans l'infini.

L'indifférence en tant qu'Absolu et l'Unité de l'Un (plotinien) s'éclairent ainsi réciproquement puisque toutes deux insistent sur la liberté vis-à-vis de la forme, de la détermination, de la finitude, et donc sur la liberté vis-à-vis de la différence. L'indifférence absolue de Schelling dans l'Absolu se distingue certes de l'absence de relation immanente de l'Un plotinien en ce qu'il admet bien dans l'Absolu des opposés, mais ne peut les penser qu'en tant qu'ils sont surmontés. La puissance de l'information dans l'Absolu ne laisse donc pas les opposés apparaître dans l'Absolu en tant que tels, c'est-à-dire en tant que finis ou déterminés, mais les rend elle-même in-finis ou « in-différents ». Si l'Absolu est l'*indifférence* (l'unité) de l'identité et de la différence, Schelling ne doit alors pas comprendre, comme Plotin, la *pensée* de l'Absolu comme un mode de la multiplicité et donc de la différence. La pensée de l'Absolu montre bien plutôt l'Absolu précisément comme le « point central » synthétisant qui ne laisse pas subsister la différence près de lui ni en lui. Cet aspect de l'Absolu se manifeste dans la deuxième affirmation :

b) Il s'agit de montrer que la convergence de Schelling et de Plotin dans leur façon dont ils pensent le fondement du système rejoint « l'esprit » plotinien.

n'être pas, le *Sur*-étant, comme les Anciens l'ont aussi déjà désigné » <*Mythologie,* XII 58 <tr. fr., p. 66>.

41. *Fernere Darstellungen,* IV 425.

42. *Conférences de Stuttgart,* VII 445 <tr. fr. J.-F. Courtine et E. Martineau, in : *Œuvres métaphysiques*, Paris, 1980, p. 224>. *Fernere Darstellungen,* IV 415. *Philosophie et Religion,* VI 53 <tr. fr. B. Gilson, in : *La liberté humaine*, Paris, 1988, p. 126>.

43. *Aphorismes pour introduire à la philosophie de la nature* VII 186 <tr. fr. J.-F. Courtine et E. Martineau, in : *Œuvres métaphysiques*, Paris, 1980, p. 62-63>. – Cf. à ce sujet l'Un plotinien, qui, en tant qu'il n'est pas « quelque chose », n'est pas non plus « déterminé » (ὡρισμένον : VI 8, 9, 10) ni « limité », est donc compris en tant qu'ἄ-πειρον : V 5, 10, 21 ; 11, 4 *sq.* VI 7, 32, 15 *sq.* VI 9, 6, 10, ou en tant que « sans forme ni contour » (ἄμορφον, ἀνείδεον) : VI 7, 17, 36 ; 40 ; 32, 9 ; VI 9, 3, 43 *sq.* V 1, 7, 19 *sq.*

La pensée de l'Absolu, comme nous l'avons déjà indiqué, est représentable en tant que pensée de soi-même. L'Absolu (=Dieu) se connaît lui-même. Sa connaissance de soi est affirmation infinie de soi-même[44]. Par cette affirmation de soi, parce que l'Absolu est la totalité de l'étant, il est « Tout absolu » ou le Tout est Dieu lui-même[45]. En se pensant lui-même ou en se connaissant lui-même, Dieu s'affirme ainsi lui-même comme Tout absolu[46]. Schelling a donc transformé un concept négatif de l'Absolu, qui s'identifie à la non-détermination de l'autre, en un concept positif, celui de la détermination *de soi* réflexive. – Parce que l'Absolu est l'Un (l'unité originelle) en tant que totalité, la proposition suivante peut être recevable (si elle n'est pas comprise de façon grossièrement panthéistique) : « Tout est Un, ou le Tout est purement et simplement Un. »[47] Cela signifie : l'Absolu ou le Tout absolu est absolument simple, n'est pas apparu par composition, est donc un « ensemble absolument sans partie » (l'indifférence)[48]. L'absence de partie, c'est-à-dire le surmontement de la limite et de la différence dans l'Absolu est aussi caractérisée par Schelling par la proposition selon laquelle Dieu ne serait pas le Très-Haut, mais le purement et simplement Un : « il ne doit pas être considéré comme le sommet de la Terre, mais comme son centre, non par opposition à une périphérie, mais tout en tout »[49]. Par ce théologoumène de 1 Cor. 15, 28 (« ut sit deus omnia in omnibus ») transformé à la manière idéaliste, il comprend Dieu ou l'Absolu : 1) en tant qu'absolue totalité : il est l'achèvement universel, qui non seulement contient le Tout en le fondant et en le maintenant, mais qui *est* tout ou le Tout absolu. 2) Comme celui qui est à tous égards sans détermination, ou comme l'indifférent, dans lequel « tout », c'est-à-dire chaque différence en tant que surmontée, est capable d'être « en tout », c'est-à-dire dans chaque autre être différent surmonté. « Tout en tout » est donc l'index d'une identité dynamique de l'Absolu, dans lequel aucune différence ne demeure fixée en elle-même, mais chaque différence ou chaque forme pénètre les autres différences ou formes et se

44. *System der gesammten Philosophie und der Naturphilosophie ins besondere,* VI 172. Cet Absolu qui s'affirme par la pensée est difficile à différencier du concept de l'Absolu, qui ne doit avoir en lui aucune duplicité, qui ne peut jamais être connu, mais seulement cru ou expérimenté dans l'intuition, qui doit donc être complètement dépourvu de prédicat, comme Schelling l'a prescrit, dans le *Système de l'idéalisme transcendantal* (1800), à l'histoire comprise comme base de la révélation de l'Absolu. – Quant à l'affirmation de soi de l'Absolu, cf. *supra,* p. 75 *sq.*

45. *System...,* 173-1744.

46. *Ibid.,* 175.

47. *Ibid.,* 175.

48. *Ibid.,* 175.

49. *Aphorismes,* VII 149 *sq.*, 186 <tr. fr. p. 31 et 62-63>.

retrouve en elles, index donc pour l'absence de forme ou l'infinité de l'Absolu. Mais l'acte fondateur de l'indifférence, du « tout en tout » est la pensée qui pense l'Un en tout ou l'unité de l'ensemble, parce que l'identité absolue est, selon l'essence, la même dans chaque « partie » de l'univers[50]. La problématique esquissée est éclaircie par un passage des *Fernere Darstellungen aus dem System der Philosophie* de Schelling : « Pour autant que chaque forme (dans l'Absolu) saisit l'Absolu, et que toutes retournent dans chacune, et chacune dans toutes, elles se révèlent comme des formes de l'imagination divine, et sont véritablement ou réellement uniques, parce qu'elles sont possibles par rapport à l'Absolu, puisque en celui-ci n'est aucune différence entre la possibilité et l'effectivité. Puisque de cette façon la connaissance absolue saisit toutes les formes en elle et les saisit toutes dans l'absoluité achevée, de telle sorte que, par rapport à elle (chacune absolument pour elle), toutes (parce qu'absolues) sont comprises dans chacune et précisément pour cela une (en tant que particulière) n'est comprise en aucune, il ressort clairement en quel sens on peut dire que la connaissance absolue, parce qu'elle contient tout, ne contient précisément rien, et comment, en outre, de la même façon que l'Absolu lui-même, l'idée est également unité et totalité, non pas séparément, mais de la même façon et dans l'unique et même essence indivisée. »[51] Tout être particulier n'est donc qu'une forme déterminée de l'être de l'identité absolue qui est entièrement dans chaque être particulier, sans pour autant par là se dépotentier ni se surmonter elle-même. Dans l'être particulier, l'identité absolue est bien plutôt sous la même forme, sous laquelle elle est aussi dans la totalité ou en tant que totalité. Par là, chaque être particulier est aussi en lui-même une totalité. C'est précisément par la limitation de la forme particulière à travers l'indifférence de l'Absolu – qu'elle soit elle-même en tant qu'elle-même une totalité – que cette pensée ne contredit pas l'énoncé selon lequel l'Absolu serait sans forme. « L'Absolu *est lui-même* la forme et sous ce rapport il est à nouveau *sans forme*, pour autant en effet que le sans forme est égal à l'infini. »[52]

L'analogie objectivement pertinente est ici l'acte de pensée de l'esprit plotinien. L'esprit est la première altérité (πρώτη ἑτερότης)[53] : vis-à-vis de l'Un sans relations *et* en lui-même. Vis-à-vis de l'Un supra-étant, l'esprit est l'Un *étant* ou *l'être* en tant qu'unité. L'être de cette unité est en lui-même diversement différencié. L'être particulier qui est selon la différence, à partir duquel se constitue l'unité de l'être, n'est autre que les idées.

50. *Darstellung*..., IV 130.

51. *Fernere Darstellungen*..., IV 395.

52. *System*..., VI 162. Cf. *supra*, n. 43 pour Plotin (l'Un est « sans forme »).

53. Cf. *Plotin*, II 4, 5, 28 *sq.* V 1, 1, 4.

L'esprit est donc, en tant que fondement du réciproquement autre qui établit l'unité, « lieu des idées ». L'acte fondamental de l'esprit est la pensée. Si les idées ne sont « pas en dehors de l'esprit »[54], mais sont, en lui, lui-même, si les idées donc doivent être pensées comme identiques au premier être compris de façon hypostatique à l'extérieur de l'Un, à la première altérité, alors, dans la pensée des idées, l'esprit se *pense* lui-même, il *pense* son propre être[55].

Chaque idée particulière est pensée en tant qu'elle-*même*, mais en même temps en tant qu'*autre* par rapport à d'autres idées particulières pour lesquelles vaut cette même relation. Ce rapport de mêmeté et d'altérité (d'identité et de différence) est la dynamique interne de l'esprit. Le se-penser-soi-même de l'esprit est donc à comprendre comme la « synthèse »[56] de l'altérité en l'unité ou comme la pénétration de la différence identique à elle-même dans une identité différente en elle-même. Parler, en une réminiscence de Schelling, d'un surmontement absolu de la différence dans l'indifférence, ne serait pas plotinien. Plotin s'en tient en effet, *dans* le noûs, au caractère propre (ἰδιότης) de chaque idée particulière ou de chaque intelligible particulier[57], vis-à-vis duquel prévaut certes la force synthétisante de la pensée et l'unité de la totalité comme fin « toujours déjà » atteinte. C'est pourquoi Plotin désigne l'esprit comme le rapport paradoxal de la différence et de la pénétration réciproque de la mêmeté et de l'altérité : πλῆθος ἀδιάκριτον καὶ αὖ διακεκριμένον[58]. Parce que cette pluralité en elle différenciée et pourtant non séparée est « une et la même » (ταὐτὸν αὐτοῖς καὶ ἕν[59]) avec ses constituants, l'*unité* est le fondement qui fonde et maintient le tout par la pensée.

L'altérité se comporte toujours dans l'esprit de façon dialectique vis-à-vis de la mêmeté et de l'unité. L'altérité est donc fondamentalement médiatrice. Cela implique que l'esprit ne peut, sous peine d'être modifié, être compris selon le modèle du « tout et des parties », selon lequel ce sont les parties « reposant » en elles-mêmes qui ont d'abord constitué le tout. L'esprit est bien plutôt une unité ou une totalité dans laquelle les « parties » (les νοητά particuliers), à comprendre au sens de l'altérité médiatrice, se sont toujours transcendées elles-mêmes et ne peuvent donc absolument pas

54. Titre de l'*Ennéade* V 5. Sur ce problème cf. A. H. Armstrong, *The background of the doctrine « That the intelligibles are not outside the intellect »*, Sources de Plotin, Vandœuvres-Genève 1960, 393-413.

55. Cf. W. Beierwaltes, *Plotin*, p. 22 *sq.*

56. VI 2, 21, 56 ; également V 4, 2, 9.

57. V 8, 4, 10 *sq.* : ἐξέχει δ' ἐν ἑκάστῳ ἄλλο, ἐμφαίνει δὲ καὶ πάντα. ἰδιότης : V 9, 6, 8 : ὁ νοῦς ἐστιν ὁμοῦ πάντα καὶ αὖ οὐχ ὁμοῦ, ὅτι ἕκαστον δύναμις ἰδία. V 1, 4, 42 *sq.*

58. *Enn.* VI 9, 5, 16.

59. V 4, 2, 47 *sq.*

exister en tant que parties figées. C'est pourquoi Plotin peut dire de la dimension de l'intelligible : en elle « le particulier est toujours à partir du tout, il est en même temps le particulier et le tout ; il se manifeste certes en tant que partie, mais une vue perçante (celle de Lyncée) aperçoit en lui le tout »[60]. L'esprit est donc au sens propre un « tout sans partie » (ὅλον ἀμερές). Dans ce tout sans partie, l'idée est « esprit, être pensant (essence), mais ce n'est pas l'idée particulière différente de l'esprit (en tant qu'il est le pensant et le fondement englobant), mais chaque idée particulière qui est esprit. Et l'esprit dans son ensemble est certes toutes les idées, mais l'idée particulière est l'esprit en tant que particulier »[61]. La dialectique d'intégration entre le particulier et le tout est éclaircie par Plotin lorsqu'il comprend la pensée de l'esprit comme *vérité* qui s'accorde avec elle-même, tout en pensant cette auto-concordance comme une auto-illumination de l'esprit : dans la clarté ou l'illumination du particulier apparaît la lumière du tout, ou bien : la lumière du tout, dans le particulier, fait du tout et donc aussi du particulier lui-même, un reflet. « Tout est transparent et rien n'est ici obscur et rien n'offre de résistance, mais chacun est intérieurement ouvert à chacun ; la lumière est en effet (transparente) à la lumière. Car chacun a aussi tout en soi et voit tout dans l'autre, de telle sorte que partout tout est et tout est tout et chacun est tout et incommensurable est l'éclat. Toute chose en effet est grande, puisque même le petit est grand et le soleil est ici toutes les étoiles et chaque étoile est le soleil et toutes les étoiles. »[62] De même que le concept schellingien de l'Absolu, le concept plotinien de l'esprit vise l'unité des contraires : des parties et du tout, du particulier et du général, de l'altérité et de la mêmeté, du mouvement et du repos, du grand et du petit. Par analogie avec la pensée plotinienne selon laquelle dans l'esprit chaque étoile est en même temps étoile et soleil parce que « chaque chose est tout », Schelling dit : « L'univers tout entier est dans l'Absolu en tant que plante, en tant qu'animal, en tant qu'homme, mais parce que dans chaque chose est le tout, il n'y est pas en tant que plante, pas en tant qu'animal, pas en tant qu'homme ni en tant qu'unité singulière, mais en tant qu'unité absolue. »[63]

L'unité plotinienne des contraires ainsi esquissée, ou leur identité dynamique n'est donc pas une « nuit où tous les chats sont gris », parce que le tout apparaît dans le particulier et à travers le particulier apparaît le tout, la caractéristique ou différence du particulier se maintient donc dans le tout. Chez Schelling en revanche domine plutôt parfois la tendance « totalitaire »

60. V 8, 4, 22 *sq.*

61. V 9, 8, 2-4. Cf. aussi 6, 9 *sq.*

62. V 8, 4, 4-10.

63. *Fernere Darstellungen...*, IV 394, une analogie surprenante avec Plotin V 8, 4.

à laisser l'absolument-tout supprimer le singulier dans l'absolument tout lui-même pour en faire le tout. Ainsi seulement tout le singulier est véritablement séparé et véritablement un dans l'Absolu, de telle sorte que chacun pour soi est l'univers, chacun est l'absolument tout, de telle sorte qu'il « se meut dans le même éther, sans heurt ni friction. »[64] La totalité de Schelling absolutise donc le particulier et par là le fini sans laisser subsister un quelconque excédent problématique. Plotin en revanche ne cède pas à ce courant parce que l'unité des contraires ou du tout et du particulier est exclusivement pensée en dehors du fini. De plus, dans le domaine de la « première altérité », l'altérité demeure pensée en tant que nécessaire point de départ de la pensée et même en tant qu'altérité « vaincue ».

L'opposition entre le *possible* et le *réel* est surmontée aussi bien dans l'Absolu de Schelling que dans l'esprit absolu de Plotin[65]. Dans l'Absolu, le possible en tant qu'un temporellement non-encore-réel est impensable, il détruirait son infinité; l'esprit est, en tant que pensée de soi-même, vie pensante ce qui signifie pure réalité. En lui rien ne manque, il est, en tant qu'éternel, achevé et infini, il est essentiellement exclusion de la succession (ἐφεξῆς)[66], de telle sorte qu'en lui tout est en même temps (ὁμοῦ πάντα)[67] compris dans le point d'un maintenant et toujours intemporel. L'identité du possible et du réel est alors condition ontologique de cet « en même temps », de l'être-à-l'intérieur dialectique de tout particulier, ou, dans les termes de Schelling, du « tout en tout ». Inversement, la connaissance de cette situation est la présupposition logique de la compréhension de l'Absolu (et *mutatis mutandis* aussi de l'esprit) : « Mais débrouiller totalement cette essence emmêlée de fini et d'infini n'est possible que pour celui qui voit et comprend que tout est contenu dans tout et que, même dans le particulier, la plénitude du tout gît au fondement. »[68]

2. Une question fondamentale de la philosophie schellingienne comme de toute métaphysique est la suivante : « Pourquoi y-a-t-il de l'être en général plutôt que rien ? »[69]. En termes plotiniens, elle pourrait devenir :

64. *Philosophie de l'art,* V 393 <tr. fr. C. Sulzer et A. Pernet, Grenoble, 1999, p. 87>.

65. *Ibid.,* 395 <tr. fr. p. 88>. *Bruno,* IV 250 <tr. fr. p. 79 *sq.*> (passage important). Pour Plotin : II 5, 3. V 9, 4, 4 *sq.*

66. IV 3, 10, 6. 25, 16. IV 4, 1, 33. Cf. à ce sujet W. Beierwaltes, *Plotin,* p. 45 *sq.* 67. 263 *sq.*

67. Cf. p. 20 *sq.* et Plotin III 7, 3. IV 3, 10, 2 ; 4.

68. *Bruno,* IV 291 <tr. fr. p. 130 *sq.*>.

69. *Philosophie de la Révélation,* XIII 7 <tr. fr. sous la dir. de J.-F. Courtine et J.-F. Marquet, Livre I, Paris, 1989, p. 25>. « Pourquoi y a-t-il quelque chose ? pourquoi n'y a-t-il pas rien ? », *Ibid.,* p. 242 <tr. fr. Livre II, Paris, 1991, p. 91>. *System der gesammten philosophie und der Naturphilosophie insbesondere,* VI 155 : « Pourquoi n'y a-t-il pas rien, pourquoi y a-t-il quelque chose ? », in : *Aphorismes pour introduire à la philosophie de la*

« Pourquoi y a-t-il à l'extérieur de l'Un non-étant ou supra-étant de l'être en général plutôt que rien d'autre que lui-même ? ». Cette question pose le problème du passage de l'identité ou indifférence à la différence, de l'unité à la pluralité. Elle interroge ainsi sur la possibilité et l'origine de la pluralité. Tandis que cette question se rapporte chez Plotin déjà à la sortie (πρόοδος) de l'esprit hors de l'Un, elle est posée chez Schelling au sujet de la relation de l'Absolu ou de l'infini au réellement fini, se rapporte donc d'abord à l'action de l'Absolu sur le monde et se concrétise dans le problème de la création.

Schelling refuse catégoriquement une conception du passage qui, par la médiation, la position de l'être, finitiserait l'Absolu lui-même : une sortie de soi-même de l'Absolu, un débordement de l'essence est, pour une « vraie philosophie », impensable. « Si Dieu pouvait sortir de lui-même, il ne serait de ce fait plus Dieu, plus absolu. L'absoluité ou l'infinie auto-affirmation est bien plutôt l'éternel revenir-en-arrière, non certes comme action, mais comme être et subsister éternels de Dieu en soi-même. »[70] Si aucune nécessité de sortir de soi-même n'habite l'Absolu en tant qu'autarcique[71], comment et pourquoi le fini vient-il alors à l'existence ?

Trois possibilités semblent à Schelling, à des degrés divers, discutables. Elles ne sont à vrai dire pas totalement harmonisables.

a) La première apparaît dans ce que Schelling, à partir de la tradition philosophique, comprend par « *doctrine de l'émanation* ». Dieu est, selon cette doctrine, « fond tranquille des choses. » Ce qui signifie qu'il demeure intact en lui-même, comme la μονή plotinienne (persistance de l'Un). « Ce qui déborde », selon la doctrine de l'émanation interprétée par Schelling, « déborde non pas en vertu d'une action de ce dont il déborde, mais par sa pesanteur propre. Il s'arrache à lui plutôt qu'il n'en est refoulé. Ce dont il déborde n'en est pas amoindri relativement à soi-même dans sa plénitude, au contraire la réalité infinie ne peut en rien être amoindrie par son débordement dans le monde, puisqu'elle est infinie »[72].

nature, VII 179 <tr. fr. p. 56-57>. Passage du « simplement Un » à la pluralité : V 114, *Über das Verhältnis der Naturphilosophie zur Philosophie überhaupt.*

70. *Aphorismes pour introduire à la philosophie de la nature,* VII 158 <tr. fr. p. 38>. *Fernere Darstellungen...,* IV 390. *System...,* VI 171.

71. *Philosophie de la Révélation,* XIII 250 <tr. fr. Livre II, p. 99 *sq.*>.

72. *Aphorismes...,* VII 191 <tr. fr. p. 67>. Cf. également *Recherches sur l'essence de la liberté humaine,* VII 355 <tr. fr. p. 141-142> et *Les Âges du monde,* p. 88 *sq.* <tr. fr. p. 108> : « Il est incontestable qu'en un certain sens tout système a besoin, au départ, de l'émanation, dans la mesure où ce qui succède immédiatement à l'éternité ne peut jaillir par un mouvement en celle-ci, mais seulement de son propre chef, de même que ce qui déborde se sépare de soi-même de ce dont il déborde. »

Schelling comprend la pensée de Plotin comme un tel système de l'émanation. L'esquisse du concept donnée dans les *Aphorismes pour introduire à la philosophie de la nature* est, dans une certaine mesure, valable pour Plotin. L'idée fondamentale de Plotin diffère de la conséquence du concept de l'émanation schellingien, selon lequel « le trop-plein », donc celui qui sort de, déborderait non en vertu de l'action du principe (de l'origine), mais se séparerait de lui-même[73] par sa propre pesanteur : selon Plotin en revanche l'Un est source, racine ou semence de tout ce qui est après lui. Ces métaphores, qui ne peuvent elles-mêmes être davantage fondées, paraphrasent l'énoncé conceptuel selon lequel l'Un est « puissance de ou pour tout », comme le traduit Windischmann[74]. Source, racine, semence désignent alors quelque chose d'actif qui fonde, pose, « fait » déborder. – Mais le concept de l'émanation de Schelling est semblable à celui de Plotin parce que celui-ci insiste sur l'idée que l'Un en tant que source ne s'écoule pas dans son essence, ne se perd pas dans le courant qui jaillit de lui, n'est donc pas débordement de l'essence[75], mais, sans jamais se tarir (πρόοδος), persiste (μονή) en soi tel qu'en lui-même[76]. Il en va de même du déploiement de la racine et de la graine. Dans la sortie de soi apparaissent certes l'essence et la puissance du centre, mais lui-même demeure lui-même précisément pour pouvoir être origine qui fonde et qui maintient, qui toujours fait pénétrer la vie : « déployé, il *n'*est *pas* déployé » (ἐξελιχθὲν οὐκ ἐξεληλιγμένον)[77].

Si le concept de l'émanation conserve l'élément que nous venons de décrire, selon lequel le fondement (l'origine) ne peut, de façon paradoxale, être en dehors de soi-même, c'est-à-dire agir, que s'il demeure essentiellement en soi, la pensée de Plotin peut alors légitimement être caractérisée comme un « système de l'émanation ». Mais une telle caractérisation serait

73. La « séparation » autonome s'applique d'abord au passage du νοῦς à la ψυχή. Cf. *infra*, p. 124 et 126. Pourtant VI 6, 1, 1 *sq.* : ἀπόστασις τοῦ ἑνός.

74. δύναμις πάντων : V 3, 15, 33. III 8, 10, 1. V 4, 1, 36. δυνατώτατον : *ibid.*, 1, 25. V 5, 10, 6, et 21. VI 8, 20, 37 : αὐτεξούσιος et πάντα δυνάμενος. *Ibid.*, 10, 33 : ὑπερβολὴ δυνάμεως. VI 9, 6, 11 *sq.* : τὸ ἀπερίληπτον τῆς δυνάμεως. Windischmann pour VI 8, 9; « il est la force absolue, il est Seigneur de lui-même, ce qu'il veut, cela se réalise. » En paraphrasant : « représente-toi Dieu comme l'être originel de la puissance intellectuelle. »

75. Schelling, *Recherches sur l'essence de la liberté humaine,* VII 355 <tr. fr. p. 141-142>.

76. De l'Un en tant que source, Plotin dit certes qu'il « déborde » (οἷον ὑπερερρύη : V 2, 1, 8) ou qu'il « s'écoule » (ἐξερρύη : V 1, 6, 7). Il insiste pourtant en même temps sur l'idée qu'il ne « s'écoule » pas « entièrement » : οὐ παρεκβεβηχός ἑαυτό, ἀλλ' ἀκλινὲς ὂν ἑαυτοῦ (VI 8, 9, 32 *sq.*). III 8, 10, 5-7 : νόησον γὰρ πηγὴν ἀρχὴν ἄλλην οὐκ ἔχουσαν, δοῦσαν δὲ ποταμοῖς πᾶσαν αὐτήν, οὐκ ἀναλωθεῖσαν τοῖς ποταμοῖς, ἀλλὰ μένουσαν αὐτὴν ἡσύχως. Au sujet de πᾶσαν et du concept μονή, cf. *Philos. Rundschau,* 16 (1969), p. 135 et 132.

77. VI 8, 18, 18.

illégitime parce qu'objectivement non pertinente si elle impliquait la représentation trop courante selon laquelle l'origine deviendrait par « débordement » un fondement dépourvu de transcendance et par là purement immanent au monde, l'être dans son ensemble devant alors être pensé de façon moniste et (si le premier est compris comme Dieu), panthéiste[78].

La représentation d'une émanation semble à vrai dire à Schelling insuffisante pour fournir une solution parfaite à la question du passage. Critiquant Plotin[79], il affirme que l'« arrachement » des choses vis-à-vis de Dieu est le résultat d'une faute qui a pour conséquence une chute toujours plus profonde; cette première faute est donc déjà le mal et, en vertu de sa provenance, n'a pas à être expliquée; l'opposition du bien et du mal disparaît. « Le premier se perd par des étapes intermédiaires infiniment nombreuses, par un affaiblissement progressif, dans ce qui n'a plus aucune apparence du bien, à peu près comme Plotin décrit, de façon subtile mais insuffisante, le passage du bien originel dans la matière et dans le mal. C'est en effet par une continuelle subordination et un continuel éloignement qu'émane un dernier, au-delà duquel plus rien ne peut devenir, et ceci précisément (ce qui est incapable de produire davantage) est le mal. Ou bien : s'il y a quelque chose après le premier, il doit aussi y avoir un dernier qui n'a plus rien en lui du premier, et c'est là la matière et la nécessité du mal. »

Que cette critique de Schelling ne soit pas pertinente pour la pensée de Plotin, voilà qui est évident. Le premier ou l'Un ne se perd précisément pas lui-même par la sortie de la pluralité hors de lui (cf. par exemple *Ennéades* VI 9,5, 36 *sq.* : l'Un est « la dynamique qui donne naissance à l'étant tout

78. H. Ritter est déjà opposé à cette idée, de même que récemment H. Dörrie. Justification et discussion dans mon *Plotin,* p. 18. En faveur de cette idée : A. H. Armstrong, « Plotinus », in : *The Cambridge History of later Greek and early medieval Philosophy*, Cambridge, 1967, p. 239 *sq.* Il est judicieux de ne pas employer du tout ce terme lorsqu'on parle de l'histoire de l'interprétation de Plotin en général.

79. *Recherches...*, VII 355 <tr. fr. p. 142>. Schelling cite « *Ennéade* I. L. VIII. c. 8 ». Ce passage ne se trouve pas dans les extraits de Plotin de Windischmann, mais est cité par Tennemann, VI (1807), p. 146, n. 183 *sq.* Le passage de Schelling cité plus haut, à partir de « En effet, par l'intermédiaire de … », sonne comme un écho de Tennemann (p. 145 *sq.*) : « Tout le réel sort nécessairement de soi, met au jour, par son activité, quelque chose d'autre, qui, selon son degré, est inférieur à ce qui produit. Ainsi apparaît dans ce progrès d'un autre à un autre quelque chose de *dernier*, après lequel plus rien ne peut apparaître, auquel n'appartient plus aucune trace du réel, qui est donc *le mal.* Et c'est là la matière. Le mal est donc nécessaire. *Car lorsque le premier est, alors est aussi le second, et ainsi de suite jusqu'au dernier, nécessairement.* » Cf. également p. 118. Cet extrait des *Aphorismes* de Schelling, VII 191 <tr. fr. p. 67> : « un être originaire se propageant par générations successives, qui, en ses émanations les plus éloignées, se perd dans la privation de perfection, dans la matière » anticipe sur la compréhension de Plotin dans l'écrit sur la liberté. Quant au problème de la matière, cf. également *infra*, p. 141 *sq.*

en restant en elle-même et en n'étant pas diminuée »). Si l'on peut certes légitimement penser la matière au sens de Plotin comme la pointe la plus extrême de la finitisation et ainsi comprendre l'identification avec le mal, l'Un n'est précisément pas entraîné dans ce procès de finitisation. C'est l'apparition du νοῦς qui pose la première différence et c'est elle qui continue à se différencier, certes jamais tout à fait sans l'*action* de l'Un dans l'étant, de telle sorte que c'est par l'Un lui-même qu'on en vient à une « oscillation » entre sortie hors de lui et retour en lui. L'action de l'Un dans l'étant empêche précisément la totale décomposition de l'étant. L'un ne se finitise donc pas lui-même dans la matière, pas plus que celle-ci ne s'hypostasie en un second principe opposé au premier, car bien qu'elle ne soit qu'une ombre vis-à-vis de l'intelligible, elle est cependant toujours *en elle-même* une « dernière eidos » (V 8,7, 22), elle n'est pas si négative qu'elle ne puisse pas devenir l'ὑποκείμενον d'une forme.

b) Si Dieu *est* tout et si, en conséquence, rien ne peut jaillir de lui qui ne serait « pas encore », si donc de Dieu « émane seulement de l'infini »[80], on ne peut alors au sens strict absolument pas s'interroger sur l'*origine* de la finitude à partir de Dieu. Une « dérivation » ou un passage continu de l'infini au fini contredirait l'identité infinie de l'Absolu. La création éternelle de l'idée de Dieu ne se rapporte qu'à lui-même : par cette création est le tout qui est Dieu lui-même et le singulier par elle *n'*est *pas*, ou bien : ce singulier est posé en relation au tout comme non-réel. Si donc le fondement de la finitude gît dans le « ne-pas-être-en-Dieu des choses en tant que singulières », la seule solution de la question du passage demeure de ce point de vue le « *saut* ». La finitude ou le monde sensible, en eux-mêmes non réels, ne doivent rien à une libre auto-médiation de l'Absolu, ils résultent bien plutôt d'une « rupture » complète vis-à-vis de l'Absolu ou d'une « chute » à partir de lui[81]. Le fondement de la chute ne gît donc pas, au sens strict, dans l'Absolu, mais dans ce qui chute lui-même : « le fondement de la *possibilité* de la chute gît dans la liberté et, dans la mesure où celle-ci est posée par l'information de l'absolument idéal dans le réel, elle gît certes dans la forme, et par là dans l'Absolu. Mais le fondement de l'*effectivité* (de la chute) ne gît que dans *ce qui est déchu* lui-même, qui, précisément pour cette raison, ne produit que *par et pour soi-même* le néant des choses sensibles »[82]. L'acte de cette liberté demeure à vrai dire fondamentalement inexplicable. Elle devient punition ou péché originel

80. *System...*, VI 161.

81. *Philosophie et Religion*, VI 38 <tr. fr. p. 115>. « Abbruch » (rupture), « Abbrechen », Schelling, VI 41, est un terme böhmien : cf. par ex. *Von Christi Testament* I 1, Werke, 1730, nouvelle édition de W.-E. Peuckert, Stuttgart, 1957, t. 16, p. 8.

82. *Philosophie et Religion*, VI 40 <tr. fr. p. 116-117, que nous avons modifiée>.

parce qu'à travers elle l'état absolu originel s'est mêlé, en tant que fini, au fini, à la nécessité ou au néant[83].

Une concrétion de cette chute se présente dans le rapport de l'éternité au temps. La chute elle-même est, comme l'absoluité elle-même et comme le monde des idées, « *éternelle* (en-dehors de tout temps) ». La « conséquence » de cette éternité de la chute est l'univers sensible ou le fini périssable[84]. Si l'Absolu est identité de l'effectivité et de la possibilité, mais si la chute est la cause de l'être dans lequel l'effectivité doit être différente de la possibilité, si d'un autre côté le temps se présente comme « la forme générale de cette différence », c'est alors précisément par la chute que l'éternité est niée et que le temps est posé comme la forme interne du fini. « Toute chose est temporelle si elle n'a pas la possibilité parfaite de son être en elle-même mais dans un autre, et le temps est donc le principe et la forme nécessaire de toute non-essence. »[85]

Pourquoi et par quoi y a-t-il alors du temps ? Pourquoi l'éternité, qui, en soi, se suffit à elle-même, n'est-elle pas demeurée elle-même ? *Philosophie et religion* répond à cette question – cela résulte clairement de ce qui précède – par la catégorie de la chute, qui elle-même ne peut être davantage expliquée. Elle est l'équivalent de l'« arrachement » ou de la « séparation » qui « trouble » l'unité générale en elle-même, non dans l'Absolu[86]. L'écrit sur l'empirisme annonce de même, avec perplexité, que la raison (= l'Absolu), sans cause apparente, « pour ainsi dire seulement afin d'interrompre l'uniformité de son éternité – très exactement *pour faire du temps**, est passée dans son contraire », en même temps « pour jouir du plaisir de se rétablir en soi-même à partir de la non-raison, à partir de son contraire. »[87] Les *Âges du monde* se réfugient dans une construction narrative mythologisante : l'éternité est la volonté qui n'est pas achevée, la félicité en elle-même. Qu'est-ce qui pourrait pousser cette félicité à quitter sa pureté[88] et, entrant dans l'être, à fonder le temps comme vie surgie d'en-bas ? Peut-être est-ce la « nostalgie de l'éternité qui se cherche elle-même » ?[89] – Le temps serait-il alors un stade intermédiaire dans la recherche de soi de l'éternité et ne serait-il là que pour être surmonté ? Son essence serait alors dans l'éternel et non en soi-même. Cette interprétation n'est pas contredite par la

83. *Ibid.*, 42 et 47 <tr. fr. p. 118 et 122> (« Seelenfall », « chute des âmes » au sens du *Phèdre* platonicien).

84. *Ibid.*, 41 <tr. fr. p. 117>.

85. *Ibid.*, 45 <tr. fr. p. 120, modifiée par nous>.

86. *Bruno*, IV 264 <tr. fr. p. 96-97>.

*. En français dans le texte (N.d. T.).

87. *Darstellung des philosophischen Empirismus*, X 253.

88. *Les Âges du monde*, 16 <tr. fr. p. 29>.

89. *Ibid.*, 147 <tr. fr. p. 173>.

proposition selon laquelle l'éternité serait « l'enfant du temps » : l'éternité ne serait qu'à travers le temps et, selon l'effectivité, le temps serait *avant* l'éternité[90]. Il ne peut alors être compris que comme le temps *dans* l'éternité, comme le temps « éternel », pas encore devenu fini, donc pas encore posé par la rupture vis-à-vis de l'Absolu – si toutefois cette pensée ne doit pas contredire tout ce qui a été pensé précédemment. Schelling ne voit pas le rapport du temps à l'éternité de façon aussi négative que le suggère la catégorie de la chute, c'est ce qui apparaît clairement dans la détermination du temps qu'il donne dans les *Fernere Darstellungen aus dem System der Philosophie* (1802) : le temps est alors le schéma de l'in-formation (à comprendre de façon active) du fini dans l'infini[91]. Le temps est donc un concept médiateur fondé dans les choses elles-mêmes, qui caractérise le mode de l'être-dans du fini dans l'infini.

La question du passage de l'Un à l'esprit chez Plotin présente moins d'analogie objective avec la catégorie schellingienne de la chute, parce que la sortie de l'esprit hors de l'Un n'est certes pas à penser comme un déploiement de l'esprit qui le rendrait équivalent à l'Un, mais pas non plus comme une pluralité radicale ni essentielle. Ce qui est sorti est d'abord demeuré près de l'« Un étant » (ἓν ὄν). Une analogie frappante peut bien plutôt être constatée dans la question du passage de l'éternité au temps. Pourquoi y-a-t-il, selon Plotin, du temps ? L'esprit est l'unité intemporelle de la pensée et de l'être, l'éternité, dans laquelle tout ce qui est à penser (les idées) est rassemblé dans un en-même-temps ponctuel, donc tout ce qui est à penser est « toujours déjà » pensé et conduit à son telos. Pourquoi donc, en dehors de cette éternité auto-suffisante, y-a-t-il encore du temps ? Comme Schelling, Plotin se réfugie derrière un événement qui ne peut être rationnellement appréhendé[92] : le temps « est tombé » de l'éternité (ἐξέπεσε). Avant sa chute « il reposait avec l'être dans l'être, non pas en tant que temps »[93]. Ce qui signifie que le temps était dans l'éternité ou le non-temps à la façon de son fondement, donc pas (« encore ») réellement en tant que *lui-même*. La temporalité suggérée par le langage employé et par le récit presque mythique de la chute du temps doit certes être comprise comme un acte intemporel[94] : dans l'éternité le temps est « toujours déjà » sorti, c'est-à-dire qu'il est, en tant que temps intemporel dans l'éternel un « moment » de l'être de l'éternel lui-même. La « chute » du temps intemporel hors de

90. *Ibid.*, 230 <tr. fr. p. 267-268>.

91. *Fernere Darstellungen...*, IV 428.

92. Dans ce qui suit je me rapporte à mon exposé du problème in : *Plotin, Über Ewigkeit und Zeit*, p. 62 *sq.*

93. Plotin, III 7, 11, 13 *sq.*

94. Cf. à ce sujet Schelling, *supra*, p. 127.

l'éternité ne peut donc pas être pensée comme temporelle ou dans le temps, elle constitue bien plutôt en premier lieu le temps comme effectivité propre à l'extérieur de l'esprit. L'éternité demeure le préalable intemporel du temps qu'elle rend compréhensible aussi bien en tant que non-temps dans l'éternité qu'en tant que temps en dehors de l'éternité, comme son image ou son phénomène.

Le langage mythologisant cherche certes à motiver la « chute », mais ne peut prétendre la fonder. Au sortir de la tranquillité de la pensée rassemblée dans l'unité de son propre soi, le non-temps impliqué dans l'esprit tombe dans le « toujours après et plus tard »[95] et se met en mouvement : tel, en elle, une nature « très affairée », voulant toujours régner à partir d'elle-même sur elle-même, une nature qui ne se contente pas de la présence toujours déjà achevée en elle-même du tout, mais « cherchait toujours davantage qu'il n'y avait en elle »[96]. Mais l'effort de cette « nature » pour conduire l'esprit, à travers le toujours-plus, à une possession *apparente* de soi-même, cause la « chute » : l'âme se constitue en tant qu'hypostase indépendante vis-à-vis de l'esprit, avec elle se constitue ce qui est la forme de son être ou de sa vie : le temps. L'âme et le temps apparaissent donc lorsque en quelque sorte, l'unité sans écart de la pensée et de l'être (le « en-même-temps ») se défait, « s'écarte » (διάστασις comme caractéristique du temps vis-à-vis de l'être-ἀδιάστατον de l'éternité[97]) ou bien, en termes schellingiens, se dirime ou se différencie, afin de ne se restituer elle-même qu'en tant qu'unité figurée (analogique) à partir de la succession et de l'extériorisation.

Le même processus, celui de l'origine du temps, est visé par l'énoncé portant sur l'âme qui, en tant que non-âme, règne dans l'esprit : « L'âme s'est elle-même temporalisée » (ἑαυτὴν ἐχρόνωσεν)[98], elle a ainsi constitué sa propre façon d'être : le temps, mais en même temps aussi le cosmos sensible, qui se meut dans et par le temps. « L'âme a destiné le monde devenu à servir le temps (δουλεύειν χρόνῳ) en le créant entièrement dans le temps et en incluant toutes ses révolutions dans le temps »[99], ou en termes schellingiens : « le monde en image – soumis en général au temps »[100]. Au fond donc l'esprit se temporalise dans l'auto-temporalisation de l'âme, parce que l'esprit demeure toujours le principe d'analogie, dans les « images » que sont l'âme, le temps et le monde. La négativité de ce

95. III 7, 11, 18.
96. *Ibid.*, 11, 15 *sq.*
97. Cf. mon *Plotin*, p. 154, 219 *sq.*, 226 *sq.*, 265 *sq.*
98. III 7, 11, 30.
99. *Ibid.*, 31 *sq.*
100. Schelling, *Fernere Darstellungen...*, IV 386.

processus consiste en ce que l'esprit éternel ne demeure pas lui-même autosuffisant, qu'il s'éloigne bien plutôt à travers l'âme et en elle-même de lui-même et plus encore de sa propre origine et s'aliène dans la pluralité grandissante. Plotin désigne le fait que l'étant (ou les hypostases elles-mêmes) passe d'une étape hypostatique à une autre immédiatement ou spontanément, entre autres par les termes διακρίσει ἀφίστασθαι [101] : tomber ou s'éloigner par séparation, ἐκθρώσκειν [102] : sauter hors de, ἀποσπᾶσθαι [103] : se séparer, semblable au se déchirer schellingien. Le fait que le non-temps et la non-âme soient pensés dans l'esprit comme une φύσις qui, « très affairée » veut être maître de soi-même et ainsi veut « aller en dehors », le fait, en outre, que l'acte d'aliénation soit considéré à curiosité (τόλμα) [104], aliénation qui signifie une tendance qui ne devrait certes pas être, qui veut outrepasser en les mélangeant les limites (légitimes) existantes, tout ceci montre avec assez de clarté que la « chute » se produit moins de façon contrainte, par nécessité, qu'elle n'est, comme c'est le cas chez Schelling, accomplie par liberté [105]. Le résultat de la « chute » est certes ce qui ne doit pas être et d'une dignité ontologique moindre que son point de départ, Plotin ne le voit cependant pas encore comme *péché originel* ni *punition*, au sens gnostique ou schellingien. Car même le monde sensible est, contrairement au gnosticisme, bon en soi. Il possède en lui, même si cela est dissimulé, à partir du fondement agissant en lui en tant qu'âme du monde, la réalité et la beauté, c'est pourquoi il peut être thématisé par la philosophie.

c) La troisième possibilité d'explication du passage de l'absolument infini au fini est la « *création* » au sens d'une doctrine de l'émanation modifiée. La création est toujours un acte de liberté ; elle se fonde, de façon négative, dans « l'abaissement » de Dieu, de façon positive dans son « amour ». La réalité de Dieu s'accomplit en lui-même dans l'activité s'encourageant de façon dialectique de deux forces originaires ou puissances : l'amour propre (égoïsme) et l'amour. Le commencement de la création se comprend alors comme « surmontement de l'égoïsme divin par l'amour divin » [106]. Dans le langage de la théologie mythologique des *Âges*

101. IV 8, 4, 13.

102. VI 4, 16, 29. Sur « proexsilire » chez Victorinus, cf. P. Hadot, *Porphyre et Victorinus* I, p. 275.

103. V 1, 1, 9 (comparaison à un enfant, cf. W. Theiler, *Vorbereitung* 94). III 2, 1, 30. Quant à la terminologie cf. également Hadot, *op. cit.*, p. 89, 2.

104. À ce sujet cf. mon *Plotin*, p. 248 *sq.* Armstrong, « Plotinus », in : *The Cambridge History of later Greek and early medieval Philosophy*, Cambridge, 1967, p. 242 *sq.* N. Baladi, *La pensée de Plotin*, Paris, 1970, p. 19 *sq.*

105. *Conférences de Suttgart,* VII 429 <tr. fr. p. 210>.

106. *Ibid.*, 439 <tr. fr. p. 219>. *Les Âges du monde,* 85 <tr. fr. p. 104>.

du monde : « De l'action conjuguée de la force incluante du Père et de la force d'expansion du Fils, dont l'esprit est la conscience et qu'il dirige à dessein, résulte spontanément la configuration du monde visible. »[107] L'action commune de contraction et d'expansion fonde ou *est* l'écoulement infini, la source éternelle et la communication de Dieu[108]. Dieu devient « extatique »[109]. Parce qu'il est « dépourvu de jalousie »[110], il ne se tient pas lui-même en retrait, dans la communication extatique de soi-même il se révèle lui-même comme amour. Mais son « extase » n'est pas à comprendre de façon ponctuelle : la décision divine de la création est en effet éternelle. « L'ipséité du Père éternel est toujours et encore surmontée en amour, toujours elle s'ouvre et s'épanche dans la créature. »[111] La création du monde est identique à l'engendrement du Fils. Le monde *est* donc, parce que le Père engendre éternellement le Fils, ou bien : l'être du monde *est* l'acte d'amour divin lui-même, l'auto-engendrement de Dieu engendre le monde.

Ce qui correspond à cette pensée est chez Plotin la thèse selon laquelle l'Un, en tant que le Bien, est le fondement universellement fondateur, qui s'ouvre à la participation[112]. À la suite du *Timée* platonicien, le Bien est pensé comme ἄφθονον : il est exempt de jalousie, veut conserver ce qu'il est lui-même non pas pour et en lui-même : le pendant plotinien de

107. *Les Âges du monde,* 85 <tr. fr. p. 104>.

108. *Les Âges du monde,* 19 et 88 <tr. fr. p. 31 et 107>.

109. L'exister, « pour ainsi dire un sortir hors de soi » (« ex-sistant ») est pensé comme un moment dans l'auto-constitution de Dieu : *Mythologie,* XII 56 et 82 <tr. fr. p. 64-65 et 86>. En X 181 <*Contribution à l'histoire de la philosophie moderne,* tr. fr. J.-F. Marquet, Paris, 1983, p. 200>, « l'ex-sistence » en tant qu'acte s'extériorisant (est) principe générateur du monde. (Est-ce là l'une des racines du concept heideggérien de l'extatique, de l'ex-sistence, de l'être-hors-de dans la vérité, de l'être-dans extatique ? Cf. par ex. *Humanismusbrief,* Bern, 1954, 2ᵉ éd., 68 et 70 *sq.* À l'intérieur de la tradition théologique, le terme « existere », par opposition à « insistere » est interprété chez Richard de Saint Victor dans son sens littéral (*de Trin.,* IV 12) : *quid est enim existere, nisi ex aliquo sistere, hoc est, substantialiter ex aliquo esse ?* – Le fondement « extatique » du divin, le ἔρως προνοητικός qui crée le monde et le maintient, est expliqué par Pseudo-Denys l'Aréopagite, *De div nom.,* IV 13 (PG 3, 712 A) : ἔστι δὲ καὶ ἐκστατικὸς ὁ θεῖος ἔρως ... ἐκστατικὴ ὑπερούσιος δύναμις ἀνεκφοίτητος ἑαυτοῦ.). Pour Schelling cf. H. Krings, *Das Prinzip der Existenz in Schellings « Weltaltern »,* Symposion 4 (1955), 337-p. 347.

110. ἄ-φθονον en tant qu'interprétation de l'être-ἀγαθόν de Dieu : Platon, *Timée,* 29 e 2. *Phèdre,* 247 a 7. Selon Schelling, la « volonté non-égoïste » est la puissance divine « en soi dépourvue de soi », qui se déploie et porte ainsi la « séité » au « pur être débordant » : *Mythologie,* XII 51 <tr. fr. p. 61>.

111. *Les Âges du monde,* 101 <tr. fr. p. 123>.

112. V 4, 1, 34 : πῶς οὖν τὸ τελεώτατον καὶ τὸ πρῶτον ἀγαθὸν ἐν αὑτῷ σταίη ὥσπερ φθονῆσαν ἑαυτοῦ ἢ ἀδυνατῆσαν, ἡ πάντων δύναμις ; V 5, 12, 45. II 9, 3, 8 *sq.* : L'essence du bien : τὸ ἑαυτοῦ διδόναι καὶ ἄλλῳ. Réminiscence de Platon, cf. n. 110.

« l'amour ». Il appartient en effet au Bien d'être débordant (ce que signifie aussi ἄφθονον) ou d'être la sur-abondance elle-même. De lui-même, spontanément, il déborde (ὑπερερρύη, ἐξερρύη)[113], sans bien évidemment se dépotentier[114]. Dans et par ce « débordement » s'accomplit une fondation activement créatrice, « procréatrice ». Le « débordement » est identique au fondement qui engendre l'Autre : τὸ ὑπερπλῆρες αὐτοῦ πεποίηκεν ἄλλο[115].

Cette action de l'Un n'est pas fondamentalement pensée par Plotin, comme le fait Schelling, comme un acte de la liberté, mais comme un acte constitué de nécessité *et* de liberté. Que l'Un ou le Bien sorte de soi, cela lui est par définition nécessaire. Cette nécessité n'est cependant pas une contrainte extérieure, mais une loi interne au Bien lui-même. Cette loi se réalise comme une ouverture spontanée, et non se retenant en soi, vers l'autre. Mais en ce sens elle est « liberté ». La liberté est donc le pôle opposé dialectiquement nécessaire de la nécessité comprise comme loi métaphysique : la liberté est impliquée par la nécessité.

3. Ce n'est pas seulement quant au problème du passage de l'Absolu au fini qu'apparaît entre Schelling et Plotin une analogie objective, imprimée dans la forme de la pensée, mais aussi dans l'idée que ce mouvement n'est accompli que par un mouvement opposé. Même si Plotin n'a pas encore explicitement formulé la loi fondamentale de la pensée néoplatonicienne de l'être en tant que triade μονή - πρόοδος - ἐπιστροφή[116], il a cependant pensé ses éléments essentiels et les a rendus effectifs dans l'explication de son système[117]. L'Un est en soi fondement étant et persistant et origine de tout étant, donc μονή et possibilité de πρόοδος ; mais tout étant, νοῦς, ψυχή et κόσμος, est en soi-même et l'un par rapport à l'autre, structuré par le « retour » (ἐπιστροφή) dans son propre fondement commun, universel, l'Un, et ceci non seulement de façon logique, mais aussi ontologique.

Pour l'esprit le retour à son fondement immanent *et* transcendant se réalise comme auto-réflexion, en elle s'accomplit en même temps la pensée de l'être (=des idées) et du fondement de l'être (de l'Un immanent au νοῦς)[118]. Pour l'âme il se réalise comme conversion à l'intériorité substantielle propre[119] dont le but est que l'âme « devienne esprit » c'est-à-dire

113. Cf. n. 7.

114. Cf. *supra*, p. 122 *sq.*

115. V 2, 1, 8 *sq.*

116. Cf. W. Beierwaltes, *Proklos*, p. 119 *sq.*

117. Cf. *Philos. Rundschau*, 16 (1969), 132.

118. VI 9, 2, 35 *sq.* : (τὸν νοῦν) νοεῖν τὸ πρὸ αὑτοῦ· εἰς ἑαυτὸν γὰρ ἐπιστρέφων εἰς ἀρχὴν ἐπιστρέφει.

119. Cf. mon *Plotin*, p. 55 *sq.* L'âme « devient esprit » : VI 7, 35, 5. VI 8, 5, 35 (νοωθῆναι).

reconnaisse dans l'auto-appropriation l'esprit comme son fondement. Pour le monde, comme révolution autour de son origine. Pour l'homme, comme détemporalisation, purification et devenir-semblable au fondement, tout ceci ayant pour fin l'extase[120]. Le retour fait alors apparaître le mouvement intemporel ou temporel dans l'être comme un cercle qui relie ce qui est sorti avec le fondement qui a permis la sortie, la « fin » avec le « commencement ».

Chez Schelling la dialectique circulaire de la sortie et du retour est d'abord la règle du procès immanent intemporel de l'Absolu lui-même, procès qui a son analogon dans l'esprit plotinien : Dieu ne doit pas être pensé en tant que tranquille force en repos, mais comme « une vie, une personnalité, un mouvement en progrès, le départ et le retour vers soi-même »[121]. Le concept suprême de Dieu est précisément celui par lequel « il est déterminé en tant qu'absolument auto-suffisant, c'est-à-dire le concept de substance, par lequel il est déterminé comme étant complètement en soi, comme retournant en soi »[122].

Mais la dialectique de la sortie et du retour constitue aussi la relation de l'infini et du fini[123]. L'absolument infini est l'unité suprême, « que nous considérons comme l'abîme sacré duquel tout sort et dans lequel tout retourne »[124]. L'unité se différenciant retourne donc par la différence de ses moments dans l'unité originaire, absolue[125] : réconciliation de la chute, nouvelle dissolution du fini dans l'absoluité[126].

Si on considère, non pas l'esprit plotinien, mais l'ensemble de l'étant, qui est inclus dans la réflexion de Plotin, apparaît certes également une différence fondamentale entre Plotin et Schelling : Schelling comprend la sortie du commencement absolu hors de lui-même et son retour en soi comme *explication*. Cela signifie l'accomplissement par le procès, l'effectuation du Dieu qui se potentie lui-même *à travers* la sortie et en elle. Cette différence vis-à-vis de Plotin ou en général de la pensée néo-platonicienne est difficilement réductible, du moins dans la compréhension que Schelling a de lui-même. Sa représentation de « l'émanation » néo-platonicienne implique la pensée déjà mentionnée, selon laquelle les « écoulements de la force originelle la plus haute doivent d'abord se perdre

120. Cf. *ibid.*, p. 75 *sq.* et *infra*, p. 136 *sq.*

121. *Les Âges du monde*, 67 et 68 <tr. fr. p. 85 et 86>. Pour la dialectique de la sortie et du retour en Dieu lui-même : *Les Âges du monde*, 34-36 <tr. fr. p. 48-51>.

122. *Darstellung des philosophischen Empirismus*, X 279.

123. *Fernere Darstellungen...*, IV 428.

124. *Bruno* IV 258 <tr. fr. p. 89>. *Fernere Darstellungen* IV 397 : « .... un effort pour retourner dans l'unité, là seulement où tout est véritable ».

125. *Philosophie et Religion*, VI 42. 57 <tr. fr. p. 118. 129>.

126. *Ibid.*, VI 43 <tr. fr. p. 118-119>.

dans quelque chose d'extérieur, où il ne reste pour ainsi dire qu'une ombre de l'essence, une moindre part de réalité » (*Âges du monde*, 230). La sortie est ainsi – c'est incontestable selon Plotin lui-même – une continuelle diminution de l'être [127]. Mais le fait que Plotin inclut même cette « moindre part de réalité » dans un mouvement qui unit la totalité de l'étant, c'est-à-dire qui le reconduit à son origine, voilà qui demeure impensé dans cette confrontation schellingienne.

Un autre des moments qui différencie Plotin de Schelling est l'*historicité* du procès de l'auto-explication de Dieu. Schelling comprend le mouvement immanent à l'être – l'effectuation ou « révélation » de Dieu – comme historique, articulé en tant qu'« âges du monde ». L'historicité de ce procès peut, de façon volontairement identique à ce qui se produit chez Hegel [128], devenir l'herméneutique de l'histoire de la philosophie : la phase de la sortie ou de la chute correspondrait au retrait de l'Absolu, du principe divin [129], qui conditionne une séparation abrupte du sujet et de l'objet, de l'infini et du fini, de l'idéal et du réel; ce retrait « brise » l'idée. Mais la réconciliation de ce qui est séparé est rendue possible par l'idéalisme en tant qu'il est la philosophie parvenue à la conscience d'elle-même. Elle réintroduit l'Absolu. De ce point de vue le mouvement dans l'être est « histoire » sous la forme d'une épopée écrite dans l'esprit de Dieu : « elle comporte deux parties principales qui décrivent l'une l'exode de l'humanité à partir de son centre jusqu'au point le plus éloigné, l'autre le retour » [130]. L'image de l'odyssée, que Plotin emploie à vrai dire pour le retour individuel, par la pensée et l'ascèse, dans la « patrie » (l'Un) [131] n'est pas éloignée.

127. H. Fuhrmans a exposé de façon lumineuse cette idée par la contraposition de la « participatio » platonicienne et de « l'explicatio » schellingienne (*Schellings Philosophie der Weltalter*, p. 360, 432 *sq.* et 440 *sq.*).

128. Hegel, *Philosophie der Religion*, éd. Lasson (Leipzig, 1929), III, p. 30. Cf. *infra*, p. 193 *sq.* (Érigène). Pour la conception de l'historicité de la philosophie, p. 160 *sq.*

129. *Leçons sur la méthode des études académiques*, 6e leçon, V 273 <tr. fr. J.-F. Courtine et J. Rivelaygue, in : *Philosophies de l'université*, Paris, 1979, p. 96>. La pensée schellingienne selon laquelle le principe divin se retirerait du monde, ce qui « déchirerait l'idée », retourne cependant à l'idéalisme absolu, elle est le modèle de la méthode de *Heidegger*, qui consiste à laisser « l'histoire de l'être » déboucher sur sa propre question sur l'être : l'éclair ponctuel de la vérité du « matin de la pensée » (*aurea aetas*, qui rendit visible le *fondement* de la métaphysique) est suivi du « retrait » de l'ἀλήθεια, à cause duquel la philosophie était tombée dans « l'oubli de l'être » jusqu'à la question pour la première fois véritablement posée sur l'être (ÊTRE).

130. *Philosophie et Religion*, VI 57 <tr. fr. p. 129>.

131. Plotin, I 6, 8, 16.

La dialectique de la sortie et du retour a aussi une signification anthropologique. Là apparaissent à nouveau des affinités entre Schelling et Plotin.

Selon Plotin, la condition ontologique pour que l'homme puisse être en contact avec l'Un lui-même ou soit capable de ne faire qu'un avec lui dans l'extase est la *structure de ressemblance* entre l'homme et l'origine, sur la base de formes différentes de l'unité. Nous ne connaissons le semblable que par le semblable[132]. Si l'Un lui-même doit, d'une façon ou d'une autre, nous être accessible, alors notre pensée doit être « façonnée » : elle doit être structurée intentionnellement vers l'Un, mais en même temps avoir la possibilité de passer par-dessus sa propre dialectique, parce que ce qui est soi-même non-pensant (l'Un) ne peut, selon le principe fondamental précédent, être expérimenté que de façon non-pensante (τῷ ἑαυτοῦ μὴ νῷ)[133]. La condition d'une telle expérience est alors la présence antécédente de l'Un dans l'auto-réflexion de la pensée ou « l'Un en nous »[134]. La connaissance du chemin vers l'Un et l'expérience de l'Un lui-même s'accomplit en nous par lui-même en tant que le principe de notre connaître *et* de notre ne-plus-connaître : ὡς καὶ παρ' ἡμῶν τὴν γνῶσιν αὐτοῦ δι' αὐτοῦ γίνεσθαι· ἢ πόθεν ἂν ἔσχομεν λέγειν περὶ αὐτοῦ[135]. Cette trace de l'Un en nous est principe du connaître, le « premier » de notre esprit[136], le fond qui rend possible la pensée en général, qui, en raison de son appartenance essentielle à l'Un lui-même peut aussi conduire au telos de la pensée. Il faut identifier ce « semblable » en nous[137] avec le « divin » en nous, de telle sorte que le « dernier » mot de Plotin rapporté par Porphyre dans sa *Vita Plotini* ne doit être compris ni comme annonce de la mort ni comme méthode pour parvenir à l'extase, mais comme protreptique à la philosophie au sens de ἐπιστποφή et ἀναγωγή : « Tentez de conduire le Dieu en vous au Dieu qui est dans le Tout. »[138]

132. Sur ce principe de connaissance, cf. C. W. Müller, *Gleiches zu Gleichem*, Wiesbaden, 1965. J. de Fraine, « Het princiep der dynamische gelijkheid in de kennisler van Plotinos », in : *Tijdschrift voor Filosofie*, 5 (1943), p. 487-514.

133. Plotin, V 5, 8, 22.

134. Sur ce concept, son origine et l'histoire de sa réception, cf. W. Beierwaltes, *Proklos*, p. 367 *sq.*

135. V 3, 8, 41-43. C'est τῷ ἐν ἡμῖν ὁμοίῳ que nous connaissons l'Un lui-même. ἔστι γάρ τι καὶ παρ' ἡμῖν αὐτοῦ : III 8, 9, 22 *sq.* Traduction de Creuzer, p. 48 *sq.*

136. VI 9, 3, 27.

137. Cf. n. 135.

138. *Porph. vita Plotini*, 2, p. 26 *sq.* : (selon l'Editio Minor d'Henry et Schwyzer, *Mus. Helv.*, 33, 1976, 95 : τὸ ἐν ἐμῖν θεῖον. Ed. Min. III (1982) 304 : τὸν ἐν ἡμῖν θεόν.) φήσας πειρᾶσθαι τὸν ἐν ὑμῖν θεὸν ἀνάγειν πρὸς τὸ ἐν τῷ παντὶ θειὸν. À ce sujet : « Neoplatonica », in : *Phil. Rundschau*, 16 (1969), p. 131 *sq.*

L'intention de Schelling de montrer que notre connaissance est complètement indépendante de toute subjectivité et n'est plus un connaître du sujet en tant que sujet, mais bien plutôt un connaître de « ce qui seul, en général, est, et peut seul être connu, du purement et simplement Un », le conduit à des énoncés qui sont comparables à ceux de Plotin, quant à leur importance systématique. Notre connaître est donc absolu, n'est pas du mode de la subjectivité, n'est pas prisonnier dans sa sphère, absolu *en nous* donc par l'Absolu lui-même [139]. Il y a « une loi divine de la connaissance, qui ne vient pas de l'homme lui-même. » Par rapport à Plotin, l'activité pensante – du moins dans cette phase de la philosophie schellingienne – est assez restreinte, ce qui est contraire au point de départ situé dans la philosophie transcendantale : « Il n'y a par conséquent pas d'ascension de la connaissance vers Dieu, mais seulement une cognition (*Erkennung*) immédiate – non certes une cognition immédiate qui appartiendrait à l'homme, mais seulement celle du divin par le divin. » [140] À vrai dire cette restriction de l'activité de celui qui pense peut objectivement être comprise – contre l'énoncé explicite de Schelling – précisément comme potentiation de la subjectivité, puisque le divin lui-même se pense toujours dans le *sujet*, même si ce n'est pas *par* celui-ci. La pensée du sujet doit au moins par là être fondée « de façon absolue ». – Dans d'autres textes, Schelling se demande comment nous pouvons devenir conscients du mouvement de l'éternelle liberté. Sa réponse renvoie à la doctrine antique selon laquelle le semblable ne peut être connu que par le semblable, et il cite ce « mot ancien » à partir de la préface de Goethe à la *Farbenlehre* : « Si l'œil n'était semblable au soleil, /Comment pourrions nous voir la lumière ? /Si ne vivait en nous la force propre au Dieu, /Comment le divin pourrait-il nous ravir ? » [141]. Pour Goethe, ces vers se veulent une traduction de la maxime de Plotin de l'ὁμοίωσις (*Enn.* I 6,9, 30 sqq), qui conduit immédiatement à l'extase. En réponse à la question posée, Schelling tire comme conséquence de cette maxime « qu'il doit nécessairement y avoir en nous-mêmes quelque chose de semblable et d'apparenté à cette éternelle liberté – ou de manière encore plus précise, que cette liberté doit elle-même être en *nous*,

139. *System...*, VI 143.

140. *Aphorismes pour introduire à la philosophie de la nature*, VII 150 <tr. fr. p. 31>.

141. *Leçons d'Erlangen*, IX 221 <tr. fr. J.-F. Courtine et E. Martineau, in : *Œuvres métaphysiques*, p. 282, que nous modifions légèrement>. Schelling aurait pu connaître l'origine plotinienne de ces vers à cette époque (1821) éventuellement à partir des traductions de Windischmann), de l'édition de Creuzer de l'*Ennéade* I 6, et sur l'indication de Goethe (« un mystique ancien »).

être ce qui en nous vient à se connaître »[142]. D'après cette supposition, seule est possible et légitimement envisageable selon Schelling la philosophie absolue ou la philosophie comme « preuve » continuée de l'Absolu.

De ce qui précède dépend, aussi bien chez Schelling que chez Plotin, la question de la connaissance ou expérience parfaite et définitive de l'Absolu. Schelling nomme le mode de cette expérience « *intuition intellectuelle* », Plotin le comprend comme ἔκστασις. L'intuition intellectuelle est – à certaines périodes de la philosophie de Schelling – purement et simplement condition en même temps qu'accomplissement de la philosophie. De même que Plotin dit de celui qui a accompli l'union avec l'Un lui-même : « Celui qui l'a vu (contemplé), celui-là sait de quoi je parle »[143], de même Schelling appelle à une expérience semblable : « Celui qui ne la possède pas (l'intuition intellectuelle), ne comprend même pas ce qu'on en dit ; elle ne peut donc absolument pas être donnée »[144]. L'intuition intellectuelle est bien plutôt un « organe » invariable, une faculté de l'homme qui ne peut être acquise mais seulement actualisée, grâce à laquelle l'homme peut se retirer dans son soi dépouillé de toute extériorité. Sa condition négative est la compréhension, devenue une « seconde nature », que toute connaissance simplement finie n'établit pas la vérité ni l'évidence au sens véritable. Elle dépasse donc par principe l'empirique, procède immédiatement, c'est-à-dire sans conceptualité discursive, parce qu'elle tend vers l'Absolu, la pure absoluité sans autre détermination[145], que l'on ne peut atteindre par des concepts[146]. Vu et compris, l'Absolu ne peut l'être que lorsque la relation sujet-objet constitutive de la pensée est dépassée : lorsque nous cessons pour nous d'être objet, « à chaque fois que, rentrée en soi-même, l'ipséité qui intuitionne est identique à l'intuitionné »[147]. Même le temps et la durée sont en cet instant niés : « Ce n'est plus nous qui sommes dans le temps, mais c'est le temps – ou plutôt au lieu du temps, la pure éternité – qui est *en nous*. »[148]

L'intuition intellectuelle est donc une connaissance essentiellement non-objective, non-objectivante : elle fait aussi peu un objet de l'Absolu que de celui qui contemple lui-même et ne le fixe pas non plus en tant que

142. Schelling, *Leçons d'Erlangen*, IX 221 <tr. fr. p. 282>. Sur l'auto-connaissance de Dieu en l'homme chez Érigène, cf. *infra*, p. 193, ainsi que mon livre sur *Érigène*, Francfort, 1994, p. 180-201.

143. VI 9, 9, 47 *sq.*

144. *Leçons sur la méthode des études académiques*, 4ᵉ Leçon, V 256 <tr. fr. p. 81>.

145. *Philosophie et Religion*, VI 29 <tr. fr. p. 108>.

146. *Abhandlung zur Erlaüterung des Idealismus der Wissenschaftslehre*, I 401.

147. *Lettres philosophiques sur le dogmatisme et le criticisme*, I 319 <tr. fr. J.-F. Courtine, in : *Premiers écrits*, Paris, 1987, p. 190).

148. *Ibid.*

sujet objectivé. Parce que le sujet se perd lui-même dans la contemplation, se pose hors de soi, se perd dans ce qui ne *peut* absolument pas être objet, ne peut donc pas être « su » conceptuellement, Schelling proposera plus tard de remplacer l'intuition intellectuelle par le terme d'extase [149]. Notre Moi est posé en dehors de sa place, donc en dehors de l'être-sujet. Cette « désubjectivation de celui qui contemple » correspond à l'impossibilité de penser l'Absolu en tant qu'objet, donc dans une relation conceptuelle à un sujet. Par suite, le sujet quitte dans l'intuition intellectuelle extatique « son lieu », « il doit être posé en dehors de soi comme ce qui n'est absolument plus existant » (annihilation mystique !). « C'est seulement dans ce sacrifice de soi-même que le sujet absolu peut s'ouvrir à lui. » [150] Cet abandon de soi-même n'est alors pas renoncement irrationnel à l'évidence, mais retour dans le savoir authentique : « savoir Dieu en quelque sorte de façon non-sachante ». Ce n'est que dans ce savoir non-sachant en tant que « la plus haute science que se ferme l'œil mortel, là où ce n'est plus l'homme qui voit, mais où le voir éternel lui-même est devenu voyant en lui » [151]. L'accomplissement du savoir est donc le voir absolu ou la contemplation de l'Absolu dans l'essence finie est l'homme lui-même ou le se-voir-soi-même de l'Absolu en l'homme.

Le modèle de l'intuition intellectuelle est l'extase *mystique*. Elle a été décrite de façon paradigmatique par Plotin. Des éléments essentiels du concept schellingien et de l'explication plotinienne se rejoignent.

La supposition de l'extase plotinienne est l'abstraction (le dépouillement) de tout de qui est extérieur et le retour de la pensée en elle-même : πάντων τῶν ἔξω ἀφέμενον δεῖ ἐπιστραφῆναι πρὸς τὸ εἴσω πάντη [152]. Pour pouvoir relier son propre centre avec le centre de tout, avec l'Un sans détermination, la pensée elle-même doit devenir sans détermination ou « simple » [153], c'est-à-dire être non-discursive sans aucune pluralité. Elle doit éliminer en soi toute relation au temps et à l'espace, toute distance [154] et altérité (ἑτερότης [155]), donc aussi toute différence objectivante entre

149. *Leçons d'Erlangen*, IX 229 <tr. fr. p. 289>.

150. *Ibid.* <tr. fr. p. 290>.

151. *Kritische Fragmente*, VII 248 (publiés d'abord en 1807 dans les *Jahrbücher der Medicin als Wissenschaft*). Cf. Plotin, VI 7, 36, 19-21 : ἡ θέα πλήσασα φωτὸς τὰ ὄμματα οὐ δι' αὐτοῦ πεποίηκεν ἄλλο ὁρᾶν, ἀλλ' αὐτὸ τὸ φῶς τὸ ὅραμα ἦν. VI 9, 10, 15 et 11, 4-7 : ἄλλος γενόμενος est celui qui contemple tout à fait dans le champ d'action de l'Un lui-même : ἐπεὶ τοίνυν δύο οὐκ ἦν, ἀλλ' ἕν ἦν αὐτὸς ὁ ἰδὼν πρὸς τὸ ἑωραμένον, ὡς ἂν μὴ ἑωραμένον, ἀλλ' ἡνωμένον.

152. VI 9, 7, 17 *sq.*

153. *Ibid.*, 10, 12 *sq.*

154. 8, 19 *sq.*

155. 8, 32.

soi-même et ce qui est à penser. Par là elle se transcende elle-même. Ce n'est que par cette transcendance de soi que lui est possible (en tant qu'elle n'est plus) la vision unifiante. « Mais le contemplé … – le discours est certes audacieux – celui qui contemple en cet instant ne le voit pas, il ne le différencie pas, il ne se le représente pas comme un deuxième, mais il est en quelque sorte devenu un autre, n'est plus lui-même et n'est plus son être propre, est inclus dans le monde supérieur et appartient à cette Essence, et il est ainsi Un, en ce qu'il touche pour ainsi dire le centre avec le centre. »[156] La pensée est capable de se transcender dans la vision ou de surmonter en elle toute différence grâce à la condition ontologique qui lui est propre, qui fait signe vers son origine et qui met toujours la pensée en rapport avec elle : grâce au divin ou à l'Un en nous[157]. C'est là la force surréflexive (μὴ νοῦς) dans la pensée qui induit « l'autre façon de voir »[158] et s'accomplit dans l'ἔκστασις, dans le total devenir-simple (ἅπλωσις) et dans le don de soi-même (ἐπίδοσις αὑτοῦ)[159] immédiat, qui n'est plus médiatisé par aucun « autre ». En dépit d'une forte analogie, la différence avec Schelling est claire : la possibilité de l'extase selon Plotin suppose l'ascèse dans la manière de vivre, sinon Dieu n'est plus qu'un nom[160]. La pensée que l'Un (ou l'Absolu) est en nous[161] plus que nous ne sommes en lui, voilà qui n'est pas plotinien[162]. L'extase s'accomplit en un instant intemporel, est un événement heureux qui se détache sur l'ensemble de l'existence[163]. Schelling est lui aussi proche de cet aspect dans sa compréhension de l'intuition intellectuelle. Parfois cependant il souligne davantage ce qui demeure, le caractère immuable que l'intuition intellectuelle donne au philosophe, l'achèvement définitif qui a transformé le regard du penseur de telle sorte qu'il « voit tout seulement comme cela se présente dans l'idée »[164], parce qu'il est transporté au point de vue de l'Absolu.

4. a) Le concept de *nature* de Schelling a déjà été esquissé en rapport avec Goethe et Novalis. On comprend facilement que la philosophie de la

156. 10, 13-17.

157. Cf. *supra*, p. 134.

158. VI 9, 11, 22 *sq.*

159. *Ibid.*, 11, 23 *sq.*

160. II 9, 15, 39 *sq. Porph. ad Marcellam*, 16.

161. Pour Schelling, cf. *supra*, p. 135.

162. ἐνθουσιασμός (VI 9, 11, 13) selon Plotin, contrairement à Platon (H. Gundert, « Enthusiasmus und Logos bei Platon », in : *Lexis*, 2 (1949), p. 25-46) et – pour d'autres raisons – à Schelling, signifie moins que le dieu est en nous que l'homme n'est en Dieu, lui (le « divin » ou l'« Un » en nous) qui permet aussi à l'homme de l'atteindre comme son ultime telos.

163. VI 9, 10, 1 *sq.* Le témoignage de Plotin lui-même en IV 8, 1.

164. *Leçons sur la méthode des études universitaires*, V 256 <tr. fr. p. 81>.

nature romantique et idéaliste ait toujours donné l'occasion de se référer à Platon ou à Plotin comme aux modèles ou aux inspirateurs de cette pensée. Windischmann traduit le *Timée* de Platon – dédié à Schelling comme au « restaurateur de la plus ancienne et authentique physique » –, « une authentique charte de la physique véritable »[165], et reconduit le concept de la nature de Schelling à Plotin[166]. Novalis trouve précisément chez le Plotin qui « intellectualise » la matière le fondement d'une « physique sacrée »[167]. Creuzer traduit le premier l'Ennéade III, 8 : « De la nature, de la contemplation et de l'Un »; son affirmation, selon laquelle la pensée de Plotin présente précisément sur ce thème des affinités avec la philosophie contemporaine, est justifiée[168]. Elle est vérifiable à partir de plusieurs éléments de pensée qui constituent le fondement du concept de la nature chez *Plotin* : la nature et l'esprit ne sont pas arrachés l'un à l'autre comme deux opposés qui ne peuvent être conciliés, de telle sorte qu'un dualisme « gnostique » se produirait nécessairement, par lequel la nature devrait purement et simplement être identifiée au mal. La nature est bien plutôt une sorte de θεωρία (traduite par F. Creuzer par « Betrachtung », contemplation), quant au monde sensible, il est précisément le produit de cette contemplation ou intuition (θεώρημα). θεωρία est donc à comprendre comme πρᾶξις comme une activité ou une action intelligible : la pensée contemplative ne demeure pas en elle-même, elle est productive, créatrice. Ce qui, par la pensée ou en tant que pensée, est activité créatrice dans la nature, c'est l'esprit médiatisé par le λόγος, donc le domaine du pur intelligible lui-même. La nature se fonde donc dans des principes formels rationnels (λόγοι) et – par leur intermédiaire – dans l'esprit lui-même; elle devient la base de sa manifestation. Voilà qui exclut par principe que la nature et le monde sensible, même s'ils ne sont que l'image ou le miroir de l'intelligible, puissent être expliqués de façon mécaniste[169] et considérés comme mauvais, méchants ou laids[170].

La fondation de la nature dans la raison ou l'esprit est maintenue par *Schelling*. La nature est toujours à comprendre à partir de l'esprit. Elle a une fonction de renvoi : « marchepied du monde des esprits »[171]. La nature et l'esprit entretiennent certes un rapport dialectique, parfois cependant ils

165. Hadamar, 1804.

166. Cf. *supra*, p. 110.

167. Cf. *supra*, p. 93 *sq*.

168. Citation *supra*, p. 90.

169. Contre une conception de la nature mécaniste : Plotin, III 8, 2, 5. V 9, 6, 22 *sq*. V 8, 6, 10 *sq*.

170. Cf. Plotin, II 9, 16, 51 *sq*. 17, 5, *sq*. 17, 37 *sq*. 52 *sq*. III 2, 13, 23. Cf. également *supra*, p. 103 et 129.

171. *Les Âges du monde*, 234 <tr. fr. p. 273>.

semblent tendre vers une identité dynamique, puisque les pôles sont pensés, dans le rapport dialectique, comme de même rang (de même force). Par là est supprimée la différence entre expérience et spéculation. En d'autres termes : une expérience possible ou prétendument effective de l'empirique ne peut absolument pas être valable en tant que telle, puisqu'elle n'expérimente pas « l'essentiel » dans la nature, son fondement constitutif. Si « le système de la nature est en même temps le système de notre esprit »[172]; alors toute expérience est spéculative. La physique véritable est donc physique *spéculative*. Ses principes sont les suivants : la nature est l'esprit visible, l'esprit en tant que son fondement la nature invisible[173], tous deux se conditionnent donc et s'interprètent mutuellement, bien plus, la nature n'est pas seulement « le phénomène ou la révélation de l'éternel, bien plutôt en même temps précisément cet éternel lui-même »[174]. La protreptique à la physique est donc la protreptique à la *philosophie* spéculative : « Venez à la physique et reconnaissez l'éternel. »[175] Contre une physique mécaniste et donc selon Schelling dépourvue d'esprit, la philosophie de la nature spéculative a remporté « la victoire du subjectif sur l'objectif »[176] : en elle la nature – comme l'Absolu dans l'intuition intellectuelle – n'est pas un objet, elle se tient bien plutôt en tant que sujet face au penseur qui contemple. La nature est ainsi comprise dans l'acte de connaissance absolu, elle est donc elle-même un moment de l'idéalisme absolu.

En vertu de la supposition selon laquelle la nature et l'esprit se pénètrent et se conditionnent réciproquement dans la nature, la physique spéculative ne peut en aucun cas se diriger vers la « surface » de la nature, vers ce qui, en elle, peut presque être considéré comme « objectif », mais vers « la pulsion interne et vers ce qui, dans la nature, n'est pas objectif »[177], donc vers sa subjectivité ou vers elle en tant qu'elle est un sujet. En tant qu'elle est ce sujet, elle est essentiellement « productivité », « l'être ou la productivité elle-même »[178] ; mais l'être est reconductible à l'activité.

172. *Ideen zu einer Philosophie der Natur*, II 39.

173. Cf. *Ideen...*, II 56.

174. *Weltseele*, II 378.

175. *Ibid.*

176. *Darstellung des philosophischen Empirismus*, X 231.

177. *Einleitung zu dem Entwurf eines Systems der Naturphilosophie oder über den Begriff der speculativen Physik*, III 275.

178. *Ibid.*, III 272, 285, 284 : « Dans la mesure où nous ne posons pas l'ensemble des objets seulement comme un produit, mais en même temps nécessairement comme productif, il s'élève pour nous à la *nature*, et c'est cette *identité du produit* et de la *productivité*, et rien d'autre, qui est elle-même, dans le langage courant désignée par le concept de nature. La *nature* en tant que simple *produit (natura naturata)*, nous la nommons nature en tant qu'*objet* (c'est à elle seulement que s'intéresse toute expérience). La nature en tant que productivité

Cette « natura naturans », « cette force originelle du monde, sacrée, éternellement créatrice, qui produit toutes choses à partir d'elle-même et les met au jour par son travail »[179] ne peut ainsi, en raison de l'unité dialectique déjà décrite, être comprise que comme activité ou productivité *de l'esprit* lui-même. Tout comme le « rien », la matière est depuis toujours la croix de l'entendement, elle ne l'est pas moins pour la conception de la nature idéaliste. Elle apparaît particulièrement résistante à la pensée : en définitive, dans une perspective inverse, aussi peu rationnellement analysable que l'Absolu lui-même. En dépit de l'esprit compris en elle ou dans la nature, un « reste » incompréhensible demeure. Dans le procès des *Âges du monde* schellingiens, la matière, en tant que principe d'abord régnant dans le passé, est rabaissée dans le présent, par la pénétration et la force formatrice de l'esprit à une simple potentialité. La « force » devient ainsi « passivité », elle demeure certes le fondement ou la supposition du présent en tant que « le côté passif, tourné encore vers le présent, de la force originelle posée comme passée »[180]. Son essence « mystique » se révèle en ce qu'elle « *apparaît* en tant que non-étant » lorsqu'elle est portée au présent, c'est-à-dire est déterminée par la forme et la particularité, mais *est* cependant étante.

Schelling trouve chez Plotin la connaissance claire d'une telle *ambivalence* du concept de matière[181], il y voit explicitement la confirmation de son propre point de vue : « Combien de fois n'avons-nous pas été attirés par les descriptions que les platoniciens et avant tout Plotin ont esquissées de cette essence énigmatique de la matière, sans, de ce fait, être à même de l'expliquer. Car étant donné que cet esprit profond s'était déjà écarté de la conception platonicienne qui affirme la pré-existence d'un Être anarchique s'opposant à l'ordre et avait déjà pris cette direction qui part du présupposé que tout aurait commencé à partir du comble de la pureté et de la perfection, il ne lui resta finalement plus d'autre explication de l'existence de la matière que celle d'un affaiblissement progressif du comble de la perfection. Ce qui ne l'empêche pas, du reste, de décrire cette essence du non-étant avec une inimitable profondeur; lorsqu'il dit, par exemple, que la matière fuit celui qui veut la saisir, tandis qu'elle est dans une certaine mesure présente

(natura naturans) nous la nommons *nature* en tant que *sujet* (c'est à elle seulement que s'intéresse toute théorie). » Le contexte de ce passage est le concept de nature de Spinoza et le concept de la création « théorétisante » selon la problématique exposée chez Plotin en relation avec Novalis et Goethe. Quant à la question d'une « ontologie poiétique » chez Schelling, cf. F. Kaulbach, *Philosophie der Beschreibung*, Cologne, 1968, 358 *sq.*

179. *Schellings Denkmal,* VIII 28 (extrait de VII 293).

180. *Les Âges du monde*, fragments du début de deuxième livre, Schröter, p. 258 <tr. fr. p. 300>.

181. Cf. H. R. Schwyzer, « Plotinos », in : *RE,* XXI, 1, Stuttgart, 1951, p. 568.

lorsqu'on ne cherche pas à la saisir ; que l'entendement devient pour ainsi dire autre, et presque un non-entendement, lorsqu'il la considère, comme lorsque l'œil sort de la lumière pour voir les ténèbres, et pourtant ne les voit pas du fait que les ténèbres peuvent tout aussi peu être vues en présence de la lumière qu'en son absence ; que la matière n'est rien d'autre que le défaut de toutes propriétés, absence de forme lorsqu'elle est comparée à la forme, insatiable et en un mot extrême indigence, en sorte que le défaut semble lui être non pas accidentel mais bien essentiel. C'est pourquoi elle a été aussi représentée dans la figure de Pénia lors de la fête de Jupiter dont parle le mythe de Diotime. »[182]

Le « passé » *authentique* en tant que base du « présent » ou la matière soumise, dans le procès, à ce qui lui est supérieur, matière qui est le médium universel de la nature, rend pour la première fois possible en même temps que nécessaire, par la constitution (création) de la nature « présente », visible, la physique spéculative en général. Il explique la productivité de l'esprit dans la nature et ainsi la potentiation de sa base, la matière, qui introduit toujours plus d'achèvement. – Plotin en revanche dépotentialise la matière – « l'indigence absolue » – par l'aliénation vis-à-vis de l'esprit et de l'Un. Elle doit certes demeurer déterminable : là gît le dilemme.

b) Concrétion et organon de l'esprit productif dans la nature, telle est selon Schelling l'*âme du monde*. Elle est – c'est là une fonction semblable à celle de l'âme du monde plotinienne – un « principe » organisateur, « qui forme le monde en un système »[183]. Schelling se rattache ici lui-même au concept des « Anciens ». « Organiser » ou l'« organisation » en tant qu'acte de l'âme du monde qui ordonne et qui rend intelligible est à comprendre en un sens tout à fait spécifique : sans l'âme du monde le flot des causes s'écoulerait droit devant lui. Mais l'âme du monde le « freine » et le fait revenir en lui-même en un cercle, fait ainsi de la nature un « organisme » vivant en soi et à partir de soi. « Ce n'est donc pas *toute* succession de causes et d'effets qui est exclue par le concept d'organisme ; ce concept

182. *Les Âges du monde*, 259 <tr. fr. p.301>. La question de la source immédiate de Schelling concernant Plotin n'est, dans ce contexte, pas nettement décidable. Les traductions de Windischmann contiennent certes des extraits de II 4 (« De la matière »), qui la caractérisent comme l'indéterminé et sans forme, comme la profondeur de chaque chose, comme obscure. Sur la pauvreté, la métaphore mythologique de πενία, ils ne disent rien (Plot. III 5, 9, 1 *sq.* λόγος = πόρος. ὕλη = πενία. III 6, 14, 6 *sq.*) Dans sa paraphrase de Plotin VI 9, 9, 25 *sq.*, Windischmann décrit certes « Éros né de Pénia et Poros ». Il faudrait également convoquer les paraphrases de Tennemann VI 122 et de Tiedemann III 295 *sq.* L'identification plotinienne de la matière et du mal n'est pas ici mentionnée par Schelling, au contraire de l'écrit sur la liberté, VII 355 <tr. fr. p. 141-142>.

183. *Weltseele*, II 381. En particulier Platon : II 370.

décrit seulement une succession qui, *comprise à l'intérieur de certaines limites*, revient s'écouler en elle-même. »[184]

Au même titre que le mouvement circulaire de l'âme du monde – qui en fait le principe organisateur ou ordonnateur, producteur de l'harmonie du cosmos –, le terme schellingien de « lien » rejoint un élément essentiel du concept platonicien et plotinien d'âme du monde[185]. Le « lien »[186] est un concept médiateur. Il tente de montrer que le rapport de l'infini et du fini n'est pas un rapport dualiste de contraires. C'est bien plutôt la nécessité, par laquelle l'infini est lié au fini, qui est ce lien absolu ou éternel. Il apparaît comme une fonction de Dieu[187] ou de l'Absolu lui-même. Il produit l'unité dans la pluralité des formes phénoménales, ou la totalité des êtres particuliers, de telle sorte que même dans le particulier est le tout : « l'identité dans la totalité, et la totalité dans l'identité », telle est son essence[188]. Le fondement de son action est l'amour infini de soi-même, qui est identique au se-vouloir-soi-même. Le monde devient le miroir ou la copie de ce s'aimer – et se-vouloir-soi-même. L'action unificatrice et totalisante du lien est également comprise par Schelling comme animation de la nature, ce qui donne à la nature l'unité du repos et du mouvement en tant qu'ordre du tout se conditionnant de façon dialectique. C'est dans l'« organisme » que cet ordre se manifeste le plus clairement; le lien est principe structurel (« idea ») d'un tout qui se meut en soi, c'est-à-dire d'un tout organique.

Parce que le lien en tant qu'Absolu est une façon d'agir du Dieu ou de l'Absolu lui-même, les fonctions de l'âme du monde néo-platonicienne *et* de l'Un lui-même ont été en lui objectivement réunies : comme le lien schellingien, l'âme du monde plotinienne ou proclusienne « relie » le tout,

184. *Weltseele,* II 349.

185. Une comparaison avec le *Timée* de Platon s'impose tout particulièrement : 31 b 6 *sq.* : δύω δὲ μόνω καλῶς συνίστασθαι τρίτου χωρὶς οὐ δυνατόν· δεσμὸν γὰρ ἐν μέσῳ δεῖ τινα ἀμφοῖν συναγωγὸν γίγνεσθαι. δεσμῶν δὲ κάλλιστος ὅς ἄν αὐτὸν καὶ τὰ συνδούμενα ὅτι μάλιστα ἓν τοιῆ, τοῦτο δὲ πέφυκεν ἀναλογία κάλλιστα ἀποτελεῖν. 41 b 5 *sq.* Quant à la relation de Schelling au *Timée* platonicien, cf. la lettre à Windischmann du 1er février 1804 (Plitt II 8). *Aphorismes* VII 192 <tr. fr. p. 68>. *Les Âges du monde,* 100 <tr. fr. p. 121-122>. *Philosophie de la Révélation,* XIII 100 <tr. fr. Livre I, p. 123>. On ne peut ici que faire allusion à l'opinion incertaine de Schelling quant à l'authenticité du *Timée*. En dépit de la connaissance explicite par Schelling du Timée de Platon, le concept néoplatonicien d'âme du monde (et de l'Un) est un analogon différencié de ce que Schelling comprend par âme du monde. – La différence de l'âme du monde «|platonicienne|» et schellingienne serait un fil conducteur privilégié pour expliquer les concepts d'immanence, de devenir et de matière.

186. Cf. *Weltseele,* II 360 *sq.* Pour le procès du monde trinitaire modifié, cf. *Les Âges du monde,* 61 <tr. fr. p. 78-79>.

187. *Weltseele,* II 366.

188. *Ibid.,* 363.

elle pénètre le tout en ordonnant, en produisant l'harmonie, tandis qu'elle rapporte, en le pensant, l'être particulier à son principe. Elle est le fondement d'une « analogie » qui se meut en soi-même du monde vis-à-vis de son fondement, en même temps que le fondement de la « sympathie » et de l'amour réciproque des êtres particuliers dans le cosmos. Elle est dans son être éternelle, mais produit le temps et produit dans le temps[189]. En outre, ce que Schelling dit de l'être du lien, qu'il n'est pas « circonscrit », donc qu'il n'est ni limité ni déterminé par lui-même ou par un autre, que tout est en lui, mais lui-même dans aucun autre, qu'il n'a aucun rapport à l'autre, mais que tout autre a rapport à lui, qu'il n'y a pour lui-même ni proximité ni éloignement, qu'il est donc le point central de tout, partout présent mais jamais « circonscrit » (c'est-à-dire délimité)[190], tout cela correspond à la fonction et à l'essence de l'Un néoplatonicien : il est le non-quelque chose, il est donc lui-même non limité (ἄ-πειρον), il n'est en aucun autre que lui-même, mais tout « autre » n'est que par l'Un comme son fondement universel, il est partout et nulle part puisque, agissant en tout, il demeure lui-même cependant au-delà de tout[191].

*

La considération d'éléments essentiels de la pensée de Plotin et de Schelling a clairement montré des ressemblances dans la structure des deux pensées. Mais la tentative ne visait pas à réduire Schelling à un « Plotinus redivivus ». Elle n'est pas non plus issue de cette méthode perfide qui demande à chaque pensée si « elle a déjà existé », pour aussitôt considérer comme bien connu ce qui est en question et pouvoir se dispenser tranquillement d'approfondir le nouveau *et* l'ancien. Il s'agissait bien

189. Plotin, II 1, 4, 14 *sq.* II 9, 7, 12 (δεσμός, συνέχεια, συνδεῖν). II 3, 7, 19 : ἕν τολύ ... ἐκ πάντων ἕν. IV 4, 32, 13 *sq.* : συμπαθὲς δὴ πᾶν τοῦτο τὸ ἕν, καὶ ὡς ξῷον ἕν, καὶ τὸ πόρρω δὴ ἐγγύς. Ligne 20 *sq.* : le lointain est proche. IV 5, 1, 36 (συμπάθεια – ὁμοιότης). IV 4, 41, 6 *sq.* (ἁρμονία). III 3, 5, 3 ; 6, 24 ; 28, 33 (l'« analogie » comme le principe structurel du monde). VI 7, 14, 20 *sq.* (φιλία du monde). L'âme partout et cependant en soi, cf. mon *Plotin*, p. 286 *sq.* *Ibid.*, p. 268 *sq.* sur l'*être* éternel et l'agir temporel de l'âme (Schelling, *Weltseele*, II 365 : « L'essence du lien est en elle-même éternité, mais l'être du lié est pour soi durée. ») Sur l'ensemble de la thématique et la terminologie afférente chez Proclus, cf. W. Beierwaltes, *Proklos*, p. 150 *sq.*, 153 *sq.*, 299 *sq.*

190. Cf. en particulier *Weltseele*, II 364 et 366.

191. Sur le ne-pas-être-quelque-chose et l'être-illimité de l'Un, cf. *supra*, p. 116 *sq.* Fondement universel : VI 9, 5, 24 ; 36. V 5, 13, 35 : ἀμιγὲς πάντων καὶ ὑπὲρ πάντα καὶ αἴτιον τῶν πάντων. V 5, 9, 13 *sq.* : partout ; au-dessus de tout : *ibid.*, 6, 11. πανταχοῦ καὶ οὐδαμοῦ : VI 8, 16, 1 *sq.* VI 9, 4, 25 : παρὸν μὴ παρεῖναι.

plutôt de découvrir les implications et les présupposés objectifs et historiques de la pensée idéaliste et de reconnaître dans la ressemblance des deux structures de pensée l'invariance de la position du problème que Plotin et Schelling explicitaient certes de façon différente, conformément à leur point de départ et à leur but particuliers, mais qui les motivait cependant tous deux tout autant, en tant que de *leur* question du fondement.

Les deux philosophies apparaissent comme des formes typiques de la métaphysique, puisque pour elles – ce qui est pour Schelling contraire à ses débuts transcendantaux – l'Un lui-même ou « l'idée de l'Absolu »[192] est le début et la fin de la pensée ou le principe du philosopher. Ce n'est pas par « nature » que nous sommes dans cette façon de philosopher, elle n'est pas apaisée ni comblée par des associations d'idées, pas plus qu'on ne peut l'apprendre comme un tout, elle n'est pas « un amas de conséquences ». Elle se réalise bien davantage en un effort continu de la pensée conceptualisante, même si son but n'est pas atteint dans la pensée elle-même. Elle n'est, pour chacun, que ce pour quoi il l'a lui-même faite – par la pensée –, elle est de part en part « une œuvre de la liberté »[193].

IV
HEGEL

HEGEL, en dépit de la résistance tenace de l'histoire de l'interprétation de la philosophie des lumières et de la philosophie criticiste, a retrouvé le sens logico-spéculatif de la philosophie néoplatonicienne et l'a fondée à partir de sa propre pensée. Au regard de la situation historique et des conséquences philosophiques de la percée hégélienne, on ne peut considérer comme une circonstance trop aggravante le fait que Hegel ait commis dans l'interprétation de Plotin des erreurs qui pouvaient sauter aux yeux même d'un historien de la philosophie aussi peu doué que de Jong[1]. Ces erreurs ne seront pas une fois de plus décomptées ; il faut plutôt mettre en évidence le point saillant qui rend possible une communication entre Plotin et Hegel. Même si Plotin, en tant que néoplatonicien, se voit attribuer un lieu systématique aussi important que Proclus, à l'intérieur de la construction

192. *System...*, VI 155.

193. *Ideen...*, II 11. Cf. également : *Du Moi comme principe de la philosophie,* I 177 et 242 <tr. fr. J.-F. Courtine in : Schelling, *Premiers écrits*, Paris, 1987, p. 79 et 148>.

1. K. H. E. de Jong, *Hegel und Plotin*, Leiden, 1916. Le but de cette « étude critique » est de montrer que la méthode de travail et la façon de penser de Hegel ou de son école est imprécise et inadéquate.

hégélienne de l'histoire de la philosophie, la communication que Hegel établit avec lui est beaucoup moins différenciée que celle établie avec Proclus[2]. Cette dernière montre, à travers le fil conducteur des concepts de totalité, de concret, de trinité, de dialectique, de négation, de limite et de vie, une affinité fondamentale entre les deux structures de pensée. La première en revanche est basée sur des éléments certes essentiels, mais cependant plus généraux d'une philosophie de l'esprit absolu ou encore du sujet.

1. Contrairement aux diffamations ou critiques du néoplatonisme[3], certes aussi liées au système, devenues courantes dans les histoires de la philosophie de Brucker, Tiedemann et Tennemann, Hegel a libéré Plotin et ainsi la philosophie néoplatonicienne en général, de la souillure d'exaltation (*Schwärmerei*) ou de fantaisie irrationnelle. « L'exaltation », un « nom dans la bouche du froid entendement »[4], se dérobe d'emblée avec facilité à l'impulsion métaphysique et à l'exigence de la philosophie, puisqu'elle refuse déjà, en tant que fruit de l'imagination, l'élévation aux vérités spéculatives. C'est pourtant en cela, « l'élévation de l'esprit dans la pensée ou dans la sphère du mouvement de la pensée »[5], que Hegel voit le centre de la philosophie plotinienne et de la sienne propre. La philosophie de Plotin n'est pas exaltée, elle est donc rationnelle : son principe est la « raison, qui est en et pour elle-même »[6]. Dans la tentative énergique de maintenir la philosophie de Plotin près du concept – « toute vérité est pour lui seulement dans la raison et dans la compréhension »[7]–, il comprend même l'*extase* mystique comme un acte *rationnel*, comme sortie hors du contenu de la conscience sensible, comme « pure pensée, qui est près de soi, qui est à soi-même son objet »[8]. La pensée pure, qui est à soi-même son « objet », conviendrait certes à la rigueur pour caractériser le νοῦς plotinien, mais pas la structure de l'acte de l'union avec l'Un lui-même.

2. Cf. à ce sujet le chapitre suivant.

3. Cf. *supra*, p. 89, n. 1.

4. Hegel, *Vorlesungen über die Geschichte der Philosophie*, Werke (Jubiläumsausgabe), XIX 44 (= 1re éd., Berlin, 1836, t. 15) <tr. fr. P. Garniron, *Leçons sur l'histoire de la philosophie*, Paris, Vrin, 1975, t. IV, p. 864>.

5. Hegel, XIX 44 <tr. fr. p. 854>. L'extrait de Plotin des *Leçons sur l'histoire de la philosophie* contient des traductions de Plotin propres à Hegel, qui tracent avec rigueur certains aspects de la pensée plotinienne. Hegel a utilisé l'*Editio princeps* de Perna, Bâle, 1580, dans laquelle figure également la traduction de Ficin. Il a fait sienne cette traduction, parfois aussi en la critiquant. En ce qui concerne le texte grec, Hegel propose, p. 41, n. 1 et p. 61 <tr. fr. p. 860 et 902> des modifications judicieuses, qui se trouvent aussi, telles quelles ou très semblables, dans l'édition de Creuzer (1835).

6. *Ibid.*

7. XIX 42 <tr. fr. p. 861>.

8. XIX 45 <tr. fr. p.>.

Celui-ci précisément saute, dans un instant intemporel, par dessus la pensée qui, en tant que dialectique, peut exclusivement – bien que nécessairement – être la préparation de l'union transrationnelle, sans objet et ainsi sans différence. La « rationalisation » de l'extase plotinienne est très compréhensible à partir du point de départ de Hegel. Parce qu'il ne peut pas se représenter une réalité qui ne serait pas déterminée par une raison active, il forme l'Un plotinien rigoureusement d'après son propre modèle du sujet. C'est ainsi que l'*Un pense*, bien que Plotin – du moins dans ses écrits tardifs[9] – l'ait représenté strictement en tant que non-pensant. L'essence de l'être suprême, du Dieu, est la pensée elle-même, ou bien : « l'essence absolue est présente dans la pensée de la conscience de soi et elle est ainsi en tant qu'essence, ou bien la pensée elle-même est le divin »[10]. L'être-forme, l'être-quelque chose et l'être en général, Plotin les a refusés à l'Un, parce que ces prédicats posaient une différenciation et ainsi la pluralité dans le non-pluriel absolu. Hegel au contraire comprend l'être plotinien en tant qu'« *être pur* ». Mais « l'être pur » non pas en tant que l'être vide, encore indéterminé, non médiatisé du commencement de la logique hégélienne, mais en tant que l'absolue effectivité en lui-même, pure plénitude, en tant que tel « fondement et cause de tout être phénoménal », « essence de toute essence »[11]. « L'être » implique l'objectivité suprême, de telle sorte que l'Un ne peut être compris à peu près comme la catégorie – kantienne – de l'unité et ainsi en tant que simple concept régulatif de la raison. Cet Un, être pur, objectivité suprême et fondement productif, est et demeure Dieu et l'Un réel, bien qu'il se dissolve en plusieurs : il est « la relation, la dissemblance même »[12].

Si maintenant l'Un ou Dieu est être pur, mais si l'essence de Dieu est la pensée elle-même, alors l'Un-divin s'accomplit en tant que l'identité de la *pensée* et de l'*être*. Sa propre idée fondamentale, que l'être ne peut être concrètement qu'en tant que pensée qui se pense elle-même et que seule cette autocompréhension du concept est capable de devenir idée absolue, Hegel l'a ainsi projetée dans le premier principe de Plotin, ou encore il a retrouvé sa propre pensée en tant qu'idée qui éclaire le chemin chez Plotin. À celui qui cherche l'étranger luit et se révèle le propre ; en tant qu'interprète Hegel est à l'évidence prisonnier de lui-même comme un « disciple de Saïs » : « Il arriva que l'un soulève le voile de la déesse Saïs. Mais que vit-il, il vit – miracle des miracles, il se vit lui-même. »

9. Cf. à ce sujet J. M. Rist, Plotinus, *The road to reality*, Cambridge, 1967, p. 38 *sq.*

10. XIX 46 <tr. fr. p. 869>.

11. XIX 47 <tr. fr. p. 869>.

12. XIX 49 <tr. fr. p. 876>.

L'horizon de compréhension de Hegel, qui exclut toute autre possibilité de pensée et fait ainsi usage de la force vis-à-vis de l'étranger, est alors déterminé comme subjectivité ou comme pensée. C'est pourquoi Hegel nomme « l'idée de la philosophie plotinienne » « *intellectualisme* » ou un « *idéalisme* supérieur, qui n'est cependant pas encore, du point de vue du concept, idéalisme achevé »[13]. Cette dernière remarque s'explique à l'évidence parce que le « Moi » et la « liberté » ne sont pas encore devenus source et champ d'explication de la pensée, le problème de l'identité de la pensée et de l'être n'est donc pas encore suffisamment résolu, à partir du sujet, de façon *idéaliste* : l'être est chez Plotin toujours d'abord l'être et non pas la pensée.

« L'idéalisme achevé » est pour Hegel en même temps dialectique. La dialectique – à la différence d'une relation bipolaire d'un étant-en-soi comprise de façon plus statique – désigne ici le développement en forme de procès de l'être dans la pensée ou en tant que pensée. L'Absolu déjà impliqué dans le commencement de ce procès « vient à lui-même » précisément par le dépassement de tout autre ou de tout négatif dans la négation. Des « existences singulières »[14], comme Plotin les pose dans l'intelligible et le sensible, ne *peuvent* pas être. Si Plotin devait en ce sens être « dialectique », et cela signifie authentiquement philosophique, la « sortie hors de soi » de l'Absolu devrait être pensable comme une négation de soi productive. « L'unité simple » de l'Un serait alors « négativité absolue », non pas parce que rien d'affirmatif ne peut être *énoncé* d'elle – Plotin insiste pourtant sur ce mode de la négativité–, mais parce que dans le dépassement d'elle-même, c'est-à-dire dans la sortie d'elle-même, elle se nie elle-même et obtient ainsi plus facilement l'être achevé du concept : « la sortie de soi est précisément cette négativité en soi »[15]. Si donc la négativité absolue n'est pas productrice au sens d'un achèvement de soi dans le procès, alors le « cheminement de l'Absolu vers la détermination »[16] ou son « auto-exclusion » ne peuvent prétendre s'élever à la « nécessité du concept »[17]. La « nécessité » du concept, cela veut dire une fois de plus qu'une auto-exclusion de l'Absolu n'a pas un sens péjoratif, mais signifie un procès vers l'achèvement, en d'autres termes qu'une justification exclusivement conceptualisante de l'auto-exclusion pourrait être légitime : « l'émanation » ne peut donc pas seulement « être posée » ou

13. XIX 47 <tr. fr. p. 869>.
14. XIX 69 <tr. fr. p. 909>.
15. XIX 53 <tr. fr. p. 883>.
16. XIX 50 <tr. fr. p. 877>.
17. XIX 92 ; 68 <tr. fr. p. 941, 908>.

« se produire »[18], elle doit impérativement, en tant que nécessité de l'être même qui veut se comprendre lui-même, devenir accessible à l'intelligence. L'utilisation « d'images colorées »[19] à la place du concept dissimule plutôt la sortie de soi. Le commencement plotinien, qui tente au contraire de représenter de façon appropriée l'incompréhensibilité fondamentale de la « descente » précisément par des images et des métaphores, est alors rigoureusement ajusté au commencement propre.

Le concept préalable hégélien de l'Absolu, qui, dans l'interprétation, peut aussi servir de norme pour le concept plotinien de l'Un, implique l'unité de l'être et de la pensée ainsi que de leur développement en l'Absolu achevé. Ce qui achève le commencement abstrait parce qu'elle est développement conceptualisant *est* la dialectique. La dialectique *plotinienne* de l'Un supra-étant, antérieur à la pensée et de l'esprit étant et pensant l'être, ne peut absolument pas être identifiée à ce concept préalable de la dialectique et de l'Absolu. L'intention de la philosophie plotinienne, partiellement décrite par Hegel de façon pertinente, selon laquelle elle ne voudrait pas être d'abord explication de l'effectivité, mais « prendrait comme point de départ les objets particuliers »[20], et progresserait ainsi de façon abstraite de l'extérieur vers l'intérieur, afin « de donner à l'esprit sa place au milieu de l'idée simplement claire »[21], ne vise pas selon Hegel l'ἄπλωσις ou ἕνωσις non-pensante. Le but de la philosophie plotinienne est bien plutôt en termes hégéliens : « intuition pure », élévation dans la « pure pensée » et ainsi dans l'être qui se pense lui-même. Tel est, *mutatis mutandis,* le but de Hegel.

La raison pour laquelle Hegel rationalise l'extase plotinienne et laisse en elle « devenir conscient » le myste « des concepts spéculatifs et des idées »[22], apparaît alors encore plus clairement à partir du principe de connaturalité du connaissant et du connu : si l'Un est *être* pur et en tant que tel se *pense* lui-même, alors l'extase ne peut absolument pas – comme le veut Plotin – être non-pensante ; elle devient l'acte *intellectuel* suprême de l'homme.

2. a) Tandis que l'aspect « intellectualiste » ou « idéaliste », sous lequel Hegel voit Plotin, dénature l'essence de l'Un, il constitue pour l'*esprit* un principe herméneutique éclairant. Dans « l'esprit » plotinien en effet, Hegel reconnaît l'identité *dans* la différence accomplie en tant que réflexion-de-soi. L'esprit est la pensée seulement en tant que pensée de la pensée, en tant

18. XIX 52 <tr. fr. p. 881>.
19. XIX 68 <tr. fr. p. 901>.
20. XIX 40 <tr. fr. p. 858>.
21. XIX 41 <tr. fr. p. 859>.
22. XIX 45 <tr. fr. p. 868>.

que le « se-trouver-soi-même de soi-même »[23]. En se pensant elle-même, la pensée *différencie* en elle-même ce qui est à penser et « *dépasse* » en même temps à nouveau les différences. L'acte de pensée est alors essentiellement différenciation des différences en soi, qui, par le « dépassement » ou le « passage » de l'une à l'autre demeure toujours égal à lui-même[24]. L'esprit est donc à nouveau unité *négative* puisqu'il contient en soi le « principe de l'individualité », c'est-à-dire de l'être-propre des idées, mais d'un autre côté il est unité *positive*, puisqu'il réfléchit dans l'identité ce qui est différent en lui et qu'il est ainsi essentiellement aussi « demeurer-auprès-de-soi de la contemplation »[25].

Cette interprétation de Hegel rejoint chez Plotin le fait que l'être et l'esprit sont « *une* nature »[26] ou que l'esprit *est* l'être des idées ; s'il *pense* les idées elles-mêmes – et c'est là son acte fondamental – il se pense alors lui-même en tant que l'être. Il est alors essentiellement identité de la pensée et de l'être : l'être s'interprète comme pensée, mais la pensée se comprend dans l'être comme l'être même. L'identité est à comprendre comme une unité telle qu'en elle ce qui est uni demeure différenciable : l'esprit est πλῆθος ἀδιάκριτον καὶ αὖ διακεκριμένον[27]. L'altérité en tant que catégorie constitutive de l'être et de l'agir de l'esprit est la raison pour laquelle chaque à-penser ou pensé (idée) particulier peut en général s'articuler et devient ainsi saisissable en tant que *soi-même*. L'altérité n'est donc à comprendre qu'à partir de la mêmeté et en vue d'elle. Elle est l'élément mouvant et en même temps constant dans « l'objectivation » de la pensée qui, selon Plotin, ne se fixe certes jamais dans l'« objet », mais le dépasse toujours en même temps en tant que différent de soi-même, puisqu'elle fait se refléter le tout, dans chaque être particulier, de façon perspectiviste, c'est-à-dire qu'elle se pense dans le particulier et avec lui en tant que tout. L'altérité devient alors la garantie de l'unité du tout : d'une unité en soi différenciée, dynamique précisément grâce au différent en elle, consciente de soi. Lorsque la pensée « pense, elle se fait deux, ou bien plutôt, parce qu'elle pense, elle est deux (« objectivation »), et parce qu'en même temps elle se pense soi-même, elle est Une »[28]. L'*esprit* est donc l'unité en dépit de l'altérité ou grâce à elle ; l'*Un lui-même* en revanche est unité sans altérité, c'est pourquoi il ne pense même pas. Cela n'apparaît conséquent à Plotin que parce que l'unité sans altérité – l'exclusion absolue de la

23. XIX 50 <tr. fr. p. 878>.
24. XIX 50 ; 55 <tr. fr. p. 878 ; 889>.
25. XIX 51 <tr. fr. p. 881>.
26. V 9, 8, 16 *sq.*
27. VI 9, 5, 16.
28. V 6, 1, 22 *sq.* Sur ce problème dans son ensemble cf. W. Beierwaltes, *Plotin*, p. 21 *sq.*

pluralité, donc – est pour lui ce qui a le plus de valeur par rapport à une unité *dans* l'altérité. Il en est autrement du concept hégélien de l'unité absolue : il vit avant tout par la négation et l'altérité. Cette vie de l'unité est la pensée qui se comprend soi-même et qui par là se différencie constamment en se niant et en même temps se synthétise à nouveau, la pensée en tant que l'Absolu venant à soi.

Puisque la « pensée de la pensée » (νοήσεως νόησις) aristotélicienne est, selon la compréhension de soi hégélienne, en tant qu'« entéléchie de la pensée », le concept préalable le plus adéquat à son propre concept de la pensée absolue, de l'esprit concret ou de la pensée de soi-même de l'Absolu[29] et que Plotin s'est précisément « élancé dans cette région supérieure »[30] – c'est-à-dire dans la « pensée de la pensée » aristotélicienne – par son concept de l'esprit, il n'y avait nul besoin chez Plotin – selon Hegel – de l'Un, mais c'est l'*esprit* qui devait être premier principe. Mais puisque l'Un plotinien ne doit pas être escamoté du système, il doit au moins penser : un remarquable renversement de la critique que Plotin lui-même adresse à Aristote, selon laquelle ce dernier aurait illégitimement élevé la pensée au rang de premier principe[31], mais en même temps une répétition, instructive quant au rapport de Hegel à la tradition, de la réception chrétienne du néoplatonisme, selon laquelle l'Un non pensant devait être posé, en tant que fondement absolu, comme ne faisant qu'un avec le Dieu qui se pense lui-même.

Le commentaire hégélien du concept plotinien d'esprit met précisément en évidence l'idée suivante : ce n'est pas pour un criticiste ni même pour un philosophe des lumières libéré de la métaphysique, mais bien plutôt et de la façon la plus durable pour un idéaliste, que Plotin ou la philosophie néoplatonicienne en général pouvait devenir un objet digne de réflexion ou même un stimulant de la pensée propre. L'une et l'autre pensée ont en effet intensivement fréquenté – certes à partir de présuppositions différentes et avec des conséquences différentes – le problème de la pensée-de-soi de l'esprit et ainsi la question d'une conscience de soi absolue, dans laquelle s'exprime l'être.

b) Le concept hégélien de l'Absolu ne doit pas moins être compris, à partir de ses éléments historiquement constituants, en tant que synthèse spéculative du concept aristotélicien de la pensée de soi-même divine et de

29. *Encyclopédie* (1830), § 552 et citation d'après § 577 <tr. fr. B. Bourgeois, Paris, Vrin, 1988, p. 339 et p. 374>. *Science de la logique* (désormais désignée par *Logique*) II, p. 504 *sq.* <tr. fr. de P.-J. Labarrière et G. Jarczyk, 2e tome, Paris, 1981, p. 390 *sq.*>. Cf. « Hegel et Proclus », *infra*, p. 166.

30. XIX 67 <tr. fr. p. 907>.

31. Cf. Plotin, V 1, 9, 7 *sq.*

l'identité *parménidienne* de la pensée et de l'être[32]. Il est vrai que Hegel, comme nous l'avons montré, insinue ce concept de l'Absolu – qui plus est encore pensé comme dialectique – non seulement dans le concept plotinien de l'esprit, mais aussi dans l'Un plotinien, il rejoint cependant, quant au concept de l'esprit, une intention précise de la compréhension de Parménide propre à Plotin. Plotin est en effet le premier à avoir compris le fragment 3 de Parménide « C'est la même chose que la pensée et l'être », de façon « hypostatique ». La pensée que cette phrase signifierait que seul peut être pensé ce qui également est, n'apparaît ni chez Plotin ni chez Hegel, τὸ αὐτό, « la même chose », est bien plutôt compris de façon prédicative et comme accomplissement de la deuxième essence[33] : celle-ci est *être* et se *pense* en tant que tel. L'esprit *est* donc la pensée et l'être en Un ; ou bien en lui la pensée et l'être en tant que lui-même sont une même chose. La différence demeure certes entre le νοῦς de Plotin qui accomplit l'identité de l'être et de la pensée en tant qu'ὑπόστασις et le sujet de Hegel : celui-là est médiatisé par l'Un vers le propre et médiatise lui-même l'âme, tandis que celui-ci est le tout qui se médiatise en lui et avec lui en tant que l'Absolu lui-même.

Le fait que Hegel peut découvrir l'énoncé fondamental de Parménide, modifié par Aristote, de façon explicite et implicite, dans le νοῦς plotinien en tant que nouvelle unité hypostatique[34] est l'un des indices les plus clairs

32. Hegel comprend la « pensée » parménidienne non pas comme une structure fondamentale ni comme la possibilité d'articulation de « l'être », mais pose les deux comme des moments tout aussi originaires, qui s'expliquent réciproquement. L'être est ainsi le fondement de lui-même en tant que pensée : « Le penser se produit, ce qui est produit est une pensée ; penser est donc identique avec son être, car il n'y a rien en dehors de l'être, cette grande affirmation » (Hegel, commentaire au fragment 8, 34-36 de Parménide, *Werke,* XVII, 312. Là et p. 313, Hegel renvoie aussi à l'interprétation de Parménide par Plotin).

33. Plotin, V 9, 5, 29 ; V 1, 8, 15 *sq.* ; III 8, 8, 8. I 4, 10, 6. Cf. *supra,* p. 25. Pour une possibilité d'interprétation historiquement naïve, cf. U. Hölscher, *Parmenides, Vom Wesen des Seienden*, Reihe Theorie 1, Francfort, 1969, 81 *sq.*, et *Anfängliches Fragen*, Göttingen, 1968, 91 *sq.*

34. Ce n'est que par cette médiation aristotélicienne et plotinienne que l'énoncé fondamental parménidien est un énoncé éventuellement « spéculatif », qui montre l'être comme en soi-même dialectique. Sans cette médiation, qui, après le précédent d'*Héraclite*, fit surgir l'être « négateur » et fit ainsi être le rien dans l'être en tant qu'« autre » de l'être, l'idée serait demeurée abstraitement en elle-même. C'est pourquoi ce n'est pas Parménide – « seul l'être est », cette « grande affirmation » – mais Héraclite qui est le véritable commencement de la philosophie. C'est lui en effet qui a permis le passage de l'être au devenir, qui a pensé la vérité de l'être en tant que devenir ou procès, même si celui-ci n'est pas encore universel. Ce déroulement historique correspond au premier chapitre de la *Logique* (I 68, éd. Lasson, tr. fr. premier tome, premier livre, Paris, 1972, p. 60). La proposition parménidienne fondamentale de l'identité de l'être et de la pensée ne pouvait donc parvenir à sa vérité que dans cet horizon historique.

du fait que le concept d'esprit propre à Hegel se reflète dans le concept plotinien en tant que concept préalable, de façon certes confuse mais non aveugle. Parce que cette identité parménidienne de la pensée et de l'être d'une part, la pensée de soi-même aristotélicienne de Dieu d'autre part, sont constitutives d'une dialectique immanente au νοῦς absolu ou de sa dynamique, l'esprit plotinien lui-aussi (et pas seulement, à travers la triplicité, l'esprit procléen) peut, dans la conception de Hegel, valoir comme *concret*. Mais ceci implique que le se-différencier-en-soi-même de l'esprit sans cesse à nouveau se synthétise, se dépasse ou se réconcilie, ne laisse rien « d'autre » en lui se fixer en soi-même en tant qu'abstraitement négatif. L'altérité devient dans l'esprit un moment certes nécessaire mais qui se dépasse lui-même par la pensée, moment par lequel, en tout premier lieu, il se cristallise dans le tout. L'être-concret est ainsi, selon Hegel, un prédicat supérieur pour la pensée néoplatonicienne : « Ce n'est qu'en tant que la pensée qui se détermine en soi que l'esprit a un sens. C'est la pure identité de la pensée qui se sait, qui se différencie en soi et se détermine du côté de cette différence, mais demeure ce faisant unité complètement transparente avec soi-même. Tel est le concret » [35]. Le « concret » est donc la formulation hégélienne de « l'unité dans la différence » plotinienne.

35. XIX 7 <tr. fr. p. 815>, sur le néoplatonisme en général. Cf. *ibid.* également p. 10 et 14, de même que le traité suivant, en particulier p. 167 <tr. fr. p. 817> *sq.*

HEGEL ET PROCLUS

Les recherches récentes d'histoire de la philosophie ont le plus souvent constaté une « parenté d'esprit » entre Hegel et Proclus [1]. La légitimité de cette constatation et sa portée philosophique vont maintenant être évaluées. Il s'agira de dégager l'hégélien chez Proclus et le proclusien chez Hegel. Tous deux, l'hégélien et le proclusien font signe, en dépit de différences essentielles, vers un point d'indifférence clairement déterminable, qui manifeste d'une façon générale la continuité des problèmes philosophiques. Quant au proclusien chez Hegel, l'interprétation propre de Hegel demeure certes toujours déterminante.

La base de l'étude est donc le chapitre sur Proclus des *Leçons sur l'histoire de la philosophie* de Hegel [2]. Il ne peut être question, s'agissant

1. Par ex. K. Fischer, *Hegels Leben, Werke und Lehre*, Heidelberg, 1911, 2ᵉ éd., p. 1095. J. Lindsay, « Proclus as constructive philosopher », in : *The Hibbert Journal,* 15 (1916/17), p. 283. W. Windelband, *Lehrbuch der Geschichte der Philosophie*, Tübingen 1924, 11ᵉ éd., p. 515. E. Hoffmann, « Die antike Philosophie von Aristoteles bis zum Ausgang des Altertums », in : *Lehrbuch der Geschichte der philosophie*, éd. par M. Dessoir, *Die Geschichte der Philosophie*, Berlin, 1925, p. 252. Th. Whittaker, *The Neo-Platonists*, Cambridge, 1928, p. 203 *sq.*; 253. A. E. Taylor, « The philosophy of Proclus », in : *Philosophical Studies,* London, 1934, p. 159 *sq.* G. Martano, *L'uomo e dio in Proclo*, Naples, 1952, p. 8; 238. L. J. Rosan, *The philosophy of Proclus*, New York, 1949, p. 225 *sq.* J. Hirschberger, *Geschichte der Philosophie*, Fribourg, 1963, 7ᵉ éd., I, p. 313. – Les constatations ne sont jamais assez différenciées ni fondées.

2. *Sämtliche Werke* (*Jubiläumsausgabe*, réimpression de la première édition de 1836) XIX, p. 71-92 <tr. fr. P. Garniron, t. IV, p. 911-942>. L'insuffisance de ce texte, dans le détail et en tant que composition d'ensemble, est bien connue. Son auteur, C. L. Michelet, avait à sa disposition, pour établir le texte, les notes de Hegel lui-même à l'époque de Iéna et de Heidelberg, notes qui sont aujourd'hui en grande partie perdues, de même que ses propres notes de cours du semestre d'hiver 1823/24 (Berlin) ainsi que les notes de cours de Kampe et Griesheim (cf. l'introduction de Michelet, t. XVII, p. 2 *sq.*). À partir de tout cela, Michelet a composé, par « l'art de l'emboîtement », un mixte qui restitue certes, dans beaucoup de cas,

de parvenir à une connaissance de la position des problèmes et de la manière de penser de Hegel et de Proclus, de « réfuter » une fois encore le « philosophe universel non-réfuté » en indiquant quelques traductions obscures, des « maquillages » et des erreurs de compréhension, comme se l'est proposé K.H.E. de Jong au sujet de l'interprétation de Plotin par Hegel[3]. Il suffirait, semble-t-il, de dévoiler les « erreurs de compréhension » incriminées pour faire table rase et considérer ainsi le problème comme résolu. La réflexion philosophique doit au contraire se demander : comment en vient-on à une telle compréhension, qui doit certainement, d'un point de vue purement historique, être considérée comme une interprétation erronée? Que dit cette « interprétation erronée » des présupposés philosophiques de l'un et l'autre côté? Comment la philosophie, devenue idéaliste face à une philosophie des lumières criticiste, a-t-elle dû elle-même se transformer, afin qu'un jugement positif sur la philosophie néoplatonicienne soit pour la première fois possible à travers Hegel ?

Avant d'exposer cette problématique elle-même (II) et l'action immédiate, du point de vue de l'histoire des idées, de l'interprétation hégélienne du néoplatonisme (III), il faut d'abord esquisser le rapport personnel et factuel de Hegel au néoplatonisme (I).

« l'expression la plus correspondante, la plus diversifiée de l'esprit hégélien », mais qui rend cependant le fil directeur de la pensée difficilement discernable. Une édition critique de ces leçons doit aussi prendre en compte les notes de cours d'étudiants découvertes entre temps. J. Hoffmeister a donné un spécimen d'une telle édition, qui donne de ses sources une justification exacte, visible dans le texte lui-même, pour « L'introduction à l'histoire de la philosophie » (Hambourg, 1940; on y trouve également des remarques sur l'état actuel des sources). W. Kern a présenté une analyse exacte des étapes de la composition du texte du chapitre sur Aristote : *Hegels Aristoteles-Vorlesungen*, Diss. Rome (Univ. grég., non imprimé), 1955. On y trouve, p. 261 *sq.*, des indications sur ce que requiert une édition critique des leçons. Sur le même sujet, du même auteur : « Eine Übersetzung Hegels zu *De Anima* III », in : *Hegel-Studien,* 1 (1961), p. 49-88; cf. en particulier les notes 1, 2 et 10 de ce traité. Les manuscrits que j'ai parcourus : ancienne *Preuß. Staatsbibliothek*, ms. germ. qu. 1300 (f. 112-114), hiver 1824/24, *Nachlaß* H.G. Hotho; ms. germ. qu. 1319 (f. 87b-89a), hiver 1823/24, F. Stieve; ms. germ. qu. 541 (f. 80-84), hiver 1825/26, notes de cours de K. G. J. von Griesheim; ms. germ. qu. 1721 (f. 222v-227r), hiver 1829/30, anonyme; notes de cours de R. Hube, Jagiellonische bibliothèque de Cracovie, hiver 1823/24; notes de cours anonymes de la bibliothèque de l'académie polonaise des sciences de Cracovie, hiver 1825/26, n'ont pas apporté beaucoup plus d'éléments significatifs et susceptibles de modifier essentiellement le cours de pensée du traité, par rapport à ce qui se trouve dans le chapitre sur Proclus de Michelet, certes seulement esquissé. Des citations éclaircissent ou complètent occasionnellement le texte de Michelet.

3. *Hegel und Plotin*, Leiden, 1916. Cf. *supra*, p. 145, n. 1.

I

Hegel disposait des éditions suivantes de Proclus :

1. *In Platonis Theologiam libri sex*, édité, avec l'*Institutio theologica*, par E. Portus, Hambourg, 1618[4];
2. L'*Institution theologica* (*Elementatio*) dans les *Initia philosophiæ ac theologiæ ex Platonis fontibus ducta ; sive Procli Diadochi* (*et Olympiodori*) *in Platonis Alcibiadem commentarii*, éd. F. Creuzer, Francfort, 1820-25, 4 tomes;
3. *Opera e codd. ms. bibliothecæ regiæ Parisiensis nunc primum edidit* ....V. Cousin, Paris, 1820-27, 6 tomes.

Il est certain que Hegel a lu l'*Elementatio theologica* et des passages de la *Theologia Platonis*, puisqu'il cite dans ses leçons sur l'histoire de la philosophie des textes qui ne sont pas recopiés chez Tiedemann ou Tennemann. Il est de plus attesté[5] que Hegel lut les épreuves des *Initia* de Creuzer et les pourvut de remarques critiques dont quelques-unes furent retenues par Creuzer dans l'« *Epimetrum* » de son troisième tome[6]. La relation de Hegel à l'édition de Proclus par Cousin, dont le troisième tome, qui contient les deux premiers livres du commentaire de Parménide, est dédié à Schelling et à Hegel, comme aux « *Unius Parmenidei et Platonici Restutoribus* », demeure obscure. Il n'y a, en l'état actuel des connaissances, aucune expression de Hegel qui trahisse une connaissance *spécifique* du commentaire par Proclus de Parménide (donc de la partie la plus importante de l'édition de Cousin)[7]. La traduction de Platon par Cousin était à l'évidence connue plus exactement par Hegel, comme cela

4. L'édition de Portus de la *Theologia Platonis* vient seulement d'être remplacée par une édition critique, qui équivaut dans la pratique à une *editio princeps* : Proclus, *La théologie Platonicienne*, Texte établi et traduit par H. D. Saffrey et L. G. Westerink, Livre I, Paris, 1968. Sur la caractéristique de l'édition de Portus, cf. p. XCI *sq.*

5. *Hegels Briefe*, éd. par J. Hoffmeister, Hambourg, 1953, t. IV, lettre 389 (fin mai 1821); t. II, p. 265 *sq.*, 400 (11.9. 1821); II, p. 290.

6. Creuzer se sent « redevable et extrêmement reconnaissant » quant aux remarques de Hegel, *Hegels Briefe*, 399 (8.9. 1821); II, p. 288. Les remarques publiées de Hegel : *Initia* II (1822), p. 326. Le *Nachlaß* de Creuzer à Karlsruhe n'apporte rien de plus.

7. Cf. *infra*, n. 77. *Hegels Briefe*, 508 (5.4. 1826); III, p. 108 (*infra*) ne prouve pas grand chose. Que l'intérêt de Proclus se soit tourné particulièrement vers le *Parménide* platonicien comme une source privilégiée de la « dialectique de l'Un » (XIX 73), il pouvait déjà le supposer à partir de la *Theologa Platonis*. C'est pourquoi il est certain que, selon Hegel, Proclus est à compter au nombre de ceux qui ont « considéré le *Parménide* de Platon, certainement le plus grand chef-d'œuvre de la dialectique antique, comme le véritable dévoilement et l'expression positive de la vie divine » (*Préface à la Phénoménologie*, éd. Hoffmeister, Hambourg, 1952, p. 57 <tr. fr. J. Hyppolite, Paris, 1966, p. 167>.

ressort des paroles élogieuses d'une lettre à Cousin du 3 Mars 1828[8]. Un échange plus approfondi entre Hegel et Cousin sur la philosophie *néoplatonicienne*, qui aurait eu de part et d'autre des conséquences sensibles, ne semble pas s'être produit[9]. Il en va autrement du rapport de Hegel à Creuzer. Pendant son séjour à Heidelberg (1816-1818) et également par la suite, Hegel entretint avec Creuzer des rapports amicaux. C'est précisément la préférence de Hegel pour Proclus qui poussa Creuzer à réaliser son édition[10]. Il dédia le troisième tome des *Initia*, qui contenait l'*Elementatio theologica* de Proclus, à Hegel et au philologue P.G. van Heusde: *Philosophiæ veteris cum universæ tum eius imprimis quæ Platonicis monumentis continetur interpretibus primariis*.

Des remarques déjà mentionnées de Hegel au sujet de l'*Elementatio theologica*, Creuzer dit, dans une lettre à Hegel: « Vous me montrez combien mon édition eût été meilleure si j'eusse pu la réaliser à vos côtés,

8. Lettre 575; III, p. 222.

9. La relation de Cousin à Hegel, empreinte d'un désir égoïste d'apprendre en même temps que d'un dévouement respectueux n'était pas non plus, par ailleurs, philosophiquement très fructueuse. Le véritable point commun de ces deux intérêts personnels était plutôt la France, la révolution française et Napoléon. Cf. à ce sujet B. Koop, *Victor Cousin, Hegel und die französische Romantik*, Diss. Munich, 1932, p. 32 *sq.*

10. F. Creuzer, *Aus dem Leben eines alten Professors* (= *Deutsche Schriften*, 5e partie, t. 1) Leipzig-Darmstadt, 1848, p. 123 *sq.* : « Hegel tenait moins à Plotin qu'à Proclus et accordait en particulier au livre de ce dernier (l'*Elementatio theologica*) une grande valeur. C'est ainsi que, sachant que j'avais des matériaux manuscrits à ce sujet, il me pressa de les travailler à nouveau. J'acceptai à la condition de lui envoyer les épreuves afin qu'il me communiquât ses remarques. C'est ce qui … s'est produit. » (p. 124). – Il faut certainement supposer que Hegel vint déjà à Heidelberg (1816) avec une connaissance de Proclus. Il me semble toutefois douteux que la triplicité de la pensée chez Proclus ait constitué « la première incitation à la forme particulière de sa propre méthode philosophique », mais il me semble encore plus douteux que l'enthousiasme de Creuzer pour la philosophie néoplatonicienne ait conduit Hegel à appliquer le schéma triadique de Proclus « à l'histoire et avant tout à l'histoire de l'art ». (H.-G. Gadamer, « Hegel u. die Heidelberger Romantik », in : *Ruperto-Carola*, XIIIe année, t. 30 (1961), p. 7). Il faut bien plutôt supposer que la *Logique* de Hegel, parue en 1812, est l'horizon dans lequel la dialectique triadique de Proclus pouvait se fondre, en raison des affinités de l'une et l'autre pensée, et qu'elle fut le préconcept déterminant, pour l'autre pensée elle-même, de l'esquisse de l'interprétation de l'histoire de la philosophie. C'est ce qu'indique déjà la première triade dans la *Logique* de Hegel : « Être – Néant – Devenir », qui comprend le « profond Héraclite » comme la « concrétisation » de l'abstraction précédente (parménidienne), parce qu'il fait passer l'un dans l'autre l'être pur (abstrait) et le néant pur et ceci dans le « devenir », c'est-à-dire dans une première totalité de la conscience, rendant ainsi possible le « procès », même si ce n'est pas encore en tant que procès universel. (*Logique*, éd. Lasson, Hambourg, 1951, I, p. 68; dans la première éd. I, p. 24; tr. fr., premier tome, premier livre, p. 60. *Vorl. über die Geschichte d. Phil.*, XVII p. 348 *sq.*).

et je regrette encore de n'avoir pu entreprendre ce petit livre (l'*Elementatio* de Proclus) pendant que vous étiez ici. »[11]

Hegel partageait aussi avec Creuzer l'intérêt pour les idées et les problèmes qu'il mit en avant dans sa *Symbolique et mythologie des peuples anciens*[12], qui fut si discutée[13]. Hegel trouva dans cette œuvre, écrite selon lui « avec idée, avec philosophie, avec esprit », un encouragement, en particulier pour son esthétique[14], mais aussi pour sa philosophie de la religion. Le concept de symbole au sens précis, positif de Creuzer – être l'image de l'idée ou du concept en tant que « Brachylogie » – n'est certainement pas constitutif de l'esthétique hégélienne. Le symbole, en tant qu'une catégorie d'histoire de l'art, est bien plutôt à peine l'apparence de l'authentique (du classique). L'art symbolique est encore « abstrait », extérieur, sans sujet, c'est-à-dire que la forme de l'œuvre d'art ne correspond pas encore à son idée, l'intérieur ne s'exprime pas tout entier dans l'extérieur, comme c'est le cas dans l'œuvre classique. Le « pré-art » symbolique est identifié par Hegel à l'art égyptien, tandis que l'art classique, parvenu à sa complète autodétermination ou vérité est uniquement l'art grec. Creuzer au contraire comprend précisément l'idéal grec classique comme le *symbole* le plus pur, parce que l'idée atteint en lui de la façon la plus claire l'*image*. Mais en dépit de différences essentielles, Hegel et Creuzer se rejoignent dans l'idée que le symbolique est l'essence de la mythologie, qu'en lui se manifeste et se satisfait toujours le besoin « de se rendre extérieure et de contempler en tant qu'objective la sensation subjective d'un Très-Haut, d'un Essentiel, d'un Universel »[15] (donc d'un philosophème, d'une forme, certes encore implicite, de la raison). Cette quête de la rationalité interne des significations mythiques conduit Creuzer, du point de vue de ses adversaires *et* de Hegel (d'un point de vue négatif et positif, donc) dans la proximité des néoplatoniciens[16], puisqu'ils cherchaient eux aussi à conduire la mythologie au concept. La méthode néoplatonicienne de l'interprétation des mythes se différencie à vrai dire de celle de Creuzer en ceci que, pour la pensée néoplatonicienne, la pensée fixée de façon philosophique et systématisée est première et normative, même dans l'interprétation des mythes, tandis que Creuzer voit d'abord le

11. *Hegel Briefe*, 399 (8-9-1821); II, p. 288.

12. Leipzig-Darmstadt, 1810-12, 2e éd. 1819. J. Hoffmeister, « Hegel und Creuzer », in : *Deutsche Vierteljahrsschrift für Literaturwissenschaft und Geistesgeschichte*, 8 (1930), p. 260-282.

13. Cf. C.A. Lobeck, *Aglaophamus*, Königsberg, 1829.

14. *Hegel Briefe*, 389 (fin mai 1821); II, p. 266.

15. Hegel, *Esthétique*, I, éd. par F. Bassenge, Berlin, 1965, p. 310 <tr. fr. J.–P. Lefebvre et V. von Schenck, Paris, 1995, p. 422>.

16. *Esthétique*, I, p. 306, 391 <tr. fr. p. 416>.

phénomène religieux. Le commentaire philosophique de la mythologie dans le néoplatonisme, qui est à vrai dire commentaire de philosophèmes, fait du mythe une métaphore à fonction philosophique ou même une allégorie. Cette dernière et radicale « démythologisation » du mythe – comprise comme sauvetage du mythe – par la philosophie grecque l'a définitivement détruit en tant que phénomène religieux à prendre au sérieux. Du point de vue de ce résultat, Creuzer n'est certainement qu'un « dimidiatus neoplatonicus ».

Dans une lettre de Hegel à Creuzer[17], on trouve l'énoncé général suivant sur la philosophie de Proclus – il nous conduira immédiatement à notre problème – : « Ce traité de Proclus (L'*Elem. theol.*, dont Hegel avait précisément obtenu les premières épreuves par Creuzer) est pour moi le plus précieux et ce qui a le plus de valeur parmi tous les écrits des néoplatoniciens que j'ai eus sous les yeux – la dialectique platonicienne – et en même temps la systématisation commençante, l'organisation de l'idée en elle-même, qui surpassent chez lui ce que l'on trouve chez Platon – tel est le pas formidable accompli en philosophie, qui est tout particulièrement le mérite de Proclus, et dont les successeurs se sont inspiré. Vous avez, par cette édition, remédié à un grand besoin, et je ne manque pas, dans mes leçons sur l'histoire de la philosophie, d'attirer l'attention sur Proclus et particulièrement sur cet écrit, qui me paraît être le véritable tournant, l'entrée du monde antique dans le monde nouveau, de la philosophie antique dans le christianisme – et il s'agit maintenant de lui redonner sa place. »

La haute estime accordée au néoplatonisme et à Proclus en particulier différencie essentiellement Hegel des historiens de la philosophie de son temps. J. Brucker, D. Tiedemann et W.G. Tennemann avaient en effet, sous la pression de leurs propres présupposés philosophiques, sans cesse calomnié le néoplatonisme en tant qu'exaltation (*Schwärmerei*)[18]. Mais ce n'est pas seulement une pénétration philosophique plus profonde, plus claire et plus juste des intentions fondamentales et des présuppositions de la façon de philosopher néoplatonicienne, qui conduisit Hegel à une telle « inversion », mais aussi précisément le nouveau point de vue personnel à

17. *Briefe*, 389 (fin mai 1821) ; II, p. 266.

18. J. Brucker, *Historia critica philosophiæ*, Leipzig, 1742, II, p. 325. W. G. Tennemann, *Geschichte der Philosophie*, Leipzig, 1807, VI p. 298. D. Tiedemann, *Geist der spekulativen Philosophie*, Marbourg, 1793, III, p. 522 *sq*.

A. Richter, *Neuplatonische Studien*, Heft 4, Halle 1867, p. IV, a déjà renvoyé à la conception de Hegel, qui contredit le ténor de la philosophie de l'histoire : « Avec le coup d'œil du génie, Hegel a saisi l'essentiel, le noyau (de la philosophie de Plotin), a écarté d'un seul geste les erreurs de compréhensions et le mépris, et fut là encore initiateur et inspirateur. »

partir duquel Hegel construisit le développement historique de la philosophie ou de la philosophie en tant qu'histoire. À partir de la fondation logique de cette construction, le néoplatonisme *devait* recevoir une signification particulière pour le développement du tout.

Les réflexions de Hegel sur cette structure logique et sur le cours de l'histoire de la philosophie vont maintenant être présentées dans leur rapport au néoplatonisme et en particulier à la philosophie de Proclus.

II

1. *L'histoire* selon Hegel est sous tous ses aspects, également en ce qui concerne les faits, histoire de l'esprit[19]. L'esprit est présenté comme se développant historiquement, commençant dans ou comme histoire et s'achevant également de façon historique. L'histoire est donc – pour le dire plus précisément – le procès de l'esprit *absolu* qui vient à lui-même, c'est-à-dire à son propre concept ou à sa conscience de soi, qui s'achève dans ce concept parce qu'il le comprend. Mais ce se-comprendre-soi-même du concept ou la venue-à-soi-même de l'idée n'est autre que la *philosophie*. Si donc d'un côté la philosophie est à comprendre comme l'auto-exposition de l'esprit se comprenant soi-même, s'achevant en son absoluité, si d'un autre côté l'histoire est purement et simplement histoire de l'esprit, philosophie et histoire sont liées l'une à l'autre, au moins dans *l'histoire de la philosophie*, de façon essentielle et non pas seulement extérieurement à la manière positiviste[20]. L'histoire et la philosophie deviennent des aspects ou des moments inséparables, qui se conditionnent mutuellement, *d'une seule et même chose* : de l'esprit en tant que fondement et élément de soi-même. Toutes deux, l'histoire et la philosophie, n'apportent en effet pas seulement une aide à l'esprit dans son exposition-de-soi actuelle et concrète, mais elles *sont* cette exposition-de-soi elle-même.

À l'opposé d'une logique purement formelle, Hegel a fondé la *logique* en tant que procès de l'esprit ou en tant que développement de l'idée absolue à partir de son en-soi abstrait jusqu'à son en – et pour-soi concret. La logique n'est donc en aucun cas un instrument de nature formelle déjà

19. Hegel, *Vorlesungen über die Philosophie der Weltgeschichte*, éd. par G. Lasson, Hambourg, 1930, 3ᵉ éd., I, p. 138.

20. *Einleitung in die Geschichte der philosophie*, éd. par J. Hoffmeister, Hambourg, 1940, p. 120 : « La philosophie et l'histoire de la philosophie sont unes, un reflet l'une de l'autre. » <tr. fr. J. Gibelin, Paris, Gallimard, 1954, p. 110>. P. 35 : « L'étude de l'histoire de la philosophie est l'étude de la philosophie elle-même. »

tout prêt et utilisable, mais l'accomplissement fondateur, par la réflexion, de l'unique chose qu'il y « ait », même si elle n'est pas encore achevée : l'esprit, l'idée ou la vérité. La vérité peut être posée comme identique à l'esprit ou à l'idée, puisque, contrairement à la tradition jusqu'alors régnante, elle n'est pas comprise exclusivement comme énoncé de vérité, ni comme caractère ontologique fondamental de tout étant, ni non plus comme substance ou essence de l'Être en soi toujours déjà achevé et ainsi immuable, au sens que lui donne la métaphysique saisie de façon onto-théologique, mais comme index du procès *achevé* de l'esprit : la certitude devenue absolue du sujet qui se sait lui-même, du sujet absolu. D'où la phrase de l'introduction à la *Phénoménologie de l'esprit* : « Le vrai est le tout. Mais le tout n'est que l'essence s'accomplissant définitivement par son développement »[21].

L'être et la fonction de la logique, c'est alors de réfléchir le mouvement interne de ce tout en tant que système, ou la genèse de la vérité, et de présenter ce mouvement dans sa connexion et sa condition interne. La logique devient ainsi purement et simplement philosophie, ou même – à travers l'identification de l'esprit absolu, de la vérité et de l'idée – théologie spéculative, dans laquelle ce n'est pas Dieu qui détruit la raison, mais la réflexion philosophique qui surmonte Dieu en elle-même : « La logique est ainsi à saisir comme le système de la pure raison, comme le royaume de la pure pensée. Ce royaume est la vérité, telle qu'elle est sans voile en et pour elle-même. On peut donc dire que ce contenu est la présentation de Dieu, tel qu'il est dans son essence éternelle avant la création de la nature et d'un esprit fini »[22].

Si l'histoire est le procès de l'esprit, si l'esprit est donc essentiellement histoire et la philosophie principalement la présentation de cet esprit en tant que logique, ou théologie spéculative, si, de plus, pour le procès de cet esprit, une téléologie représentée et accomplie dans la logique est déterminante, il est alors tout à fait conséquent que, pour Hegel, l'histoire de la philosophie, elle aussi, soit, en soi, absolument logique. Les philosophies particulières, caractérisées par leurs différences d'un point de vue historique, sont des concrétions ou des moments dans le déploiement de l'idée logique ou de la logique en tant qu'idée. Elles occupent un lieu précisément délimité à l'intérieur du déploiement du tout et sont, en raison de l'intégration de l'histoire et de la logique, interprétables à partir de chaque

21. *Phénoménologie de l'esprit*, éd. par J. Hoffmeister, Hambourg, 1952, p. 21 <tr. fr. J.-P. Lefebvre, Paris, 1991, p. 39>.

22. *Logique* I, p. 31. II, p. 356 : L'exposition du concept pur, du développement logique est la « présentation immédiate de l'auto-détermination de Dieu à l'être. » <tr. fr. deuxième tome, p. 211>, *ibid.*, p. 505, 585.

« endroit » de la logique. « La succession des systèmes de philosophie dans l'histoire est la même que la succession en sa dérivation logique des déterminations conceptuelles de l'idée »[23]. L'histoire de la philosophie est alors elle-même la logique ou son apparition dans l'histoire. Dans l'horizon de cette conception, on peut bien concéder qu'il y a des erreurs dans l'histoire, mais le tout en tant que tel n'est jamais réfutable. Les opposés se suppriment en effet en lui dans l'unité de la vérité. Il n'y a pas dans le procès des vérités qui s'excluent réciproquement mais la vérité est unique en tant que « l'unité des opposés »[24]. C'est ainsi que la vérité de chaque philosophie travaille à la vérité du tout, même par des antithèses, qui semblent être contraires à la fin universelle. « Le chemin de l'esprit est la médiation, le *détour* »[25].

Paradoxalement, c'est précisément l'intention de Hegel, de déterminer le particulier comme moment du tout, qui prépare le savoir que toute philosophie et toute position de la pensée – même dans l'art et dans la religion – ont leur signification et leur légitimité propres, conditionnées par l'histoire. Hegel a fondé la possibilité de comprendre les philosophies particulières dans leur individualité et leur actualité[26] précisément par cela qu'il assigne à chaque philosophie un lieu logique et systématique, qu'il prend au sérieux le moment qu'est le système philosophique particulier par rapport au tout, moment en tant que tel (« en soi ») et aussi en tant que surmonté. Car il se représente la philosophie comme « *son* époque saisie dans la pensée »[27]. La philosophie articule donc chaque fois ce qu'il y a de substantiel dans une époque. Mais cette thèse ne veut ni rendre la vérité absolument et universellement relative au temps et à l'histoire, ni la rendre d'une façon générale négligeable, pas plus qu'elle ne veut écarter en la calomniant la vérité « passée » au profit de celle qui a actuellement cours. Bien au contraire, puisque tous les systèmes philosophiques sont liés les uns aux autres et que nous sommes en définitive nous-mêmes conditionnés par notre pré-histoire, il est non seulement légitime, mais même nécessaire de se tourner vers l'histoire de la philosophie, parce que nous trouvons dans l'histoire notre propre présupposition et que nous pouvons ainsi nous comprendre nous-mêmes en elle de façon objective et temporelle. Nous

23. *Einleitung in die Geschichte der Philosophie*, p. 34 <tr. fr. p. 40>. L'élaboration concrète de cette thèse est certes « détruite » par de nombreuses dissonances vis-à-vis de la logique.

24. *Einleitung*, p. 116 <tr. fr. p. 106>.

25. *Einleitung*, p. 62 <tr. fr. p. 62>.

26. Sur l'historicité comme élément de la philosophie, cf. *Tijdschrift voor Filosofie*, 30 (1968), p. 248 *sq.*

27. Hegel, *Principes de la philosophie du droit*, éd. par J. Hoffmeister, Hambourg, 1955, p. 16 <tr. fr. J.-L. Vieillard-Baron, Paris, 1999, p. 75 ; J.-F. Kervégan, Paris, 1998, p. 86>.

n'avons ainsi, dans l'histoire, pas affaire au véritable passé, mais à notre propre présent[28]. « C'est donc (l'histoire de la philosophie) une histoire qui en même temps n'en est pas une; car les pensées, les principes, les idées que nous avons devant nous sont quelque chose de présent; elles sont des déterminations dans notre propre esprit »[29].

En comprenant les philosophies particulières comme des commentaires en vue de la logique ou comme ses moments essentiels mais à dépasser, Hegel soumet certes l'histoire de la philosophie à une systématisation rigoureuse. Celle-ci implique que l'histoire a été consciente à chacun de ses moments, du moins implicitement, du telos posé. À partir de là surgissent des erreurs de jugement riches de conséquences, erreurs qui se détournent du particulier comme s'il s'agissait d'un cadavre, parce qu'il s'agit chaque fois d'interpréter à partir de l'illumination de l'idée propre. Ce qui s'affirme n'est à la fin que le propre; l'étranger ne va pas assez loin pour pouvoir jouer un rôle de correction ou de recherche. À côté de beaucoup de détails dans le système particulier, qui ne sont absolument pas exprimés dans le préconcept hégélien, mais qui pourraient modifier essentiellement la vision d'ensemble, « manque » par exemple toute une époque, le Moyen-Âge : celui-ci est en effet nécessairement, vis-à-vis de l'élévation de la pensée atteinte d'abord dans la pensée grecque et plus tard dans la pensée idéaliste, une « antithèse » à surmonter parce qu'abstraite, non vraie, aliénant la fin de la réflexion philosophique. La connaissance par Hegel, factuellement très mince, de la philosophie du Moyen-Âge, s'accorda à l'exigence systématique de la logique qui requérait une aliénation historique de la pensée initialement atteinte.

Ainsi, aussi bien le système que les présuppositions personnelles de Hegel semblaient rendre légitime le fait de s'éloigner du Moyen-Âge « comme avec des bottes de sept lieues »[30].

2. La fin (*telos*) de l'histoire de la philosophie est de penser le sujet absolu, ou l'esprit, ainsi que l'idée en tant qu'absolue subjectivité. Pour la subjectivité absolue, le rapport réflexif de l'objet et du sujet, leur médiation absolue, est devenue un mouvement interne. Toute extériorité pensable, qui pourrait être objet, est surmontée dans le sujet, médiatisée par la réflexion. Cette réflexion emplit l'objet initialement abstrait et vide, le rend concret. Le commencement immédiat et donc abstrait devient un résultat réflexivement médiatisé : un concret absolu ou un absolu concret.

28. *Einleitung in die Geschichte der Philosophie*, p. 71 <tr. fr. p. 70>.
29. *Einleitung...*, p. 133 <tr. fr. p. 121>.
30. *Vorlesungen über die Geschichte der Philosophie*, XIX p. 99.

Si la fin de l'histoire est la certitude absolue du sujet absolu se concevant lui-même, il est alors atteint dans l'idéalisme spéculatif de Hegel[31]. C'est du moins ainsi que Hegel se comprend lui-même. La fin devient pour lui la norme de l'histoire. Comme la logique, l'histoire commence donc par le plus abstrait et le plus vide, c'est-à-dire par une philosophie qui se livre entièrement à l'objet le plus abstrait, non encore intériorisé par la réflexion. Mais la tendance de l'histoire est la concrétion : ce que l'on nomme la médiation de l'objet dans le sujet par la réflexion; la concentration comme entrée-en-soi toujours plus profonde du sujet qui a dépassé l'objet comme en-soi. D'un point de vue historique, cela signifie : les moments particuliers ou les étapes deviennent toujours plus riches, au fur et à mesure qu'elles conservent en soi, dans le progrès vers la réflexion médiatisante, tout ce qui a précédé. La concrétion décrit un cercle ou un cercle de cercles[32] en tant que retour en soi. Le résultat « concret » ou la fin (*Ende*) se rassemble ainsi à nouveau avec le commencement, désormais médiatisé.

La fin (*telos*) comme norme de l'histoire implique une valorisation continuelle, à leur propre niveau, des moments particuliers dans leur apparition historique. Hegel considère donc comme philosophiquement productifs – parce qu'ils incitent à l'évolution vers l'idéalisme – tous les systèmes dont la « réflexion » et l'idée « concrète » sont constitutifs. C'est pourquoi, dans le domaine de la philosophie grecque, Platon, Aristote et le néoplatonisme sont, selon Hegel, dominants : *Platon* surtout, parce qu'il l'a compris comme le πρῶτος εὑρετής d'une dialectique spéculative, qui est capable de penser l'être et le non-être, l'un et la pluralité comme une unité, l'indifférence ou l'identité *dans* la différence[33] et ne conçoit ainsi pas l'étant sans la négation, mais précisément le non-être comme détermination mouvante de l'étant. Grâce à cette articulation interne pensée par Platon,

31. L'affirmation de Hegel selon laquelle l'idéalisme absolu serait l'achèvement de toute philosophie n'implique pas l'affirmation selon laquelle la philosophie serait par là aussi parvenue à sa fin factuelle. Le principe hégélien de l'historicité de toute tentative de pensée concerne aussi son propre système. Ce qui signifie que toute philosophie ultérieure est tenue à la réflexion sur son propre conditionnement historique. Cette auto-confirmation doit être menée d'abord aussi bien à partir du commencement idéaliste que du commencement transcendantal de Kant, parce que la pensée des temps modernes s'est articulée de façon décisive, objectivement et historiquement, dans ces deux commencements.

32. Hegel, *Einleitung in die Geschichte der Philosophie*, p. 111 ; 118 <tr. fr. p. 103, 109>.

33. Sur le rapport de Hegel à Platon, cf. H.-G. Gadamer, « Hegel und die antike Dialektik », in : *Hegel-Studien*, 1 (1961), p. 173-199. R. Wiehl, « Platos Ontologie und Hegels Logik des Seins », in : Hegel-*Studien*, 3 (1965), p. 157-180. G. Duso, « L'interpretazione Hegeliana della contraddizione nel 'Parmenide', 'Sifista'e 'Filebo' », in : *Il Pensiero*, 12 (1967), p. 206-220. Du même auteur, *Hegel interprete di Platone*, Padoue, 1969.

l'étant ne demeure pas figé et indifférencié, mais devient, en tant qu'universel actif, vivant, en soi différencié, le mouvement logique lui-même : l'idée. Cette interprétation se rapporte en particulier aux dialogues spéculatifs *le Sophiste* et *Parménide*. – *Aristote* est pour Hegel déterminant avant tout parce qu'il a pensé le concept d'une pure activité à partir d'elle-même (ἐνέργεια), concept qui le premier rendit possible une détermination de l'être absolu en tant que pure pensée, en tant qu'idée demeurant semblable à elle-même. C'est surtout la citation de la *Métaphysique* d'Aristote, XII, 7, que Hegel fait figurer sans commentaire à la fin de son *Encyclopédie*, qui est éclairante quant au sens de « l'auto-rattachement » de Hegel à Aristote. Puisque ce passage contient l'idée centrale de la théologie aristotélicienne, à savoir que Dieu se pense soi-même et en tant que « pensée de soi-même » (νοήσεως νόησις) est pure effectivité, la meilleure des vies infinies c'est-à-dire la pensée, nous ne sommes pas loin de pouvoir affirmer que Hegel conçoit le Dieu aristotélicien qui se pense soi-même comme une étape préalable essentielle pour la « raison qui se sait elle-même » atteinte dans l'idéalisme, ou « pour l'idée éternelle étant en et pour soi, qui est active, se produit et jouit de soi-même en tant qu'esprit absolu »[34]. Ceci confirme Hegel dans sa propre interprétation d'Aristote : « Aristote a ainsi travaillé également sur ces formes spéculatives qui sont encore de nos jours les plus profondes, et les a exprimées dans la détermination la plus haute »[35]. Aristote pense, selon Hegel, « l'Absolu » non pas comme « une identité morte », mais comme unité de la subjectivité et de l'objectivité, qui « dans la différenciation est en même temps identique à elle-même »[36]. La différence entre sa pensée propre et celle d'Aristote, Hegel la voit en ceci que Aristote ne pensait pas encore la pensée comme unique vérité (non pas « Tout est pensée »), mais seulement comme « ce qui est premier, le plus fort, le plus respectable ». « Nous disons au contraire : que la pensée, en tant que ce qui se rapporte à soi-même, *est*, c'est là la vérité ; que la pensée est *toute* la vérité … Même si Aristote ne s'exprime pas de la même façon que la philosophie actuelle, c'est pourtant exactement le même point de vue qui fonde sa pensée »[37]. H.-G. Gadamer[38] a discuté de façon convaincante la justesse de cette thèse de Hegel en montrant qu'il présente la forme grecque de la « réflexion en soi » à partir de sa propre représentation de l'Absolu, c'est-à-dire de l'activité, de la vie, de l'esprit, et ne part pas de l'*être-pensé* d'un Très-Haut par le Très-Haut, ce

34. *Encyclopédie…*, § 577 <tr. fr. p. 374, que nous modifions>.
35. *Vorlesungen über die Geschichte der Philosophie*, XIV (1842, 2e éd.), p. 295.
36. *Ibid.*, p. 295.
37. *Ibid.*, p. 295/6.
38. *Hegel und die antike Dialektik*, p. 194 *sq.*

qui serait seul approprié à Aristote. Hegel attribue alors à Aristote la représentation selon laquelle le Très-Haut serait le soi du penser lui-même et non pas un pensé en tant que soi-même dans le penser divin.

Ce reflet de son propre Absolu dans le Dieu aristotélicien, Hegel le retrouve, à une puissance supérieure, dans le *néoplatonisme*. C'est pourquoi il le décrit avec une certaine légitimité comme néo-aristotélicien[39]. Le néoplatonisme, pour cette raison qu'en lui, comme chez Aristote, la conscience de soi se savait elle-même comme l'Absolu, est non seulement le point final temporel, mais aussi en même temps le point culminant objectif de la philosophie grecque. Son idée fondamentale est « la pensée qui se pense elle-même, le νοῦς qui est à soi-même son objet »[40]. Même si Platon et Aristote ont peut-être admis l'idée comme le principe suprême de l'être et de la pensée, il y avait encore quelque chose en dehors d'elle, le singulier et le fini, qui demeure cependant en tant qu'extérieur nécessairement abstrait. Le néoplatonisme, en revanche, a porté à la conscience l'idée comme en soi concrète[41]. Elle est pour le néoplatonisme l'essence en soi et pour soi, ce qui « contient tout »[42], de telle sorte qu'il n'y a qu'*une* idée et que tout est idée. Cette idée est concrète, parce qu'elle n'a rien en dehors d'elle, qu'elle est unité complètement transparente avec elle-même, et en même temps Soi véritable. La tendance fondamentale de la philosophie grecque, de libérer l'individu de la connaissance sensible immédiate[43], s'est accomplie à travers le néoplatonisme dans un idéalisme universel déjà possible à ce niveau de la conscience, dans le « développement de la pensée en une totalité qui s'élève au-delà du sensible et de l'imagination »[44].

L'idée concrète est l'*Absolu*. Puisque désormais l'idée non seulement (comme chez Platon) *est* concrète, mais est aussi *connue* en tant que concrète (d'abord à travers elle-même), l'Absolu est également connu en tant que concret, « l'idée dans sa totale détermination concrète en tant que trinité, triade de triades, de telle sorte que celles-ci continuent toujours à émaner. Mais chacun est en soi trine, de telle sorte que les moments abstraits de cette triade eux-mêmes sont aussi saisis en tant que totalité … Les Alexandrins sont la totalité concrète en soi »[45]. Que l'idée déclarée par Hegel fondamentale, l'Absolu se sait lui-même en tant que concret, ne soit

39. Hegel, *Vorlesungen über die Geschichte der Philosophie*, XIX p. 10 <tr. fr. p. 817>.

40. *Vorlesungen*..., XIX p. 13 <tr. fr. p. 819>.

41. XIX p. 3, 13 *sq.* <tr. fr. p. 811 ; 819 *sq.*>.

42. XIX p. 13 <tr. fr. p. 819>.

43. XIX p. 94 <tr. fr. p. 945 : « Par la philosophie, la pensée veut s'arracher au sensible »>.

44. XIX p. 94 <tr. fr. p. 945>.

45. XIX p. 95 <tr. fr. p. 946-947>.

en fait qu'*une* mais pas l'*unique* idée fondamentale du néoplatonisme, qu'elle s'applique en tous cas *mutatis mutandis* au νοῦς plotinien ou proclusien, voilà qui est en dehors de l'horizon du préconcept hégélien. Une unité non-pensante (l'Absolu) serait pour Hegel impossible, parce que ce n'est pas la question du rapport de l'unité et de la pluralité qui est pour lui la plus importante, mais celle de la structure de pensée du sujet absolu, question dans laquelle la première est certes impliquée, mais en étant transformée de façon décisive.

3. Hegel comprit le savoir-de-soi du concret comme la tâche essentielle du néoplatonisme et considéra d'autre part le concept de triade comme constitutif de cette pensée, c'est là l'une des raisons pour laquelle il interpréta Proclus comme le « point culminant de la philosophie néoplatonicienne »[46].

La réflexion décrit dans ce qui suit, à chaque degré, un cercle herméneutique : elle constate que l'interprétation de Proclus par Hegel procède de façon éminemment hégélienne, mais éclaire ainsi d'un nouveau jour beaucoup d'idées originales de Proclus. Il est en même temps clair que ce que Hegel reconnaît de préférence chez Proclus correspond à des éléments essentiels de sa logique, de telle sorte que l'étranger est difficile à séparer du propre. Le « proclusien » – de même que le platonicien ou de l'aristotélicien – est ainsi, dans la logique, l'unité, dont la différenciation est incertaine, de pensées originellement propres et de ce que Hegel lui-même, dans sa pensée propre, identifia avec Proclus.

Proclus accomplit selon Hegel la fin générale de la philosophie grecque, désensualiser la pensée et la constituer comme « totalité », ou constituer purement et simplement la totalité : le monde de la pensée s'est consolidé, « le tout s'est élevé à la pensée, et ce tout a été nommé Dieu et sa vie en lui »[47]. Ainsi est au minimum souligné l'aspect théologique universel, se fondant sur le concept philosophique, de l'être dans le néoplatonisme, et tout particulièrement chez Proclus. Tout est ici empli de dieux, bien qu'il s'agisse du déploiement du principe philosophique, l'Un lui-même.

a) L'allusion précédente à ce qui provoqua l'hymne de louange de Hegel à Proclus doit maintenant être précisée : Proclus contient « ce qu'il y a de plus excellent et de plus élaboré chez les néoplatoniciens », parce qu'il a approfondi de façon conséquente le concept de « totalité concrète » et qu'il l'a fondé par ou dans un être réflexif. La structure de cette *totalité concrète* est la triade ou trinité (triplicité). La totalité est concrète parce que les éléments particuliers de la triade ne sont pas compris comme chacun fixés en soi en tant qu'unités fermement établies, mais comme des moments

46. XIX p. 93 <tr. fr. p. 942>.
47. XIX p. 94 <tr. fr. p. 945>.

d'un tout, d'une unité en soi différenciée ou même comme moments dans le procès de déploiement du principe unique. Proclus ne laisse pas « la trinité dans ses moments abstraits », il en fait bien plutôt une « totalité de la trinité, par laquelle il obtient une trinité réelle; de telle sorte que ce sont trois déterminations qui constituent la totalité, mais de telle façon que chacune doit à nouveau être considérée comme accomplie en elle-même et concrète. Et ceci doit être considéré comme un point de vue totalement juste, jusqu'auquel il a progressé. Ces différences dans l'idée, en tant que demeurant avec soi dans l'unité, sont aussi déterminées essentiellement en tant que tout, parce qu'elles sont les moments, les différences de l'unité; de telle sorte que l'unité dans ses différences est totalement ce qu'elle est, de telle sorte que chacune de ces différences est dans la forme d'une totalité »[48]. Chaque triade est ainsi en soi concrète, mais le tout des triades est lui aussi pensé comme concret. Même si, dans la déduction hégélienne, par exemple de la triade « être-vie-esprit », beaucoup d'éléments peuvent être confus et troublants, son insistance sur la « concrétude » de la triade donne à cette nouvelle interprétation une touche de légitimité, vérifiable par les textes : la triade proclusienne, en dépit des différences subordinatives, qui la déterminent, de ses membres, doit être saisie comme unité ou comme *identité dynamique*. Le triadique dans le déploiement du tout à partir de l'Un n'est pas seulement un principe d'articulation formellement logique, mais une structure ontologique qui – à côté de l'hénadique – unit en eux-mêmes, de la façon la plus intense, des éléments particuliers de l'être, et unit ceux-ci à nouveau vers l'unité du tout. La triade ou la triplicité est tout aussi peu pour Hegel un schématisme formel : « Dans l'authentique triade n'est pas seulement produite l'unité, mais aussi l'unicité, la conclusion à l'unité riche de contenu et effective, qui dans sa détermination totalement concrète, est l'esprit. »[49]

Le sens qualitatif et la portée philosophique de la compréhension de Proclus par Hegel apparaîtra plus clairement à partir de sa *Logique*. Si la fin, aussi bien de la logique que de l'histoire de la philosophie est que l'esprit se comprenne lui-même en tant qu'absolu, alors, cela n'est possible, selon Hegel, que dans un dépassement universel de tous les opposés dans l'unité de la pensée. La médiation réflexive de l'être et de la pensée fluidifie chaque abstrait, qui est à comprendre en soi comme opposition : elle le concrétise. Le tout en tant que sujet absolu doit donc

48. XIX p. 79 <tr. fr. p. 924-925>.

49. *Logique*, I, p. 338 <ne se trouve pas dans la traduction française, qui est celle du texte de 1812, alors que l'édition Lasson, citée ci-dessus et la plus répandue en Allemagne, reprend la deuxième version de Hegel, publiée en 1832. Nous avons cité la traduction française lorsque les deux éditions sont semblables. N.d.t.>.

être identité concrète en dépit de ou dans la différence. La méthode, qui est le cours dialectique de la chose elle-même, a donc un « système de la totalité »[50] comme résultat. Celui-ci est à comprendre comme un mode d'être du sujet absolu. Si Hegel met maintenant en évidence, à partir de Proclus, le concept de la totalité concrète ou de la trinité concrète, c'est seulement pour montrer que dans la triade, en dépit de la différence de ses moments, le commencement qui-fait-surgir demeure contenu dans les moments et garantit l'unité dialectique des trois. Il ne s'agit certes pas, embarrassé peut-être par la touche de légitimité de l'interprétation hégélienne du concept proclusien de triade, de négliger ce qui différencie les deux systèmes. Hegel l'indique lui-même : bien que, dans le néoplatonisme, selon sa propre interprétation, l'Absolu ait été pensé comme sujet se sachant soi-même, comme sujet concret, cette philosophie demeure fermée à la pensée de la *subjectivité infinie*, et celle-ci en tant que *liberté* absolue, en tant que MOI[51]. La totalité concrète en tant qu'énoncé sur la triade ne peut donc pas, même dans l'interprétation hégélienne de Proclus, être pensée immédiatement comme identique avec le « système de la totalité » en tant que fin de la logique, fin qui signifie la subjectivité accomplie : « Le plus riche est le plus concret et le plus subjectif, et ce qui se reprend dans la profondeur la plus simple est le plus puissant et ce qui a la plus large influence. La suprême pointe affinée est la pure personnalité, mais qui, par la dialectique absolue qui est sa nature, saisit et maintient tout aussi bien tout en soi, parce qu'elle se fait la plus libre – elle se fait simplicité qui est la première immédiateté et universalité. »[52] La trinité néoplatonicienne, en particulier proclusienne, pensée comme une totalité concrète, fonctionne ainsi seulement en tant qu'*étape préalable* à l'idéalisme absolu, parce qu'elle est certes en elle-même triade pensante, mais pas encore subjectivité absolue. Le fait que, chez Proclus, *chaque* triade ne soit pas en soi unité pensante, voilà qui est à nouveau en dehors du préconcept hégélien, selon lequel la pensée devrait être toute la vérité, c'est-à-dire l'être dans son ensemble devrait être « idée » se réfléchissant et le système proclusien devrait donc légitimement être compris comme « système intellectuel »[53].

Même si, contrairement à l'interprétation hégélienne, un tel système intellectuel universel n'est pas encore atteint chez Proclus, le triadique en tant que forme de pensée déterminée qualitativement demeure cependant aussi significatif dans une ontologie métaphysique que dans une philosophie de la subjectivité du sujet. Car ce n'est pas la représentation de

50. *Logique*, II, p. 502 <tr. fr., deuxième tome, p. 388>. Cf. également p. 489, 490, 499.

51. XIX p. 95 <tr. fr. p. 947>.

52. *Logique*, II, p. 502 <tr. fr. deuxième tome, p. 388-389>.

53. Comme le fait Hegel lui-même : XIX p. 47, 74 <tr. fr. p. 869, 914>.

l'auto-aliénation d'un sujet qui est décisive pour le sens de la « triade », mais avant tout le concept de l'*altérité* ontologique, logique et intellectuelle en elle. L'élément négateur dans l'altérité est cause aussi bien de la relation dialectique de l'être en soi que du mouvement dialectique du sujet, certes compris, dans ce mouvement, en tant que négation productive. La triade assemble aussi bien la motion de l'être que le mouvement du sujet de façon « définitive » dans une unité concrète, pour le premier dans une identité relationnelle, pour le dernier dans l'identité reconquise, absolument devenue[54]. Pourtant, en ce qui concerne la *différence* du concept hégélien et proclusien de la triade, la « genèse » de ce concept est chaque fois décisive : tandis que, pour Hegel, le deuxième membre de la triade est posé de façon purement antithétique vis-à-vis du premier et que c'est exclusivement la négation en lui qui agit de façon médiatrice en tant que négation de la triade elle-même, le deuxième membre de la triade proclusienne est d'abord médiation qui, en dépit de son altérité vis-à-vis du premier, est toujours davantage semblable à celui-ci que le troisième médiatisé. La médiation garantit cependant la ressemblance *dans* la dissemblance du troisième vis-à-vis de l'origine du mouvement.

b) À la réflexion positive de Hegel sur le concept procluso-hégélien de triade en tant que totalité concrète correspond l'affinité de Hegel vis-à-vis de la triade proclusienne μονή - πρόοδος - ἐπιστροφή : *demeurer – sortir – revenir*. Cette triade, déjà préparée par Plotin, est à saisir comme la loi fondamentale de l'être et de la pensée, expliquée systématiquement par Proclus. Elle est le fondement qui met en mouvement chaque triade particulière de même que l'unité de tous les éléments de l'être : fondement de la mobilité et de l'unité du cosmos, principe du retour cyclique du monde dans son fondement, mais tout particulièrement principe structurel de l'esprit, qui est essentiellement réflexion sur soi-même et ainsi sur son origine constitutive[55]. Cette dernière caractéristique est pour Hegel directrice. Le procès dialectique de l'Absolu vers lui-même, la logique donc, peut être compris à partir de ce principe : immédiateté initiale (μονή), qui implique déjà le tout comme étant-en-soi ; sortie de soi ou aliénation du

54. Une réflexion philosophique adéquate sur la dialectique triadique de Hegel, qui est au fondement de sa spéculation trinitaire, est encore à venir, en dépit de J. Splett, *Die Trinitätslehre G. W. F. Hegels*, Fribourg, 1965. La méthode de Hegel apparaît dans une certaine mesure appropriée pour dégager les implications philosophiques originaires du concept chrétien de trinité.

55. Au sujet de cette triade, W. Beierwaltes, *Proklos*, p. 118 *sq.* Le cercle comme achèvement (συμπέρασμα) avec soi-même : Procl., *in Parm.* 1152, 1-8. *Elem. theol. prop.*, 33. Sur le concept hégélien du « retour », cf. B. Lakebrink, *Die europaïsche Idee der Freiheit*, I. Teil : *Hegels Logik und die Tradition der Selbstbestimmung*, Leiden, 1968, 224 *sq.*, 242 *sq.*

commencement dans l'être-autre de l'esprit, dans la nature (πρόοδος); enfin retour en soi, aller-en-soi, ré-intériorisation (ἐπιστροφή) dans l'identité demeurant auprès de soi. Le dernier est déjà décisif dans le premier: tout le mouvement est un acte de réflexion en soi, auto-réflexion du sujet qui devient toujours plus sûr de lui et ainsi toujours plus riche, auto-médiation de l'Absolu en tant qu'unification du commencement propre avec l'achèvement propre. Le commencement abstrait, la négativité de l'immédiateté est ainsi conduite par-delà l'aliénation et à partir d'elle à sa fin concrète (son résultat). Ce mouvement qui fusionne avec lui-même est celui d'un *cercle* : le même surgit, quel que soit le point de départ, mais désormais réflexivement médiatisé. « Même la logique dans l'idée absolue est donc retournée à cette unité simple qui est son commencement; la pure immédiateté de l'être, dans lequel d'abord toute détermination apparaît comme éteinte ou omise par l'abstraction, est, par la médiation, c'est-à-dire par le dépassement de la médiation vers l'égalité qui est sienne, l'idée parvenue à soi. La méthode est le pur concept qui n'a de relation qu'à lui-même; elle est donc le simple rapport à soi, qui est être. Mais c'est aussi désormais l'être empli, le concept qui se comprend, l'être en tant que totalité concrète, en même temps tout simplement intensive. »[56] Bien que l'ontologie néoplatonicienne exclue totalement la représentation d'un devenir-soi de l'Absolu semblable à un procès – ce qui devient est toujours seulement ce qui n'est pas le principe – il n'est pas surprenant que Hegel retrouve précisément dans le néoplatonisme son philosophème fondamental : le retour réflexif en tant qu'auto-médiation du sujet. Le point de départ légitime est, mutatis mutandis, le νοῦς. Pour Plotin le νοῦς est – selon Hegel – « se-trouver-soi-même de soi même », « s'infléchir soi-même en retour en tant que mouvement circulaire » vers l'unité absolue[57]; « il tourne le monde intelligible vers lui-même »[58], dans la pensée de lui-même il surmonte les différences en soi. Il est ainsi un univers vivant. – Pour Proclus, selon l'interprétation de Hegel, le νοῦς est d'abord « ce qui revient en arrière »[59]. Proclus, à l'inverse de Plotin, ne fait pas dériver immédiatement le νοῦς de l'Un, ce que Hegel considère comme un progrès, puisque le νοῦς comprend encore dans sa réflexion toutes les différenciations qui étaient avant lui. C'est pourquoi Hegel qualifie Proclus de « plus logique » ; il rend en effet le νοῦς plus « riche », c'est-à-dire plus concret, grâce à une « différenciation de ses moments plus pure, plus façonnée ». Mais le principe dialectique dans le νοῦς est le retour

56. *Logique,* II, p. 504 <tr. fr. deuxième tome, p. 391, que nous modifions>.

57. XIX p. 50 *sq.* <tr. fr. p. 877 *sq.*>.

58. Notes de cours de Hotho (cf. n. 2) 113 a.

59. XIX p. 80 <tr. fr. p. 928>. Notes de cours Hotho 113 b.

(ἐπιστροφή) qui dépasse la négation (πρόοδος, ἑτερότης), qui médiatise le νοῦς avec lui-même. Tout dans le νοῦς et – ce qui est conforme au point de départ idéaliste – tout ce qui est avant lui est « une pensée, une idée : ce qui persiste, ce qui progresse et ce qui revient en arrière »[60]. Mais le retour en arrière signifie toujours retour à l'unité, concrétion vers la totalité.

Le *retour en arrière* et la *négation*, la médiation de l'autre vers le propre, sont donc essentiels pour la *dialectique*. Hegel comprend également Proclus par rapport à ce concept : la dialectique est à l'œuvre chez Proclus non seulement dans la réflexion philosophique, mais aussi dans l'étant lui-même : toutes les déterminations doivent se résoudre en elles-mêmes et revenir dans l'unité. « Le négatif est précisément ce qui divise, ce qui produit, ce qui est actif, opposé au simple … Par la dialectique il (Proclus) veut reconduire toutes les différences à l'unité. »[61] Indépendamment de l'interprétation hégélienne, il faut remarquer que toutes deux, la dialectique ontologique en tant que motion de l'être et la dialectique idéaliste en tant que mouvement du sujet, sont déterminées par les trois étapes : sortie de soi, division, devenir-soi-même-autre d'un commencement qui est déjà le tout de façon idéelle ou cachée (κρυφίως), et retour de ce commencement en soi-même. La différence fondamentale demeure certes : le commencement idéaliste *devient* d'abord ce qu'il doit être, c'est-à-dire sujet absolu, le plus riche, le plus concret, alors que le commencement ontologique est toujours déjà le plus riche et le plus concret, est toujours déjà ce qu'il est et peut être ; le retour en lui de ce qu'il a causé ne lui ajoute rien.

Hegel a fait du triadique le trait fondamental de la philosophie proclusienne[62]. La triade est pour lui l'identité concrète, ou encore : tout concret est triadique. Sa logique elle-même est, dans le particulier et en tant que déploiement du tout, une dialectique triadique, un cercle de cercles reposant sur le triadique. Ici aussi apparaît une affinité entre Hegel et Proclus qui va bien au-delà des éléments formels et qui, à vrai dire, n'a pas

60. XIX p. 90 <tr. fr. p. 939>. Le texte est une paraphrase de Proclus, *Theol. Plat.*, III 14 ; 143, 35 *sq.* Portus : καὶ ἔστιν ἑνοειδῆ πάντα ταῦτα καὶ νοητὰ τὸ μένειν, τὸ προϊέναι, τὸ ἐπιστρέφειν.

61. XIX p. 77 <tr. fr. p. 918>.

62. Le triadique chez Hegel et Proclus est devenu chez E. von Hartmann (*Geschichte der Metaphysik*, Leipzig, 1899, I, p. 180) l'occasion d'une critique calomnieuse instructive sur l'auteur lui-même, qui n'est capable de penser le triadique ou la triplicité de la pensée que comme un schéma vide sans concept ni détermination immanente : « Pour la dernière fois, la couronne de laurier flétrie et effeuillée de Proclus a été rafraîchie par Hegel, qui a trouvé dans sa triade un prédécesseur de sa dialectique triadique, et cela non sans légitimité, pour autant que la dialectique triadique de Hegel est proche par son esprit de la perspicacité stérile et de la soif de schématisation routinière de Proclus. »

été vérifiée par Hegel lui-même en tant que telle[63] : la triade μονή - πρόοδος – ἐπιστροφή est pour Proclus aussi la structure fondamentale (la loi) du *cercle*. Pour l'un et l'autre, le cercle est la forme la plus concrète, celle qui détermine logiquement et ontologiquement la structure du νοῦς et du monde, ou encore qui *est* le sujet : le cercle est – d'un point de vue idéaliste – la réalisation la plus achevée du concept qui se comprend soi-même.

Ainsi, la triade en tant qu'identité concrète, mais en particulier la loi fondamentale dynamique « demeurer – sortir – revenir » dans le mouvement de chaque triade et du tout, de même que le cercle qui se constitue dans ce mouvement triadiquement dialectique, tels sont les préconcepts néoplatoniciens de la dialectique hégélienne, transformés en elle – dans le contexte de la nouvelle pensée fondamentale – en concepts propres caractéristiques.

La structure dialectique de la philosophie proclusienne ainsi comprise, dans sa tendance vers l'idéalisme, justifie la description qu'en donne également Hegel, en tant que « spéculative ». Il identifie « spéculatif » au terme néoplatonicien « mystique » : « Mystique signifie au sens propre spéculatif »[64] ; « ce qu'il y a de mystique, c'est que ces différences, qui sont déterminées en tant que totalités … sont saisies en tant qu'Un »[65]. Il est constitutif de la pensée spéculative selon Hegel de maintenir la contradiction et de se maintenir soi-même en elle. La contradiction, l'opposition ou la négation ne doivent donc ni être en dehors de la pensée, ni la dominer. C'est précisément l'index du caractère vivant d'une pensée que d'avoir la force de conserver la négation en tant que contradiction, ou encore lorsque sa détermination positive peut s'établir au delà de sa détermination négative tout en la conservant dans le dépassement. C'est pourquoi Hegel nomme aussi le spéculatif le « positivement rationnel ». Mais le rationnel est toujours quelque chose de concret. La philosophie de Proclus est donc selon ce concept spéculative pour autant qu'elle pense le concret : de telle sorte donc qu'elle ne tolère pas une diversité dépourvue de totalité, abstraite, mais que ce qui est opposé ou contradictoire dans le divers soit toujours déjà surmonté dans l'unité pensante (νοῦς) ou dans l'unité universelle (ἕν). En lui est en effet « contenu le tout de façon idéelle ».

63. Cf. W. Beierwaltes, *Proklos*, p. 165-239.

64. Notes de cours de Stieve (cf. n. 2), p. 84.

65. XIX p. 91 <tr. fr. p. 940>. En note : « Une mystagogie, c'est précisément ce qu'est cette philosophie spéculative, cet être dans le penser, auto-jouissance, intuition. » Cf. également *Einleitung in die Geschichte der Philosophie*, p. 210 <tr. fr. p. 187>. – « Récapitulation spéculative – clergé philosophique », comme le dit Hegel dans les notes manuscrites aux paragraphes 472/3 de son *Encyclopédie* de Heidelberg au sujet de la philosophie des néoplatoniciens (communication amicale de la note par Otto Pöggeler).

c) L'insistance particulière de Hegel sur les concepts proclusiens de *limite*, *illimité* et *vie* complète et précise encore la compréhension de Proclus par Hegel esquissée jusqu'alors.

Hegel reconnaît la triade πέρας - ἄπειρον - μικτόν (la limite, l'infini ou l'indéterminé, le mixte) comme la triade la plus significative pour la structure qualitative de l'être dans son ensemble. Cette première triade « contient tout en soi ». Chacune des triades suivantes est ainsi « la même posée dans l'une des trois formes qui constituent la première triade »[66]. L'être (le demeurer, la substance comme le dit Hegel) est ainsi dans la triade être – vie – pensée en tant que limite, dans laquelle les éléments des dimensions suivantes sont d'abord enfermés sans évolution, « dans le rigide – … ce qui n'est pas développé »[67]. La limite est unité négative, subjectivité en général (c'est-à-dire proprement individuelle, « égoïste »[68]), elle est l'en-soi, l'abstrait. Et ceci aussi bien en tant que premier membre de la triade elle-même qu'en tant que détermination des autres membres des triades, par exemple de l'être et de l'esprit. Dans la logique, la négativité est le propre de la limite ; elle est « négation réfléchie en soi de quelque chose » en tant que quelque chose de déterminé, qui exclut l'autre. Elle est en même temps non-être de cet autre, parce que le quelque chose lui-même *est* précisément par sa limite[69]. Mais le rapport négatif de la limite à soi-même est aussi, selon la représentation du renversement dialectique hégélien, sa propre négation et ainsi son propre dépassement, passage dans l'in-fini. Pour le πέρας proclusien, cela signifie, en termes hégéliens : si la limite contient en soi tous les éléments de ce qui suit de façon fixe, non développée, alors la possibilité de la limite elle-même est, en tant que négativité (« unité négative » abstraite), la cause de l'auto-développement du πέρας en ἄπειρον. Alors la « répulsion » du πέρας vis-à-vis de lui-même en tant que négation de lui-même devient l'explication de ce que le πέρας en soi est ou implique. L'ἄπειρον, la limite décomposée et surmontée, ne peut, là non plus, demeurer fixé en soi en tant qu'élément d'une triade, pour autant que la triade ne doit précisément pas être unité, identité ou totalité négativement abstraite, mais concrète. Μικτόν est ainsi compris par Hegel comme l'unité de la triade avec elle-même, l'unité concrète de ce qui est opposé en elle[70]. Cette première unité des moments en soi opposés, πέρας (limite) et ἄπειρον (infini), est οὐσια : l'être, la substance, ce qui

66. XIX p. 87 <tr. fr. p. 935>.

67. *Ibid.*

68. *Ibid.*, p. 90 <tr. fr. p. 939>.

69. *Logique*, I, p. 113 *sq.* (la même idée se retrouve dans la trad. fr., premier tome, premier livre, p. 97).

70. Cf. XIX p. 86 <tr. fr. p. 934>.

demeure, l'infini revenu en soi, devenu concret avec le fini. En tant que premier membre de la triade être – vie – pensée, ce qui est désormais devenu concret est certes de nouveau limite abstraite. La triade πέρας - ἄπειρον - μικτόν est ainsi, en raison de la *négativité* dynamique en elle, le modèle formulé de façon proclusienne de la dialectique hégélienne, modèle qui suppose l'acte de la triade fondamentale μονή - πρόοδος - ἐπιστροφή : dans le μικτόν (le concret), le commencement revient en soi. À partir de son concept de la dialectique, Hegel comprend donc πέρας et ἄπειρον comme ces principes qui garantissent la « continuité en tant qu'auto-production » de l'Un[71]. Que la limite (selon Hegel : le fini) ne demeure pas enfermée en soi, mais devienne infinie par l'auto-négation de soi-même, tandis que l'infini se concrétise avec le fini en l'être, telle peut être l'une des raisons pour lesquelles Hegel a compris la philosophie néoplatonicienne comme un « idéalisme supérieur », et ceci de façon évidente à partir de son point de départ philosophique : « L'idéalisme de la philosophie ne consiste en rien d'autre que dans le fait de ne pas reconnaître le fini comme un étant véritable »[72]. Le concept de fini n'est certes ici pas à penser seulement en rapport à ce qui est changeant et sensible, mais aussi à l'intelligible « limité », s'il doit pouvoir comprendre le πέρας proclusien de façon idéaliste.

Ce qui différencie Hegel de Proclus – mais qui est recouvert par son préconcept de la dialectique – est la représentation d'une « négation créatrice » constitutive de la dialectique. Πέρας et ἄπειρον sont certes également, dans le sens proclusien, en soi « négatifs » pour autant qu'ils sont « différents », une pensée qui, d'un point de vue historique, est conditionnée par l'identité, pensée pour la première fois dans le *Sophiste* de Platon, du μὴ ὄν et du θάτερον. Cette négativité ou altérité demeure cependant, en dépit du mouvement interne de la triade, à peine relationnelle, par comparaison avec Hegel elle est même « statique », puisque ce n'est pas *à partir de soi,* en initiant un procès et en le maintenant en mouvement, qu'elle *devient* l'autre et pose ainsi du nouveau. Ce qui constitue l'autre dans chaque élément ainsi que le domaine de l'être dans son ensemble est toujours seulement la δύναμις active de l'Un lui-même.

Que Hegel veuille retrouver chez Proclus *son* concept de la négation créatrice (dynamique), cela apparaît également dans l'erreur d'interprétation d'un passage de la *Theologia Platonis* de Proclus[73] : ὡς οὐκ εἰσὶ στερητικαὶ τῶν ὑποκειμένων, ἀλλὰ γεννητικαὶ τῶν οἷον ἀντικειμένων. Τῷ γὰρ οὐ πολλὰ τὸ πρῶτον ὑπάρχειν ἀπ' αὐτοῦ πολλὰ πρόεισι, καὶ τῷ μὴ

71. *Ibid.*, p. 83 <tr. fr. p. 930>.

72. *Logique,* I, p. 145.

73. II 10 ; 108 ; 45-49 Portus. Hegel XIX, p. 76 <tr. fr. p. 917>.

ὅλον ἡ ὁλότλης, καὶ ἐπὶ τῶν ἄλλων ὁμοίως. Selon la traduction de Hegel : « …. qu'elles (les négations) ne sont pas un dépassement de ce dont elles sont dites (du contenu), mais les productions de déterminations selon leurs lois. Donc, lorsque Platon montre que le premier n'est pas multiple, cela signifie que le multiple sort du premier, qu'il n'est pas un tout, cela signifie que la totalité sort de lui, etc. » Proclus veut dire que l'Un, en tant qu'absolument non-multiple, est précisément le premier de tout, donc aussi la possibilité positive du multiple, en tant que non positivement nommable par un énoncé catégoriel – rien par rapport à tout – il est cependant cause de tout quelque chose catégoriellement nommable. Au fond, cela signifie que le premier n'est même pas encore *exprimable* de façon adéquate par la négation, mais que même cette négation doit être « ôtée » (négation de la négation). – Hegel au contraire généralise la fonction de négation et la comprend comme élément moteur dans le procès de développement de l'Un, dans lequel il fait contenir le tout de façon « idéelle ». La négation de la négation proclusienne n'est donc pas comprise comme mode d'énoncé mais comme acte productif de l'Un lui-même : « négation qui met au jour, qui affirme » en *lui*, comme son mouvement interne, qui médiatise les opposés et surmonte ainsi la division qui était, de façon immanente, originaire[74]. L'être-prélevé de la négation signifie donc que les négations *dans* l'Un « ne peuvent pas demeurer absolues », c'est-à-dire que l'Un les surmonte en lui-même et se « divise » ainsi, devient « actif », « productif »[75]. Car « la négation est aussi là l'achevé, le sortir de soi de l'unité et le retour en soi »[76]. Le déploiement néoplatonicien de l'Un doit donc commencer exactement de la même façon que la logique hégélienne : par une auto-négation active du commencement. Ainsi, que l'Un proclusien ne doive ni être empli par une négation créatrice, parce qu'il est toujours déjà ce qu'il est, qu'il ne laisse pas non plus surgir de lui-même du plus achevé parce que plus différencié, Hegel ne peut pas ou ne veut pas le prendre en compte[77].

74. Notes de cours Hotho, 113 b.

75. XIX p. 77 <tr. fr. p. 917>.

76. Notes de cours Hotho, 113b.

77. Dans l'édition de Michelet (p. 76 <tr. fr. p. 916>), le passage cité dans la note 73 de la *Theologia platonis* de Proclus est introduit par la remarque suivante : « Il (Proclus) la trouve (c-à-d. la production de l'Un) déjà dans le Parménide platonicien (Proclus écrivit un commentaire à ce sujet; t. IV-VI de Cousin). » Les notes de cours de Hotho 113 b (du semestre d'hiver 1823/24) donnent l'impression que Hegel cite la même idée à partir du commentaire proclusien du *Parménide* – il doit s'agir du t. VI 47 *sq.* (Cousin ; dans l'édition de 1864, p. 1075-1077) – : « Nous voyons ici un résultat seulement négatif. Proclus, dans son commentaire, dit : la négation n'est pas à comprendre comme simple privation, mais essentiellement comme négation affirmative et productrice, mise au jour des déterminations d'après leurs opposés ». La dernière partie de la phrase (« mise au jour … ») correspond à la

Conformément à un texte de la *Theologia Platonis*[78] proclusienne, Hegel nomme *vie* « ce qui est né en même temps que la possibilité infinie »[79]. La vie est elle-même « toute la totalité » (parce qu'elle relie l'être et l'esprit) « dans la forme de l'infini, de l'indéterminé, de telle sorte qu'elle est une pluralité ; mais elle comprend aussi le retour en arrière, la limite » (c'est-à-dire qu'elle est la fonction noétique, l'élément mobile de l'esprit), « par lequel elle devient toujours conforme au principe, à l'*ousia* »[80].

Le concept de vie, dans lequel Hegel veut manifestement comprendre la forme proclusienne de la vie, est déterminé à partir de la théologie aristotélicienne transformée à la façon idéaliste : la vie en tant qu'acte ou activité de l'esprit, vie logique donc, distinguée en tant qu'idée pure de la nature. L'idée absolue en tant que concept rationnel est précisément « retour à la vie » ; elle « seule est être, vie impérissable, vérité se sachant, et elle est toute la vérité »[81].

d) Il est certain que Hegel et Proclus sont incompatibles à partir de leur point de départ respectif. La différence de l'être, qui est fondé dans l'Un supérieur à l'être et à la pensée, et du sujet, qui, initialement vide, se développe jusqu'à l'idée absolue se sachant, ne peut être surmontée. Le procès hégélien s'oppose au développement néoplatonicien de l'Un, car cet Un ne s'emplit pas, mais ne s'amoindrit pas non plus par son acte de causation ; seul ce qui est causé s'amoindrit peu à peu quant à son intensité à être unité et être. L'esprit causé par l'Un est pour ainsi dire toujours seulement « quantitativement finitisé », esprit dissocié dans le multiple, mais il n'est jamais esprit absolu, fusionnant avec lui-même en conscience de soi du sujet, même dans le fini ou à travers le fini comme son moment propre. L'affirmation de la *Philosophie de la religion* de Hegel : « la philosophie tout entière est l'étude des déterminations de l'unité »[82] n'a donc la même valeur pour le néoplatonisme et l'idéalisme spéculatif que d'un point de vue formel : le néoplatonisme détermine l'*Un* positivement

Theologia platonis, et non au commentaire du *Parménide* (l'analogie suivante est en tout cas 1077, 11 *sq.*). Puisque Hegel ne pouvait pas encore avoir à sa disposition, pour le semestre d'hiver 1823/24, le texte correspondant du commentaire du *Parménide* (le tome 6 de l'édition de Cousin parut en 1827), il aura compris l'énoncé de Proclus dans la *Theologia platonis* comme un commentaire interprétatif du *Parménide* platonicien cité auparavant par Proclus. Il n'est donc pas certain que Hegel ait lu le commentaire du *Parménide*.

78. III 9 ; 135, 25 *sq.*

79. XIX p. 85 <tr. fr. p. 933>.

80. Texte extrait des notes de cours de Stieve p. 83, qui est meilleur et plus complet que le passage correspondant en XIX p. 85.

81. *Logique*, II, p. 484 <tr. fr. deuxième tome, p. 368, nous modifions la traduction>.

82. *Vorlesungen über die Philosophie der Religion* (1840), Jubiläumausgabe XV p. 113.

comme le fondement et l'origine toujours déjà absolus, négativement comme le rien de tout ce qui est extérieur à lui, unité non-pensante et supra-étante, dépourvue en soi de toute relation, l'idéalisme spéculatif en revanche détermine ce qui est initialement abstraitement vide à progresser vers ce qui est concrètement empli, procès qui a comme résultat l'idée absolue comme l'*unité* qui se pense elle-même de la pensée et de l'objet. L'Un néoplatonicien est ainsi, à l'inverse du sujet absolu de Hegel, plénitude a priori dépourvue de procès[82a].

Il n'y a donc rien de négatif dans l'Un, qui, en se niant lui-même, c'est-à-dire par une négation créatrice, pourrait se déployer en plénitude ou devrait d'abord se déployer. Le négatif n'est bien plutôt qu'en tant que ce qui est causé, c'est-à-dire seulement en tant qu'autre sorti de soi possible vis-à-vis de l'Un. Un problème fondamental du néoplatonisme ne peut absolument pas être pris en compte par Hegel à partir de son point de départ : la dialectique de l'unité et de la multiplicité, dont le sens originel néoplatonicien suppose l'Un dépourvu de multiplicité, en soi dépourvu de relation. Cela seul est véritablement unité ; l'unité en soi différenciée par la multiplicité ou l'altérité est déjà une « chute » vis-à-vis de l'originel. Pour Hegel au contraire l'unité en soi différenciée, unité médiatisée avec elle-même, précisément à travers la négativité et en elle, donc identité concrète vis-à-vis d'une identité vide et abstraite, tel est le seul concept significatif de l'unité. L'unité est le sujet absolu qui se pense soi-même, qui n'a pas d'être en dehors de soi, qui est bien plutôt l'identité absolue de l'être et de la pensée se fondant sur la pensée (sur le sujet). Ce préconcept de l'unité est toujours directeur pour l'interprétation hégélienne de la philosophie néoplatonicienne. L'Un néoplatonicien de Hegel *doit* donc être « être » et « pensée », donc unité en soi différenciée et en même temps médiatisée[83].

En dépit des différences des deux systèmes, leur affinité n'est pas seulement de nature formelle. La « concrétion » du « fini » (limite) et de « l'infini » dans la substance est accomplie par l'un et l'autre. – Il est

82a. Sans se rapporter explicitement à la pensée néoplatonicienne, Hegel parle lui-même de cette différence, *Logique* II 490 <tr. fr. deuxième tome, p. 374, que nous modifions> : « On peut donc bien dire que tout commencement devrait se faire par l'Absolu, de même que tout progrès n'est que la présentation de l'Absolu, pour autant que *l'étant-en-soi* est le concept. Mais parce qu'il n'est d'abord qu'en soi, il n'est *pas* l'Absolu, ni le concept posé, ni non plus l'idée ; car ceux-ci sont justement ce fait que l'*être en soi* n'est qu'un moment abstrait, unilatéral. Le progrès n'est donc pas une sorte de *superflu ;* il le serait si ce qui commence était en vérité déjà l'Absolu. La progression consiste bien plutôt en ceci, que l'universel se détermine lui-même et est pour *soi* l'universel, c'est-à-dire tout autant être particulier et sujet. Ce n'est que dans son *achèvement* qu'il est l'Absolu. »

83. Cf. *supra,* p. 168. Cf. également Hegel, XVIII, p. 262 *sq.*, sur l'unité de la conscience de soi et de l'essence absolue chez les néoplatoniciens.

également devenu clair que l'interprétation hégélienne de Proclus, au moins dans son intention, peut attirer l'attention vers une possible compréhension qualitative du concept de « triade » et de la triade proclusienne fondamentale μονή - πρόοδος - ἐπιστροφή. C'est précisément cette triade en tant que loi fondamentale de l'être qui se meut en lui-même, tout comme la différenciation de l'être – accomplie chez Proclus – et la mise en relation de ce qui est ainsi différencié, de façon à constituer une totalité concrète, qui est le point de départ de l'énoncé de Hegel sur le mérite historique, et ainsi objectif pour le développement de l'esprit, de la philosophie proclusienne : « la systématisation, l'organisation de l'idée en elle-même ». Il est caractéristique du concept hégélien d'être qu'il ne parle pas dans ce contexte « des idées », mais seulement « de l'idée » : l'être en tant que tout *est* en effet idée, est une pensée qui suppose en même temps qu'elle conditionne un progrès déterminé en soi et une différenciation des sphères. Proclus a « organisé » cette idée en tant qu'une pensée en soi différenciée pour ainsi dire en anticipant sur Hegel, c'est-à-dire qu'il a – conformément à l'interprétation de Hegel – déterminé le particulier comme un tout vivant et ainsi le tout comme un concret réflexif. La philosophie de Proclus est ainsi qualifiée de « véritable point tournant », de « passage des temps anciens aux nouveaux ». Elle est de ce point de vue non seulement « telle une inspiration », « mais », selon les termes de Hegel (XIX 95 <tr. fr. p. 947>), « une avancée de l'esprit humain, du monde, de l'esprit du monde ».

Si Proclus a pu susciter, dans l'interprétation qu'en donne Hegel, précisément les pensées qui sont constitutives de la propre façon de penser de Hegel, c'est en raison de la puissance de sa pensée, même si on croit devoir caractériser l'auto-compréhension de Hegel « d'erreur d'interprétation » du point de vue des méthodes actuellement valables, qui prennent en compte l'historicité de la compréhension. Cette dialectique est constitutive de l'histoire de la réception : ce qui est emprunté se transforme en étant façonné dans la pensée étrangère, se potentie lui-même et dit parfois plus sur l'emprunteur que sur lui-même. Mais la transformation peut éclairer également ce qui jusqu'alors était inaperçu dans la pensée étrangère.

Tous deux – Proclus et Hegel – ont marqué, chacun d'une manière et avec une intensité différente, un accomplissement et un tournant riches de conséquences dans le cours historique de la pensée philosophique. Ils nous apparaissent certes moins comme les « mystes », « qui, lors de l'avancée vers le sanctuaire le plus intérieur, sont présents et actifs » (XIX 96 <tr. fr. p. 947>), que comme ceux qui accomplissent une tradition métaphysique qui exige déjà trop d'elle-même, en même temps que comme les initiateurs, en un certain sens tragiques, de la capacité de formalisation de leur propre pensée.

III

Peut-être est-ce l'affinité factuelle de Hegel à Proclus, certainement sa propre interprétation de Proclus, qui ont poussé les contemporains et les disciples à affirmer que le rapport de Hegel à Proclus ou au néoplatonisme en général était essentiel pour sa propre pensée. Ainsi, ce que découvre Hegel à partir de sa propre pensée et par suite chez Proclus, est décisif dans la constatation et l'évaluation de ce rapport. De nouveau un cercle herméneutique, dont on ne peut sortir que par la prise de conscience post-hégélienne de l'historicité non systématisable de la philosophie[84]. Le « néoplatonisme » apparaît comme un élément de la compréhension de soi idéaliste[85].

À côté de remarques générales comme celles de Cousin[86] ou de Creuzer[87], on trouve des remarques plus précises. C.L. Michelet revendique, dans son exposé de la logique hégélienne[88] pour Proclus seulement la même clarté de conscience que celle de Hegel, puisqu'il a compris le système du savoir – la pensée s'étendant à travers elle-même à toute vérité – comme une « triade des ordres du monde » : la logique, la pensée demeurant en elle-même (μονή), la nature, la chute de la pensée divine à partir d'elle-même (πρόοδος), l'esprit, la pensée se sachant, revenue à elle-même à partir de l'altérité ou de l'aliénation (ἐπιστροφή). La loi triadique de l'être dans son ensemble conçue par Proclus (μονή – πρόοδος – ἐπιστροφή) est alors acceptée, conformément à la conception hégélienne de Proclus, comme interprétation de la méthode dialectique de Hegel. Il suppose également que le système proclusien de l'être dans son ensemble est un système de la pensée, un système intellectuel idéaliste, une conception encore acceptée, même avec des réserves, par A. Richter, historiquement plus précis. « Nous comprenons par théologie néoplatonicienne », dit-il, « la science de l'esprit en tant que manifestation la plus

84. Le premier, dans le monde germanophone, à avoir interprété Proclus de façon conséquente « sans Hegel », fut E. Zeller (*Die Philosophie der Griechen*, III, 1852). Des rudiments critiques à ce sujet se trouvent déjà chez le maître de Zeller, l'hégélien F. C. Baur, *Die christliche Lehre von der Dreieinigkeit und Menschwerdung Gottes*, Tübingen, 1842, II, p. 258.

85. Sur la conviction authentique que la conscience de ce temps est conditionnée par des formes de pensée et des problèmes néoplatoniciens, cf. *supra*, p. 90 *sq.*, 109 *sq.*

86. *Procli Opera* I (Paris, 1821), p. XLIX *sq.* : *Hegelius, qui et ipse cum Proclo nostro tantam similitudinem refert.*

87. Cf. *supra*, p. 90.

88. *Geschichte der letzten Systeme der Philosophie in Deutschland von Kant bis Hegel*, Berlin, 1838, II, p. 715.

essentielle de l'être idéal »[89]. Michelet, suivant en cela Hegel, accorde également à la négation la même valeur méthodique et objective chez Hegel et Proclus. Elle est l'élément véritablement dialectique de la pensée logique, l'impulsion motrice pour le devenir du sujet absolu comme pour la sortie de l'Un (proclusien) : « L'un se produit ainsi lui-même en tant qu'autre; il produit le multiple, dont chaque élément constitutif est ce qu'est l'autre, chacun donc est Un. Le devenir du multiple n'est pas un devenir-autre réel de l'Un, mais seulement l'auto-production infinie de ce dernier. Proclus dit ainsi : la négation de l'Un n'est pas une négation privative, mais créatrice »[90]. Le retour que l'altérité surmonte à nouveau, c'est-à-dire qui produit l'unité supérieure des contraires, est « le véritable événement du mouvement dialectique ». La trinité devient ainsi dans la dialectique triadique la « forme de toute vérité »[91]. C'est précisément à cause de la forme de pensée triadique que K. Rosenkranz introduit même Kant dans la relation de Hegel à Proclus : Hegel aurait attaché de l'importance, en dépit de toutes les critiques, aux catégories kantiennes, précisément parce que, avec elles « grâce à l'instinct supérieur de Kant, depuis Proclus, la triplicité des moments du concept est de nouveau introduite dans la philosophie »[92]. Et ceci précisément parce que, dans les quatre catégories principales de la quantité, de la qualité, de la relation et de la modalité, chaque fois trois moments principaux, qui se comportent l'un vis-à-vis de l'autre comme la thèse, l'antithèse et la synthèse, « expriment la différence et la réduction de la différence dans l'identité ».

Pour qui accepte la structure, mise en évidence par Hegel, du développement historique de la pensée philosophique, Proclus et Hegel doivent apparaître comme la synthèse productive, qui poursuit la problématique philosophique et l'achève dans le système. Michelet exprime cela de façon pathétique dans son *Écrit du jubilé*[93] : « Et de temps en temps vient un

89. *Neu-Platonische Studien*, Halle, 1867, cahier 3, p. 7.

90. Michelet, *Geschichte...* II, p. 727; *Hegel, der unwiderlegte Weltphilosoph*, Leipzig, 1870, p. 11.

91. *Geschichte...*, II, p. 718.

92. *Geschichte der Kant'schen Philosophie*, Leipzig, 1840, p. 161. Hegel au sujet de la doctrine des catégories de Kant : Jubiläumsausgabe XIX p. 566 *sq.* (triplicité). Michelet, *Geschichte...*, I, 62.

93. *Hegel, der unwiderlegte Philosoph*, p. 2. – Contre la représentation hégelienne du développement de l'histoire de la philosophie, qui fait de la philosophie néoplatonicienne la philosophie absolue pour l'Antiquité, C. J. Braniß, *Geschichte der philosophie seit Kant*, première partie, Breislau, 1842, p. 294 *sq.*, a protesté précisément à partir de la position systématique du néoplatonisme. Si cette triplicité dans le mouvement de pensée, que nous devons aborder comme ce qui caractérise la méthode hégelienne, se rencontre déjà dans une certaine trichotomie des concepts chez Proclus, cela est certes surprenant, mais ne pourrait cependant pas nous déterminer à voir le néoplatonisme dans un rapport plus direct avec

grand génie, qui rassemble les fleurs coupées isolées en un superbe bouquet. Il en est ainsi de Platon et de Proclus dans l'Antiquité, de Leibniz et Hegel dans les temps modernes. »

À l'opposé de l'éloge de la triplicité, A. Trendelenburg voit en elle, aussi bien chez Proclus que chez Hegel un moment de décadence de la philosophie, qui conduit à un schématisme figé. « Parmi les Anciens », dit-il dans les *Recherches logiques*[94], « seul Proclus possède le rythme de la dialectique. Ses triades reposent là-dessus. Il décrit explicitement comme des moments de l'esprit le demeurer en soi, sortir de soi et revenir en soi. C'est pourquoi récemment (à travers Hegel), une signification particulière a été prêtée à une forme si familière. » Proclus a ici la fonction d'appuyer la critique adressée par Trendelenburg à la logique hégélienne. La triade de la dialectique proclusienne, « dernier souffle languissant » de la philosophie grecque, qui reconduit surtout, selon Trendelenburg, la pensée philosophique à un état précritique par la construction d'un système des dieux, devient le sombre présage de l'état actuel de la philosophie.

La critique adressée à Proclus – développée par exemple par B.J. Sengler du point de vue de la théologie chrétienne[95] – selon laquelle le νοῦς serait chez Proclus seulement intelligence ou raison, mais pas esprit concret ni personnalité, donc pas encore déterminé comme pure conscience de soi, cette critique repose entièrement sur la tendance fondamentale de l'interprétation hégélienne de Proclus. Comme si l'Un se pensait lui-même en tant que divin, il constate : « Ce développement de l'idée de Dieu chez Proclus, à vrai dire le plus profond et le plus achevé dans la philosophie de l'Antiquité païenne, veut ouvertement médiatiser l'essence de Dieu en soi et même en tant qu'essence de l'esprit. Là, pour la première fois, 1) l'unité suprême est pensée comme en soi différenciée et médiatisée, 2) cette différence est saisie comme l'activité différenciatrice de l'unité elle-même et 3) l'unité qui se différencie surmonte à nouveau, dans la troisième triade, la différence potentiellement posée dans la première triade, actuellement posée dans la deuxième, et revient en soi-même, dans son activité se différenciant, en tant que νοῦς actuel, devenu effectif »[96]. Le point de départ de la critique adressée par F.A. Staudenmaier au système hégélien conduit nécessairement à faire même de Proclus – à côté de beaucoup d'éléments hétérogènes qui introduisent la confusion – le prédécesseur de Hegel. « La philosophie de Hegel est, du point de vue de la philosophie

l'idéalisme que par exemple Platon et Aristote et à le reconnaître ainsi comme une étape supérieure du développement de la philosophie en général.

94. Berlin, 1840, I, p. 89.

95. *Die Idee Gottes,* Heidelberg, 1845, I, p. 273.

96. *Ibid.*, I, p. 272.

chrétienne, « panlogisme » ou – à partir d'un concept très figé du théisme – « un panthéisme logique ». » La légitimité de cette identification de Hegel à sa préhistoire néoplatonicienne, Staudenmaier la trouve à l'évidence dans les liens que Hegel se reconnaît lui-même avec Proclus, liens qui permettent à Staudenmaier de comprendre l'unité supérieure, ainsi que l'activité productrice de l'unité, comme pensée ; « en conséquence, l'ensemble du procès est procès de pensée »[97] et Dieu est le tout qui revient à lui-même en un mouvement circulaire. Ce qu'il doit également être demeuré chez Hegel, en dépit de multiples différenciations.

La protestation de L. Feuerbach contre le « spiritualisme » de Hegel, en particulier contre la dévalorisation idéaliste de la sensibilité, de la matière, de la nature extérieure en tant qu'être « abstrait » valut à Hegel le titre de « Proclus allemand »[98]. Partant de la constatation hégélienne selon laquelle l'idée n'aurait pas encore été posée par Platon et Aristote comme ce qui contient le tout[99], parce qu'elle aurait laissé la matière encore en dehors d'elle comme quelque chose d'extérieur, Feuerbach voit dans le développement de la philosophie grecque tardive un procès de spiritualisation et de théologisation, dont le résultat est l'idée en tant qu'universelle. Ce procès a atteint son apogée, à l'extérieur du christianisme, chez Proclus. La matière n'est plus, pour cette philosophie, une réalité ; elle est elle aussi intelligible, « imaginaire ». La consomption de la sensibilité dans l'idée et le retrait hors de la réalité aliénée et aliénant l'homme conduit donc dans le néoplatonisme à la construction d'un être de pensée absolu, qui est Dieu. « Il (le néoplatonicien) comble donc le manque de l'être effectif par un être idéal, c'est-à-dire qu'il subordonne maintenant l'être de l'effectivité abandonnée ou perdue à ses représentations et à ses pensées. » La pensée ou l'idée est désormais la seule vraie réalité : la « praxis transcendante » fait ainsi de la subjectivité pensante un être absolu. Bien que Feuerbach soit plus proche de la représentation néoplatonicienne originelle de l'Un non-pensant que Hegel, il identifie cependant les deux mouvements de pensée. Ce qui relie les philosophies néoplatonicienne et idéaliste, à part l'intégration dans la théologie, est le principe fondamental selon lequel l'être serait une détermination de pensée. « Ce qui est chez les néoplatoniciens représentation, imagination (ils font des représentations des objets, des êtres, des dieux), Hegel s'est contenté de le transformer en concepts, de le

97. *Darstellung und Kritik des Hegelschen Systems*, Mainz, 1844, p. 75 *sq.*

98. *Grundsätze der Philosophie der Zukunft* (1843), § 29, *Sämmtliche Werke*, Leipzig, 1846, II, p. 313 *sq.* <tr. fr. L. Althusser, in : *Manifestes Philosophiques*, Paris, P.U.F., p. 173 *sq.*>. Ce titre est conditionné par l'interprétation de Proclus propre à Hegel.

99. Hegel, XIX, p. 13 <tr. fr. p. 820>.

rationaliser. Hegel n'est pas « l'Aristote allemand ou chrétien »[100] – il est le Proclus allemand. La « philosophie absolue » est la nouvelle philosophie alexandrine. Chez Hegel – dans cette histoire de la théologie transformée en un procès logique – l'homme concret, effectif, devient un *abstractum* spiritualisé. Tel est l'héritage théologique, néoplatonicien en même temps que chrétien, de Hegel. C'est du moins ainsi qu'il devait apparaître à Feuerbach, sensualiste « athée » : la concentration la plus intérieure de la conscience, néoplatonicienne ou idéaliste, est contraire à la tentative de libérer l'homme de l'aliénation religieuse et philosophique au Dieu-hypostase et à l'idée transcendante ou au concept.

100. Hegel fut ainsi qualifié pour la première fois par D. (= C. F.) Bachmann, dans une recension de la *Phénoménologie*. B. caractérise en les opposant Hegel et Schelling et parle de particularités, « en raison desquelles, si on peut en quelque sorte nommer Schelling le Platon moderne, on peut avec plus de légitimité encore nommer celui-ci l'Aristote allemand, à la condition de ne pas se référer à la masse de ses écrits, mais à ce qui est caractéristique de l'esprit aristotélicien. » (Extrait des *Heidelberger Jahrbüchern*, 1810, cité par J. Hoffmeister in : *Briefe von und an Hegel*, I, p. 498).

LA REDÉCOUVERTE D'ÉRIGÈNE DANS L'IDÉALISME ALLEMAND

> « Sunt lumina » said the Oirishman to King Carolus, « OMNIA,
> all things that are are lights »
> and they dug him up out of sepulture
> soi disantly looking for Manicheans.
>
> (Ezra Pound, Canto LXXIV)

La relation entretenue par les chercheurs au dix-neuvième siècle avec Érigène peut être nommée « redécouverte » car la pensée d'Érigène, longtemps muette pour la philosophie, fut alors, grâce à de nouvelles impulsions philosophiques, portée à la parole, intensivement questionnée et discutée. La discussion, stimulée par le courant philosophique, était essentiellement déterminée – positivement ou négativement – par des philosophèmes idéalistes. Elle tenta, en partie avec rigueur, de rapporter la problématique philosophique et théologique d'Érigène à sa propre façon de penser, ou même de la rendre légitime d'abord à partir d'elle. La constatation d'une affinité d'Érigène avec la pensée idéaliste pouvait d'un côté aller jusqu'à l'euphorie[1] : parce qu'Érigène aurait surmonté l'opposition du

1. Par ex. A. Kreuzhage, *Mitteilungen über den Einfluß der Philosophie auf die Entwicklung des inneren Lebens*, Münster, 1831, p. 216 *sq.* G. O. Marbach, *Geschichte der Philosophie des Mittelalters*, 2e section, Leipzig, 1841, p. 230. F. A. Staudenmaier, *Johannes Scotus Erigena und die Wissenschaft seiner Zeit*, Francfort, 1834, préface et p. 293, 478 ; *Die Lehre vom göttlichen Ebenbilde im Menschen*, *Theologische Quartalschrfit*, Tübingen, 1830, p. 450 *sq.* C. B. Schlüter, dans la *Praefatio* de son *Editio Johannis Scoti Erigenae*, *De divisione naturae*, Münster, 1836, p. VII *sq.* Th. Christlieb, *Leben und Lehre des Johannes Scotus Erigena*, Gotha, 1860, p. 140 *sq.*, 154 *sq.*, 291 *sq.*, 456 *sq.* M. Saint-René Taillandier, *Scot Érigène et la philosophie scolastique*, Strasbourg-Paris, 1843, p. 265 *sq.* Th. Wotschke a confronté Érigène et la pensée idéaliste, de façon trop monolithique et sans grand souci de

monde éternel et naturel, justifié sa foi de façon philosophique, porté philosophie et christianisme, foi et savoir, à une unité indivisible, et aurait ainsi le premier fondé une théologie spéculative. D'un autre côté, en dépit de la reconnaissance des « merveilleux points de contact »[2] avec la nouvelle philosophie, une réserve vis-à-vis d'une totale identification avec les intentions d'Érigène paraissait sensée : le disciple de Hegel, F.C. Baur, critique à peu près ainsi Érigène, en disant que son concept de Dieu et de l'homme n'est précisément pas complètement idéaliste et qu'il représente donc plutôt la fin de l'ancien monde (c'est-à-dire du platonisme) que le point de départ d'une époque nouvelle[3].

Schopenhauer a lui aussi un rapport ambigu à Érigène. Il est remarquable que, dans ses *Fragments pour l'histoire de la philosophie*, il consacre, après les néoplatoniciens et la gnose, un plus long passage à « Scot Érigène », après avoir thématisé juste auparavant Bacon, survolant le Moyen-Âge précisément avec les bottes de sept lieues hégéliennes. Peut-être cela est-il dû en partie au caractère fragmentaire de cette « histoire », mais même dans les autres œuvres, Érigène – à l'exception peut-être d'Eckhart – revêt une signification plus importante que n'importe quel autre penseur du Moyen-Âge. « Cet homme digne d'admiration nous offre l'intéressant spectacle du combat entre la vérité connue par elle-même, contemplée par elle-même, et des dogmes locaux, fixés par des inoculations précoces, qui ont résisté à tout doute, au moins à toute attaque directe, à côté de l'effort – né de cette situation – d'une noble nature pour ramener d'une façon ou d'une autre la dissonance ainsi apparue à l'harmonie. »[4] Schopenhauer éprouve de la sympathie pour la tentative d'Érigène de s'émanciper d'une dogmatique rigide, et par dessus tout, selon ses termes, pour la « gouttelette de sagesse indienne en lui »[5] parce qu'elle correspond à sa propre tendance. Il montre les apories d'Érigène dans les problèmes de la théodicée, mais lui est aussi redevable de son propre concept de volonté : il ne reste au Dieu d'Érigène, après le refus radical de toutes les catégories aristotéliciennes, que l'unique prédicat de la vie. C'est pourquoi ce Dieu

différenciation herméneutique : *Fichte und Erigena. Darstellung und Kritik zweier verwandter Typen eines idealistischen Pantheismus*. Diss. Halle, 1896. Il demeure extérieur dans la « comparaison » de l'une et l'autre pensée.

2. F. C. Baur, *Die christliche Lehre von der Versöhnung in ihrer geschichtlichen Entwicklung von der ältesten Zeit bis auf die neueste*, Tübingen, 1838, p. 137, note.

3. *Ibid.*, 136.

4. *Parerga und Paralipomena*, *Werke* (éd. Hübscher), V 65.

5. *Ibid.*, 69.

n'est « à l'évidence rien d'autre que ce qu'est chez moi la volonté de vivre »[6]. Tel est le principe de cette philosophie.

D'un point de vue purement historique[7], il peut sembler extrêmement simple de repousser de telles interprétations – qui vivent de la constatation d'affinités entre Érigène et l'état de conscience propre ou se reconnaissent elles-mêmes chez Érigène à travers des conditions historiques transformées – comme non-objectives et donc stériles, parce qu'elles travestiraient ce qu'Érigène « disait véritablement ». Il est vrai qu'une « addition » non-critique et non fondée d'Érigène à tout ce qui pense de façon idéaliste[8] est herméneutiquement impossible. Il faut alors se demander si l'intérêt intensif porté à Érigène au 19e siècle n'a tout de même pas un fondement objectif, si donc les deux pensées ne convergent pas dans des questions, des aspects des problèmes ou des formes de pensée identiques.

Ce qui suit doit rendre intelligible le fondement objectif d'une telle convergence, au moins dans ses grands traits, grâce aux concepts de spéculation, de panthéisme et de rédemption. Il ne s'agit cependant pas de conforter la maxime nivelante « rien de nouveau sous le soleil », mais de construire, en ayant conscience de la différence herméneutique, le point d'identité philosophique, qui est chaque fois conditionné par des suppositions différentes et produit donc aussi des conséquences différentes.

1. La pensée fondamentale d'Érigène : *veram esse philosophiam veram religionem, conversimque veram religionem esse veram philosophiam*[9] pouvait être acceptée sans réserve par la pensée idéaliste, aussi bien dans son sens formel que du point de vue de la place dans le système. Pour Érigène la question de Dieu n'est pas, de façon isolée, l'objet de la « religio » ou d'une théologie libre de toute philosophie, elle appartient plutôt essentiellement au domaine de questionnement de la philosophie. La vraie religion – même dans la dimension chrétienne – n'est ainsi assurée qu'en tant que scientifique, c'est-à-dire qu'elle n'est possible qu'en tant que conception *philosophique* du concept de Dieu. Mais la philosophie reçoit en définitive son sens de la question de Dieu : la pensée pensée à partir de la tradition aristotélicienne est alors chrétiennement affermie.

D'un point de vue idéaliste, cette unité de la religion (théologie) et de la philosophie est fondée sur la subjectivité du sujet pensant et croyant, de

6. *Transcendente Spekulation und die anscheinende Absichtlichkeit im Schicksale des Einzelnen*, Werke V, p. 232.

7. De façon paradigmatique, M. Cappuyns, *Jean Scot Érigène*, Louvain-Paris, 1933, p. 260 *sq.*, 267 *sq.*

8. Par ex. Christlieb, *op. cit.*, p. 460 *sq.*

9. *De praed.* I 1 ; PL 122, 358 A. Sur ce problème, M. Dal Pra, *Scoto Eriugena*, Milan, 1951, 2e éd., p. 96 *sq.*

même que sur l'identité de Dieu et de l'Absolu. Le savoir immédiat, qui est identique à la foi, doit s'élever à un *savoir* médiatisé par lui-même, de telle sorte qu'à la fin de ce procès la foi soit élevée au savoir et forme ainsi avec lui une unité indivisible. Mais Dieu, l'objet de la foi et du savoir, n'est rien d'autre que l'Absolu lui-même. Si c'est donc le but de la philosophie, que de comprendre de façon pensante l'Absolu, alors se produit nécessairement, à partir de l'essence de l'objet lui-même, l'unité des deux sortes de conceptions : la foi et le savoir, la théologie et la philosophie. La philosophie peut donc être saisie comme l'exposé de l'affirmation de soi de Dieu, comme la « preuve » continuée de l'Absolu ou comme le venir-à-soi de l'idée, qui se conçoit comme le Vrai et l'Absolu [10]. Une telle philosophie n'est de part en part que dans l'Absolu. Elle se révèle comme structure de pensée déterminante aussi bien dans le procès théogonique de Schelling que dans la logique hégélienne. C'est également la question de l'unité de la philosophie et de la théologie, de la foi et du savoir, de la raison et de la révélation qui a incité F.A. Staudenmaier à composer sa monographie d'Érigène. Il voulait certes tenir Érigène à l'écart des préconcepts et des surestimations idéalistes, il voyait cependant en lui les « germes et les principes de toute la philosophie actuelle » [11] – et quant au problème mentionné plus haut – le « père de la théologie spéculative » [12]. Mais la fin d'une théologie *spéculative* est de constituer par la pensée l'unité du divin et de l'esprit humain, ou l'unité véritable de la révélation et de la raison [13], selon son être et sa vie les plus profonds, ou de réconcilier l'incarnation avec la création (la deuxième et la première création) : là seulement est la complète rédemption. Parce qu'Érigène concilie foi et savoir « dans ce rapport amical et vivant selon lequel ils se conditionnent et se renforcent mutuellement dans notre esprit » [14], il est aussi le modèle de la spéculation qui garantit la continuité de la solution du problème : « Lorsque nous examinons de plus près cet esprit, qui s'atteste puissamment dans la philosophie chrétienne ou la théologie spéculative du temps présent, nous trouvons alors, si nous pénétrons plus profondément dans l'essence de cet esprit, qu'il n'est autre que l'esprit d'Érigène, qui est de nouveau apparu afin de faire bouger le monde » [15]. Sa réalisation épochale consiste donc en ce qu'il a une fois pour toutes porté la spéculation chrétienne à la conscience de soi. Ainsi, si la foi est déjà une connaissance scientifique, alors le

10. Schelling, *System...*, VI 154 *sq. Conférences de Stuttgart,* VII 424 <tr. fr. p. 205-206>.

11. *Die Lehre vom göttlichen Ebenbilde im Menschen*, *op. cit.* (n. 1), p. 450.

12. *Erigena* (cf. n. 1), préface, p. V et p. 447.

13. *Ibid.*, 347.

14. *Ibid.*, 342.

15. *Ibid.*, 447.

paradoxe propre à la révélation chrétienne, dont elle est elle-même à l'origine, est détruit dans les deux époques de la pensée, la foi en tant que scandale de la raison se domestique elle-même. Ceci est également valable pour Staudenmaier, même s'il ne s'identifie pas tout à fait à la philosophie idéaliste ; il pense cependant encore, dans la polémique, à partir d'elle.

2. Érigène a souvent été soupçonné de *panthéisme*, déjà dans l'histoire de sa réception. Le soupçon est à vrai dire au XIXe siècle proche de l'approbation. C'est ainsi par exemple que G.B. Jäsche interprète positivement Érigène lorsqu'il fait de l'idée panthéiste le point central de son système : ce dernier est « philosophie du panthéisme sous la forme du système de l'émanation alexandrin »[16]. Panthéisme signifie ici que Dieu est tout en tous, l'unité et totalité des choses, le seul être substantiel de tout l'univers, donc le panthéisme comme totale identité du créateur et de la créature. Pouvoir concevoir, dans une telle pensée, Dieu non pas en tant que substance, mais en tant que sujet et ainsi également le Tout et l'Absolu en tant que sujet, voilà qui rejoint l'idéalisme. J. Huber identifie ainsi le préconcept de sa propre interprétation avec la structure, pensée de façon panthéiste, de la pensée d'Origène. C'est à partir de « l'idée de l'unité de tout être dans la forme de la subjectivité absolue », qu'il pense pouvoir comprendre Érigène de façon adéquate[17]. Il pare au reproche selon lequel il voudrait faire revivre la médiation établie par Érigène entre la transcendance et l'immanence de Dieu par l'aveu suivant : « Je me reconnais à vrai dire dans cette direction de la philosophie qui explique le monde comme un moment de la vie divine, mais reconnaît la divinité elle-même dans la forme d'une subjectivité débordante (envahissante), c'est-à-dire en tant que personnalité absolue. »[18]

Contre une telle compréhension s'est élevé F.A. Staudenmaier, tel un apologète opiniâtre d'un Érigène théiste. Pour lui, qui caractérise, en le critiquant, le système hégélien de panthéisme logique, son propre projet d'interprétation équivaut à libérer Érigène du soupçon d'hérésie. Il tente en particulier cette libération en comprenant les énoncés d'Érigène, qui en eux-mêmes ne peuvent s'appliquer qu'au créé, mais sont cependant rapportés à Dieu, à partir du concept de « métaphore divine » (*metaphora divina*), et en

16. *Der Pantheismus nach seinen verschiedenen Hauptformen, seinem Ursprung und Fortgange, seinem speculativen und praktischen Werth und Gehalt*, t. II, Berlin, 1828, p. 143.

17. *Johannes Scotus Erigena*, Munich, 1861, p. XI.

18. *Ibid.*, p. X. Dans cette même tendance, Baur, *Versöhnung*; J. A. Dorner, *Entwicklungsgeschichte der Lehre von der Person Christi*, II. Teil, Berlin, 1853, 2e éd., p. 350 *sq*. W. Kaulich, *Entwicklung der scholastichen Philosophie von Johannes Scotus Erigena bis Abälard*, Prague, 1863, p. 216. Pesant plus prudemment le pour et le contre, Christlieb, *op. cit.*, p. 120 *sq*.

les renforçant par là [19]. Il défend ainsi l'unité idéaliste du monde et de Dieu et maintient l'intégrité du fini : en dépit de l'unification morale du fini et de l'infini, le fini ne peut pas être considéré comme surmonté en Dieu [20].

Il serait certainement faux, d'un point de vue historiquement réfléchi, d'accepter l'une de ces interprétations extrêmes comme seule possible, et de rejeter l'autre comme impossible. Il faut bien plutôt, là encore, rechercher le point de convergence médiateur, à partir duquel les deux interprétations ont leur part de légitimité.

Cette « querelle du panthéisme » pourrait facilement s'enflammer à partir d'énoncés d'Érigène qui suggèrent une identité du créateur et de la créature et devraient donc au premier coup d'œil être compris de façon idéaliste. Celle-ci par exemple : *proinde non duo a seipsis distantia debemus intelligere Deum et creaturam, sed unum et id ipsum. Nam et creatura in Deo est subsistens et Deus in creatura mirabili et ineffabili modo creatur, seipsum manifestans* [21]. Ou encore : *essendo enim ipsum* (*verbum*) *fiunt omnia, quoniam ipsum omnia est* [22]. *Se ipsum in omnibus* (*Deus potest creare*), *ut sit omnia in omnibus. De se ipsa seipsam facit* (*summa bonitas*). *Fit in omnibus omnia. Omnia in omnibus Deus erit* [23]. C'est dans l'horizon de cette proposition qui commente 1 Cor. 15, 28, « *ut sit Deus omnia in omnibus* », que doit également être comprise la phrase d'Érigène qui plus tard, par exemple chez Amaury de Bène, reçoit un sens explicitement panthéiste : *Deus omnia est et omnia Deus* [24].

Comprises de façon idéaliste, ces phrases signifient : Dieu en tant que créateur et le créé, l'infini et le fini, sont des moments qui se conditionnent mutuellement d'*un* sujet, qui est le tout de l'être en tant que Dieu et monde. Mais l'infini ou absolu est ce qui domine et détermine dans cette subjectivité. Il n'*est* pas depuis le début dans soi ou en soi ce qu'il *sera* à la fin pour soi. Dieu ou l'Absolu est alors essentiellement procès : « procès

19. *Die Philosophie des Christentums oder Metaphysik der heiligen Schrift als Lehre von den göttlichen Ideen und ihrer Entwicklung in Natur, Geist und Geschichte*, t. I, Giessen, 1840, p. 536 *sq*.

20. *Ibid*., p. 551.

21. *Div. nat*., III 17 ; PL 122, 678 C.

22. III 21 ; 685 C.

23. III 20 ; 684 B. III 17 ; 678 D. V 37 ; 987 C. Ces phrases seront interprétées, dans un traité séparé sur la création et la trinité, à partir de leur possibilité non-panthéiste. Une interprétation unilatéralement panthéiste est réfutée par des énoncés tels que III 9 ; 643 B : *manet in seipso universaliter et simpliciter ... et ab omnibus segregatum subsistit*. III 20 ; 683 B : *dum in omnibus fit, super omnia esse non desinit*. IV 5 ; 759 A : *et supra omnia et in omnibus est ... extra omnia totus esse non desinit*.

24. III 10 ; 650 D. Quant au rapport d'Amaury et d'Érigène, cf. G. C. Capelle, *Amaury de Bène. Étude sur son panthéisme formel*, Paris, 1932, p. 51 *sq*.

théogonique », selon les termes de Schelling[25]. C'est précisément comme « traduction » d'un énoncé fondamental d'Érigène que pourrait être comprise, d'un point de vue idéaliste, une partie des *Leçons de Stuttgart*[26] de Schelling : « Dieu se fait lui-même et aussi sûrement qu'il se fait lui-même, aussi sûrement il n'est pas quelque chose d'achevé et de subsistant dès le départ; car en ce cas il n'aurait nul besoin de se faire. » Le *Deus implicitus* devient *Deus explicitus* puisqu'il s'expose lui-même dans le créé et ne devient ainsi lui-même que dans le procès de l'histoire par la médiation du fini. Le résultat de ce procès est que Dieu est véritablement « tout en tous » parce que tout est en lui et il est en tout[27]. La pensée selon laquelle le tout serait Dieu et Dieu serait le tout comme son affirmation absolue[28] est donc possible pour Schelling – *Deus omnia est et omnia Deus*.

Il serait légitime d'interpréter de façon idéaliste les propositions d'Érigène si on pouvait les considérer séparément de leur point de départ fondamental, qui implique sans aucun doute une différence hiérarchique des types ou des formes d'être (*naturæ*). Cette différence hiérarchique est déterminée de façon décisive par un élément néoplatonicien : Dieu est absolument transcendant (*supra omnia*, le néant du tout), même s'il doit être pensé *dans* le tout comme son fondement[29]. Cette transcendance absolue permet aussi une interprétation idéaliste de la phrase suivante, qui se rapporte à la connaissance-de-soi de Dieu en l'homme : « Ce n'est pas vous qui me connaissez, mais je me reconnais moi-même en vous par mon esprit. Car vous n'êtes pas lumière subsistant en soi, mais participation à la lumière subsistant par soi. »[30] Cela ne signifie pas, au sens de la pensée idéaliste, que Dieu a besoin de l'homme comme d'une médiation finie de soi-même en tant qu'infini pour achever de se connaître soi-même, mais que la lumière éclairante de la connaissance de Dieu en l'homme rend

25. *Mythologie*, XII 91 ; 118 <tr. fr. *Le Monothéisme*, p. 94>.

26. Édition Cotta VII 432 <tr. fr. p. 213>. Pour le concept schellingien du Dieu en devenir, cf. *supra*, p. 80.

27. Cet extrait de I Cor. 15, 28 est interprété de façon panthéiste, certes chaque fois dans un sens différent, par Jäsche, *Der Pantheismus*, et G. F. Daumer, *Andeutung eines systems speculativer Philosophie*, Nürenberg, 1831, p. 25. Schelling, *Aphorismes*, VII 150; 186 <tr. fr. p. 31 ; 62>. Pour la fonction de cette proposition chez Érigène, cf. *de div. nat.* V 8; 876 A (dernière étape du retour) : *erit enim Deus omnia in omnibus, quando nihil erit nisi solus Deus*. V 37; 987 C.

28. *System...*, VI 174 *sq.*; 177.

29. Cf. à ce sujet W. Beierwaltes, « Das Problem des absoluten Selbstbewußtsein bei Johannes Scotus Eriugena », in : *Platonismus in der philosophie des Mittelalters*, p. 510 *sq.*

30. In *Prol. Evang. sec. Joh.*, PL 122, 291 A : *Non vos estis, qui intelligitis me, sed ego ipse in vobis per Spiritum meum me ipsum intelligo; quia vos non estis substantialis lux, sed participatio per se subsistentis luminis.*

l'homme capable de connaître Dieu. La connaissance-de-soi de Dieu en l'homme est alors le fondement ontologique précurseur de la connaissance de Dieu par l'homme[31].

Il faut concéder que la forte insistance d'Érigène sur l'immanence de Dieu dans le monde et dans l'homme cache en soi la tentation idéaliste de penser même l'absolue transcendance de Dieu comme immanente au monde[32]. La différence des deux interprétations extrêmes, l'interprétation panthéiste immanente (en particulier Jäsche, Huber, Kaulich et Christlieb) et l'interprétation théiste transcendante (représentée par Staudenmaier) est donc fondée dans la pensée dialectique, d'apparence ambivalente, d'Érigène lui-même. Les conséquences des deux extrêmes ne sont certes pas légitimes : Érigène n'est ni un pur panthéiste, qui aurait négligé la différence dans la totale identité, ni un pur théiste d'obédience scolastique. L'ambivalence de l'intention d'Érigène, vouloir en même temps penser un Dieu en tant qu'absolu « dans » et « au-dessus », demeure. – D'un point de vue idéaliste cette ambivalence a donné naissance, chez F.C. Baur, à une critique[33] : la philosophie d'Érigène serait certes, par son intention, « idéaliste », puisqu'il pressent que l'infini dans l'unité du fini et de l'infini peut être le véritablement infini, mais cette intention n'aurait cependant jamais été réalisée. La raison semble en être le « subjectivisme » d'Érigène : le procès de Dieu, qu'expose Érigène, n'est donc pas objectif, c'est-à-dire n'est pas achevé en soi, en tant que lui-même dans l'histoire ou *en tant qu*'histoire, comme cela serait conforme à l'idéalisme hégélien, mais la médiation de Dieu avec lui-même et donc aussi l'idée du Fils et de l'esprit, l'idée de la trinité donc et des quatre « *naturæ* » en général, ne se forment que dans la conscience subjective de l'esprit producteur. L'être de Dieu, qui est exposé comme décrivant un procès, demeure abstrait, non médiatisé en soi, il ne réussit pas à se médiatiser lui-même vers la pensée. Alors se dresse un « platonisme » simplement objectivant contre un idéalisme (postulé) objectif, qui correspond à la conscience du temps. Il en résulterait pour Érigène que toute « effectivité de la conscience et toute

31. W. Beierwaltes, *op. cit.*, p. 512.

32. A. Dempf a encore succombé à cette tentation en comprenant la pensée d'Érigène comme « pure doctrine de l'immanence » et « panthéisme organologique » (*Metaphysik des Mittelalters*, Munich, 1930, p. 40 *sq.*). « L'intériorité nordique et la vitalité des gentils » d'Érigène, que Dempf qualifie déjà d'inutile et d'illégitime (*op. cit.*, p. 36) est célébrée avec emphase chez P. Bommersheim – mais là, au contraire de Dempf, avec un enthousiasme nationaliste – : la philosophie d'Érigène serait conforme à la « manière d'être » dynamique du Nord – puisée dans « la profondeur maternelle de l'irrationnel » (*Dt. Vierteljahresschrift für Literaturwissenschaft und Geistesgeschichte*, 21 (1943), p. 415).

33. *Versöhnung* (cf. n. 2), p. 132.

conscience de l'effectivité »[34] devraient en définitive n'être que simple apparence.

3. Le système d'Érigène est construit selon une esquisse néoplatonicienne. Le mouvement du tout suit la loi triadique fondamentale μονή - πρόοδος – ἐπιστροφή[35]. Les éléments particuliers de cette triade sont compris comme des concrétions de l'action cosmologique de Dieu et de l'histoire du salut qu'il a posée. La μονή est réalisée par l'*être* de Dieu, qui se comprend déjà lui-même comme relation trinitaire; la πρόοδος par l'attribution du Verbe au monde, dans lequel elle est créée, et par l'*incarnatio* ou *inhumanatio Verbi*; mais l' ἐπιστροφή s'accomplit comme *rédemption*. La *rédemption* est comprise par Érigène comme achèvement du commencement, comme retour (*reditus, reversio*) du monde dans son état originel, comme restauration du salut originel (*in novitatem quandam restauratio*). La rédemption est *achèvement* du monde et de l'homme, parce qu'à travers eux Dieu est « tout en tous » [36]. Le modèle philosophique de ce mouvement théologique ou sotériologique est le retour de ce qui est causé dans la cause elle-même[37] ou du multiple dans l'Un comme son origine. Dans l'action cosmologique et sotériologique de Dieu se manifeste ainsi l'identité de la première et de la quatrième « *natura* » (la forme de l'être donc, celle qui crée mais n'est pas créée et celle qui ne crée ni n'est créée[38]). En termes néoplatoniciens : Dieu est *en même temps* cause efficiente et finale. Il est fondement du *cercle* du monde et de l'histoire, dont il est lui-même le commencement et la fin : *finis enim totius motus est principium sui*[39].

34. Baur, *Versöhnung*, p. 140, note. Du même auteur, *Die christliche Lehre von der Dreieinigkeit und Menschwerdung Gottes*, t. II, Tübingen, 1842, p. 317 *sq.*, 321, 344.

35. Sur cette triade, cf. W. Beierwaltes, *Proklos*, p. 118 *sq.* Elle est aussi au fondement de la triade « principium – medium – finis » chez Érigène, *ibid.*, p. 82 *sq.*

36. Cf. par ex. *praef. in vers. Ambig. S. Maximi*, PL 122, 1195 C : « *processio – reversio* (*congregatio*) ... *usque ad simplicissimam omnium unitatem, quæ in Deo est et Deus est ; ita ut et Deus omnia sit, et omnia Deus sint.* » Le retour ou la transition (*transitus*) est également représenté comme spiritualisation en sept étapes de l'homme, dans laquelle les étapes supérieures dépassent les inférieures en les unissant en soi – « dépasser (*aufheben*) » est exactement compréhensible comme le terme hégélien : « *inferioribus semper a superioribus consummatis, non ut non sint, sed ut unum sint* » (*de div. nat.* V 39 ; 1020 D).

37. W. Beierwaltes, *Proklos*, p. 121 *sq.*, 130 *sq.* Pour Érigène : *de div. nat.* II 2; 526 D. V 3; 866 D. V 1, 861 A.

38. *De div. nat.* I 1 ; 441 B (éd. J. P. Sheldon-Williams, Dublin, 1968, t. I, p. 36).

39. *Ibid.*, V 3 ; 866 C.

Le médiateur de ce retour est le Christ; c'est par cela avant tout qu'il est « redemptor »[40]. L'acte de rédemption, le retour sotériologique du monde, est certes formellement prédéterminé par le modèle philosophique, selon lequel tout étant revient « *naturaliter* », donc précisément par une nécessité cosmologique dans son principe[41], mais il est revendiqué par Érigène lui-même comme un « *donum* » (grâce) vis-à-vis du « *datum* » naturel[42].

Cette structure de mouvement, qui est au fondement du déroulement de la rédemption, correspond typologiquement ou en tant que forme de pensée au concept de rédemption tel que le présente la philosophie de la religion idéaliste. D'une façon très générale, Schelling s'exprime ainsi : « Le grand dessein de l'univers et de son histoire n'est autre que la réconciliation achevée et la nouvelle dissolution dans l'absoluité »[43]. De façon spécifiquement christologique, cela signifie : c'est l'acte du Christ, son « grand sacrifice », de surmonter son propre être extra-divin, « et ainsi, suscitant l'*authentique* réconciliation, de reconduire *tout* à Dieu. » Ce n'est que dans cette volonté de surmontement de son être extra-divin que le Christ en tant que *Christ* se révèle par son acte, l'acte « de l'éternelle, c'est-à-dire constante réconciliation »[44]. Dans un contexte systématique semblable, Hegel comprend le retour de l'étant « pour soi » comme l'acte de réconciliation rédempteur : c'est le propre de l'essence de Dieu, que de ramener à sa vérité l'étranger, le singulier, ce qui s'est dirimé de l'idée[45]. Rédemption ou réconciliation sont donc dépassements de l'aliénation. Cette réconciliation est accomplie par la mort et la *résurrection* du Christ. Dans la mort le divin vient à son « extrême hors-de-soi »[46], à son extrême aliénation. Mais c'est précisément là que se produit le tournant : il se renverse dans le

40. IV 24; 851 A; le 5e livre est consacré à cette thématique. Cappuyns, *op. cit.* 360 *sq.* T. Gregory, « Mediazione e incarnazione », in : *Giovanni Scoto Eriugena, Tre studi*, Florence 1963, p. 44 *sq.* Beierwaltes, *Proklos*, p. 84 *sq.*

41. *De div. nat.* V 6; 871 B.

42. Cf. en particulier *de div. nat.* V 23; 902 D *sq.* Érigène systématise le passage de l'épître de Jacques 1, 17 : « omne *datum* optimum et omne *donum* perfectum desursum est, descendens a Patre luminum », afin de clarifier le rapport dialectique de la nature et de la grâce; cf. par ex. *super ierarh. cael.* 127 B *in Joh. Ev.* 325 C. *de div. nat.* III 3; 331 D *sq.* V 31; 946 A-C.

43. Schelling, *Philosophie et Religion*, VI 43 *sq.* <tr. fr. p. 119, que nous modifions>. F. von Baader, *Fermenta Cognitionis*, 5, 9, *Werke*, 2, 332 établit un parallèle entre J. Böhme, Hegel et Érigène dans le description de la vie de l'Absolu : il sort de soi et revient en soi à partir de l'altérité.

44. *Philosophie de la Révélation*, XIV 78 *sq.* <tr. fr. Livre III p. 99>. Cf. également 81; 87; 193 *sq.*, 198 *sq.* <tr. fr. Livre III, p. 102; 107-108; 211 *sq.*, 216 *sq.*>.

45. Hegel, *Vorlesungen über die Philosophie der Religion*, XVI (Jubiläumausgabe), p. 219 : procès de la réconciliation.

46. Hegel, *Philosophie der Religion*, XIV 300.

retour. En lui la mort s'éclaire en résurrection, l'épine lui est ôtée. « Dieu est mort – c'est là la pensée la plus terrifiante, selon laquelle tout ce qui est éternel, tout ce qui est vrai n'est pas, la négation elle-même est en Dieu ... Mais le mouvement ne s'arrête pas ici, il se *renverse*; Dieu se maintient en effet dans ce procès et celui-ci est seulement la mort de la mort. »[47] Cette mort de la mort est au sens de la logique « négation de la négation »[48]. Ainsi, le « négatif » dans la souffrance de la croix, le calvaire de l'esprit *est* le fondement productif de la « conversion et du retournement »[49] : Dieu n'a revêtu ce qui lui est étranger que pour le tuer. La mort est donc certes le point central de la réconciliation, mais n'est cependant qu'une transition dans l'aliénation de Dieu. Parce que le négatif doit être dépassé, la négation du négatif, la mort de Dieu est précisément *nécessaire*. À partir de la « dureté » du « vendredi saint spéculatif, la totalité la plus haute dans tout son sérieux et à partir de l'abîme le plus profond, récapitulant tout en même temps et dans la liberté la plus sereine de sa forme, peut et *doit ressusciter* »[50].

De même que la mort de chaque homme est, selon Érigène, « *mors mortis* »[51] parce qu'elle est mort de la « chair », ainsi la mort du Christ est la mort de l'homme mort par le péché, qui, en tant que telle, n'est certes pas pensable en soi de façon fixe, mais seulement en tant qu'élément médiateur de la *résurrection*. Parce que le Christ dans son « *incarnatio* » a revêtu toute l'humanité dans la nature humaine, il la fait entièrement ressusciter avec lui[52]. La mort et la résurrection du Christ rendent ainsi possible la « *deificatio* » de l'homme. La signification universelle du caractère sacré du Christ le fait apparaître comme l'homme archétypal. La mort et la résurrection ont donc chez Érigène la même fonction « réversible » que dans la philosophie de la religion idéaliste, être négation de la négation et ainsi

47. *Ibid.*, 300.

48. *Ibid.*, 301.

49. Cf. *Esthétique* (éd. Bassenge, Berlin 1965, 2e éd.), I, p. 517. *Philosophie der Religion*, XVI 301.

50. Hegel, *Glauben und Wissen* (éd. Lasson, Hambourg 1962, 2e éd.), p. 124 (souligné par l'auteur).

51. *De div. nat.* V 7; 875 C : *per hoc plus utilitatis humanæ naturæ contulit mors carnis quam vindictæ ... in tantum ut carnis solutio, quæ mortis nomine solet appellari, rationabilius mors mortis dicatur, quam mors carnis.* V 13; 884 D : (*Redemptor noster*) *qui seipsum exinanivit, formam servi accipiens, movebitur in spiritum, et in ipsam substantiam primitus a Deo creatam, quando absorbebitur mors in victoriam, et totus homo, exterior videlicet et interior, sensibilis et intelligibilis, in unum adunabitur.* IV 24; 851 A : ... *quando novissima inimica mors per eundem Christum Dei Verbum destruetur, et universaliter humana natura in pristinum statum restituetur.*

52. *De div. nat.* V, 20; 893 D *sq.* 25; 911 B. 912 C. 913 C. V 6; 873 C : ... *resurrectio communis omnium ascensio est ex morte in vitam.*

continuation et accomplissement riche de sens du procès de l'incarnation. La critique de F.C. Baur[53] ne me paraît cependant pas pertinente. Selon lui, ce procès, – chez Érigène insuffisamment idéaliste – s'accomplirait de façon aussi peu *objective* que la création et ainsi la sortie hors de Dieu et le retour en Dieu ne pourraient absolument pas être considérés comme deux moments différents. Ainsi, Dieu, en tant qu'il crée et en tant qu'il s'incarne ne pourrait absolument pas sortir de lui et le retour serait donc sans résultat. Les deux mouvements ne seraient différenciables que pour la conscience et ne seraient ainsi différents que *subjectivement*.

Cette critique construit une pensée plus idéaliste – le procès purement immanent dans l'origine divine (« l'Absolu ») en tant que le tout de Dieu et du monde – que ne le permet en général l'esquisse néoplatonicienne du système d'Érigène. Érigène a conservé la portée *ontologique* de cette esquisse. C'est pourquoi la création et la rédemption de peuvent pas être rabaissées comme le fait le docétisme.

4. En dehors de ce problème, l'aspect idéaliste pourrait être instructif pour la question du rapport du réel et de l'idéal (être et pensée) chez Érigène, pour la positivité de la négation rapportée à Dieu (unité de la théologie affirmative et négative), pour la possibilité d'une « intuition intellectuelle »[54] et avant tout pour la pensée de l'intelligibilité de tout être : la pensée ou la raison (*intellectus*) est aussi bien fondement causateur qu'élément porteur de l'être ou de l'effectivité dans son ensemble : *intellectus enim omnium in Deo essentia omnium est … Nihil enim est aliud omnium essentia, nisi omnium in divina sapientia cognitio … Intellectus enim rerum veraciter ipsæ res sunt … cognitio eorum, quæ sunt, ea quæ sunt est*[55]. La pensée divine s'identifie à l'étant qui n'est autre que ses propres idées. Dans ou à travers la connaissance, même en dehors de son absoluité, elle crée de l'étant qu'elle peut précisément conserver, en tant que pensé, en elle-même et reconduire à soi. En termes idéalistes, cela signifie : tout le réel est rationnel parce que tout le réel (= l'étant) est un

53. *Versöhnung*, p. 134.

54. Une analogie, dans la forme de pensée et dans la place au sein du système, pourrait être mise en évidence entre la « cognitio intellectualis, visio intellectualis, contemplatio intelligibilis » d'Érigène et le concept schellingien « d'intuition intellectuelle ».

55. Selon Érigène, ceci devrait être une citation de pseudo-Denys l'Aréopagite ; mais selon la constatation de K. Samstag, *Die Dialekitk des Johannes Skottus Eriugena*, Diss. Munich, 1929, p. 63 (190 en exposant), cela correspond plutôt à Maxime le Confesseur PG 4, 345 B-D. Les textes dans *div. nat.* : II 20 ; 559 A-C. II 8 ; 535 C. Cf. également II 28 ; 596 B et II 14 ; 545 A ; … *Christus, qui omnia intelligit, immo est omnium intellectus, reipsa omnia, quæ assumpsit, adunavit* … C'est précisément cette pensée d'Érigène qui a fasciné F. von Baader ; il vit là l'être-connu ou être-projeté absolu du monde dans l'Absolu (« pensée originelle »), par lequel Érigène « se tient bien au-delà de la critique philosophique moderne ». (*Über den Begriff der Logik als speculative Wissenschaftslehre*, *Werke*, 1, p. 318).

moment dans le procès de déploiement de l'Absolu : qui est lui-même réflexion absolue.

À partir d'une vue d'ensemble, l'aspect idéaliste fait moins apparaître un concept « idéaliste » unilatéral dans la pensée d'Érigène ; il découvre bien plutôt les implications qui auraient pu se déployer à l'intérieur de la pensée idéaliste et qui pouvaient donc, dans l'interprétation idéaliste – légitime de ce point de vue historique –, être identifiées au modèle de pensée idéaliste. Les implications en question sont essentiellement néoplatoniciennes. Même si la fonction spécifique et le point de contact concret des théologoumènes, comme par exemple la question de la réflexion-de-soi divine, de l'acte de constitution du monde ou de la théologie négative, se sont transformés par rapport à leur origine philosophique, sans cette origine philosophique comme pierre de touche de la pensée objectivement déterminable, ils seraient difficilement pensables dans leur nouvelle forme théologico-philosophique, même lorsqu'ils apparaissent, explicitement ou implicitement, de façon polémique. Même la reprise de métaphores et de termes particuliers détermine fondamentalement la nouvelle façon de penser. Une transposition, qui ne se prétend qu'extérieurement formelle de « formes » ou de modes du langage est, dans l'authentique procès de la réception, une impossibilité herméneutique.

APPENDICE I

Dans le chapitre qui traite des rapports de Schelling à Plotin (p. 105 *sq.*), nous écrivons que C.J.H. Windischmann envoya à son ami Schelling, en même temps que ses « remarques » aux *Aphorismes pour introduire à la philosophie de la nature* de Schelling des « passages de Plotin ». C'était le 29 août 1805, comme nous l'apprend une lettre encore inédite de Windischmann à Schelling. « Veuillez trouver ci-joint, mon cher ami, écrit Windischmann[1], votre écrit[2], que je vous remercie une fois de plus chaleureusement de m'avoir communiqué. Vous voyez que j'ai fait diligence[3] en dépit de mes nombreux travaux : mais je n'ai pu trouver de repos avant d'avoir achevé. Dans les remarques ci-jointes j'ai couché à la hâte sur papier mon opinion sur les *Aphorismes*, mais je suspends encore mon jugement quant au dernier passage écrit de ma main, en attendant une étude véritablement approfondie de votre écrit. Et c'est ainsi, je l'espère, que vous le considérerez. Si je renvoie tant, dans ces remarques, à ma subjectivité, ce n'est pas pour m'octroyer une quelconque importance, mais au contraire pour la préserver de toute présomption afin qu'elle ne soit pas

1. Cette lettre, tout comme les documents qui suivent, sont publiés pour la première fois et se trouvent aux Archives centrales de l'Académie allemande des sciences à Berlin, section Archives de littérature, *Nachlass* de Schelling. Je remercie très vivement la directrice des Archives centrales, Madame le docteur Christa Kirsten, d'avoir bien voulu en autoriser la publication.

2. Il s'agit des *Aphorismes pour introduire à la philosophie de la nature*, cf. Schelling à Windischmann (5 septembre 1805, Plitt II, 72). La pagination à laquelle renvoient les remarques de Windischmann est celle de la première édition des *Aphorismes* dans les *Jahrbücher der Medicin als Wissenschaft,* Tübingen, Cotta t. 1, cahier 1, 1805, 1-88 (= œuvres complètes, Cotta VII 140-197).

3. Le 25 août 1805, Windischmann remercie pour l'envoi des *Aphorismes,* ils sont retournés le 29 août. Schelling répondit le 5 septembre 1805 (Plitt II 72 *sq.*). Pour tout cela, cf. ci-dessus p. 106 *sq.*

tout à fait indigne de vous. » La lettre se termine ainsi : « Mon extrait de Plotin vous fera plaisir. »

Les remarques de Windischmann occupent 6 pages manuscrites. Je les rapporte ici parce qu'elles constituent la première réaction qui nous soit connue aux *Aphorismes* de Schelling et qu'elles peuvent parfois faire office de commentaire « plotinien » aux pensées fondamentales de Schelling. J'ai actualisé l'orthographe, mais conservé la ponctuation. Ce qui est souligné est imprimé en italique. Les parenthèses sont de Windischmann, les crochets désignent des ajouts de l'éditeur.

REMARQUES

§ 1-10. Dans aucun écrit actuel, et je n'en excepte même pas ceux de l'auteur, ne règne une telle clarté ni une telle profondeur, une contemplation si tranquille et si réfléchie que dans celui-ci. Ces premières phrases fixent de façon définitive le point de vue à partir duquel le tout doit être contemplé.

§ 11-12-13. L'allusion sublime à mes idées, telles que je les ai exposées tout au long de l'année dans mon cours, m'a rempli d'une joie sans mélange. Le caractère insatiable des sens se révèle tout particulièrement dans le cœur de l'enfant. Une confiance profonde, insondable, se répand dans l'âme, les sens vivent dans un monde divin, sans limites venues de l'extérieur dans le sentiment de l'être éternel.

§ 14. On oppose très fréquemment la philosophie à l'art et à la religion, et on en fait une simple science. Je pense qu'on a mal compris l'auteur chaque fois qu'on a considéré que c'était là son opinion propre : on comprend en effet maintenant pourquoi il défendait sinon la philosophie envers et contre tout. Michel Ange précéda Raphaël[3a]. Et une profonde sensibilité pénétra la vie la plus sublime grâce à une limitation de soi. J'ai toujours considéré que cette opposition était inadmissible, et c'est pourquoi je pense que le vrai philosophe peut tout à fait être un virtuose dans les domaines de la science, de l'art, de la religion. Mais chacun de ces domaines n'*est* pas en lui-même la philosophie, il est sa forme, son expression dans la sensibilité, sa représentation imagée. Quant à la philosophie elle-même, elle est la connaissance tranquille, claire et éternellement semblable de Dieu, sans le trouble ni la différence de relations finies. C'est ainsi que j'ai dit dans les aphorismes de mon exposé : « La

3a. Cf. Schelling, *Discours des arts plastiques*, VII 318 *sq.*, en particulier note 1. <tr. fr. A. Pernet, in *Schelling, Textes esthétiques*, p. 179, Paris, Klincksiek, 1978>.

contemplation tranquille, claire et égale à elle-même dans laquelle la science et l'art s'unissent en une source vivante, la philosophie, doit seule être nommée sagesse, et elle est selon son essence absolument différente de la débauche qui s'exalte dans l'illimité, tout comme de la nostalgie qui se précipite dans des abîmes vides. Il n'y a là aucun point de comparaison. »

§ 16. Les écrits précédents de l'auteur ont suivi ce chemin, et les écrits présents se rapprochent toujours plus de la représentation selon Raphaël.

§ 17. L'absence de forme ne peut caractériser l'infini que dans la mesure où toute empreinte et forme venues de l'extérieur doivent être éloignées du concept de l'infini. L'infini est lui-même la forme, il se porte et se maintient lui-même.

§ 19. Je ressens cela de façon profonde et intime, c'est pourquoi je suis fermement persuadé que l'acte accompli par l'auteur est éternel. – Un nouvel évangile, devant lequel doivent enfin céder, après bien des combats, les artifices du diable. Mon plus ardent désir est d'être un digne apôtre, même si la persécution et le combat sont les récompenses de notre temps. Cela tient à la nature brisée et indolente de tout ce qu'on nomme salut. Cette nature se contente de boiter vers les idées.

§ 22. Je me réjouis de cette parole qui manifeste on ne peut mieux la différence la plus intime entre la descente véritablement religieuse dans les profondeurs de la nature et la contemplation oisive. Ainsi, ce que j'ai pu exprimer çà et là par moi-même contre la contemplation de soi oisive et vaine ne peut en aucun cas être mal compris. Cette contemplation de soi oisive est précisément ce que je voulais reprocher aux hindous à la page 386 de mes *Idées*[4]. Cette souillure est alors le propre de toute philosophie orientale, de telle sorte qu'elle ne subsiste jamais comme la pure idée de Dieu lui-même, mais revêt toujours plus ou moins l'apparence de la religion abandonnée à elle-même, celle-là précisément qui passe toujours dans la superstition sans le maintien que peut seul lui procurer son unité avec l'art et la science.

§ 24. Je me suis moi aussi rendu quelque peu coupable de ce péché. Mais la rhétorique qui vise la conviction se dissipe et je produis maintenant un vin plus pur. La faute n'en revint à vrai dire jamais au discours, mais à la chose elle-même : séduit par un goût artificiel et des manières trompeuses, je ne la présentai pas de la façon la plus pure. Dans le deuxième tome déjà on pourra trouver une plante plus savoureuse[5]. Dans l'avenir, j'espère tirer moi-même mon vin et souhaite qu'il soit du goût de l'auteur, même si c'est un cru différent du sien.

4. Windischmann, *Ideen zur Physik*, Würzburg-Bamberg, 1805.

5. Il s'agit certainement du projet du deuxième tome des *Ideen zur Physik* de Windischmann, qui ne fut jamais publié.

§ 27. Tout à fait juste ! Ils sont très peu nombreux ceux qui savent combien cette œuvre est infinie et ils se comportent à ce sujet avec puérilité. Je peux dire que l'idée de cette œuvre s'est totalement emparée de mon âme et a vaincu toute subjectivité. J'ai eu souvent l'impression que mon cœur allait éclater de joie face à ce qui pouvait être conforme à cette idée. Mais un coup d'œil sur cette époque impie pouvait aussi souvent me briser de douleur. Pourtant je me tranquillisai toujours plus à ce sujet, comme chacun de ceux qui pensaient de façon sérieuse et honnête. Je m'imaginai les fleurs et les fruits, et comment ils allaient croître en ce monde. Seule une confiance enfantine en la providence divine peut insufler ce bienheureux repos. La providence ne fait jamais périr une œuvre entièrement formée.

§ 28. C'est ainsi que j'ai toujours compris les écoles et les doctrines, et toujours haï toute scolastique dont le but suprême et l'unique joie sont la formule. Il faut de l'enthousiasme, et celui qui n'en est pas capable doit demeurer parmi le peuple croyant et non initié. Que l'auteur me pardonne si, entraîné par l'esprit du temps, j'ai par instant pu croire que la formule avait pour lui plus de prix qu'elle n'en a véritablement.

§ 32. Ce caractère divin du sens a toujours été le point méconnu dans la *nouvelle* philosophie. C'est pourtant ce qui permet au paganisme authentique de se fondre de la façon la plus intime avec le christianisme authentique dans un nouvel évangile et au tout d'être connu dans sa plénitude et sa clarté éternelles, celle-ci provenant de celle-là, celle-là de celle-ci.

§ 35-54. Et en général tout ce qui suit est une présentation si solide du tout que je ne peux rien trouver de plus digne d'y être comparé que les passages de Plotin ci-joints[6]. Je les possède dans un abrégé que j'ai composé, à partir de ses textes les plus sublimes, pour mon usage personnel et que j'étudie quotidiennement pour mon édification intime.

§ 43-44. Il était nécessaire à la présentation génétique de l'idée à notre époque de discuter également du Moi et de l'examiner de façon approfondie. C'était la seule façon, pour une époque comme la nôtre, d'être présentée dans l'abîme de son néant. Page 501 *sq.* je m'obligeai fermement

6. Les analogies avec Plotin dont parle Windischmann concernent le concept du νοῦς (identité du savoir et de l'être-conscient, affirmation de soi), et plus généralement la pensée que Dieu n'est pas le « Très-Haut », mais le « simplement Un », le « centre », « tout en tous », qu'il est le « sans-relation » (=absolu), parce que « affirmable à partir de lui et par lui-même », que la connaissance du divin est formée de façon divine, « elle ne vient donc pas de l'homme lui-même » (VII 148 *sq.*), ce qui est analogue à la pensée plotinienne de la préexistence de l'Un dans la pensée humaine, grâce à laquelle seulement celle-ci est capable, en vertu du principe ὅμοιον ὁμοίῳ, de connaître le divin (l'Un) « par contact ».

à considérer comment le Moi n'acquiert de signification que dans l'idée de Dieu.

§ 48. Tout à fait précis et lumineux pour tout esprit dépourvu de prévention.

§ 50. L'un des passages de Plotin doit ici particulièrement être pris en considération[7].

§ 51. Même remarque[8].

§ 53. J'ai écrit la même chose dans ma recension de Weiller[9] contre ses opinions athées et celles d'autres individus pitoyables.

§ 54. Cette phrase seule garantit déjà la valeur de l'ensemble de l'exposé de l'auteur et est un signe authentique du caractère éternel de cette œuvre.

§ 55-56. C'est là précisément le péché originel comme conséquence de la chute de l'état de pureté et d'innocence.

§ 57-63. Ces phrases laissent espérer que toutes les erreurs de compréhension provoquées par leur diffusion seront levées chez les meilleurs esprits. Ce chemin de la *deductio ad absurdum* de toute vue unilatérale de l'entendement est précisément celui que j'ai choisi. Je l'ai exposé dans le premier tome de mes *Idées*, certes pas encore avec une complète clarté, mais je m'efforce de la poursuivre avec une fermeté croissante. Un scepticisme puissant et sans égard est selon moi le seul remède de ce temps. Il faut d'abord qu'ils retrouvent la santé, avant de pouvoir contempler l'éternellement sain. C'est pourquoi il est dit dans la préface : « Mon but suprême est d'inciter très largement à se diriger vers la signification supérieure des choses et vers la vérité dans sa forme la plus pure. Cet écrit s'adresse donc moins à ceux qui ont depuis longtemps déjà fait de la philosophie la fin suprême de leur vie, etc. »

7. Windischmann désigne certainement le texte de Plotin, VI 8, 18 qu'il a traduit et envoyé à Schelling.

8. Le texte de Schelling (VII 150, § 51) est le suivant : « Il n'y a par conséquent pas d'ascension de la connaissance vers Dieu, mais seulement une cognition *(Erkennung)* immédiate – non certes une cognition immédiate qui appartiendrait à l'homme, mais seulement celle du divin par le divin. » <tr. fr. J.-F. Courtine et E. Martineau, in Schelling, *Œuvres métaphysiques*, Paris, 1980>. Le texte de Plotin auquel renvoie Windischmann pourrait être le suivant : « Mais voir Dieu lui-même, seul celui qui veut voir y parvient… Dieu est présent à chacun et en un certain sens il est aussi caché à chacun. Mais il n'est présent que pour ceux qui peuvent le prendre en eux et sont ainsi prêts à ne faire qu'un avec lui, et cela par la ressemblance qui est enracinée en eux et par la force que leur donne Dieu, lorsque le sentiment est dans l'état où il était quand il est sorti de là-haut. » (traduction de Windischmann de VI, 9, 4, 14).

9. Dans la *Jenaische Allgemeine Literatur-Zeitung*, août 1805, n°187, p. 257 *sq.* Recension de K. Weiller, *Anleitung zur freien Ansicht der Philosophie*, Munich 1804.

§ 68. Je serais heureux si la réduction de l'ensemble de la mécanique et de la chimie effectuée dans le deuxième tome, et qui va dans ce sens, plaît à l'auteur.

§ 71. Je pense avoir exposé, page 135 des *Idées*, un point de vue semblable à celui de l'auteur, bien que de façon peu claire, ce qui sera corrigé.

§ 73-80. Cf. les textes joints de Plotin [10].

§ 80. Le texte de Leibniz est ici de la plus grande efficacité. Si ce grand homme ne s'était pas partout contenté de la simple incitation, souvent trop conciliante vis-à-vis de son temps, mais s'il avait soutenu avec persévérance ses profondes idées, nous serions aujourd'hui bien plus avancés que nous ne le sommes.

§ 93. « L'infâme panthéisme ou spinozisme s'affiche ici de façon on ne peut plus évidente ! ». *Haec verba veniant et implebunt mundum.*

§ 110. Cf. les *Idées* pages 135 et 161.

Je n'ai pour ma part plus de remarques quant à ce qui suit. Aucun mot ne peut être ajouté, aucun ne peut être soustrait sans troubler la clarté de l'ensemble ni l'obscurcir aux yeux d'un esprit non prévenu. Il n'y a plus rien à souhaiter, si ce n'est l'apparition prochaine des considérations particulières sur la nature de ce point de vue authentique et unique, et tout particulièrement la considération de l'organisme.

10. Par analogie, on peut de nouveau penser à la pensée schellingienne de l'identité absolue du subjectif (de la « pensée ») et de l'objectif (de « l'être ») en tant qu'affirmation de soi de Dieu, qui est absolue identité (VII, 157). Quant au concept plotinien de l'esprit en tant qu'identité de la pensée et de l'être, cf. la traduction de Windischmann de I 4, 10 : « Connaître et être sont semblables. Mais cette connaissance semble se produire lorsque l'acte de la raison est réfléchi ». À « l'éternité de Dieu » (en termes plotiniens : de l'esprit), à l'idée que ce Dieu est tout, n'est pas amoindri lorsqu'il sort de lui, mais est « éternel retour en arrière » en tant que « être et subsister éternel de Dieu en soi-même » (Schelling, VII 158) et en tant que tel « bienheureux » (VII 157), on peut comparer la traduction paraphrastique de Windischmann de III 7 et III 2, 1, 40 : « Il suffit au bienheureux d'être en lui-même et ainsi d'exister entièrement tel qu'il est et l'image du bienheureux est elle aussi bienheureuse dans la mesure où elle accomplit par son repos ce qu'il y a de plus grand et demeurant près d'elle-même elle n'achève rien de petit. » À Schelling (VII 158) : « La spéculation, c'est-à-dire la vision, la considération de ce qui est en Dieu, voilà l'essentiel. La science n'a elle-même de valeur qu'autant qu'elle est spéculative, qu'autant qu'elle est la contemplation de Dieu tel qu'il est » <tr. fr. J.-F. Courtine, E. Martineau>, on peut aussi comparer un passage de la traduction de Plotin : « Ce n'est pas par une quelconque science ni par un quelconque mode de la raison que nous connaissons Dieu comme nous connaissons les choses que nous nommons intelligibles, mais par une présence qui est meilleure que tout savoir. … Toute doctrine s'élargit et utilise toutes ses forces pour le chemin et le voyage qui y conduit. » (à partir de VI 9, 4, 1 *sq.*). Et plus loin dans le même passage : « Il est donc nécessaire de dépasser la science. » Le but serait l'intuition (« spéculation », « contemplation ») dans l'ἕνωσις.

Sur l'appendice (=Schelling VII, 189 *sq.*), quelques mots seulement :

« La finitude est donc de toute éternité avec et auprès de l'infini etc. » ; je ne peux pas, du moins pas encore, mettre ces paroles en accord avec la doctrine de la *chute*. Je souhaiterais que les remarques importantes de Plotin à ce sujet, contre les gnostiques, vous soient connues. Je ne peux vous fournir que peu de textes à ce sujet[11]. Il s'agit du livre 9 de la deuxième *Ennéade*.

Je connais certainement toutes les explications qui peuvent être ajoutées à ce sujet : mais l'accord avec la doctrine de la chute ne m'est pas apparu avec une complète clarté et profondeur, du moins dans toutes les explications qui partent de ce point de vue, qui est aussi celui qui est adopté dans *Philosophie et religion*. Je vais vous faire part du peu de lumière auquel je suis parvenu sur cette question.

« La raison est l'idée de Dieu et rien d'autre » dit le § 48. Elle-même n'a donc jamais été soumise à une chute. Elle est éternellement égale à elle-même, et c'est cette égalité éternelle qui luit comme un éclair dans le cycle du monde des phénomènes lors du début et de l'achèvement de toute formation (*Bildung*). L'in-formation (*Einbildung*) et le retour ne sont qu'apparences, puisque l'idée était toujours présente et cette présence, lorsqu'elle est reconnue dans ce cycle, se nomme connaissance de soi, dans laquelle l'infinité est éternellement identique à l'unité. Si on considère seulement l'infinité, de telle sorte que l'esprit se perd aussi entièrement en elle, il ne mesurera alors jamais la profondeur de cette infinité. Cette profondeur est l'abîme (*Grund*) sur lequel se promènent les phénomènes : car l'unité formatrice (la lumière) n'est jamais absente, même lorsqu'elle est cachée à celui qui a sombré dans ces profondeurs. Cela me semble être la *matière* des anciens, en particulier de Plotin[12]. Là doit parvenir tout ce qui a sombré dans l'abîme de l'infini. Si on considère seulement l'unité, alors apparaît une lumière du monde, en elle-même formatrice et formée,

11. II 9, 8, 1 sqq et 15, 32 *sq.*, qui ne contiennent en effet rien sur les concepts caractéristiques de cet écrit, rien non plus sur ce qu'il nomme la « théorie de la chute » (νεῦσις, πεσεῖν) que Plotin condamne précisément en tant que « gnostique ». G.A. Heigl a accordé plus tard une attention particulière à cet écrit « Contre les gnostiques » : *Plotini Ad Gnosticos liber* (*Enn.* II 9), Regensburg, 1832. Cf. à ce sujet les remarques de Creuzer dans : *Deutsche Schriften*, III 2, Leipzig-Darmstadt, 1847, p. 363-405 (ce travail fut publié pour la première fois en 1834). Pour l'interprétation de II 9 on lira avec profit : D. Roloff, *Plotin. Die Großschrift III, 8 – V, 8 – V, 5 – II, 9*, Berlin, 1970, en part. p. 166 *sq.*

12. Du moins selon la traduction de Windischmann de II 4, 5 : « Dès qu'il (le simple) doit être mis en relation à un autre, elle (la duplicité) progresse, pénétrant dans la profondeur. Mais la profondeur de chaque chose est matière, c'est pourquoi toute matière est ténèbres, précisément parce que le rapport suprêmement connaissable est la lumière, la raison elle-même étant un tel rapport. » Quant à « rapport » *(Verhältnis)* = λόγος, cf. les traductions de III 2, 2.

rayonnante et écrasante, elle apparaît sur cet abîme, qui se révèle maintenant nécessairement comme un opposé, comme obscurité. Ainsi est délimité le lieu de l'entendement et des *entibus rationis* (le logos selon Plotin) : le fait de persister dans ce concept relationnel d'une nature explicite peut certes à juste titre être nommé *chute*. Le phénomène lui-même est ce qui est déchu, pas le Dieu (vis-à-vis de lui il n'y a aucune relation). Il faut évidemment ajouter : ce n'est toutefois là encore que de façon apparente qu'il y a chute de l'idée de Dieu, qui persiste pour elle éternellement en Dieu et qui garantit la permanence de l'identité de l'infinité et de l'unité. Dans le système perse on trouve précisément cette opposition de la lumière et des ténèbres. La chute[13] d'Ahriman hors de Ormuzd est la cause de son engloutissement dans les ténèbres. L'illusion de la relation des deux opposés est enfin levée par le règne et la gloire d'Ormuzd, mais l'idée, même après cette dissolution est connue sous le symbole de la lumière et de sa magnificence. C'est du moins ce que nous pouvons tirer de notre connaissance du système. Mais il ne faut pas non plus attendre que l'idée soit ici connue à la fin dans toute sa pureté : car en Inde déjà elle ne luit qu'à travers des symboles. Ceci est toutefois exprimé sans équivoque dans les écrits hindous : l'ignorance et la vantardise quant à la richesse des opinions sur les relations qui règnent dans ce monde, telles sont les conséquences de la chute hors de l'identité des trois puissances de la nature. L'identité seule est la plante véritable et l'arbre complet, l'ignorance et la vantardise ne sont que son ombre.

Plotin n'est à ma connaissance jamais resté indécis, il n'a jamais oscillé entre l'infinité et l'unité : chez lui l'idée est évidemment annoncée non seulement à partir d'une inclination pressentie et non comprise, mais aussi en tant que modèle de la connaissance de soi la plus sérieuse et la plus sereine. Mais il faut cependant remarquer que ses écrits nécessiteraient encore une critique sévère quant au moment de leur composition. L'ordre actuel me semble confus, comme pouvait également l'être quelque peu l'esprit de son disciple Porphyre.

13. A ce sujet, cf. également chez Windischmann les *Ideen zur Physik*, I 521.

APPENDICE II

<L'appendice II (pages 211-214 de l'édition originale) présente à titre documentaire quelques extraits de la traduction, due à Windischmann, de plusieurs passages de Plotin : *Ennéades* III, 2, 2, 1 sq ; I, 6, 9, 7 *sq.* ; III, 7, 4, 29 *sq.* ; V, 3, 6, 31 *sq.* ; V, 3, 8, 18 *sq.* ; VI, 4, 2, 1 *sq.* et VI, 8, 18, 1 *sq.*

Il s'agit des « plus beaux passages » que Windischmann avait traduit « à son usage personnel » et en vue d'une étude quotidienne pour « sa propre édification intérieure ». La traduction, comme le note W. Beierwaltes, est ici aussi bien « paraphrase et résumé ». Elle est en tout cas antérieure à août 1805 (cf. l'échange de lettres entre Schelling et Windischmann cité plus haut p. 106 *sq.*), et à peu près contemporaine de la traduction par Goethe de V, 8, 1 et de celle par Creuzer de III, 8.

L'intérêt historique de cette traduction allemande ne ressort véritablement que de sa confrontation avec le texte grec. Nous avons renoncé à en donner une traduction française qui, comme telle, n'aurait pas eu beaucoup de signification. Nous avons renoncé aussi, en raison de sa lourdeur ici un peu disproportionnée, à la seule présentation instructive, sur trois colonnes du texte grec, de la traduction Windischmann, d'une traduction française de cette traduction. – NdT.>

POSTFACE À LA TRADUCTION FRANÇAISE

Depuis mes tout premiers travaux sur la métaphysique de la lumière chez les Grecs[1], mon intérêt philosophique porte sur la question de savoir comment la pensée de Platon, dans son ensemble, s'est trouvée à la fois préservée et développée dans le « néoplatonisme », et comment, sous cette nouvelle forme, elle aura été déterminante pour une *théologie chrétienne* qui en a été marquée philosophiquement, tant dans ses formes de réflexion que dans ses problématiques essentielles ; cet héritage de pensée n'en a pas été moins déterminant pour l'achèvement de la conscience moderne dans l'*idéalisme allemand* avec Fichte, Schelling et Hegel. J'ai tenté d'arpenter ce domaine en le prenant pour base de mes recherches sur l'histoire et la tradition, en esquissant et en développant les figures et les concepts fondamentaux de la pensée néoplatonicienne, en me concentrant principalement sur Plotin et sur Proclus : Plotin est pour ainsi dire omniprésent avec sa théorie de l'Un et de son déploiement, avec sa doctrine de l'esprit (νοῦς) qui se pense soi-même et son propre être, avec son analyse du rapport de l'éternité et du temps (*Ennéade* III, 7), de la lumière comme structure ontologique et gnoséologique, et enfin avec sa théorie de l'art comme miroir anagogique du beau lui-même. En m'opposant à une conception étroite de l'idée de système, réduite à ce qu'il y a de rigide, de formel, de non-philosophique, conception inspirée dans certaines limites de Hegel, j'ai essayé, dans mon livre sur *Proclus* (1965)[2], de remettre en valeur la structure systématique de la pensée de Proclus à partir de quelques uns de ses traits fondamentaux décisifs.

1. *Lux intelligibilis, Untersuchung zur Lichtmetaphysik der Griechen,* Uni-Druck Novotny & Söllner, Munich, 1957.

2. *Proklos. Grundzüge seiner Metaphysik,* Klostermann, Francfort, 1965.

Je n'ai jamais conçu mon travail en ce domaine comme la pure et simple administration muséale de problématiques et de résultats historiques; conception qui, en partant du présent et de son point de vue prétendument supérieur, transformerait le passé en un véritable passé et le ravalerait en fait au rang de ce qui est obsolète et dépassé. J'étais bien plutôt, et je suis toujours, soucieux d'un débat qui prend également ou surtout au sérieux les pensées qui ont été élaborées dans une ancienne histoire parce que notre propre pensée s'en nourrit encore aujourd'hui – en dépit de toutes les différences par rapport aux commencements. C'est là ce que visait Nietzsche, quand il déclarait : « C'est seulement à partir de la plus haute force du présent que vous devez interpréter le passé : c'est seulement dans la plus forte tension de vos qualités les plus nobles que vous devinerez ce qui du passé est grand et digne d'être connu et conservé. Le semblable par le semblable ! Sinon vous tirez à vous le passé »[3]. Cette remarque de Nietzsche attire l'attention sur un point capital : l'appropriation de l'histoire, l'appropriation d'une pensée « passée » devrait toujours être une appropriation *critique en vue du* présent, d'un présent qui justement ne rejette pas le passé sans autre forme de procès, mais en procure une nouvelle et intensive confirmation; le mouvement d'une pensée étrangère pourrait ainsi relancer le procès d'une nouvelle fondation. Ces propos de Nietzsche s'opposent également à une éventuelle présomption et à une disposition illusoire du présent en matière d'« histoire » : une telle attitude pourrait ou devrait être corrigée par l'explicitation des conditions historiques de notre propre présent au sens d'une auto-explicitation de l'homme, d'une remémoration active de ses origines. Or c'est précisément pour le philosophe qu'un tel tournant en direction de l'histoire est essentiel, afin de confirmer sa propre position dans la pensée, et cela vaut aussi pour les questions dites « systématiques »; ce n'est pas quelque accident extérieur survenant au philosopher, mais l'expression de cette conviction qu'une pensée systématique n'est jamais possible en l'absence de réflexion sur ses propres conditions historiques, tandis que d'un autre côté cette réflexion sur l'histoire doit toujours être conduite eu égard à la vérité de l'affaire à chaque fois en question, telle qu'elle se montre dans des perspectives différentes; c'est en cela que se révèle justement l'unité nécessaire d'une pensée à la fois systématique *et* historique.

Contre l'arbitraire savamment dissimulé dans le commerce avec l'histoire de la pensée, j'ai donc toujours, dans mes réflexions sur les élaborations spécifiques des idées – en dépit de ou en étroite connexion avec le travail historique de détail –, gardé en vue *l'enjeu de vérité* de

3. F. Nietzsche, *Considérations inactuelles*, 2e partie : « De l'utilité et des inconvénients de l'histoire », *Œuvres*, éd. K. Schlechta, Munich, 1954, I, p. 250.

chaque question ou de chaque affaire. À travers nos *propres* questions et nos tentatives pour résoudre les problèmes, nous nous tenons consciemment, mais parfois aussi inconsciemment – qu'il s'agisse d'une *affirmation* déterminée, aussi bien que d'une *négation* décidée – au sein d'un complexe traditionnel qui fait de notre pensée elle-même, jusqu'à un certain degré, le résultat d'une *efficience.* Nous *sommes* nous-mêmes une telle « histoire en effet ». Voilà ce que l'herméneutique philosophique d'aujourd'hui (en particulier celle de Hans-Georg Gadamer) a en commun avec le concept hégélien d'histoire de la philosophie. Il est permis d'en déduire la considération suivante, qui peut servir de critère pour une recherche philosophique en laquelle le passé se lie au présent de façon productive et révèle à chaque fois son actualité spécifique : par opposition aux autres formes de savoir dont le progrès fait apparaître les positions et les théories « dépassées » comme non vraies et dépourvues de toute valeur pour une discussion ultérieure, dans l'histoire de la conscience philosophique et de ses théories rien n'est – au moins au sens de Hegel – totalement passé, trépassé et « mort ». Tout demeure bien plutôt conservé dans des contextes ultérieurs sous une forme différente, mais encore reconnaissable, ou « surmonté » par une anamnèse active. Ce qui ne veut pourtant pas dire que *tout* ce qui a été une fois pensé serait ou pourrait être *également* riche de sens pour la réflexion présente ; bien plutôt est-il non seulement possible, mais légitime et absolument nécessaire de la rattacher à nouveaux frais et de façon conceptuellement productive – en fonction d'un contexte ultérieur et modifié de différentes manières dans ses intérêts et ses visées – à l'élaboration historique et individualisée d'une question, d'un problème, d'un concept ou d'une théorie. Des besoins nouveaux, de nouveaux enjeux problématiques dirigent l'intérêt spécifique sur ce qui, dans le passé – qui empiète sur le temps à chaque fois présent – fut pensé comme vrai, argumentativement convaincant et susceptible de susciter un questionnement ultérieur. La vérité de ce qui a été une fois pensé est, pour Hegel, toujours « aussi vivante [et contraignante] qu'au temps de son premier surgissement »[4]. En tout cas, sans nos propres questions, ce qui a été pensé demeurerait muet et mort. Telle est la conclusion que je tire de la théorie hégélienne de l'histoire de la philosophie et à laquelle je peux donner mon aval. Cela est possible, sans adhérer pour autant à cette conviction de Hegel que la philosophie se développe *avec nécessité,* en sorte qu'elle puisse illustrer à chaque fois les phases de la logique hégélienne.

4. Hegel, *Einleitung in die Geschichte der Philosophie,* éd. J. Hoffmeister, Meiner, Hambourg, 1959[3], p. 71.

La question de la proximité ou de la distance d'une pensée, ou mieux de la proximité *dans* la distance, a toujours été pour moi – explicitement ou seulement de manière implicite – le fil conducteur constant de mon travail philosophique. La conscience d'une *différence* herméneutique par rapport au passé, et en même temps la tentative intérieurement efficiente de celui qui comprend pour mettre en relation le passé, l'autre, ce qui lui apparaît comme étranger, avec des questions ultérieures et actuelles, voilà ce qui rend tout d'abord possible cette *appropriation* critique et en même temps productive que nous avons évoquée plus haut. Une telle appropriation peut et doit faire sauter les croûtes de l'histoire qui, à la faveur des interprétations les plus différentes, durcissent une idée, la recouvrent ou la disloquent. Non point donc ce qui est devenu étranger, ce qui a été mis à distance en fonction d'une prétention à la pseudo-objectivité, et ainsi proprement abandonné à son passé, mais ce qui est *présentifié* à partir de l'histoire eu égard à la chose même, la *présence* rendue et maintenue vivante d'une pensée qui demeure en rapport dialectique à son point d'origine : *voilà* seul ce qui est fascinant, ce qui, par son interprétation, peut conduire à s'engager pour la chose elle-même, pour la *vérité* qui se montre en elle. Fondée sur de tels motifs, cette manière de se tourner vers l'histoire de la pensée accroît encore à mon sens l'évidence interne d'une interprétation et sa force de conviction pour les autres. C'est ainsi que pour moi l'*histoire des concepts* n'a jamais été le simple ornement, érudit, d'une intention systématique du philosopher. La pratique herméneutique, même quand elle procède à l'histoire des concepts, relève bien plutôt d'une *effectuation de la philosophie,* ou est elle même un mode de philosopher qui est conscient de sa propre historicité et tente *en elle* et *par elle* de se référer à la vérité du pensé – et cela pourtant sans styliser la pensée de l'autre en fonction de quelque conception personnelle préalable, afin peut-être de pouvoir s'exprimer soi-même exclusivement à travers le médium de l'autre. Sous cette forme extrême, égoïste, voire même autistique, du rapport à l'histoire, l'« appropriation » aboutirait plutôt à l'usurpation ou à une mise en scène de soi-même au prix de la violence. Martin Heidegger et les déconstructivistes de diverses obédiences fournissent les exemples extrêmes de ce procédé.

II

C'est principalement dans mes ouvrages : *Platonisme et idéalisme, Identität und Differenz* et *Denken des Einen,* que j'ai tenté d'accomplir paradigmatiquement l'intention fondamentale qui vient d'être esquissée : la philosophie comprise comme histoire des concepts et comme étude, centrée sur l'histoire de l'efficience, de questions et de problèmes centraux. Par là, je me suis surtout attaché à la tradition *platonicienne* – à Platon lui-même, à son explicitation et à sa déformation dans le prétendu néoplatonisme ; à ses multiples métamorphoses au Moyen-Âge, à la Renaissance, dans l'idéalisme allemand de Schelling et de Hegel – et jusqu'au tournant antiplatonicien, chez Heidegger, Adorno et à la critique néopositiviste de la métaphysique. Le « platonisme » et à sa suite le « néoplatonisme » représentent une forme caractéristique de ce que nous avons pris l'habitude de désigner par le concept passablement chamarré de « métaphysique » ou de « philosophie première ». Aujourd'hui le « platonisme » est devenu, sous une forme réductrice et partiellement méconnaissable, le concept générique de ce qui doit être critiqué en fait de « métaphysique » dans la perspective de ces philosophies qui se donnent, selon leur auto-évaluation, pour « la substance de notre époque ». Sur la base de préjugés tenaces ou par ignorance pure et simple, le « platonisme » est encore stylisé jusqu'à devenir la présupposition ou même la cause de l'actuelle imbrication complexe entre l'être socialisé et la pensée technicisée en rationalité des objectifs ; il a été rapproché du *totalitaire* (par exemple chez Adorno) au titre d'une prétendue *pensée-de-l'identité* fixée en soi-même et arrêtant le concept ; ou bien le « platonisme », ensemble avec Hegel et Marx, est tenu pour co-responsable de la « société fermée » et du fascisme (selon Sir Karl Popper), – sans jamais prendre en compte le fait qu'un concept de la justice qui tire sa légitimité argumentative d'une Idée du Bien, à titre de maxime capitale de la pensée et de l'action politique, *puisse* n'être pas compatible avec les formes d'irrationalisme décrétées à l'aveugle (le « national », le « populiste » ou le « raciste »), avec les contraintes idéologiques qui interdissent toute vue fondée. La théorie et la pratique platoniciennes du « rendre-raison » s'opposent en tout cas à l'attribution de ce label de « totalitaire ». – Et Martin Heidegger lui aussi voit en Platon – tout comme le faisait Nietzsche – le début de la décadence de la pensée philosophique, sa fixation en « métaphysique » ; elle est tenue pour première coupable d'une « réification » systématique du penser, rétréci à la mesure d'un *représenter* oublieux de l'être, ne s'adonnant prétendument plus qu'à l'« étant » au lieu de l'« être » ; or une telle pensée se développe, aux yeux de Heidegger, comme pensée « calculante » jusqu'à devenir l'attitude fondamentale de l'agressivité technique, rendue incapable de penser la *différence ontologique* entre l'être (l'Estre) et l'« être de l'étant », ou de faire l'épreuve de l'ἀλήθεια à partir de son origine comme *décèlement* de l'être; une telle pensée conçoit la vérité – de Platon jusqu'à Hegel – exclusivement au sens de l'« exactitude du coup d'œil et de la situation du regard », telle qu'elle a été fixée dans la définition scolastique : *veritas est adaequatio rei et intellectus*[5]. La conception assez singulière que se fait Heidegger de la « culpabilité » de Platon dans le développement de la pensée occidentale, au sens du déclin par rapport à ce qui a été pour la première fois pensée (« initialement ») au premier commencement (en particulier chez Héraclite), est également la raison qui fait que Heidegger voit s'accroître la « logification » de la philosophie, qui commence avec Platon et le platonisme – étroitement lié au christianisme –, et que, dans sa construction philosophico-historique du développement de la pensée « métaphysique », il *n'accorde* au néoplatonisme *absolument aucun* rôle déterminant dans cette histoire. Assurément Heidegger n'aurait jamais *pu* soutenir et développer dans ses interprétations sa thèse du cours historial de la pensée – de l'« oubli » croissant de l'être et du « défaut » de différence ontologique, s'il s'était seulement confronté sérieusement à la prétention de la pensée néoplatonicienne quant à la possibilité de penser une « différence ontologique »[6].

Sur le chemin aujourd'hui proposé pour échapper au rétrécissement et à la sclérose qui affectent des pensées et des questions métaphysiques originellement vivantes, et pour conduire à un autre *commencement* ardemment désiré, le philosopher néoplatonicien pourrait justement servir de paradigme : il ne se contente pas d'un formalisme logique, il ne réduit pas la pensée conceptuelle à un simple « calcul », il laisse le champ libre – en fonction d'une attitude consciemment sceptique à l'égard du langage – à l'image, à la métaphore et à la puissance d'énonciation du mythe, et par conséquent à l'élément poétique au sein du penser; à côté d'une conception objective de la réalité le néoplatonisme reconnaît aussi comme son fondement de possibilité, sous la forme du νοῦς absolu, un penser non

5. M. Heidegger, *Platons Lehre von der Wahrheit*, Bern 1954², 46.

6. Cf. sur ce point W. Beierwaltes, *Identität und Differenz*, Francfort, 1980, p. 131 *sq.* « Heidegger Rückgang zu den Griechen », in : *Sitzungzberichte der Bayerischen Akademie der Wissenschaften, phil.-hist. Klasse*, 1995, Cahier 1, Munich, 1995. – Par rapport à ma question, le cours du semestre d'été 1921 « Augustinus und der Neuplatonismus » (*Gesamtausage*, t. 60, édité par C. Strube, Francfort, 1995) est une déception. Son importance réside uniquement – en dépit du terme « néoplatonisme » présent dans le titre – dans l'interprétation de *Confessions X*, et encore en fonction de la compréhension heideggérienne du « curare » augustinien et du « timor », ce qui anticipe une idée fondamentale de *Sein und Zeit* (1927).

objectivant dont il assure le développement ; dans toutes ses dimensions il tourne autour de L'UN qui, en dépit de sa radicale altérité par rapport à tout le reste, est L'ÊTRE de tout – au sens d'un fondement lui-même sans-fond et d'une « essence » qui maintient la réalité en totalité et la recentre sur lui-même.

Si la pensée de la *Différence* – telle que Heidegger se propose de la penser – doit devenir un but qui n'aurait jusqu'ici pas encore été envisagé dans l'histoire de la « métaphysique », mais plutôt recouvert ou rendu structurellement « impossible » à penser, alors une anamnèse (*Erinnerung*) active et en soi différenciée de cette pensée de l'UN, telle qu'elle a été pratiquée avec insistance par le néoplatonisme, devient une obligation à l'égard du passé et de ce potentiel de pensée en attente de sa réalisation. La pensée de *l'être* comme *différence*, « clairière » (*Lichtung*), « événement-appropriant » (*Ereigniß*), trouverait analogiquement son foyer paradigmatique dans la pensée de l'UN comme différence absolue par rapport à tout être qui en provient comme de sa source. Une telle anamnèse ne devrait en aucun cas rabattre ces deux tentatives de pensée sur une pseudo-identité. Ce qui les sépare de manière principale et irréductible, c'est l'« historicité » fondamentale de ce que Heidegger commémore au titre d'événement-appropriant de l'être, dans l'atour langagier, souvent cryptique, d'une nouvelle mythologie qui creuse obstinément ce qui est « allemand » (les *Beiträge* en présentent la figure extrême). En tout cas, une prise de conscience intensive de la doctrine néoplatonicienne de l'Un rend plus difficile l'actuelle auto-stylisation, dans la mesure où celle-ci voudrait suivre celle de Heidegger dans sa prétention à l'originalité ; une conscience, acquise à nouveaux frais et fondée, de la signification de la pensée néoplatonicienne en vue d'un achèvement, et non d'une décadence continue, de la métaphysique devrait modifier décidément l'attitude qui s'est établie par rapport à une tradition que la critique de la métaphysique a sensiblement réduite et mise à mal.

Parmi les conditions que je me borne à indiquer, l'une d'entre elles est certainement incomparablement plus difficile à satisfaire aujourd'hui qu'à des époques antérieures : assurer une présence efficace du néoplatonisme, susceptible de diriger ou à tout le moins de marquer de son empreinte, dans ses traits fondamentaux, les théories philosophiques. En effet les intérêts vitaux des époques passées pouvaient se traduire en une tâche théorique qui demeurait congéniale, même sous une forme transformée, au néoplatonisme des origines ; ainsi en allait-il des multiples néoplatonismes du Moyen-Âge et de la Renaissance, mais aussi de la philosophie classique allemande qui, avec Kant, Fichte, Hegel et Schelling, n'a pas seulement procuré des réponses intrinsèquement différenciées et pourtant paradigmatiques aux questions fondamentales de la métaphysique et de la philosophie transcendantale, mais qui a également contribué à déterminer de manière essentielle les sciences de la nature et de l'esprit, le droit, la moralité et l'éthicité, la religion et l'art, en embrassant en soi tous ces domaines et en leur assurant un fondement. C'est précisément en considérant la difficulté de la situation *présente* que j'ai toujours à nouveau, et selon des biais différents, tenté de corriger en ses traits essentiels cette représentation dominante du platonisme qui est en même temps la destruction de son concept et des formes de pensée qui lui sont liées. À l'encontre d'une coupure grossièrement instituée – et dont les intérêts sont transparents – entre les concepts de platonisme et de néoplatonisme, seul une fréquentation intense et patiente des textes que les philosophes d'aujourd'hui ne connaissent, dans le meilleur des cas, que sous des formes évanescentes et inauthentiques, est susceptible d'apporter quelque élucidation conceptuelle. C'est seulement sur la base d'une telle élucidation nécessaire qu'il devient pensable de renouer avec les questions fondamentales de cette philosophie.

C'est dans cette perspective, et en ayant en même temps parfaitement conscience des intérêts philosophiques actuels, essentiellement différents, que j'ai tenté – encore une fois dans *Identität und Differenz* et dans *Denken des Einen*[7] – de développer quelques aspects d'une relation réelle de la philosophie actuelle avec le néoplatonisme.

L'*une* de ces réflexions se rattache à la question dont Kant a jeté les bases, sous les conditions de la modernité, la question de la structure *transcendantale* de la pensée, que Fichte, Schelling et Hegel déployèrent ensuite en la modifiant. Cette question doit être considérée comme l'horizon, le coup d'envoi et en même temps le point où divergent les théories modernes de la conscience de soi. Sans vouloir réduire les différences, qui sont bien réelles et qui se laissent expliquer, entre la métaphysique grecque, principalement tardo-antique, et la conscience moderne, il faut dire, eu égard précisément au philosopher néoplatonicien et à la tradition qu'il a principalement marquée de son empreinte, au seuil de la modernité (par exemple avec le Cusain), que ce philosopher a posé et explicité de manière décisive et originaire la question du *Soi* et de la *conscience-de-soi*. C'est dans le cadre de cette question que Plotin par exemple exige que le principe du penser devienne conscient – principe qui est à l'œuvre de manière *a priori* et non consciente – au titre de la réalisation de la plus haute possibilité humaine. Dans la perspective d'une expli-

7. *Denken des Einen. Studien zur neuplatonischen Philosophie und ihrer Wirkungsgeschichte*, Francfort, 1985, en particulier p. 436-455 (« Bild und Gegenbild? Reflexionen zu neuplatonischem Denken im Blick auf dessen Gegenwart »).

citation différenciée des phénomènes de la conscience, qui vise à connaître, conformément à la maxime philosophique, le Soi propre, et également dans celle de l'auto-dépassement du penser résultant de cette conscience plus intense du rapport-à-soi, et enfin dans la perspective de l'identification en acte avec son fond, qui donne sa plénitude au Soi, la *mystique* plotinienne a ouvert de multiples voies. La démarche conduisant à ce but : l'union avec le fond propre, équivaut à une intensification continue de la conscience de l'unité et de l'identité propres. D'après Plotin, la connaissance de soi, en un sens non pas provisoire, mais propre, n'appartient qu'au νοῦς en tant que pouvoir de la pensée conceptuelle telle qu'elle appartient à l'âme. L'homme peut et doit en prendre conscience comme de son « Soi véritable » à travers le retour de la pensée sur elle-même. Cette conversion en soi-même au titre de l'auto-réflexion, au titre du rapport-à-soi pensant ou de l'appréhension conceptuelle de son *être* propre, est opérée par l'union de ce qui est multiple et différencié au sein du penser : de ce qui est éprouvé ou conçu à titre d'idée en laquelle le penser et ce qui est pensé s'identifient consciemment. Une interprétation satisfaisante de la conception plotinienne de la connaissance de soi et de ses analyses du rapport-à-soi pensant de l'homme requiert de dépasser l'alternative si courante : la « philosophie de la conscience » en tant que signature de la modernité s'opposerait à l'« objectivité » antique, la moderne « prééminence du sujet » viendrait suspendre la réception antico-médiévale du « donné ». Le philosopher néoplatonicien fait apparaître bien plutôt que la pensée de l'être demeure en liaison étroite avec la pensée du Soi humain et que celui-ci révèle sa complexité en fonction du rapport-à-soi du penser. Ce rapport-à-soi ne débouche certes pas, dans l'optique plotinienne, sur quelque « solipsisme » de la personne, mais il s'atteste comme le centre moteur d'une *forme de vie* qui, à partir du rapport-à-soi, s'efforce aussi d'en penser le fond, l'Un lui-même comme origine de tout[8].

III

L'intention qui était la mienne : faire ressortir en un sens compréhensif les métamorphoses tant historiques que systématiques de l'Un, dans l'esprit du néoplatonisme, m'a donc conduit à commencer dans le volume *Denken des Einen* avec la théorie plotinienne de l'*Omni-Unité*. Celle-ci

8. Cf. à ce sujet W. Beierwaltes, *Selbsterkenntnis und Erfahrung der Einheit, Plotins Enneade V, 3. Text, Übersetzung, Interpretation, Erläuterung*, Francfort, 1991.

considère le Premier – le premier principe – comme l'Un, ou l'Un comme le Premier en lui-même, mais elle envisage en même temps son rapport au multiple, en lequel ou au titre duquel l'Un se déploie en direction de lui-même sur le mode de l'altérité. Différence *et* Identité sont donc constitutives pour le domaine du déploiement de l'Un et du Premier, elles forment précisément les conditions de cette « seconde » unité qui fait suite à l'Un premier et absolu lui-même. À la faveur de ce déploiement, l'Un devient Un-tout, dans la mesure où il fonde tout, où il met en œuvre et maintient l'être-un du singulier en le reliant à chaque fois de manière intégrative aux autres et en le renconduisant jusqu'à lui-même pris comme *télos.* Cette première altérité qui se déploie à partir de l'Un même, l'esprit – qu'il faut penser comme réflexivité hors du temps – présente tout d'abord à l'opération de l'Un même un domaine essentiel pour une théorie de l'omni-unité dans son ensemble : la multiplicité de ce qui doit être pensé ou qui a été pensé dans cette dimension, les idées, s'assemble grâce à cette pensée de soi-même propre à l'esprit en un unité différenciée en soi. En elle ou par elle, elle devient « tout en tout, et pourtant à chaque fois selon sa manière propre ». L'absoluité de l'Un, en lui-même sans différence ni relation – cet Un qui en tant qu'origine de tout est en même temps *en* lui comme son fondement – dessine une figure de pensée paradoxale : l'Un est tout et en même temps rien de ce tout. Il se laisse donc caractériser par un Sur-Être, qui transcende le singulier et le dérivé, et auquel correspond de manière essentielle – sans pour autant supprimer l'absoluité du premier aspect – son opération immanente en toute chose.

Plotin explicite ce second trait fondamental de l'Omni-Unité comme absolue réflexivité, comme cette auto-référence a-temporelle de la pensée qui, par cet acte même, pense son propre être, surgi de l'Un même et se rapportant à lui. Plotin développe par là l'idée fondamentale d'une Omni-Unité intelligible qui en chacun de ses moments se pense elle-même entièrement et qui, à partir d'un singulier de même rang et de même origine, s'ajointe à la pure évidence qui est : la « vérité » comme auto-réflexion immanente à soi, parfait accord des « Idées » avec une unité qui s'éclaircit totalement et qui, du même coup, se maintient et se préserve. Plotin présente de manière frappante cette forme d'unité comme un réseau intensif de relations, et il dit de cet esprit atemporel : « Là-bas règne une vie sans peine – et la vérité est pour eux à la fois mère et nourrice, être et nourriture, ils voient tout, non pas ce qui relève du devenir, mais l'*être,* et ils se voient eux-mêmes dans ce qui est autre ; toutes choses sont en effet diaphanes, et il n'y a rien là d'obscur, rien de résistant, mais chacun et chaque chose sont manifestes à chacun jusque dans le plus intérieur ; la lumière est en effet lumière pour la lumière. Car chacun a aussi tout en lui et voit tout dans ce qui est autre, de sorte que partout tout est et que tout est tout et chaque chose tout et l'éclat infini »[9].

Plotin a développé de manière paradigmatique et féconde pour toute la pensée occidentale cette doctrine de l'omni-unité, ici seulement évoquée; en témoigne une série de noms propres qui commence avec Proclus et se poursuit jusqu'à Denys l'Aréopagite, Érigène, Maître Eckhart, Nicolas de Cuse, Giordano Bruno, Leibniz, Spinoza, et qui trouve avec Schelling et Hegel son accomplissement moderne.

La théorie plotinienne de l'Un, non moins que son prolongement néoplatonicien, élève au moins implicitement une prétention à l'*universalité*; elle concerne non seulement le concept d'origine première, mais aussi bien, comme cela ressort déjà du concept d'esprit qui se pense lui-même hors temps, la réalité effective dans son ensemble qui procède de l'Un, la structure du monde intelligible *et* du monde sensible, mais aussi bien l'« idée » de l'homme, sa plus haute possibilité à l'intérieur des limites qui sont les siennes. Il lui est demandé, en fonction de sa propre structure ontologique et noétique, de penser à chaque fois l'Un dans tous les domaines, et ainsi de se reprendre soi-même en direction de l'Un comme son propre fond.

J'ai exposé une telle prétention universelle ainsi que le domaine de validité de cette théorie de l'Un dans les chapitres « Omni-unité », « explicitation de l'unité » et « l'Un qui est » (la synthèse de l'être et de l'Un en un principe d'unité censé expliquer la multiplicité en soi différenciée de l'intelligible et du sensible comme une unité en soi hiérarchisée – reflet néoplatonicien de la seconde hypothèse du *Parménide* de Platon); par ailleurs, dans mes études sur « Pronoia et liberté dans la philosophie de Proclus » ont été thématisées les formes de médiation de l'agir de l'Un; par rapport à l'aspect producteur et ontologiquement constitutif de l'Un, le concept de *Pronoia* ressaisit l'action de maintenir et de conserver propre à l'Un lui-même, son efficace qui relie à l'origine; la *Pronoia,* à titre de fonction médiatrice active de l'Un lui-même, ordonne donc la réalité effective dans son ensemble, et cette fonction est étroitement liée au plan anthropologique au concept de « liberté ».

Mais c'est surtout dans le contexte d'un mouvement de pensée singulier que la prétention universelle de la théorie de l'Un ressort en pleine lumière :

9. *Ennéade* V, 8, 4, 1-8 : καὶ γὰρ τὸ ῥεῖα ζώειν ἐκεῖ ὓ καὶ ἀλήθεια δὲ αὐτοῖς καὶ γενέτειρα καὶ τροφὸς καὶ οὐσία καὶ τροφή, καὶ ὁρῶσι τὰ πάντα, οὐχ οἷς γένεσις πρόσεστιν, ἀλλ'οἷς οὐσία, καὶ ἑαυτοὺς ἐν ἄλλοις· διαφανῆ γὰρ πάντα καὶ σκοτεινὸν οὐδὲ ἀντίτυπον οὐδέν, ἀλλὰ πᾶς παντὶ φανερὸς εἰς τὸ εἴσω καὶ πάντα· φῶς γὰρ φωτί. Καὶ γὰρ ἔχει πᾶς πάντα ἐν αὑτῷ, καὶ αὖ ὁρᾷ ἐν ἄλλῳ πάντα, ὥστε πανταχοῦ πάντα καὶ πᾶν πᾶν καὶ ἕκαστον πᾶν καὶ ἄπειρος ἡ αἴγλη.

dans ce que j'ai nommé « réalisation de l'image ». Sous ce titre j'ai essayé de montrer la structure de la réalité effective en totalité en tant qu'« image », au sens néoplatonicien, cette image qui doit être considérée sous une forme et un degré à chaque fois différents dans son rapport à l'archétype. Le caractère d'image de l'effectivité, en des domaines toujours variés, est fixé précisément par son rapport à l'archétype, de manière non statique, mais plutôt comme un être en soi mû dialectiquement : la similitude de l'image, qui assure la liaison en retour ou la réminiscence, supprime « le moment négatif » de l'image dans la mesure du moins où le rapport à chaque fois différent à l'origine peut être « réalisé » diversement. « Par "réalisation de l'image", j'entends donc ceci : d'un côté réfléchir sur la structure imaginale et par suite sur la compénétration de l'identité et de la différence dans les divers domaines ontologiques, et de l'autre, en se concentrant sur l'homme dont la pensée et l'être sont justement le miroir de cette teneur imaginale, s'interroger pour savoir comment ce dernier, par sa pensée et son action, se rapporte à la connaissance du caractère d'image de l'effectivité dans son ensemble, ainsi qu'à celle de soi-même. "Réalisation de l'image" signifie par conséquent : prendre conscience de la teneur imaginale de la réalité effective et du même coup de son dépassement et de sa relève. Ainsi l'image n'est-elle pas simplement et univoquement elle-même, mais envisagée à partir de son fondement elle est aussi « l'archétype dans la forme de son aliénation ». Dans la réalisation à chaque fois différente de l'image, celle-ci <grâce à sa constitution ontologique propre et à la réflexion qui lui est liée> se reconduit elle-même jusqu'à son fondement »[10]. Ma tentative de considérer la « réalisation de l'image » comme une forme fondamentale de la métaphysique néoplatonicienne conduit à concevoir l'esprit comme image de l'Un, l'âme comme image de l'esprit, le monde comme image du νοῦς démiurgique et, par cette dernière médiation, du monde intelligible lui-même ; elle concerne également l'homme en fonction de sa similitude vis-à-vis de l'origine, qu'il doit réaliser par un retour en soi-même et finalement dans l'Un absolu, à travers l'acte de l'*Hénosis,* afin d'accéder à son propre Soi. Cette réalisation dépend donc en dernier lieu de notre décision originairement propre. Il importe alors de mettre en évidence, à titre de moments d'une vie consciente, cette concentration de la pensée sur l'Un et sur l'*Hénosis* avec lui, conditions du succès ; cette vie consciente se dépasse elle-même, dans sa fin supra-rationnelle, dans l'*Hénosis* – à laquelle le concept introduit –, en tant que pensée conceptuelle, et par là même une telle vie s'accomplit elle-même en accédant ainsi à sa modalité la plus intensive d'être-Un. La réflexion conceptuelle sur tous les domaines de la réalité effective et par conséquent

10. *Denken des Einen,* p. 77 *sq.*

aussi le rapport-à-soi de la pensée doivent être compris comme condition *nécessaire* de l'*Hénosis*. C'est ainsi que Plotin a développé une forme fondamentale de *mystique* qualifiée à bon droit de philosophique, mystique qui présente un *autre* de la raison, mais sans diffamer cette dernière ni sombrer dans quelque irrationalisme incontrôlé. La « mystique » chez Plotin n'est pas seulement un élément adventice, la pointe surajoutée au « système », mais c'en est le commencement interne, le principe de son mouvement et son milieu tel qu'il invite à la concentration. Le « mystique » concerne donc la structure unitaire de l'homme, telle qu'elle provient de l'Un lui-même et l'éclaire ; la réflexion sur cette structure invite la pensée à se transformer elle-même : elle doit s'efforcer d'abolir ponctuellement dans le temps sa propre structure pour autant qu'elle est déterminée par le quelque chose, la forme, la relation et la différence ; la pensée procède à une telle transformation, eu égard à l'Un qui est en elle, par son auto-illimitation et son in-différenciation. L'Un lui-même – qui en son être-en-soi *n'est pas* pensable au sens propre – se révèle donc ainsi comme la limite du penser, mais il devient du même coup ce qui stimule la pensée à se dépasser soi-même ainsi que ses propres limites en direction de son fond et de son origine – et cela sur le mode d'une *négation* radicale de tout le catégorial et de l'être fini qu'il caractérise.

Dans la mesure où Plotin pense l'Un comme l'effectif au plus haut degré, cette libération in-différenciante qui se tourne vers lui comme vers le « seul véritablement libre » (VI, 8, 21, 31), ainsi que l'union à lui, représentent l'acte le plus intensif qui est *tout à la fois* philosophique *et* religieux. La philosophie est par conséquent tout autre chose qu'un exercice ou une habileté seulement formelles, elle n'est rien qui concerne et cultive uniquement l'intellect. Elle revendique bien plutôt l'homme en totalité : dans sa capacité théorique tout comme dans son projet originaire et dans la configuration de son action et dans son mouvement conscient et engagé en direction de sa fin ultime, qui le comprend en elle et cependant le transcende toujours. Recueillement et concentration de la pensée elle-même et par là sur son propre fond, recueillement donc de la vie consciente en direction du centre fondateur du principe Un, voilà ce qui constitue la forme fondamentale de la vie philosophique. Quand Aristote exige une « vie conforme à l'esprit », Plotin exige de son côté une « vie conforme à l'Un ». La philosophie comme identification croissante à l'Un en tant que fond et origine propres devient avec Plotin une forme-de-vie, au sens emphatique du terme.

Un autre trait fondamental de la théorie de l'unité requiert toujours à nouveau une réflexion soutenue, c'est celui qui a frappé durablement de son empreinte, de manière essentielle et selon la chose même qui est en question, la *théologie chrétienne* et son développement historique : l'*unité trinitaire* et le *déploiement* de cette unité par auto-négation. Le concept plotinien et porphyrien d'auto-explicitation de l'absolu ou de l'Un auront ainsi contribué de manière décisive et mémorable à la constitution de la théologie trinitaire. On a là, d'un point de vue philosophique, l'assise fondamentale ou la structure réflexive de la pensée théologique : une unité en soi relationnelle qui garantit un être-ensemble aussi intense que possible, l'identité des différents. L'auto-explicitation de l'être divin dans la trinité des « personnes » se révèle comme l'unité la plus intense – *tri-unitas* : Dieu comme différence trinitaire, rapport à soi de la pensée, de l'amour, de la volonté, mais *en même temps* comme unité absolue. Les implications philosophiques, principalement déterminées par le néoplatonisme, le fondement réflexif de la pensée trinitaire et son expression créatrice m'ont également retenu et j'ai tenté de les comprendre paradigmatiquement à partir du rapport de l'identité et de la différence, tel qu'il se déploie chez Marius Victorinus, et à titre de réflexion trinitaire absolue chez le Cusain, mais aussi en tant que « modification » immédiate de l'idée d'unité chez Boèce, et encore une fois chez le Cusain, à l'aide du ternaire « *unitas, aequalitas, connexio* » : la trinité (unité trinitaire) comme égalité absolue qui s'ouvre elle-même et se lie à soi-même.

Dans ce même contexte, Jean Scot Érigène[11] a joué pour moi un rôle capital : pour la théologie philosophique du Haut Moyen-Âge il a médité l'auto-explicitation trinitaire de manière profondément spéculative comme une auto-création de Dieu. L'auto-originarité trinitaire et le retour de l'origine en elle-même témoignent de l'absoluité divine. En même temps l'Érigène, par cette doctrine, sert de paradigme et montre comment une tradition de pensée (notamment celle de la tradition néoplatonicienne de l'auto-déploiement de l'Un), quand elle a été assimilée, transformée en bien propre, s'ouvre à l'avenir par son propre potentiel conceptuel.

C'est en prenant pour exemple le concept de *dialectique* que j'ai mis en évidence cette solidarité – l'Érigène comme foyer central d'un passé néoplatonicien et d'un avenir hégélien. Pour Érigène la « dialectique » n'est pas seulement une méthode qui sert d'instrument logico-formel à la détermination conceptuelle, la base et le milieu d'une argumentation rationnelle exempte de contradiction (= scientifique) ; elle a aussi un statut *ontologique*. En décrivant l'auto-déploiement négatif (i.e. qui opère en lui-même par négation), elle ne concerne pas celui-ci seulement du dehors et ne lui demeure donc pas extérieure : le mouvement intratrinitaire et son

11. Cf. mon livre *Eriugena. Grundzüge seines Denkens*, Francfort, 1994 (sur la « trinité », p. 204-261). Traduction italienne due à Enrico Peroli, avec une préface de Giovanni Reale, Milan, 1998.

extranéation dans le monde comme théophanie, sa transition – en partant de l'auto-négation du Rien absolu – à l'auto-affirmation des causes originelles (*causae primordiales*) *est* bien plutôt *lui-même dialectique* : le *mouvement* atemporel de descente et de retour de Dieu en lui-même est précisément susceptible d'une *description* dialectique parce qu'il *est* lui-même la forme absolument fondatrice, universellement déterminante, de la dialectique. À titre de dialectique absolue de Dieu même il s'accomplit eu égard à son auto-création et à la création du monde au titre d'un se-*penser*-soi-même, *s'exprimer*-soi-même, se-*vouloir*-soi-même, et donc comme réflexion absolue, comme VERBE absolu et vouloir absolu. Bien que la conception hégélienne d'une *logique* non formelle, qui poursuit de manière conséquente et critique l'intention théologique de la métaphysique, se distingue de l'auto-explicitation érigénienne de Dieu non seulement par son point de départ – le commencement comme plénitude *vs.* le commencement vide-abstrait, qui implique tout ce « vient après » par une négation productrice, se dépassant elle-même –, l'analogie des deux concepts de dialectique me paraît pourtant évidente : la dialectique hégélienne se laisse penser comme le déploiement de l'être en tous ses moments, à chaque fois suscité par la négation, passant de la négativité à l'affirmation et ainsi se procurant à soi-même les médiations ou les phases différentes ; cet autodéploiement qui se conçoit soi-même comme l'absolu dans la forme de l'Idée absolue ou du concept absolu. La méthode de cette auto-conception est le cours dialectique de la « chose même » qui « vire » d'une phase à une autre, jusqu'à son auto-accomplissement (*creare se ipsum !*), ou encore : « L'Idée est elle-même la dialectique » (*Encyclopédie,* 1830, § 214). Demeure par conséquent ce trait caractéristique de la pensée d'Érigène : *antérieurement à* Hegel, il a esquissé et développé de manière conséquente l'idée d'une dialectique universelle qui détermine la réalité effective dans son ensemble – penser et être, même s'il l'a fait sous d'autres conditions et avec un but différent comparativement à Hegel. L'archétype philosophique de ces *deux* formes de dialectique est le concept néoplatonicien de l'auto-déploiement de l'Un dans la modalité la plus intense du rapport-à-soi de la pensée.

Dans *Platonismus im Christentum* (Francfort 1998), j'ai poursuivi le développement de cette idée d'unité trinitaire en le prenant pour ainsi dire comme motif directeur de la question du rapport entre philosophie et théologie. Je me suis efforcé de montrer dans cet ouvrage que le rapport de l'unité-bonté-trinité en tant qu'éléments conceptuels fondamentaux de l'être-absolu de Dieu, qui se fonde soi-même et se met en mouvement réflexivement, et donc que ce rapport de l'être et du penser *en* Dieu ou *comme* Dieu, est déterminant pour la doctrine trinitaire de Marius Victorinus, Denys, Bonaventure, Maître Eckhart, Nicolas de Cuse, Marsile Ficin.

IV

Après avoir évoqué mes recherches sur les formes néoplatoniciennes de la pensée de l'unité et certaines de leurs transformations liées au christianisme, je reviens une fois encore à la question de la possibilité de mettre en rapport le penser néoplatonicien et la conscience *actuelle.*

On peut songer aussi – me semble-t-il – à se rapporter à la pensée néoplatonicienne également *e contrario,* en tant que *contraste* par rapport au présent, contraste qui nous rappelle ce qui nous fait défaut. À quoi appartient déjà le programme déjà évoqué d'une *philosophie comme forme de vie.* Ce que Plotin n'est sans doute pas le seul à nous enseigner, mais avec lui d'autres philosophies de l'antiquité qui réfèrent immédiatement la *théoria* à une *praxis* à la mesure de la raison. De ce point de vue, mais aussi de la considération suivante pourrait résulter une impulsion pour les attitudes actuelles par rapport à l'affaire de la philosophie et à son histoire, qui se distingueraient heureusement du cas général :

a) Chez Plotin la structure de pensée et la manière d'écrire sont l'expression d'une *contemplation* conceptuellement fondée, et d'une méditation circulaire autour de son but idéal, d'une concentration rigoureuse sur l'intériorité de sa propre pensée, et en même temps sur son fondement transcendant, impossible à saisir catégorialement dans son en-soi. S'engager de manière intense et pas seulement à travers une distance critique, dans ce mouvement de pensée pourrait également, le cas échéant, conduire à une *homoiosis* de *cette* pensée *elle-même* susceptible de transformer la *pensée* à chaque fois *propre* (celle de celui qui comprend) ; un tel engagement pourrait aussi favoriser, même dans un contexte réellement *différent* de celui de Plotin, et assurer cette autoréflexion nécessaire pour tout philosopher, ainsi que cette concentration conceptuelle qui lui est liée. Une telle affirmation procède de ma propre expérience du commerce avec le concept plotinien de connaissance de soi et avec son explicitation. Une telle connaissance devrait être, avec toutes ses implications historiquement différenciées, le commencement et la fin se renouvelant constamment du philosopher. Cultiver la pensée méditative constituerait en outre un frein salutaire à l'encontre du goût de publier ce qui est à demi achevé tout comme de la répétition éhontée de ce qui a déjà été dit par d'autres.

b) En étroite connexion avec la contemplation et la méditation, la philosophie de Plotin pourrait également stimuler un changement de pensée dans notre rapport à la *nature*. À l'encontre de l'« omnipotence », aujourd'hui exercée de manière fatale, de l'homme vis-à-vis de la nature, et à l'encontre de la manipulation de sa propre nature, à l'encontre d'une prétention à la domination, devenue menace universelle, de l'exploitation technique au détriment des générations à venir, il faudrait reconnaître la spécificité du concept plotinien de nature : concept qui contredit le *modèle mécaniste* d'un commerce compréhensif et actif avec la réalité effective dans son ensemble. Une pensée qui se perd dans le multiple, qui n'est pas ou pas suffisamment consciente de ses principes et qui par conséquent réifie l'homme de façon systématique, devrait être transposée en une réflexion différenciée sur la nature et l'unité de son *propre* fond. Le concept plotinien d'une nature *créatrice* dans et par la contemplation pourrait intervenir dans le contexte d'autres tentatives aujourd'hui toujours plus fortement articulées et qui voudraient « délivrer » la nature d'une « capture » qui résulte de la mainmise technique de l'homme, en la réduisant à un simple « objet » disponible à volonté. Plotin pourrait nous rappeler qu'il existe un autre chemin conduisant à la réconciliation désirée de la raison humaine avec la nature.

c) L'objectif du néoplatonisme : penser l'Un comme fondement originaire de tout, à la mesure de son en-Soi, échoue finalement en raison de la langue, conçue catégorialement et déterminée par la différence. L'indice de cet échec de toute saisie langagière immédiate de l'Un, ce sont les métaphores, les analogies, les paradoxes, mais surtout la dialectique négative, la circulation et l'encerclement du Principe, qui nient tout le catégorial et l'expérience de soi qui va avec lui. De cet effort résulte une impulsion antidogmatique qui affecte le discours philosophique : un langage indirect, multipliant les médiations, toujours ouvert aux questions, apparaît donc nécessaire dans le mesure où l'on ne veut pas que se détourne comme apparence illusoire ce qui n'est pas *dicible* univoquement ou de manière formellement adéquate. À l'encontre de l'interdit wittgensteinien trop souvent cité : « Sur ce dont on ne peut parler, il faut garder le silence », la pensée néoplatonicienne – paradigme de la métaphysique – se comprend comme *risque consciemment assumé* d'expliciter et de circonscrire avec une précision accrue le foyer central de la pensée qui n'est accessible qu'à travers des médiations. Dans cette mesure, l'incommensurable devient précisément un défi pour le concept et la langue qui prennent conscience de leurs limites respectives en même temps qu'ils les transgressent. Notre conscience serait beaucoup plus pauvre si elle ne prenait pas thématiquement en vue ce qui lui est incommensurable et à quoi elle-même renvoie, hors d'elle – symboliquement et hyperboliquement. Le fait pour la pensée et la parole de « prendre » uniquement pour cible ce qui se laisse penser et dire univoquement est tout autre chose qu'une injonction analytique, une hybris qui présume d'elle-même ; il correspond bien plutôt à l'aveu de sa propre relativité. C'est là, me semble-t-il, une alternative riche de sens à l'auto-limitation, sans plus de question, à ce que nous croyons déjà savoir.

V

La traduction d'un livre fait prendre douloureusement conscience à l'auteur que demeurent encore des *desiderata* dans sa première tentative pour exposer des questions et des problèmes déterminés. Je ne voudrais pas ici les mentionner ni les analyser en détails tels qu'ils m'apparaissent rétrospectivement. Pourtant j'indiquerai quelques points.

Pour cette traduction française de *Platonismus und Idealismus,* j'ai apporté quelques corrections et ajouté quelques compléments. Depuis la parution du présent ouvrage, dans sa langue originale, en 1972, j'ai poursuivi le travail dans certains domaines de cette vaste thématique du rapport en platonisme et idéalisme : dans l'essai *Absolute Identität,* j'ai développé les implications néoplatoniciennes présentes dans le dialogue *Bruno* de Schelling ; ces implications qu'il faut comprendre dans le contexte d'une renaissance de Giordano Bruno induite, contre ses propres intentions, par la critique de Spinoza formulée par Friedrich Heinrich Jacobi en 1789[12]. Le complexe d'ensemble concernant le rapport de Schelling à Plotin[13] a fait l'objet d'un nouvel examen dans un manuscrit plus important conçu comme un élargissement et une « retractatio » destinés à approfondir ce dont j'avais traité dans *Platonisme et Idéalisme.* Cela concerne principalement les points suivants :

1. J'aperçois une analogie réelle entre le traité de Plotin V, 3 et l'écrit du jeune Schelling *Du Moi comme principe de la philosophie ;* en particulier, l'exigence d'élever et de transmuer le moi fini dans la forme de l'absolu me paraît converger, dans ses déterminations centrales, avec la visée plotinienne d'auto-transformation de la pensée en un se-penser-soi-même délivré du temps, et par suite en penser de son propre fond, et je crois qu'il est possible de faire comprendre cette exigence comme une analogie

12. *Identität und Differenz,* p. 204-240.

13. Sur Schelling et Jacob Böhme, cf. *Identität und Differenz,* p. 205 *sq.*

philosophico-transcendantale avec le concept plotinien de connaissance de soi-même ; pour une telle connaissance est déterminante la transformation de la pensée dianoétique en la plus pure autoréflexion du νοῦς en lui-même – en termes schellingiens : la connaissance-de-soi comme un « acte absolu » [qui s'accomplit hors du temps].

2. Dans la théorie schellingienne de l'Absolu en tant que l'*Un pur et simple* se combine l'idée plotinienne de l'Un pur, supra-étant, avec celle d'une présence à soi réflexive du νοῦς, de sorte que cet Absolu peut être compris comme une omni-unité qui fonde et qui embrasse toute réalité effective parce qu'il est en soi *absolue auto-affirmation* ou auto-médiateté. Schelling pense l'Absolu comme l'Un pur et simple ou comme unité absolue en liaison immédiate avec sa détermination de l'absolu comme liberté et volonté de soi-même en tant que *sur-étant,* par delà tout « être » qui lui assignerait des limites. Il fait ainsi ressortir, en se rattachant consciemment aux néoplatoniciens, ce trait essentiel de Dieu comme un motif théorique fondamental de sa dernière philosophie.

3. À la *dialectique circulaire* et universelle, pensée néoplatoniciennement, de la procession et de la conversion à l'Un-origine correspond dans la philosophie de Plotin l'idée que chaque mouvement n'est achevé que dans son contre-mouvement. L'Absolu, qui est en même temps *en tant qu'esprit* l'unité la plus intensive, se connaît soi-même, est « pure affirmation de soi-même », laquelle relève par la pensée toute différence en soi – de manière analogue à l'identité plotinienne de la pensée et de l'être dans le νοῦς ou au titre du νοῦς ; pour Schelling, sans doute, cette unité de l'Absolu, accomplie par l'auto-affirmation, est-elle (par opposition à la position du νοῦς plotinien) le « Premier » pur et simple.

4. Riche d'enseignements est aussi la réflexion sur la *fonction anagogique de l'art* dans ces deux modes de penser, et en particulier dans la perspective plotinienne d'une réhabilitation décidée, contre Platon, de l'art comme « imitation de la nature ».

5. Envisager plus largement et rétrospectivement Plotin à partir de Schelling permet de comprendre la discussion schellingienne du concept de *matière,* qui oscille entre critique et reconnaissance dans les *Âges du monde.*

Ce texte doit paraître dans un volume préparé par moi : *Plotin-Studien.* Reste encore inédite une étude sur le manuscrit du jeune Schelling[14], de 1794, où il interprète de larges parties du *Timée* de Platon, selon ses propres intérêts philosophiques. Les idées qui y sont développées, dans

14. Cette étude doit paraître dans les *Acta* de l'*International Conference on the Legacy of Plato's Timaeus* (Notre-Dame, USA, mars 2000) : « Plato's Timaeus as Cultural Icon », éd. Gretchen Reydams-Schils.

l'esprit de la philosophie transcendantale de Kant et dans une conceptualité platonicienne, demeurent productives, en un sens, pour ses réflexions ultérieures sur l'appréhension catégoriale de la nature.

Si l'on envisage de manière plus différenciée le rapport de Schelling à la philosophie grecque, il est également très instructif de considérer le rôle joué par Aristote, principalement dans l'élaboration de sa dernière philosophie. Aristote, en particulier, dans sa « théologie », constitue le point de renversement historique qui se manifeste aussi comme symbole pour la pensée présente, ou encore la transition à une nouvelle configuration attendue et à une autre possibilité du philosopher : une philosophie « positive » qui se sépare de la philosophie « négative » de la réflexion ou de la pure philosophie d'entendement –, ce dont témoigne principalement le concept aristotélicien d'auto-référence dans la « pensée de la pensée » [15].

J'ai essayé dans *Denken des Einen* [16] de rattacher le concept hégélien de dialectique [17] et celui de « négation de la négation », qui en fait partie, à des structures de pensée néoplatoniciennes. Pour aller plus loin, il faudrait envisager un accès à l'idéalisme allemand et spécialement à la pensée de Hegel en partant de la philosophie platonicienne, eu égard à la conception de la *vérité* comme auto-réflexion atemporelle de l'être ou encore comme absolue auto-référence du penser à son être propre. Plotin conçoit l'acte qui opère l'identité du penser et de ce qui est pensé dans le νοῦς comme la vérité qui « ne coïncide pas avec un autre, mais avec soi-même » [18] ; elle « ne doit pas appartenir à quelque chose de différent d'elle-même, mais ce qu'elle énonce, elle doit aussi l'être elle-même » [19]. Ce concept plotinien de vérité comme auto-coïncidence de la pensée absolue du νοῦς se laisse comprendre dans une connexion réelle avec le concept hégélien de vérité. La célèbre proposition de la *Préface* à la *Phénoménologie de l'esprit* : « le vrai est le tout. Mais n'est que l'essence qui s'accomplit à travers son développement » [20], doit être comprise comme une description de la structure de la vérité de la logique hégélienne : l'être initialement immédiat et abstrait se

15. Cf. sur ce point, W. Beierwaltes, « Aristotles in Schellings negativer Philosophie », in : *Aristotle on Metaphysics*, éd. par Theresa Pentzopoulou-Valalas, Styllanos Dimopoulos, Thessalonique, 1999, p. 51-65.

16. *Op. cit.*, p. 222 *sq.* ; 291 *sq.*

17. Sur le rapport de Hegel au néoplatonisme, cf. Jens Halfwassen, « Hegel und der spätantike Neuplatonismus. Untersuchung zur Metaphysik des Einen und des Nous in Hegels spekulativer und geschichtlicher Deutung », in : *Hegel-Studien, Beiheft* 40, Bonn 1999 ; Jean-Louis Vieillard-Baron, *Platon et l'idéalisme allemand* (*1770-1830*), Paris, 1979 ; et du même auteur *Platonisme et interprétation de Platon à l'époque moderne*, Paris, 1988, et en particulier, s'agissant de Hegel, p. 155 *sq.*

18. V, 2, 18 *sq.*

19. V, 3, 5, 25 *sq.*

20. Édition J. Hoffmeister, Meiner, Hambourg, 1952[6], p. 21.

médiatise dans l'auto-référence de la pensée rapportée, par négation productrice, à soi-même, jusqu'au concept absolu de soi-même. Mais ce dernier est la vérité de la forme achevée, un « savoir absolu de soi-même », l'être-devenu-transparent-à-soi-même du penser. Voilà ce que Hegel pense au titre de l'« Idée » dont l'explicitation et la concrétisation dans les différents domaines de la pensée et de la réflexion effectives constituent le but de la philosophie idéaliste : l'Idée comme concept absolu qui se conçoit lui-même, qui est « seulement être », « *vie* impérissable, *vérité* se *sachant* »[21]. – La différence essentielle entre cette conception hégélienne de la vérité et de l'Idée par rapport à Plotin et à la mobilité trinitaire du Dieu chrétien, qui est la *veritas ipsa* comme telle, réside principalement en ceci que le « devenir » dialectique de l'Idée hégélienne, son devenir « Soi », se déploie *historiquement* ou encore *comme* histoire ; pourtant ce déploiement historique ne détruit pas l'être-éternel de l'Idée, mais le confirme et le remplit dans le temps, à la faveur de la traversée du fini. Ce qui rattache la position christiano-plotinienne à la tradition idéaliste, c'est – en plus de ce qui a déjà été dit – l'idée que l'auto-référence réflexive de l'être pur peut être comprise, sur la base d'un mouvement circulaire interne, comme vérité absolue. La vérité au sens propre ou absolu est donc l'être qui se pense soi-même. Plotin doit nécessairement définir cette pensée-de-soi-même du νοῦς, en raison de la structure inexorablement différencielle de la langue, comme un « processus », comme un « advenir » intentionnel, mais il la conçoit en même temps, *à l'encontre de* cette apparence temporelle suggérée par la langue, comme une unité ou une identité dynamique du penser et de ce qui est pensé. Et tel *est* sa vérité. – On doit déjà, en partant de cette conception et de la possible liaison du concept néoplatonicien d'esprit avec l'« Idée » hégélienne, mettre en question l'affirmation de Heidegger selon laquelle la « vérité » aurait été depuis Platon réduite à sa forme logique, autrement dit aurait été pensée dans l'ensemble de son développement historique exclusivement comme « rectitude » ou « adéquation d'un énoncé et d'un état-de-choses », et du même coup non pensée comme vérité, i.e. comme décèlement de l'*être*[22].

S'agissant maintenant de mes recherches relatives à la redécouverte de Jean Scot Érigène dans l'idéalisme allemand, j'ai pu les compléter selon de nouvelles perspectives dans le volume *Denken des Einen*[23] et dans mon ouvrage : *Eriugena. Grundzüge seines Denkens*[24].

21. *Wissenschaft der Logik*, éd. G. Lasson, Leipzig, 1934[2], réédition 1951, II, p. 484.
22. Cf. *supra*, n. 5, p. 216.
23. *Op. cit.*, p. 363-367.
24. *Op. cit.*, p. 262 *sq.* ; 313-320.

VI

Je remercie très cordialement Jean-François Courtine qui a eu l'idée de cette traduction française et qui, par son engagement, a permis sa réalisation. Ma gratitude sincère va également aux traducteurs, Marie-Christine Challiol-Gillet et Pascal David qui ont apporté beaucoup de soin à ce texte, ainsi qu'Alain Pernet (Ingénieur au CNRS), pour son aide technique dans la préparation de l'édition française.

SOURCES

Eckhart est cité selon l'édition complète critique : Meister Eckhart, *Die deutschen und lateinischen Werke,* édité sous les auspices de la *Deutsche Forschungsgemeinschaft. Die deutsche Werke,* éd. J. Quint, Stuttgart, 1936 sv. (= DW). *Die lateinische Werke,* éd. par J. Koch *et alii,* Stuttgart 1936 sv. (LW). Nous citons aussi de temps en temps F. Pfeiffer, *Deutsche Mystiker des 14. Jahrhunderts, II : Meister Eckhart,* Göttingen 1857 (reprint Aalen 1962).

<Traductions françaises : *L'œuvre latine de Maître Eckhart, 1, Commentaire de la Genèse, précédé des Prologues,* texte latin, introduction et notes par F. Brunner, Alain de Libera, Édouard Wéber et Émilie Zum Brunn, Paris, éditions du Cerf 1984 ; *L'œuvre latine de Maître Eckhart, 6, Commentaire sur le Prologue de Jean,* texte latin, avant-propos, traduction et notes par Alain de Libera, Édouard Wéber, Émilie Zum Brunn, Paris, éditions du Cerf 1989. – Eckhart, *Traités et Sermons,* traduction, introduction, notes et index par Alain de Libera, Paris, GF-Flammarion, 1993. – Maître Eckhart, *Les Traités,* traduction et introduction par Jeanne Ancelet-Hustache, Paris, Éditions du Seuil, 1971. – Maître Eckhart, *Sermons,* introduction et traduction de Jeanne Ancelet-Hustache, 3 vol., Paris, Éditions du Seuil, 1974-1979.>

Les textes de Schelling sont cités, à l'exception des *Weltalter,* d'après l'édition complète procurée par K. F. A. Schelling, Stuttgart et Augsbourg 1856-1861, en quatorze tomes. L'édition est divisée en deux sections (I 1-10 et II 1-4). Je numérote les volumes de façon continue, si bien que par exemple t. II 1 = t. XI. L'orthographe a été modernisée, mais pas la ponctuation.

ABRÉVIATIONS

Dogmatismus : Philos. Briefe über Dogmatismus und Kritizismus (1795), t. I, 281 *sq.* <*Lettres philosophiques sur le dogmatisme et le criticisme,* in Schelling, *Premiers Écrits* (*1794-1795*), traduction française et notes par Jean-François Courtine, Paris, Puf 1987>.

Erläuterung des Idealismus : Abhandlung zur Erläuterung des Idealismus der Wissenschaftslehre (1796-1797), t. I, 343 *sq.*

Ideen : Ideen zu einer Philosophie der Natur als Einleitung in das Studium dieser Wissenschaft (1797), t. 2, 1 *sq.*

Weltseele : Von der Weltseele, eine Hypothese der höheren Physik zur Erklärung des allgemeinen Organismus (1798), t. 2, 345 *sq.*

Einleitung : Einleitung zu dem Entwurf eines Systems der Naturphilosophie, oder über den Begriff der speculativen Physik und die innere Organisation eines Systems dieser Wissenschaft (1799), t. 3, 269 *sq.*

Idealismus : System des transcendentalen Idealismus (1800), t. 3, 269 *sq.* <*Le système de l'idéalisme transcendantal,* présenté, traduit et annoté par Christian Dubois, Éditions Peeters, Louvain 1978.>

Darstellung : Darstellung meines Systems der Philosophie (1801), t. 4, 105 *sq.* <*Présentation de mon système de philosophie,* traduction par Emmanuel Cattin, Paris, Vrin 2000>.

Fernere Darstellungen : Fernere Darstellungen aus dem System der Philosophie (1802), t. 4, 333 *sq.*

Bruno : Bruno oder über das göttliche und natürliche Prinzip der Dinge. Ein Gespräch (1802), t. 4, 213 *sq.* <*Bruno ou du principe divin et naturel des choses,* traduction, présentation et notes par Jacques Rivelaygue, Paris, L'Herne 1987>.

Methode : Vorlesungen über die Methode des akademischen Studiums (1802), t. 5, 207 *sq.* <*Leçons sur la méthode des études académiques,* in *Philosophies de l'Université, L'idéalisme allemand et la question de l'Université,* traduction française et notes par Jean-François Courtine et Jacques Rivelaygue, Paris, Payot 1979>.

Philosophie und Religion (1804), t. 6, 11 *sq.*

System : System der gesamten Philosophie und der Naturphilosophie insbesondere (1804), t. 6, 131 *sq.*

Aphorismen : Aphorismen zur Einleitung in die Naturphilosophie (1806), t. 7, 140 *sq.* <*Aphorismes pour introduire à la philosophie de la nature,* traduction et annotation par Jean-François Courtine et Emmanuel Martineau, in *Œuvres métaphysiques* (*1805-1821*), Paris Gallimard, 1980.

Freiheit : Philosophische Untersuchungen über das Wesen der menschlichen Freiheit und die damit zusammenhängenden Gegenstände (1809), t. 7, 331 *sq.* <*Recherches philosophiques sur l'essence de la liberté humaine...,* in *Œuvres métaphysiques.*>

Stuttgarter Privatvorlesungen (1810), t. 7, 417 *sq.* <*Leçons de Stuttgart,* in *Œuvres métaphysiques*>.

Weltalter : Die Weltalter. Fragment. In den Urfassungen von 1811 und 1813, éd. par M. Schröter, Munich 1946 <*Les ages du monde, Fragments,* traduction Pascal David, Paris, Puf 1992>.

Schellings Denkmal : F. W. J. Schellings Denkmal der Schrift von den göttlichen Dingen etc. des Herrn Friedrich Heinrich Jacobi und der ihm in derselben gemachten Beschuldigung eines absichtlich täuschenden, Lüge redenden Atheismus (1812), t. 8, 19 *sq.*

Initia Philosophiae Universae. Erlanger Vorlesung WS 1820/1821, éd. et commenté par W. Fuhrmanns, Bonn 1869.

Philosophie als Wissenschaft : Über die Natur der Philosophie als Wissenschaft (1821), t. 9, 209 *sq.*

Empirismus : Darstellungen des philosophischen Empirismus. (*Münchner Zeit, zuletzt vorgetragen 1836*), t. 10, 225 *sq.* <*Exposé de l'empirisme philosophique* (I et II), traduction Jean-Luc Garcia, in *Philosophie,* numéro 40 et numéro 41, 1993-1994>.

Monotheismus : Erstes Buch der Philosophie der Mythologie, t. 12, p. 3-131 <*Le monothéisme,* traduction Alain Pernet, Paris, Vrin 1992>.

Mythologie : Philosophie der Mythologie, t. 12, p. 135-674 <*Philosophie de la mythologie,* traduction Alain Pernet, Millon Grenoble 1994>.

Offenbarung : Philosophie der Offenbarung, t. 13 et 14 <*Philosophie de la Révélation,* traduction sous la direction de Jean-François Marquet et Jean-François Courtine, Paris Puf, 1989-1994>.

Pour ces trois dernières œuvres, il est impossible de fournir une indication chronologique précise et univoque. Cf. sur ce point l'édition de Mandfred Schröter, Munich 1927, *1. Hauptband,* p. XI.

Aus Schellings Leben. In Briefen, éd. G. L. Plitt, 3 volumes, Leipzig 1869/1870.

Les autres éditions cités pour les différents auteurs sont indiquées plus précisément en note pour autant que c'est apparu nécessaire.

BIBLIOGRAPHIE

ARMSTRONG, A. H., « Plotinus », in *The Cambridge History of later Greek and early medieval philosophy,* Cambridge 1967, p. 197 *sq.*

BANGE W., *Meister Ekkeharts Lehre vom göttlichen und geschaffenen Sein,* Limbourg 1937.

BAUR, F. C., *Die christliche Lehre von der Versöhnun in ihrer geschichtlichen Entwicklung von der ältesten Zeit bis auf die neueste,* Tübingen 1838.

BEIERWALTES W., *Proklos. Grundzüge seiner Metaphysik,* Francfort 1965.

– *Plotin, Über Ewigkeit und Zeit* (*Komm. zu Enneade III, 7*), Francfort 1967.

– « Augustins Interpretation von Sapientia 11, 21 », *Revue des Études Augustiniennes,* 15 (1969), p. 51 *sq.*

– *Platonismus in der Philosophie des Mittelalters,* « Wege der Forschung » 197, Darmstadt 1969 (avec indications bibliographiques p. 517 *sq.*).

– « Neoplatonica », *Philosophische Rundschau* 16 (1969), p. 130-152.

– « Das Problem des absoluten Selbstbewußtseins bei Johannes Scotus Eriugena », in *Platonismus in der Philosophie des Mittelalters,* p. 484-516.

BERG, F. *Sextus oder über die absolute Erkenntnis von Schelling,* Wurzbourg 1804.

CHRISTLIEB, Th., *Leben und Lehre des Johannes Scotus Erigena,* Gotha 1860.

CREUZER, F. *Studien* (éditées avec C. Daub), 1 vol., Heidelberg 1805.

DÖRRIE, H, « Emanation. Ein unphilosophisches Wort im spätantiken Denken », in *Parusia, Festgabe für J. Hirschberger,* Francfort 1965, p. 119-141.

EBELING, H., *Meister Eckharts Mystik,* Stuttgart 1941.

FABRICIUS, J. H., *Bibliothecae Graecae Libri IV, pars altera,* Hambourg 1711, p. 88-159 sur Plotin; p. 148 *sq.* : *Plotini philosophi laus.*

FICHTE I. H., *De philosophiae novae Platonicae origine,* Berlin 1818.

FUHRMANS, H., *Schellings Philosophie der Weltalter,* Düsseldorf 1954.

GERLACH, G. W., *De differentia, quae inter Plotini et Schellingii doctrinam de numine summo intercedit,* Wittenberg 1811.

GRIMM, F. C, *Plotini De rerum Principio* (texte grec accompagné de la traduction de Marsile Ficin d'*Enn.* III, 8, 8-10 (9-11), avec des éclaircissements), Leipzig 1788.

GRUCKER, E. *De Plotinianis Libris qui inscribuntur* περὶ τοῦ καλοῦ, Paris 1866.

HADOT, P. *Porphyre et Victorinus*, Paris 1968.

– « L'apport du néoplatonisme à la philosophie de la nature en occident », in *Eranos-Jahrbuch* 37 (1968), p. 91-132.

HAMERLING, R., *Ein Wort über die Neuplatoniker* (*mit Übersetzungsproben aus Plotin*, Trieste 1858.

HOFFMANN, E. *Platonismus und christliche Philosophie*, Zürich-Stuttgart 1960.

IVÁNKA, E. von, *Plato Christianus*, Einsiedeln 1964.

JONG, K. H. E., *Hegel und Plotin*, Leyde 1916.

KIRCHNER, C. H., *Die Philosophie des Plotin*, Halle 1854.

KRÄMER, H. J., *Der Ursprung der Geist-Metaphysik*, Amsterdam 1964.

KOCH, F., *Goethe und Plotin*, Leipzig 1925.

KREMER, K., *Die neuplatonische Seinsphilosophie und ihre Wirkung auf Tomas v. Aquin*, Leyde, 1966.

LAKEBRINK, B., « Platonismus und Hegelsche Metaphysik », in *Studien zu Hegels Metaphysik*, Fribourg 1969, p. 149-162.

LÖFFLER, J. F. Chr., *Versuch über den Platonismus der Kirchenväter, oder : Untersuchung über den Einfluß der Platonischen Philosophie und die Dreyeinigkeitslehre in den ersten Jahrhunderten*, Züllichau 1792 (traduction de N. Souverain, *Le Platonisme dévoilé*, Cologne 1700).

LOSSKY, V., *Théologie négative et connaissance de Dieu chez Maître Eckhart*, Paris 1960.

MÄHL, H. J., « Novalis und Plotin. Untersuchungen zu einer neuen Edition und Interpretation des « Allgemeinen Brouillon » », *Jahrb. des Freien Deutschen Hochstifts* 1963, Tübingen 1963, p. 139-250.

MERLAN, P., *From Platonism to Neoplatonism*, La Haye 1960².

RICHTER, A., *Neu-Platonische Studien*, Halle 1864 *sq.*

RIST, J. M., *Plotinus. The road to reality*, Toronto 1967.

SCHLÜTER, C. B., *Praefatio à Johannis Scoti Erigenae De divisione naturae*, Münster 1838.

SCHULZ, W., *Die Vollendung des deutschen Idealismus in der Spätphilosophie Schellings*, Stuttgart 1955.

STAUDENMAIER, F. A., *Johannes Scotus Erigena und die Wissenschaft seiner Zeit*, Francfort 1834.

STEIN, H., *Sieben Bücher zur Geschichte des Platonismus*, Göttingen 1862-75.

TENNEMANN, W. G., *Geschichte der Philosophie*, Leipzig 1807, 6 volumes.

THEILER, W., *Die Vorbereitung des Neuplatonismus*, Berlin 1930 (1960²).

– *Forschungen zum Neuplatonismus*, Berlin 1966.

TROUILLARD, J., *La purification plotinienne,* Paris 1955.

– *La procession plotinienne,* Paris 1955.

VALENTINER, C. A., « Plotin und seine Enneaden, nebst Übersetzung von Enneade II, 9 », in *Theol. Studien und Kritiken* 73 (1864), p. 118-140.

VOGEL, C. J. de, « Antike Seinsphilosophie und Christentum im Wandel der Jahrhunderte », in *Reformation, Schicksal und Aufgabe* (*Festschrift J. Lortz*), Baden-Baden 1958, p. 527-548.

VOGT, K., *Neoplatonismus und Christenthum, Untersuchungen der angeblichen Schriften des Dionysius des Areopagiten, mit Rücksicht auf verwandte Erscheinungen* (à propos de Plotin, p. 45 *sq.*), Berlin 1836.

WACKERZAPP, H., *Der Einfluß Meister Eckharts auf die ersten philosophischen Schriften des Nikolaus von Kues,* Beiträge zur Geschichte der Philosophie und Theologie des Mittelalters 39/3 (éd. par M. Schmaus), Münster 1962.

WHITTAKER, G., « Moses Atticizing », *Phoenix* 21 (1967), p. 196-201.

WHITTAKER, Th., *The Neo-Platonists,* Cambridge 1928[2].

WINDISCHMANN, C. J. H., *Ideen zur Physik,* Wurzbourg-Bamberg 1805.

WINZER, J. F., *Adumbratio decretorum Plotini de rebus ad doctrinam morum pertinentibus,* Wittenberg 1809.

WUNDT, M., « Plotin und die Romantik », *Neue Jahrb. f. d. Klass. Altertum* 35 (18e année) 1915, p. 649-672.

INDEX NOMINUM

INDEX RERUM

TABLE DES MATIÈRES

ACHEVÉ D'IMPRIMER
EN OCTOBRE 2000
PAR L'IMPRIMERIE
DE LA MANUTENTION
A MAYENNE
N° 358-00

Dépôt légal : 4e trimestre 2000